Günter de Bruyn · Frauendienst

Günter de Bruyn

FRAUENDIENST

Erzählungen und Aufsätze

Mitteldeutscher Verlag
Halle · Leipzig

Folgende Texte wurden mit freundlicher Genehmigung
des Buchverlages Der Morgen, Berlin,
in diesen Band aufgenommen:
Nicolai oder Ein Opfer der Vernunft
Der Sandpoet – Schmidt von Werneuchen
Die Geschwister Tieck
Fouqué oder Warnendes Beispiel
Rahels erste Liebe

ISBN 3-354-00098-8

Lizenz-Nr. 444-300/61/86 · 7001
Printed in the German Democratic Republic
Typografie und Einband: Günter Jacobi
Gesamtherstellung: Karl-Marx-Werk Pößneck V 15/30
Best.-Nr. 639 282 0

01200

ERZÄHLUNGEN

Hochzeit in Weltzow

1

Dick bin ich schon als Kind gewesen und bin es trotz Krieg, Kummer und Arbeit noch heute. An Spott und Mitleid hat es mir deshalb nie gefehlt, wohl aber oft an Brot und Suppe, die ich nicht gekriegt habe, weil ich so blendend aussah. Und das war manchmal schlimm in den üblen Zeiten, bevor ich nach Weltzow kam.

Weltzow ist ein Dorf im Havelland, ziemlich genau in der Mitte zwischen Rathenow, Brandenburg und Nauen, am Rande des Luchs gelegen, und ich bin Willi Wälter aus Berlin, der dort unter etwas seltsamen Umständen seinen Hochzeitstag erlebte. Wie Weltzow und ich miteinander in Berührung kamen, will ich kurz erzählen, um dann so schnell wie möglich zu den Feierlichkeiten überzugehen.

Geboren bin ich im vierten Stock eines Hinterhauses. Mein Vater war Bierkutscher und auch – ich weiß nicht, ob deshalb – ziemlich dick. Er arbeitete für die Kindl-Brauerei am Kreuzberg, und ich erinnere mich noch genau an schöne Sommertage, an denen ich an der Hand meiner Mutter auf der Freitreppe im Viktoria-Park stand und darauf wartete, daß mein Vater mit Hü-hott und Peitschenknall den schweren Wagen aus dem Tor hinauskutschierte. Die Hufe der mähnenfrisierten, klobigen Brauereipferde knallten auf das bucklige Kopfsteinpflaster, daß die Funken stoben; Vater schwenkte zur Begrüßung die Peitsche über dem Kopf, und ich schrie vor Begeisterung hallo und hurra und wünschte mir nichts sehnlicher, als auch einmal so auf dem Bierkutschbock sitzen zu können.

Dazu kam es aber nicht. Vater schickte mich, kurz bevor er in den Krieg ging, aus dem er nicht zurückkam, zu einem Schuster in die Lehre. Das war das Gegenteil von dem, was ich wollte und was gut für mich war. Ich haßte Ahle, Leder und Hammer und wurde auf meinem Schemel immer fetter. Ich sehnte mich nach freier Luft und Bewegung, und da mein Vater, der das nie erlaubt hätte, nicht mehr da war, meldete ich mich in meiner kindlichen Schusterahnungslosigkeit freiwillig zu den Panzern. Es geschah mir nur recht, daß sie mich tatsächlich auch nahmen. Von meinen Kriegserlebnissen will ich hier nichts erzählen; schon zu viele taten es vor mir. Wichtig ist, daß ich aus dem Krieg etwas klüger herauskam, als ich hineingegangen war; wesentlich dünner war ich durch ihn nicht geworden. Das brachte mir die Ehre, in der Gefangenschaft ständig als Beweis für gute Lagerverpflegung vorgeführt zu werden, und den Kummer, später unterwegs bei den Bauern nie rechtes Mitleid zu erregen. Im Sommer des Jahres fünfundvierzig bekam ich endlich, was ich mir auf meinem Schusterschemel immer gewünscht hatte: frische Luft und Bewegung. Das Tor im Stacheldraht wurde aufgemacht, und ich hatte meine Freiheit. Sonst besaß ich freilich nichts und hätte auch nichts zu meinem Glück gebraucht als ein nicht zu kleines Stück Brot pro Tag. Das brauchte ich aber unbedingt und mußte es also erbetteln. Dabei habe ich schon meine ersten Erfahrungen mit Dorfleuten gesammelt, ehe ich nach Weltzow kam.

Das begann mit Paul Koppel, der sich mir im Lager angeschlossen hatte, vielleicht, weil seine Statur meiner ähnlich war, und der nun mit mir zusammen die bayrischen Landstraßen ablief, um sein Heimatdorf in Franken zu erreichen. Im zivilen Leben war er Großbauer, zweieinhalbmal so alt wie ich und doppelt so schwer und nur durch eine unglückselige Verkettung von Umständen zum Barras gekommen. Mit Hilfe von Würsten war es ihm gelungen, im April des Jahres noch einmal auf Urlaub zu fahren. Beladen mit Konserven und Speckseiten, war er gerade wieder bei seiner Einheit angekommen, als diese sich geordnet in Gefangenschaft begab, wo niemand sich um sein Gepäck kümmerte. Da er die Fähigkeit hatte, Verhungernden beim Sterben trostreiche Worte zu sagen, ohne an seine nahrhaften Schätze zu denken, und auch zu sparen verstand, besaß er am Ende der Gefangenschaft noch einen

Rucksack und zwei große Wäschebeutel mit Leberwurst-, Schweinefleisch- und Schmalzbüchsen, Speckseiten und Dauerwürsten. Ich half ihm natürlich tragen, als wir das Lagertor hinter uns hatten, und durfte dafür am Abend mein erbetteltes Brot hauchdünn mit Schmalz bestreichen. Meine Hinweise auf Würste und Speckseiten beantwortete er mit der Redensart, daß die Zeiten zwar schlecht seien, aber noch viel schlechter werden könnten, im übrigen aber, wenn wir seinen Hof erreicht hätten und alles in Ordnung sei, das Prassen richtig anheben würde. Seinen Hof erreichten wir, und in Ordnung war auch alles, aber ich durfte in der Scheune schlafen, wie ein Pferd schuften und bekam weiterhin nur Schmalzbrote, bis ich mich eines Nachts ohne Abschied und mit einem Schinken davonmachte.

Die anderen Erfahrungen mit Dorfleuten machte ich unterwegs beim Betteln. Die reichen Bauern hatten selber nichts, ließen einen stundenlang Holz hacken und gaben dafür einen ausgetrockneten Kanten, der sonst in die Schweinetonne gewandert wäre; die kleinen aber und die Tagelöhner, die kratzten noch ihr letztes Schmalz aus dem Steintopf, brieten ein paar Kartoffeln und gaben Ziegenmilch dazu. Und als ich dann auf meinem Weg nach Berlin die grüne Grenze durchschlichen hatte, traf ich in einem Bahnhofswartesaal im Magdeburgischen, wo ich die Nacht verbrachte, einen neuen Tippel-Kumpel, der auch vom Dorf war, und zwar aus Weltzow im Havelland. Der hieß Hans Gräber, teilte seine letzten Tabakkrümel mit mir und war vor seiner Soldatenzeit nicht Großbauer, sondern Kutscher bei einem Großbauern gewesen, was mir meiner Erfahrungen wegen von vornherein besser gefiel. Schließlich war mein Vater auch Bierkutscher und nicht Brauereibesitzer gewesen.

Wir waren nur ein paar Tage zusammen. In dem Städtchen Brandenburg trennten wir uns wieder, weil er zu seiner Frau nach Weltzow wollte und ich zu meiner Mutter nach Berlin. Aber als ich dort ankam, fand ich an Stelle unseres Hauses nur einen Trümmerhaufen vor. Auf einem Mauerbrocken stand geschrieben: Fritz, wir sind in Thüringen bei Tante Emma! Aber das galt mir nicht, denn ich heiße ja Willi.

Über meine Mutter konnte ich nichts erfahren. Ich schluckte meine Tränen hinunter, während ich durch die staubigen Straßen ging, die mir der Trümmer wegen jetzt fremd vorkamen. Später, als ich mit vielen anderen Leuten, die genauso zerrissen und viel magerer aussahen als ich, im Görlitzer Bahnhof übernachtete, wurde mir erst bewußt, daß ich nun ein Waisenknabe von zwanzig Jahren war, und ich weinte mich in den Schlaf. Am Morgen aber machte ich mich auf den Weg nach Weltzow im Havelland, weil Gräber beim Abschied noch gesagt hatte: »Willi, wenn in Berlin nichts mehr ist, komm nach Weltzow, da verhungerst du nicht!« Und das war ja erst einmal das wichtigste.

2

Da erzählt wurde, daß täglich einmal ein Zug von Wannsee nach Brandenburg und weiter fahren sollte, verbrachte ich dort die nächste Nacht und noch eine, da unglücklicherweise Sonntag war und aus diesem oder einem anderen Grunde der tägliche Zug nicht verkehrte. Dort machte ich Erfahrungen, die mir später in Weltzow auch zugute kommen sollten.

Als ich nämlich, noch immer nur mit meiner Freiheit beladen, zwischen den auf Rucksäcken, Teppichen und Handwagen sitzenden Leuten umherspazierte, bat mich eine Frau, ihr bei der Montierung eines Staubsaugers zu helfen, den sie in auseinandergenommenem Zustand geerbt hatte und nun gegen Zwiebeln, Kartoffeln oder Speck einzutauschen gedachte. Ich brachte ihn so zusammen, daß die paar Teilchen, die übrigblieben, unbemerkt in meiner Hosentasche verschwinden konnten, und bekam von ihr dafür bestes alliiertes Weißbrot. Wir kamen uns näher, und in der zweiten Nacht lehrte sie mich in der dunkelsten Ecke des Bahnhofsbunkers allerlei von dem, was ihrem Gatten, wie sie vorwurfsvoll sagte, in meinem Alter längst vertraut gewesen war. Ich half ihr noch den Staubsauger auf den Bahnsteig bringen, aber als es hell wurde und der Zug einlief, verlor ich mich im Gewühl. Ich hatte das Gefühl, daß sie nicht zufrieden mit mir gewesen war.

Ich bekam einen schönen Außenplatz auf einem Trittbrettende, und am Nachmittag waren wir schon in Brandenburg, von wo aus ich gemeinsam mit Hunderten von Rucksackmenschen sofort den Marsch nach Norden antrat. Über bewaldete Hügel und an Seen vorbei ging es, und wäre ich nicht so entsetzlich hungrig gewesen, hätte ich bestimmt Spaß daran gehabt. In jedem Dorf, das wir passierten, blieben welche zurück, und bald wanderte ich allein, nun durch das wiesengrüne und von Gräben durchzogene Luch. Rechts von mir und geradeaus war die Gegend flach wie ein Tisch; nur einzelne Bäume oder Baumgruppen unterbrachen die Eintönigkeit. Genau vor mir war ein spitzer Kirchturm zu sehen; dort mußte ich hin auf der schnurgeraden Chaussee. Die Sonne hatte sich links von mir schon hinter den bewaldeten Hügeln versteckt, so daß es ein eigenartiges bleiches Licht gab und die dürftigen Apfelbäume am Straßenrand keine Schatten mehr warfen. Ich hatte nichts in meinem weiträumigen Bauch und wunde Füße, und Weltzow mit seinem spitzen Türmchen war noch weit und ich so mutterseelenallein auf dieser weiten, flachen Welt: viel hätte nicht gefehlt, und ich hätte mich in den Straßengraben gesetzt und zu heulen begonnen. Aber da ertönte plötzlich Pferdegetrappel hinter mir, und als ich mich umdrehte und zurücksah, kam eine offene Kutsche angefahren mit einem edlen Pferd davor. Ohne viel zu überlegen, hob ich die Hand und winkte. Die Kutsche hielt, und der kleine, sehnige Mann auf dem Bock fragte: »Wohin?« – »Nach Weltzow!« rief ich, und als er mit dem Daumen nach hinten wies, sprang ich so behende, wie es mir möglich war, in die Kutsche hinein, und weiter ging die Fahrt.

Die Sitze waren himmlisch gepolstert. Mir gegenüber saßen zwei stattliche Damen in wundervollen hellen Kostümen und weißen Hütchen. Die ältere war groß und fett, die junge nicht kleiner, aber stämmig wie ein Möbelträger. Beide hatten breite Münder mit rot angemalten Lippen und einen Bartwuchs, der stärker war als meiner.

Ich sagte artig »Guten Abend« und hätte sogar meine Mütze abgenommen, wenn ich eine gehabt hätte. So fuhr ich mir nur mit gespreizten Fingern durch die schon lange nicht geschnittenen Haare und sah, um den Blicken der Frauen zu entgehen, auf die vorbeifliegenden Apfelbäume und Telegrafenstangen.

Die Kutsche hatte zwar keine Gummibereifung, war aber wunderbar gefedert, so daß jede Unebenheit der Straße ausgeglichen wurde und man in den weichen Polstern, die wohl von einem Auto stammten, sanft wie in einem Erste-Klasse-D-Zug-Abteil fuhr. Das war eine angenehmere Art zu reisen als die mir bisher bekannte, und wenn die Damen nicht gewesen wären, hätte ich mich so wohl gefühlt wie selten in meinem Leben und vor lauter Freude sicher zu pfeifen begonnen.

Die beiden starrten mich ungeniert an, und weil mich das ärgerte, sah ich sie schließlich gleichfalls an. Die Alte machte sich nichts daraus, aber die Junge guckte weg. Aber wenn ich woanders hinsah, merkte ich, daß ihre Augen wieder an mir hingen. Da sah ich dann wieder zu ihr hin und sie wieder weg. Und so ging es einige Male, bis es mir zu bunt wurde und ich wieder ganz zur Seite sah auf die Wiesen und Wassergräben. Aber dann fiel mir ein, daß sie sich vielleicht gerne mit mir unterhalten wollten, nur zu fein waren, um anzufangen, und ich als Mann das Gespräch eröffnen mußte, und das tat ich denn auch und sagte: »Ein schöner Abend, nicht wahr?«

Aber damit war die Unterhaltung auch wieder zu Ende; die Alte nickte nur mit dem Kopf, und die Junge begann zu kichern. Sie holte ein spitzenbehäkeltes Tüchlein aus ihrer Handtasche und tat so, als ob sie sich ihre breite Nase putzen müßte, aber ich sah genau, daß sie damit bloß ihr blödes Kichern verdecken wollte. Dabei war sie so jung auch nicht mehr, mindestens vierundzwanzig oder dreiundzwanzig.

So ging es also ohne Unterhaltung weiter, was mir letzten Endes auch am liebsten war. Aber dann beugte sich der Mann vom Kutschbock zu mir herunter und fragte: »Hamstern?«

»Nein!« rief ich zu ihm hinauf. »Worin denn? In den Hosentaschen vielleicht?«

Da fing die Junge wieder an zu kichern, und der Mann lachte, aber nur so lange, bis er sah, daß die Alte ihr griesgrämiges Gesicht beibehielt. Da hörte er auf, setzte sich wieder gerade und sah nach vorn. Aber die Neugier ließ ihm doch keine Ruhe, und er beugte sich wieder runter und fragte: »Verwandte in Weltzow?«

»Ja«, sagte ich, »ein paar Kinder!«

Da verzog sogar die Alte ihren Mund zu einem Grinsen, worauf auch der Mann lachte.

Aber dann erzählte ich ihnen, wo ich herkam und daß ich einige Zeit in Weltzow bleiben wollte, wenn es mir gefiele, und sie beugten sich alle zu mir, weil jedes Wort sie anscheinend interessierte. Dabei konnte ich ein bißchen in die Ausschnitte der Damen sehen, was ich wiederum, wenigstens bei der jüngeren, so interessant fand, daß ich in den nächsten Tagen öfter mal daran zurückdachte. Sie wollte auch den Namen meines Freundes wissen, und als ich ihn sagte, schnaubte die Alte ärgerlich durch die Nase und zog ihren Mund schief. Das gefiel mir nicht besonders, aber ich sagte nichts dazu und dachte mir mein Teil.

»Du bist ja ganz gut über den Krieg gekommen«, sagte der Mann darauf, »wenns dir weiter so gut gehen soll, komm zu mir, ich brauche kräftige Leute.«

Ich sagte, obwohl mich die junge Dame gespannt ansah, nicht ja und nicht nein, da ich mich nicht festlegen wollte, bevor ich mit Hans Gräber gesprochen und die Lage erkundet hatte.

Wir rollten inzwischen auch schon über das Kopfsteinpflaster von Weltzow, Hühner und Gänse zur Seite scheuchend. Die Kinder, die am Dorfteich im Schlamm umherwateten, machten Diener, die Frauen blieben stehen und sahen uns nach, und die Männer tippten mit der Hand an den Mützenschirm zur Begrüßung. Die beiden Damen saßen jetzt wieder steif und sahen nicht nach rechts und nicht nach links, ich aber konnte nicht an mich halten vor Freude, stand auf, winkte allen Leuten zu und hoffte, daß mein Freund Hans sehen würde, wie ich so herrschaftlich in sein Heimatdorf einfuhr.

Die Dorfstraße war breit und vom Sonntag her noch reinlich gefegt; rechts und links standen prächtige alte Linden, und genau vor uns ragte der Kirchturm aus den Baumkronen des Friedhofs hervor. Die Häuser standen alle mit der Breitseite zur Straße und hatten in der Mitte Türen, zu denen gescheuerte Steinstufen hinaufführten. Die Luft roch nach Stroh und Kuhstall und war viel wärmer als draußen im Luch.

Ganz plötzlich bremste der Wagen. Ich fiel nach vorn, mit dem Kopf an den weichen Busen der Alten, die etwas sagte, das wie »Miststück« klang. Die Junge kicherte wieder, der Mann aber sagte: »Hier ist die Bürgermeisterei, kannst dich gleich anmelden. Morgen machen wir das andere klar!« Dabei knallte er mit der Peitsche, und die Kutsche ruckte an. Ich sprang hinaus und fiel der Länge und Breite nach in den Staub des Sommerweges, einigen lachenden Burschen genau vor die Füße.

»Wer war das eigentlich?« fragte ich, mußte aber, da die Burschen nicht aufhören konnten, über mich zu lachen, lange warten, ehe ich erfuhr, daß ich mit Bauer Dickopp nebst Frau und Tochter in der Kutsche gesessen hatte.

Ich sagte »Aha!« und hatte keine Ahnung, wie nahe ich dieser Familie einmal kommen würde.

3

Wie meine Ankunft in Weltzow schien auch alles andere gut zu gehen. Meinen Freund Hans Gräber und seine Frau traf ich gesund und fröhlich in einer geräumigen Wohnung. Er war jetzt Lehrer im Ort, da der alte sich im Mai aufgehängt hatte und ein neuer sich nicht sehen ließ. Nun konnte Hans, dem das Spaß machte, lesen und studieren nach Herzenslust und seine Weisheiten den Kindern beibringen. Und weil es ihm auch Spaß machte, mich zu belehren, hörte ich immer gern zu an den Abenden, an denen ich bei ihm saß. Das war vor allem im Winter, wenn der Frost die Luchgräben bis zum Grund zufrieren ließ, die Füchse sich am hellichten Tage bis auf die Dorfstraße wagten und es in der torfgeheizten Stube bei Gräbers mollig warm war. Dann saß seine Frau am Kachelofen und strickte Socken und Pullover aus Bindegarn; der eisige Ostwind, der im Luch in Fahrt gekommen war, heulte ums Haus und riß an den Fensterläden; Hans las aus einem seiner vielen Bücher vor, und ich lag auf dem Sofa, dachte an allerlei Eßbares und war mir darüber klar, daß der Frieden eine schöne Sache ist.

Am Tage arbeitete ich natürlich, aber nicht bei Dickopp, von dem mir Hans abgeraten hatte, sondern bei Brunzel, der ein bißchen Landwirtschaft mit Pferdezucht betrieb, in erster Linie aber Gastwirt war. Er trug seinen Bart wie Kaiser Wilhelm, war schon etwas wacklig auf den zähen Beinen und konnte nur von zwei Sachen reden: von der guten alten Zeit und von den Russen, die ihm einen Trakehner Zuchthengst weggenommen und ein Panjepferd dafür dagelassen hatten. Er war seit Jahren Witwer. Das Haus und die Gastwirtschaft besorgte seine Tochter, die bei ihrer Heirat den Namen Leidenfrost mitbekommen hatte, der haargenau zu ihr paßte. Sie war dürr wie der Tod, ging von morgens bis abends, im Sommer und im Winter mit vergrämtem Gesicht umher, trug immer dicke Wolltücher um den Oberkörper gewickelt und sah so verfroren aus, daß den Gästen selbst im Hochsommer das kalte Bier nicht bekam. Ihr Mann war vermißt, aber obwohl mir das sehr leid tat, mußte ich immer denken, daß er, wenn er wiederkäme, doch nicht viel Freude an ihr haben könnte.

Außerdem gehörte zum Haushalt noch ein zehnjähriger Junge, der Hadlaub hieß und aus Berlin stammte. Er war vor drei Jahren zur Erholung hergebracht und nie wieder abgeholt worden. In der ersten Zeit hatte noch jemand Geld geschickt, dann hatte die NS-Volkswohlfahrt für ihn bezahlt, und seitdem es die nicht mehr gab, fiel er ganz der Familie Brunzel-Leidenfrost zur Last. Am Tage war Hadlaub ein stilles Kind, aber nachts rumorte er mächtig, warf sich von einer Seite auf die andere und strampelte so, daß ich im hochbeinigen Bett unter der prallgefüllten Federdecke neben ihm nie recht zur Ruhe kam. Aber er hatte es auch nicht leicht, denn mein Körper füllte das Bett reichlich, und so manches Mal, wenn ich mich im Schlaf von der Seite auf den Rücken legte, erwachte er auf dem Fußboden, der allerdings immer gut gescheuert war.

Angenehme Nächte waren das nicht, und jedesmal, wenn ich morgens zerschlagen erwachte, nahm ich mir vor, der Chefin den Vorschlag zu machen, Hadlaub in das leerstehende Ehebett ihres Mannes zu verfrachten, aber ich wagte es nie; denn das Bett war heilig, und selbst Brunzel mußte, seitdem in das andere Zimmer Umsiedler gesteckt worden waren, auf dem zerschlissenen Sofa in der Gaststube schlafen. Weiterhin mißfiel mir, daß die im Winter eiskalte Kammer nur durch das Schlafzimmer Frau Leidenfrosts zu erreichen war. Oft, wenn ich abends von Gräber kam oder mit den Jungen an der Friedhofsecke gequatscht hatte, kam ich gerade dazu, wenn Frau Leidenfrost ihre Tageswollkleidung ablegte und in ihre Nachtwollsachen kroch, und dann gab es jedesmal solch ein Geschrei, daß die Gäste in der Wirtsstube unten erschraken und annahmen, ich wollte der Frau was antun. Und wenn ich beim Ausschank hatte helfen müssen und Frau Leidenfrost mit ihrer wattierten Nachtmütze schon schlief, stolperte ich im Dunkeln regelmäßig über irgendwelche Tücher, Hausschuhe oder Nachtgeschirre, riß Stühle um oder verursachte anderen Lärm. Aber dafür hatte ich am Tage ziemlich leichte Arbeit, bekam gutes Essen und pünktlich meinen Lohn, was bei den Bauern in dieser Zeit selten war. Brunzel und Frau Leidenfrost behandelten mich wie einen richtigen Menschen, nicht wie einen Hungerleider, den sie aus Mitleid aufgenommen hatten.

Meine freien Abende, die ich nicht bei Gräbers verbrachte, verplauderte ich mit den Dorfjungen. Wir trafen uns nach Feierabend an der Friedhofsecke, standen da stundenlang umher oder liefen die Dorfstraße auf und ab, erzählten uns den Ärger und den Spaß des Tages, alberten rum, flachsten Mädchen an und besprachen natürlich den Dorfklatsch. Ich war ohne Übertreibung bald der Mittelpunkt der Clique; denn die anderen waren fast alle jünger, und ich hatte mehr erlebt und konnte auch besser erzählen. Mir machte das Spaß, die Jungen amüsierten sich köstlich, und ich lernte dabei alle Leute des Dorfes kennen; denn über jeden, der vorbeiging oder sonstwie erwähnt wurde, gab es ausführliches Gerede, besonders natürlich über Frauen und Mädchen.

Mir fiel bald auf, daß Bauernsöhne selten in unserer Runde standen. Der eine oder andere kam mal einen Abend, blieb aber bald wieder weg, weil er merkte, daß er störte. Es waren zum Teil feine Kerle darunter, aber wenn sie dabei waren, konnten die anderen, die fast alle bei Bauern arbeiteten, nicht frei von der Leber weg erzählen, weil es doch meist um den Ärger mit ihren Chefs ging.

Meine Kenntnis der Dorfbewohner kam mir sehr zugute, wenn ich – meist nur Freitag, Sonnabend oder Sonntag – in der Gaststube helfen mußte. Da konnte ich dann, wenn ich zu einem Hellen eingeladen wurde und mit den Männern am Tisch saß, auch ein Wörtchen mitreden über die Antreiberei bei Dickopp, die Ehezwiste bei Wenzels oder die wechselnden Liebschaften der Müllerstochter. Ich bekam auch bald heraus, wer wessen Feind war und weshalb, und konnte mich im Gespräch darauf einstellen. Ich suchte mit niemandem Streit und blieb immer gelassen, nur bei zwei Sachen nicht: wenn sie über Gräber schimpften oder wenn die Bauern ihre Arbeiter schlechtmachten. Das konnte ich nicht vertragen, denn Hans Gräber war mein Freund, und die Arbeiter bekamen durch die Bank so wenig Geld und so mäßig Deputat, daß, wenn sie nur von morgens bis mittags gearbeitet hätten, es auch noch genug dafür gewesen wäre.

Die Bauern kamen übrigens später, als die Politik eine immer größere Rolle im Dorf spielte, nicht mehr so oft in Brunzels Kneipe. Es gab dann bei uns zwei Parteien, die CDU und die SED, und Brunzel wußte nicht, zu welcher er sich schlagen sollte. Ich riet ihm, auf die SED zu tippen; denn erstens war ich das Hans, der da im Vorstand saß, schuldig, und zweitens war mir nach der Bodenreform – die übrigens in Weltzow nichts verändert hatte, da Dickopp, der größte Bauer, genau 399 Morgen hatte und so nicht mehr unter die Bestimmung fiel – klargeworden, daß das die Partei war, die was zu sagen hatte; und wer mehr zu sagen hat, macht mehr Versammlungen, und wer mehr Versammlungen macht, säuft mehr. So trat Brunzel also in die SED ein, was zur Folge hatte, daß er meinen Lohn, der noch immer unter dem Tarif gelegen hatte, erhöhte und viele Bauern nicht mehr zu ihm, sondern zum Gastwirt Hase gingen, der in die CDU eingetreten war.

Aber das ist erst im Jahre sechsundvierzig gewesen, in dem dann alle die für mich so aufregenden Erlebnisse lagen, von denen ich in den nächsten Kapiteln erzählen will. Vorher aber muß ich noch nachholen, was früher passierte, und zwar am ersten Tag nach meiner Ankunft im Dorf.

Ich war an dem Abend, nachdem ich, aus Dickopps Kutsche fallend, Bekanntschaft mit dem Straßenstaub von Weltzow gemacht hatte, sofort zu Hans Gräber gegangen und hatte mich erst am nächsten Vormittag angemeldet. Vor der Tür der Bürgermeisterei stellten gerade ein katholischer Priester und eine um und um in schwarze Gewänder gehüllte Nonne ihre schwerbepackten Fahrräder ab. Weil ich allen Leuten gern eine Freundlichkeit antue, besonders wenn ich in guter Stimmung bin wie an diesem Morgen, an dem ich nach langer Zeit mal wieder wunderbar gefrühstückt hatte, begrüßte ich die beiden mit einem fröhlichen »Grüß Gott!«, wie ich es bei meinen Betteleien in Bayern gelernt hatte. Sie grüßten freundlich wieder, und ich ließ dem Priester den Vortritt.

Drin stritten sich zwei Bauern mit der Gemeindesekretärin und dem Bürgermeister um Fragen der Kornablieferung. Als die Bauern mit lautem Türknallen den Raum verlassen hatten, wandte sich die Sekretärin an mich. Ich aber wies auf den Priester, der sich nun danach erkundigte, ob inzwischen weitere Umsiedler katholischen Glaubens eingetroffen seien, denen er neben seelischem Beistand eines seiner vom Caritas-Verband zur Verteilung kommenden Care-Pakete überreichen könnte.

Während die Sekretärin ihm die Namen einiger Familien aufschrieb, erzählte ich dem Bürgermeister, was ich hier wollte, und er gab mir ein Anmeldeformular, mit dem ich mich an ein Ecktischchen setzte. Da fragte der Priester, der alles mitgehört hatte, ob ich auch katholisch sei. Ich dachte an das Care-Paket und sagte, ohne zu überlegen, ja. Ich mußte gleich mit rausgehen, die Nonne nahm eines ihrer Päckchen vom Fahrrad, ich sagte »Vergelts Gott!«, versprach, am Sonntag um drei Uhr nachmittags in der Kirche zu sein, und als ich wieder in der Bürgermeisterei vor dem Tischchen saß, schrieb ich, ohne zu zögern, in den Fragebogen, daß ich katholischen Glaubens sei.

So war ich also an einem schönen Sommervormittag ohne Taufe katholisch geworden. In dem Paket waren feine Sachen drin, die ich Gräbers, die mich in den ersten Tagen ernährten, mit Freude überreichte. In die Kirche ging ich dann aus Dankbarkeit natürlich auch. Alle vier Wochen hielt der Priester Messe, und ab und zu brachte er amerikanische Schokolade, Haferflocken, Schmalzbüchsen oder so etwas mit. Aber das bekamen nur die, die in der Kirche waren. Manchmal, wenn ich sonntags mit den Jungen ins Nachbardorf ging oder wir uns mit Mädchen verabredet hatten, schwänzte ich auch, aber dann hatte ich nicht nur ein schlechtes Gewissen, sondern auch das Gefühl, etwas zu versäumen.

So vergingen der milde Herbst und der strenge Winter, und es begann der Frühling, der mein Leben in so ganz andere Bahnen lenken sollte.

4

An einem meiner freien Sonntage Ende März — ich brauchte weder zu melken noch zu füttern — schlief ich lange, weil am Abend vorher Tanz gewesen war. Ich erwachte davon, daß Hadlaub beim Hinausgehen die Kammertür zuknallte; er war nachts wieder zweimal aus dem Bett gefallen.

Ich rief ihm »Nun mal sachte!« nach und legte mich noch einmal bequem hin. Draußen war ein sonniger Morgen mit Hühnergegacker und Vogelgezwitscher. Von meinem Bett aus konnte ich über dem Scheunendach ein Stückchen Himmel sehen. Ich sah den Wölkchen nach und dachte dabei an meine Mutter, von der ich noch immer nichts gehört hatte, an meine Wandertage im Vorjahr und an das, was ich mir damals immer gewünscht hatte: ein Federbett, gutes Essen und ein ruhiges Leben. Das hatte ich jetzt, aber schon zu lange, und es gefiel mir nicht mehr recht. Ich wollte endlich mal ein Bett und ein Zimmer für mich allein haben, wollte nicht immer das Theater mit Frau Leidenfrost ausstehen müssen, wollte auch während der Arbeit mal mit anderen Leuten zusammensein, kurz, ich wollte mich irgendwie verändern. Zu einem dieser Bauern, die einen bis aufs letzte ausnutzten, wollte ich aber auch nicht. Um nach Rathenow oder Brandenburg zur Arbeit in die Fabrik zu fahren, fehlte mir ein Fahrrad, und außerdem hatte ich dazu schon gar keine Lust, denn für freie Luft und Bewegung war ich noch immer. Und dann fielen mir die Mädchen ein. Ich hätte gern eins gehabt, auf das man sich den ganzen Tag freuen kann, mit dem man sonntags spazierengeht und das einem die Knöpfe annäht, ohne dabei solch ein grämliches Gesicht zu machen wie Frau Leidenfrost. Auch ans Heiraten dachte ich; schließlich war ich einundzwanzig und herumgekommen im Leben. Eine

Wohnung wäre dann auch zu kriegen, man würde Herr im Hause, ein paar Hühner- und Gänseküken würde die Leidenfrost abgeben, vielleicht sogar eine Ziege dazu, ein bißchen gespart hatte ich, und alte Möbel gab es schon für ein paar Kartoffeln. Nur die Frau dazu fehlte, und die richtige zu kriegen war so einfach nicht. Es gab einige im Dorf, die mir gefielen, aber die waren schon vergeben oder unerreichbar. Die Bauerntöchter guckten unsereinen nicht an, und Schönes gab es an mir schließlich auch nicht zu sehen. Schlimm war, daß jede Annäherung vom ganzen Dorf beobachtet wurde. Die Jungen standen immer in Haufen umher, die Mädchen gingen in kichernden Scharen, und wenn sich einer auf eine spezialisierte, schied er aus der Clique aus und »ging mit ihr«. Wenn das nichts wurde, gab es Tratsch, und das konnte sich ein Mädchen nicht leisten. Es gab ja welche, die gingen mal mit dem und mal mit jenem, aber solche wollte ich auch nicht.

Müllers Ulla war so eine. Die hatte ich mal an der Bahnstation getroffen beim Kornabliefern und sie auf dem leeren Wagen nach Weltzow mitgenommen. Als sie sich über meine Schüchternheit nicht beruhigen konnte, hatte ich sie geküßt, worauf sie mich für Sonnabend nacht eingeladen hatte. Vom Luch her sollte ich in die Scheune und dann über den Hof ins Haus schleichen. Aber als ich am Freitagabend Gaststubendienst hatte, begannen ein paar Burschen, die zuviel getrunken hatten, Anspielungen auf mein kommendes Liebesglück zu machen. Ulla hatte nämlich ihre Eroberung schon im Dorf ausposaunt. Als ich dann noch erfuhr, daß fast alle Männer des Dorfes dieses Glück schon vor mir genossen hatten, verzichtete ich lieber. Anders war die Geschichte mit einer blonden Gudrun aus dem Nachbardorf ausgegangen. Die hatte ich beim Tanz kennengelernt und sie nach Hause gebracht, ohne sie nur einmal anzurühren. Es war bitter kalt, und der Wind pfiff eisig über das schneebedeckte Luch. Trotz kalter Füße standen wir noch lange vor ihrer Hoftür, und ich sagte ihr, wie sehr ich sie liebte. Sie sagte gar nichts, sondern fing an zu weinen. Und dann gab sie mir einen Kuß und rannte schnell in den Hof, wo die Hunde zu bellen anfingen. Danach ging ich sonntags oft in ihr Dorf hinüber, aber ich sah sie nie, bis sie nach Wochen einmal bei

Brunzel zu einem Vergnügen erschien, aber nicht allein. Ich servierte, und sie sah mich traurig und mitleidig an. Sie hatte sich kurze Zeit vorher mit einem Lehrer verlobt. In dieser Nacht heulte ich wie ein Schloßhund, so daß Hadlaub aufwachte und mich zu trösten versuchte. Aber das half natürlich genausowenig wie meine Sonntagmorgengrübeleien im Bett. Und so stand ich unlustig auf, fuhr in meine feldgraue Hose, noch immer meine einzige, nahm ein frisches Hemd, das mir Frau Leidenfrost von einem Berliner für ein paar Pfund Kartoffeln eingetauscht hatte, unter den Arm und ging hinunter, um mich an der Pumpe zu waschen.

Als ich mit nacktem Oberkörper auf dem Hof erschien, begann die Chefin aus dem Küchenfenster heraus zu schimpfen. Sie bekam angeblich Gänsehaut, wenn sie unbekleidetes Männerfleisch sah. Ich war das gewohnt und machte mir nichts draus, im Gegenteil, ich wußte, daß ich danach immer eine Sonderportion bekam. So war es auch heute. Sie legte mir stillschweigend drei gekochte Eier auf das Stullenbrett und setzte sich zu mir, um mir beim Essen zuzusehen. Mit dem griesgrämigsten Gesicht der Welt sagte sie mir, daß ich in dem neuen Hemd wie ein feiner Herr aussähe. Das alles, und auch weil die Sonne so freundlich auf den Tisch schien und die Messer und Schüsseln zum Glitzern brachte, versetzte mich wieder in gute Laune, und ich erzählte, während ich mit vollen Backen kaute, der Frau von den Neuigkeiten des gestrigen Vergnügens. Besonders interessierten sie natürlich die neuesten Liebesaffären, und ich konnte, wie ich wohl schon sagte, gut erzählen.

Da ging die Tür auf, Gräber kam herein und setzte sich zu mir. Frau Leidenfrost, die zu allen jungen Männern nett war, goß auch ihm eine Tasse Gerstenkaffee ein, wickelte sich fester in ihre Wolltücher und ging in die Küche, aus der es schon nach Mittagsbraten roch.

»Hör mal zu, Willi, ich brauche dich«, sagte Hans. Es handelte sich um folgendes: Nach Ostern sollte ein zweiter Lehrer ins Dorf kommen. Es war aber seit jeher nur ein Klassenraum vorhanden. Hans hatte nun das größte Zimmer seiner Dienstwohnung als Klassenraum zur Verfügung gestellt. Das mußte aber erst renoviert werden, und vor allem mußten Tische und Stühle hinein. Die sollten von den Leuten gespendet werden. Ein Aushang an der Bürgermeisterei hatte nichts genutzt, ein Aufruf in der Bauernversammlung auch nicht. Nun sollten welche zu den Bauern ins Haus gehen, das half erfahrungsgemäß am besten.

»Drei sind wir schon, nimm du den vierten Abschnitt. Du kennst alle und bist beliebt. Wenn dich die Schule nicht interessiert, tu es wenigstens für mich!«

Wenn mir die Sache auch nicht angenehm war, sagte ich doch zu. Ich ließ mir noch einmal genau erklären, was alles gebraucht wurde, und ging nach dem Mittagessen gleich los. Ich hatte die fünf Bauern zu bearbeiten, die zwischen der Kirche und der Rathenower Chaussee wohnten. Der letzte Hof, direkt an der Chaussee, war der von Dickopp.

Bei Lehmann traf ich nur den Sohn an, der mir erzählte, daß die Eltern bei Verwandten in Berlin seien. Das wußten ich und das halbe Dorf besser; Lehmann schob in großem Stil und war nach Berlin gefahren, um seine Geschäfte zu regeln. Beim Gatz traf ich nur die Großmutter an, die mich zum Kaffee einlud und mir vertrauensvoll erzählte, daß ihre Schwiegertochter nach Rathenow wäre, wo sie einen Freund hätte; aber ihr Sohn wäre heute hinterher und würde sie wohl erwischen. Ich war so empört, daß sie mir drei Stühle und einen Sessel für den Lehrer versprach. Brüggemann hatte gerade geschlafen, war also noch bärbeißiger als sonst und schmiß mich einfach raus. Aber dann bekam er doch noch Angst und schrie mir aus dem Fenster nach, der Lehrer sollte selbst kommen und nicht solch vollgefressenes Gesindel schicken, dann ließe er mit sich reden. Hase war neu im Dorf, er hatte erst vor ein paar Monaten eingeheiratet. Er ließ sich die Situation ausführlich erklären, fragte, warum ein Lehrer nicht genügte, und verwickelte mich in ein Gespräch über Sinn oder Unsinn besserer Schulbildung für das Landvolk, wie er immer sagte. Wir gerieten in ein hitziges Gespräch, das uns beiden Spaß machte; nur wußten wir schließlich nicht mehr, wer zu Anfang wofür gewesen war. Zum Schluß versicherte er mir, daß er Farbe oder Tapete auf dem Tauschweg beschaffen und, wenn er seinen Besitz erst einmal richtig überblickt habe, alle Möbel, die übrig seien, der Schule stiften werde.

Da ich das Gefühl hatte, in der Diskussion meinen Mann gestanden zu haben, ging ich mit etwas weniger ängstlichen Gefühlen zu Dickopps hinüber. Daß die zwar reich, aber doch immerhin nur Bauern waren und nicht so feine Leute, wie ich zuerst in der Kutsche angenommen hatte, wußte ich ja schon längst, aber trotzdem war mir unheimlich zumute, weil ich doch das Angebot damals abgelehnt hatte. Er war mir auch noch immer böse, erwiderte nur mürrisch meinen Gruß und hatte sich schon mehrmals, wie ich hintenherum erfahren hatte, in schlechter Weise über mich geäußert. Er hatte den Jungen, der bei ihm arbeitete – Arthur hieß er und wohnte mit seiner Mutter auf Dickopps Hof –, auch schon vor dem Umgang mit mir gewarnt, aber der kümmerte sich natürlich nicht darum. Ein komisches Gefühl war es schon, zu dem ins Haus zu gehen und ihn um etwas zu bitten.

Inzwischen war ich schon vor der Haustür angelangt – denn sonntags geht man nicht über den Hof von hinten, sondern vorn über die Stufen ins Haus –, und aus dem Fenster neben der Tür lehnte Elvira Dickopp, die Tochter, der ich nach der Kutschenfahrt immer ausgewichen war.

»Na, Willi, willst du uns besuchen?« fragte sie und wurde rot dabei, was mir aber erst später auffiel, als ich wieder draußen auf der dämmrigen Dorfstraße war und mir die Geschichte noch einmal durch den Kopf gehen ließ.

»Jawohl, das will ich«, sagte ich wichtig. »In Schulangelegenheiten.«

Damit ergriff ich die Türklinke, fuhr mir mit der anderen Hand noch einmal schnell über die Haare und ging hinein. Im Flur war es noch winterkalt und dunkel. Rechts ging die Tür auf, Elvira faßte mich am Arm und sagte: »Komm, hier herein geht es!«

Sie war allein in der guten Stube. Wir saßen uns an dem schwarzen Tisch auf lederbezogenen Stühlen gegenüber, und ich erzählte ihr, warum ich ihren Vater sprechen wollte. Während ich noch redete, stand sie auf, machte das Fenster zu und zog die Stores vor, so daß es schummerig wurde. Während sie das tat und ich erzählte, guckte ich sie noch einmal genau an. Sie trug eine kurzärmelige, weiße Bluse und einen dunkelblauen Faltenrock, der knapp bis zu den Knien reichte. Ihre Arme und Beine waren derb wie auch ihr Gesicht, aber nicht fett. Sie überragte mich wohl um Kopfeslänge; alles an ihr schien etwas groß geraten, auch die Nase, der Mund, die Brust und das Hinterteil, aber deshalb paßte auch alles zusammen, und sie gab eine ganz ansehnliche Figur ab.

Sie setzte sich wieder, aber diesmal mit übereinandergeschlagenen Beinen, auf das grüne Sofa unter das Ölbild und erzählte, daß ihre Eltern nach Brandenburg gefahren wären zu Verwandten und sie allein im Hause wäre. Sie fragte dann, wie es mir in Weltzow gefiele, ob es in der Stadt nicht interessanter wäre, auch wegen der Mädchen und so. Dann klatschten wir ein bißchen über die Dorfbewohner, und ich konnte ihr dabei vieles erzählen, was sie noch nicht wußte. Dann wollte ich gehen, aber sie sagte, sie wollte Kaffee kochen und hätte Schmalzkuchen, selbstgebackene, die müßte ich kosten. Sie ging in die Küche, und ich sah mir das Kristall, das Porzellan und das Silber in der Vitrine an und die Bilder an den Wänden mit ihren schweren, vergoldeten Rahmen, und mir wurde ganz warm ums Herz bei dem Gedanken, daß auch ich einmal Besitzer einer guten Stube sein könnte, in der man am Sonntagnachmittag Gäste empfängt und bei Kaffee und Kuchen mit ihnen plaudert.

Bald duftete es nach Bohnenkaffee und Schmalzkuchen. Ich hielt mich tüchtig ran und lobte die Kuchen, was Elvira wiederum freute.

»So etwas Gutes habe ich noch nicht gegessen bisher«, sagte ich wahrheitsgemäß, »aber wenn ich öfter so was hätte, würde ich bald noch fetter werden!«

So schlimm wäre es doch nicht, meinte sie, im Gegenteil, sie fände mich viel schöner und männlicher als die dürren Bohnenstangen, an denen nichts dran wäre. Sie sah mich dabei so von oben bis unten an, daß mir kribblig im Leib wurde. Sie könnte davon essen, soviel sie wollte, Fett setze sie nicht an.

»Alles Knochen und festes Fleisch«, sagte sie. »Hier, fühl mal!« Und sie streckte mir ihren bloßen Arm hin. Ich stand auf, ging zu ihr hin und drückte ihren Oberarm, der wirklich sehr fest war. Dann ging ich zu meinem Stuhl hinter dem breiten Tisch zurück.

»Ja«, sagte ich, »wirklich nur festes Fleisch. Schön.«

»So wabbeliges Fleisch wie andere habe ich am ganzen Körper nicht, nirgends!«

»Ja, das glaube ich«, sagte ich und mußte mich räuspern.

»Du kannst ja auch hier mal anfassen«, sagte sie stolz und ganz bei der Sache, »wenn du es nicht glaubst. Ist ja nichts Schlimmes, bloß damit du siehst, daß es wirklich überall ganz fest ist und nicht so wabbelig wie bei manchen anderen.« Dabei schob sie ihren Faltenrock etwas hoch, gerade so viel, daß ein kleines Stück vom Strumpfhalter zu sehen war. Ich stand also noch einmal auf und fand tatsächlich, daß auch dort ihr Fleisch fest und gar nicht wabbelig war, und da ich annahm, daß noch mehr zu begutachten sein würde, blieb ich gleich auf dem Sofa neben ihr sitzen. Aber sie wollte nun wissen, wie es mit mir bestellt sei, und ich hielt ihr alles hin, und sie fand es wunderbar, worauf ich ein paar charmante Worte über die Farbe ihrer Augen sagte. Dann küßte ich sie, und sie ließ sich nach hintenübersinken, und im Laufe der Zeit konnte ich feststellen, daß sie wirklich am ganzen Körper eine so glatte Haut und so festes Fleisch hatte wie an den Armen und Beinen. Und wenn die Schmalzkuchen nicht so geduftet hätten, wäre sicher noch mehr passiert.

Wir legten also eine Essenpause ein, und Elvira sagte: »Du schmust auch so gerne, nicht wahr? Und du machst es schön. Der blöde Hans-Jürgen von Lehmanns, den ich heiraten soll, ist träge wie ein nasser Sack. Ich glaube, so sind die Dürren alle.«

Das hörte ich natürlich gern und nahm sie wieder in die Arme.

Sie aber fragte mich flüsternd: »Willst du dir nicht mal mein Zimmer ansehen?«

Natürlich wollte ich das. Wir gingen umschlungen die schmale Treppe hinauf in Elviras Jungmädchenkammer, in der nur ein Stuhl, ein Schrank und ein Bett standen, auf das wir gleich fielen. Elvira drückte mich mit ihren starken Armen so an ihre Brust, daß mir der Atem wegblieb, und keuchte ganz mächtig dabei. Mir wurde angst und bange.

Da hörten wir plötzlich Hufschlag und Rädergerassel. Elvira gab mich frei. Wir stürzten zum Fenster und sahen auf den Hof hinunter, wo die Alten aus der Kutsche stiegen.

Elvira packte mich am Arm und zerrte mich die Treppe hinunter. Durch den dunklen Flur kam ich auf die Straße.

»Morgen, wenn es dunkel ist, am Pfuhl im Rosengarten«, flüsterte sie noch, dann schloß sie die Tür.

Es war, Gott sei Dank, schon dämmrig und kein Mensch in der Nähe. So konnte ich mich etwas erholen und mein Hemd wieder in die Hosen stecken, bevor ich den Weg zu Brunzels Gasthof einschlug. Es war Zeit zum Abendessen.

5

Unverhofft kommt oft, sagt man, und so war ich von einem Tag auf den anderen zum Liebhaber der reichsten Bauerntochter von Weltzow geworden.

Natürlich sagten wir keinem Menschen was davon; sie aus Angst vor ihren Eltern, ich, um nicht von den Jungen wegen der drei Jahre älteren und einen Kopf größeren Liebsten verspottet zu werden. Warum ich Hans Gräber nichts erzählte, ist schwerer zu erklären. Ich hatte so ein Gefühl, wie es mein Vater vielleicht gehabt hätte, wenn seine Arbeitskollegen gesehen hätten, daß er mit der Tochter des Brauereibesitzers poussierte.

Aber wegen dieses Gefühls mit Elvira Schluß machen konnte ich natürlich nicht. Dazu war alles zu schön und zu einträglich. Denn sie brachte mir, wenn wir uns zwei- bis dreimal wöchentlich trafen, immer etwas mit: eine Tüte mit Schmalzkuchen, amerikanische Zigaretten, gegen Kartoffeln eingetauscht, eine gebrauchte, aber noch gute Hose und anderes mehr.

Leider hatten wir immer wenig Zeit, da Elvira nie lange von zu Hause wegbleiben konnte, nie ein Dach über dem Kopf und ständig kühles und regnerisches Wetter, das die Pferdekoppel, die sich betrügerisch Rosengarten nannte, zu keinem angenehmen Aufenthalt machte. Hinlegen konnten wir uns niemals, und wer mit Koppelzäunen Erfahrung hat, weiß, daß große Leistungen auf ihnen nicht zu erzielen sind.

Das war nichts Halbes und nichts Ganzes, und nach einiger Zeit begann ich mich schon nach meinem ruhigen Leben zurückzusehnen. Manchmal ertappte ich mich auch bei dem Gedanken, dieser Geheimniskrämerei so oder so ein Ende zu machen. Hinzu kam die Eifersucht. Elvira war mit dem langen Hans-Jürgen Lehmann so gut wie verlobt. Für die Eltern und für das Dorf war es eine beschlossene Sache, daß die beiden heiraten würden. Zwar versicherte mir Elvira, daß nichts Richtiges zwischen ihnen sei, aber erstens glaubte ich das nicht, und zweitens war es kein angenehmes Gefühl, die beiden offiziell miteinander gehen zu sehen, während ich in der Schar der noch ungebundenen Burschen stehen und hinterhergucken mußte, obgleich ich doch der war, der es besser mit ihr konnte. Nein, ungetrübt war diese Zeit der jungen Liebe ganz und gar nicht, aber verglichen mit dem, was nachher kam, war sie als ausgesprochen rosig zu bezeichnen.

Am 1. Mai wurde in Weltzow eine Demonstration durchgeführt, an der sich das ganze Dorf – bis auf Pastor Johannes Hurtig – beteiligte. Die Bauern stellten Gespanne und blumengeschmückte Wagen, auf denen ihre weißgekleideten Töchter saßen, vornweg aber marschierte Hans Gräber mit einem Pappschild, auf das der Spruch »Alles Brot für das Volk – weg mit Schiebern und Spekulanten!« gemalt war.

Am Tag zuvor war der alte Lehmann nämlich, seiner Schiebungen wegen, verhaftet worden. Das hatte den Bauern Schreck eingejagt, den Arbeitern aber hatte es Mut gemacht, gegen ihre Chefs in Lohn- und Deputatangelegenheiten aufzutreten. Am Abend vor Beginn der Tanzveranstaltung sollte in Brunzels Lokal jemand aus Rathenow über Lehmanns Verhaftung sprechen.

Es war ein sonniger Tag. Die Luft über dem Luch flimmerte vor Hitze. Die Mädchen hatten Sommerkleider an, die Männer trugen ihre Jacketts über dem Arm und krempelten die Hemdsärmel hoch. Gleich nach der Mittagszeit begann das Kinderfest mit Sackhüpfen, Eierlaufen und Topfschlagen, dann das Preiskegeln und das Hahnenreiten, das allerdings mit Fahrrädern ausgeführt wurde, da der Pferdebestand der Bauern arg zusammengeschmolzen war. Ich beteiligte mich gar nicht erst, um nicht zum Gespött der Leute zu werden. Ich guckte eine Zeitlang zu, wie die Burschen versuchten, den hölzernen Hahn im Vorbeifahren von seinem Gewinde zu drehen, sah dann aber Elvira mit ihrem Lehmann kommen und verzog mich nach Hause, wo ich Brunzel beim Ausschank half, obwohl ich erst ab zwanzig Uhr Dienst hatte. Frau Leidenfrost, wie immer in Wolltücher gewickelt und der vielen nackten Männerarme wegen von Gänsehaut geschüttelt, rief mich in die Küche, wo sie mir ein reichliches Abendbrot zurechtgemacht hatte.

»Heute wird sicher viel spendiert, und eine gute Unterlage muß sein!« sagte sie und sah zu, wie ich die Teller leerte.

Frau Leidenfrosts Vorsorge war notwendig, denn es war zu erwarten, daß das ganze Dorf erscheinen würde, um den Mann vom Gericht sprechen zu hören. Und wer erst einmal da war, ging nicht so schnell wieder weg. Die Weltzower Bauern waren keine regelmäßigen Kneipengänger oder Trinker; wenn sie aber mal anfingen bei festlichen Gelegenheiten, dann fanden sie kein Ende. Zwar wurde in unserer Gegend die Flasche Schnaps damals mit etwa hundert Mark gehandelt, aber gegen Kartoffeln oder Eier war sie für die meisten, auch für die Arbeiter und Handwerker, verhältnismäßig billig zu haben, abgesehen davon, daß viele schwarz brannten. Zum Tanz brachte man sich seine Flaschen selber mit oder kaufte sie bei Brunzel, der fleißig zu Schwarzmarktpreisen ausschenkte. Und freigebig waren sie dann alle bei solchen Gelegenheiten.

Während der Mann aus Rathenow sprach, war es mäuschenstill im überfüllten Saal. Dann wetterte Gräber gegen die Schieber los. Ich klatschte natürlich wie verrückt, als er Schluß machte. Dann rang sich der Bürgermeister ein paar Sätze ab, wünschte allen »für den weiteren Verlauf des Abends ein gutes Amüsement«, und dann wurden die Stühle an der Wand in drei Reihen aufgestellt, und die Kapelle begann zu spielen. Zuerst tranken alle von unserem dünnen Bier, und ich mußte schweißüberströmt hin und her sausen. Aber je später es wurde, desto mehr Schnapsflaschen kamen zum Vorschein, und ich kam zur Ruhe.

»He, dicker Willi, trink mal einen mit!« wurde jetzt oft gerufen, und es dauerte nicht lange, bis ich von oben bis unten mit scharfem Fusel gefüllt war.

Elvira saß in der Gaststube neben dem Saaleingang, ihr gegenüber der Sohn vom Schmied mit seiner Braut, neben ihr Lehmann, der bei der Rede bleich, jetzt aber vom Saufen knallrot geworden war. Wenn ich an der Theke stand, sah sie immer verstohlen zu mir herüber, und wenn ich vorbeiging, setzte sie sich so, daß ich mit der Hand ihren Arm streifen konnte.

»Wie gefällt dir die kleine Dickopp?« fragte mich Frau Leidenfrost mit harmlosem Gesicht. »Die Alte ersäuft dich in der Jauchengrube, wenn du dich an sie ranmachst. Die ist dem Lehmann versprochen für ein paar Hektar Wiese im Buckower Luch.«

Meine Chefin hatte sich völlig verändert. Sie trug ihr Haar, das sonst immer unter einem Wolltuch versteckt war, heute offen. Sie hatte auch schon eine Menge getrunken und rosige Backen davon bekommen.

»Sieh mal!« Sie faßte mich am Arm und zeigte mit der anderen Hand zu Elviras Tisch hinüber. »Jetzt fühlt er, was er an ihr hat!«

Elvira und Hans-Jürgen hatten die Köpfe zusammengesteckt, und er hatte seinen Arm so um ihre Schultern gelegt, daß seine Hand auf ihrer Brust lag. Sie flüsterten miteinander. Dann lachte sie schallend. In mir bohrte die Eifersucht.

»Frau Leidenfrost«, fragte ich, »es ist doch nicht mehr viel zu tun, kann ich nicht auch mal tanzen?«

»Ja«, sagte sie zögernd. »Tanzt du auch mal mit mir?«

»Natürlich«, sagte ich überrascht.

»Bediene du mal einen Moment, Willi, ich bin gleich wieder da!« Sie bahnte sich einen Weg durch die grölende Menge und kam nach fünf Minuten wieder. Sie hatte zum ersten Mal, seit ich sie kannte, ihre Wolltücher abgewickelt und trug nun eine weiße Bluse. Sie lächelte verlegen, als ich sie ansah, und wurde vom Hals bis zur Stirn rot wie eine Erdbeere.

Aber der Lange hatte noch immer seine Hand da liegen, wo eigentlich meine hingehörte. Ich ging schnurstracks zu Elvira hin und forderte sie zum Tanz auf.

»Bist du verrückt?« fauchte sie, als wir die ersten Takte getanzt hatten. »Meine Eltern sitzen dahinten in der Ecke!«

Ich drückte sie fest an mich, so daß ich ihre Brust an meinen Schultern spürte, und sagte zu ihr hinauf: »Ist mir ganz schnuppe. Ich kann nicht mit ansehen, wie das lange Elend dich abknutscht!«

»Du bist ja eifersüchtig!« lachte sie, drückte meinen Arm und streifte mit den Lippen meine Stirn. Das fiel nicht auf im Gewühl der lachenden und singenden Paare. Wir hatten beide viel getrunken und vergaßen völlig, daß wir uns nicht kennen durften. Der Tanz und Elviras Körper machten mich wirbelig im Kopf. »Ich gehe nachher mal raus«, sagte ich, als ich sie zu ihrem Platz zurückbrachte. Sie nickte, lachte und kniff mich in den Arm.

Ich ging unsicher und stieß dauernd – breit genug war ich ja – an Tischkanten, Stühle oder Frau Leidenfrost an. Die kicherte dann vor sich hin, und ich lachte wie blöd ohne Grund. Ich sang, wenn ich mich mit den Gläsern in der Hand durch die Tanzenden drängte, laut die Schlager mit und rief allen Leuten was zu. Einmal faßte ich aus lauter Übermut meine Chefin um, da wurde sie schlaff und weich in meinen Armen, und ich hatte Mühe, sie wieder loszuwerden.

»Und wann tanzt du mit mir?«

»Gleich«, sagte ich, nickte Elvira unauffällig zu und ging zur Tür. Aber dabei stieß ich auf Dickopp, der mich umarmte und mir lallend erzählte, daß er nicht mehr böse auf mich wäre, da wir doch schließlich alle eine große Familie wären und zusammenhalten müßten. Zum Glück zerrte seine Frau ihn wieder an den Tisch, und ich konnte hinaus auf den dunklen Flur. Ich stellte mich rechts hinter die Tür, vor die Treppe zu den oberen Zimmern, und wartete. Ständig gingen Leute raus und rein, aber ich war nicht zu sehen für sie.

Schließlich kam Elvira. Ich packte sie beim Arm und zog sie in den Winkel. Sie schrie leise auf, dann lagen wir uns in den Armen. Aber bald kriegte sie Angst.

»Wenn uns jemand sieht!«

»Komm, wir setzen uns auf die Treppe!«

Kaum saßen wir, kam jemand aus der Gaststube auf die Treppe

zu. Ich erkannte Brunzel an dem schlurfenden Schritt. Wir flüchteten die Treppe hinauf, und als Brunzel auch hochkam, in Frau Leidenfrosts Schlafzimmer. Hier war es heller als auf Flur und Treppe, aber trotzdem stolperte ich über ein am Boden liegendes Wolltuch, fiel aber glücklicherweise auf einen Berg von Kleidungsstücken, die Frau Leidenfrost wohl beim Umziehen aus dem Schrank geworfen hatte. Brunzel schlurfte vorbei in die Besenkammer. Ich stand vorsichtig auf und setzte mich mit der zitternden Elvira auf Leidenfrosts Bett. Ich streichelte sie, bis sie aufhörte zu zittern. Bald schlurfte Brunzel wieder vorbei, wir aber gaben unseren günstigen Platz nicht auf. Hadlaub hatte sicher einen festen Schlaf, da er allein im Bett liegen konnte.

»Du zerreißt mir das Kleid«, flüsterte Elvira. »Warte, ich ziehe es aus.«

»Wie das verdammte Bett knarrt!« schimpfte ich. »Komm, wir setzen uns auf den Kleiderhaufen, der macht keinen Krach!«

Gerade hatte ich den Mechanismus eines wichtigen Verschlusses begriffen, da flammte plötzlich das Deckenlicht auf, und ein ohrenzerreißender Schrei ertönte. Ich sah die Leidenfrost einen Schritt nach dem Bett hin tun, etwas an sich reißen und hinausrennen. Die Tür knallte zu. Der Schlüssel wurde im Schloß herumgedreht. Dann hörten wir die Frau die Treppe hinunterhasten.

Ich lief zum Fenster und sah auf die Straße. Dort hinunterzuspringen wäre Selbstmord gewesen. Ich drehte mich um und rannte zu meiner Kammer. Aber da ging die Tür auf, und Hadlaub erschien, sich die Augen reibend. Im viel zu großen Nachthemd stand er da und starrte auf das Mädchen im rosa Unterrock, das auf einem Wäscheberg saß. Elvira begann zu schluchzen.

Aus dem Saal unter uns ertönte entsetzlicher Lärm. Die Musik, die die ganze Zeit über gehämmert hatte, brach ab, und dann begann ein Laufen und Schreien, ein Trampeln und Tosen im Flur und auf der Treppe. Ich warf Elvira ein Wolltuch zu und stellte mich in möglichst lässiger Haltung, die Hände in den Hosentaschen, ans Fenster. Aber zittern tat ich doch ein bißchen. Die Tür wurde aufgerissen, und herein stürzte, Zornesröte im Gesicht, Frau Leidenfrost, Elviras Kleid wie eine Fahne schwingend, dann

Herr und Frau Dickopp. Dahinter drängte sich Kopf an Kopf die skandalsüchtige Menge.

Für Sekunden starrten alle auf Elvira, die mit angezogenen Knien, das Wolltuch um sich geschlungen, auf der Wäsche saß und den Kopf gesenkt hielt. Dann brannten ihre Blicke auf mir, endlich schwenkten sie um zu Hadlaub, der noch immer nicht ganz munter war.

Ich aber sah der alten Dickopp fest in die Augen und sagte: »Ich habe mich soeben mit Elvira verlobt!« und ging auf die noch erstarrt Dastehende zu, legte ihr die Arme um den dicken Hals und sagte: »Ich bin so glücklich, Schwiegermama!«

6

Etwa acht Wochen später, an einem brutheißen Sonntagnachmittag, lag ich auf dem Bett in Elviras Kammer und döste vor mich hin. Ein Schwarm Fliegen brummte um die Lampe, vom Stall her ließ ab und zu ein Schwein sein träges Grunzen hören, und Elvira klapperte unten mit Tellern. Sie hatte mich eben verlassen, weil die Liebe ihr Appetit auf Schmalzkuchen gemacht hatte. Gleich würde sie von der Treppe her schreien: »Willi, der Kaffee ist fertig!« Und dann würden wir in der guten Stube sitzen und von der Hochzeit reden. Seit sechs Wochen waren wir verlobt, und die Hochzeit war auf den 7. August festgelegt. Was sie und ich und jeder andere für unmöglich gehalten hätte, hatte Frau Leidenfrost in ihrem Zorn erreicht. Da das halbe Dorf Zeuge von Elviras Fehltritt geworden war, hatten ihre Eltern gute Miene zum bösen Spiel machen müssen. Hinzugekommen war freilich, daß das Heiratsgeschäft mit dem langen Lehmann nach der Verhaftung seines Vaters zu einer etwas unsicheren Sache geworden war, da eine Enteignung im Bereich des Möglichen lag.

Dickopp hatte sich schnell mit seinem zukünftigen Schwiegersohn abgefunden, da er alles von der praktischen Seite her sah. Mit unserer Verlobung und meinem Umzug in sein Haus hatte er eine Arbeitskraft dazubekommen. Ich war kräftig geworden in den letzten Monaten, hatte bei Brunzel allerhand Landwirtschaftliches gelernt und arbeitete, da ich zur Familie gehörte, ohne Lohn. Dikkopp hatte seit jeher viel geschuftet und freute sich, jetzt jemanden zu haben, von dem er mit vollem Recht das gleiche verlangen konnte. Er war deshalb meist freundlich zu mir und fand in unserem skandalösen Unglücksfall in Leidenfrosts Schlafzimmer nur Grund zu immer neuem Gelächter. Das aber mißfiel seiner Frau und führte dazu, daß er von den abfälligen Äußerungen, die für mich bestimmt waren, immer sein Teil mit abbekam.

»Daß Elvira sich mit dem eingelassen hat«, sagte sie mit einem Seitenblick auf mich, »das hat sie von dir. Und dein blödes Gejohle über die Schweinerei und Schande zeigt nur, daß du eben auch aus solchen Kreisen stammst.«

Dickopp war nämlich jahrelang Großknecht auf dem Hof des Vaters seiner späteren Frau gewesen und wohl nur zum Besitzer aufgestiegen, weil kein anderer das bärtige, nicht mehr ganz junge Mädchen hatte nehmen wollen. Leicht hatte er es nicht unter ihrer Herrschaft, aber er war Bauer und der reichste des Dorfes dazu.

Am Abend des Verlobungsfestes, zu dem vierunddreißig Gäste geladen worden waren, hatte er mich beiseite genommen und gesagt: »Ob du es gewollt hast oder nicht, es ist nun mal so gekommen, und was kommt, muß man nehmen. Mit der Liebe ist es sowieso bald vorbei, und wenn du dann mal denkst, daß es schöner wäre, eine zu haben ohne Bart und ein bißchen kleiner und zarter und weniger anstrengend, dann mußt du dir sagen: Schön ist sie nicht, und freundlich ist sie auch nicht, aber es hängt ein Hof an ihr. Liebe ist ganz schön, mußt du dir dann sagen, aber 399 Morgen und Pferde und Kühe und Schweine und Haus und Stallungen sind noch besser. Und heutzutage zählt doch nur der Bauer. Denn der hat das Fressen, und die anderen haben es nicht, und wer hat, der bekommt mehr, und wer mehr hat, ist der Herr im Land. Na, dann prost!«

Ja, daran dachte ich, als ich so dalag und zu den Fliegen hinaufsah und mir überlegte, ob es mit der Gudrun aus dem Nachbarort auch so gegangen wäre wie jetzt mit Elvira; so nämlich, daß ich sie nicht mehr sehen mochte, wenn die stürmischen Minuten der Umarmungen vorbei waren. Ich ekelte mich ein bißchen vor ihr, wenn sie ihren Unterrock überzog, um schnell in die Küche zu laufen, weil sie Hunger auf Schmalzkuchen bekommen hatte.

Richtig gesehen hatte der Alte auch, daß sie mich immer spüren lassen würde, daß sie eigentlich Herrin in Haus und Hof war. Das fing jetzt schon an, wenn ich mal meine Ruhe haben wollte oder anderer Ansicht war, über die Behandlung von Arthur zum Beispiel. Dann bekam ich manches zu hören, was sehr an die Art ihrer Mutter erinnerte. Als der alte Dickopp mir am Verlobungsfest seine Eheanschauungen auseinandergesetzt hatte, war mir auch der Ekel vor ihm ein bißchen hochgekommen, und wenn ich ihn im Haus vor seiner Frau kriechen, im Hof vor Arthur aber den großmäuligen Herrn spielen sah, dann war das noch viel mehr der Fall. Schlimm aber war, daß ich ähnliche Züge schon an mir entdeckte. Den großmäuligen Herrn spielte ich zwar noch nicht, im Gegenteil, ich stand Arthur bei, so gut es ging, aber was ich mir alles von der Alten und meiner lieben Verlobten gefallen ließ, das hatte schon eine verdammte Ähnlichkeit mit Dickopps Art.

»Willi, der Kaffee ist fertig!« schrie Elvira von der Treppe her. Ich erhob mich träge, stieg in meine frischgebügelte Sonntagshose, zog mein weißes Seidenhemd an und ging langsam die Treppe hinunter. In der guten Stube war es angenehm kühl. Die abgestandene Luft des nur sonntags benutzten Zimmers war durch den Duft von Kaffee und Schmalzkuchen erträglich geworden. Elvira saß im Unterrock auf dem Sofa und futterte.

»Weißt du, was mir eben einfällt?«

»Ich bin doch kein Gedankenleser«, sagte ich mürrisch.

»Alles haben wir bei dem Berliner bestellt für dich: den schwarzen Anzug, die Fliege, die Schuhe, aber vergessen haben wir den Zylinder. Denn der von Papa paßt dir doch nicht, der sitzt dir ja auf den Ohren!«

»Sag das noch mal! Ich höre immer Zylinder?«

»Natürlich Zylinder! Du brauchst doch einen Zylinder, wenn ich in Weiß, mit Kranz und Schleier gehe!«

»Den Krümel nimm dir aus dem Bart, mein Schätzchen! Ehe ich mit Zylinder in die Ehe gehe, vertilge ich die zwanzig oder dreißig Eier, die ihr dafür zahlen müßt, auf einen Sitz roh!«

»Und doch wirst du mit Zylinder gehen!« rief sie und stampfte mit dem Fuß auf, was allerdings nicht sehr wirkungsvoll war, weil sie keine Schuhe anhatte. Da sie sich gerade einen Schmalzkuchen in den Mund gesteckt hatte, verschluckte sie sich und begann zu husten. Ich klopfte ihr den halbnackten Rücken, sagte ihr, daß ich mich von ihr nicht anschreien ließe, und ging hinaus.

Ich konnte den Unterrock nicht mehr ausstehen und war froh, einen Grund zum Weglaufen zu haben. Ich sehnte mich nach den Jungen an der Friedhofsecke, mit denen ich in der letzten Zeit nicht mehr zusammengekommen war. Abends mußte ich arbeiten bis zur Schlafenszeit, und die Sonntage hatte ich bisher mit Elvira verbracht, da ihre Eltern meist wegfuhren. Zu Gräbers war ich auch noch nicht wieder gegangen. Ich traute mich nicht. Hans war der einzige aus dem Ort, der uns zur Verlobung keine Glückwunschkarte geschickt hatte. (Elvira hatte die Karten alle nach Hausnummern geordnet und auf diese Weise einen lückenlosen Überblick erhalten.)

Die Burschen saßen auf der schattigen Friedhofsmauer. Als sie mich kommen sahen, schwiegen sie.

»Arthur, nimm Haltung an, dein Chef kommt!« rief einer.

Einige lachten, aber besonders herzlich klang das nicht. Ich ging tapfer auf sie zu und gab jedem die Hand. Dann stand ich vor ihnen in meiner neuen Hose und meinem Hemd und wußte nichts zu sagen. Sie sagten auch nichts.

»Zigarette?« fragte ich. Aber als ich in die Tasche griff und die Lucky Strike herausholte, merkte ich schon, daß das falsch war, merkte ich, daß das protzig klang. Sie nahmen alle eine, auch die, die nicht rauchten, denn eine Ami-Zigarette war zehn Mark wert. Nur einer steckte sie sich an, die anderen rochen daran herum und hielten sie dann behutsam in der hohlen Hand.

»Habt ihr was gegen mich?« fragte ich.

»Nein, im Gegenteil, wir bewundern dich! Wie geschickt du das eingefädelt hast am ersten Mai!«

»Und wie fein du jetzt rumläufst!«

Und dann sprang einer von der Mauer, klopfte sich den Hosenboden ab und sagte, daß er jetzt nach Hause müßte. Ein anderer sagte, er wollte zum Hauptgraben, ein bißchen baden, und fragte, wer mitkäme. Und sie sagten: »Machs gut, Willi« und: »Na, dann bis zum Polterabend!« und schlenderten davon durch die Sonnenglut. Nur Arthur blieb einen Augenblick bei mir stehen und sagte: »Ich weiß auch nicht, wie es kommt, aber es ist eben jetzt alles anders.« Und dann ging er den anderen nach. Ich stand allein an der vertrauten Friedhofsmauer, schmiß meine noch nicht zu Ende gerauchte Zigarette weg und sagte zu mir selbst: »Na, dann nicht, ihr Blödhammel!« Aber eigentlich war mir mehr zum Heulen zumute.

Zu dem Sofa mit Elvira drauf wollte ich nicht zurück. Kurz entschlossen ging ich auf das Lehrerhaus zu.

Gräber hatte einen farbenbekleckten Kittel an, einen krempenlosen Hut auf und strich die Wände des neuen Klassenraumes.

»Schön, daß du dich auch mal wieder sehen läßt, Willi! Mach dir dein Hemd nicht dreckig!«

Ich stand überflüssig hinter ihm, und wir sprachen über alle möglichen nebensächlichen Dinge. Dann wurde mir das zu blöd, und weil ich noch nicht wieder gehen wollte, zog ich mir das Hemd aus, hängte es an die Türklinke, band mir einen Sack vor die Hose, ergriff einen Pinsel und begann mitzumalen. Zwei Stunden arbeiteten wir, ohne zu reden, dann war alles fertig.

»Freut mich, daß du dir was vom alten Willi bewahrt hast«, sagte Hans, indem er sich erschöpft auf eine Leitersprosse setzte.

»Warum wundert dich das?«

»Das weißt du doch!«

»Glaubst du vielleicht, daß ich es darauf angelegt habe?«

»Entscheidend ist, daß du es geschafft hast.«

»Neidisch?« fragte ich patzig.

»Auf Wiedersehen, Willi, vielleicht kommst du mal wieder vorbei, wenn ich mehr Zeit habe.«

Er schmiß mich also raus. Ich zog mein Hemd an und ging durch das abendliche Dorf. Die Leute saßen vor den Häusern. Die, die ich nicht mochte, grüßten mich freundlich, die anderen mürrisch oder gar nicht. Ich ging aus dem Dorf hinaus, den Pflaumenweg entlang bis zum Haselhorst, einem etwas höher gelegenen

Wäldchen im Luch. Dort setzte ich mich und sah zu, wie die Sonne hinter der aufgeschütteten Rathenower Chaussee verschwand. Ich dachte an die Brauerei am Kreuzberg, an meinen fröhlichen Vater und an die blonde Lehrersfrau im Nachbardorf. Als ich sah, wie die Jungen vom Baden zurückkamen, dachte ich daran, einfach loszugehen, quer über das Luch, der Sonne nach, durch die Kiefernwälder, über die Havel bis in ein anderes Dorf, wo niemand mich kannte und wo die Burschen abends auch an der Friedhofsecke standen. Aber dann wurde mir kühl in meinem Seidenhemd, und ich hatte Durst und fürchtete mich in dem dämmrigen Luch mit den eigenartigen Vogelrufen. Ich lief nach Hause, trank meine Abendbrotmilch, ließ eine Schimpfkanonade wegen des versäumten Fütterns über mich ergehen und ging schlafen.

Und am nächsten Morgen begann wieder die harte Arbeit und ließ keine Zeit für Seelenkummer.

7

An der Bürgermeisterei hing ein Anschlagkasten, der nur für Aufgebote bestimmt war. Wochenlang war er leer, verstaubt und unbeachtet; hatte aber ein Paar sich aufbieten lassen, dann wurde von den Freundinnen der Braut eine Blumengirlande herumgelegt, und jeder, der vorbeiging, sah hinein und studierte die Namen und Daten.

Als nun im Juli 1946 das Aufgebot der Brautleute Elvira Alwine Dickopp, geboren 1922 in Weltzow (Kreis West-Havelland), und Willi Franz Wälter, geboren 1925 in Berlin-Neukölln, mit Reißzwecken festgenagelt worden war, geschah es schandbarerweise, daß es drei Tage lang hinter verschmutzten Scheiben hing, schmucklos, doch leider nicht unbeachtet, bis ich bei Nacht und Nebel hinschlich und die von Elvira und ihrer Mutter verfertigte Girlande um den Kasten legte. Die Ursache für diese öffentliche Schande war nicht etwa in der unmoralischen Art des Zustandekommens unserer Verlobung zu suchen, sie lag tiefer oder besser gesagt höher, nämlich in religiösen Bereichen. Zuständig für den Schmuck des Kastens wären die Mitglieder des Mädchenkreises gewesen, der sich zweiwöchentlich um den Pastor Johannes Hurtig beziehungsweise um seine Frau, Johanna Hurtig, scharte und dem auch Elvira angehörte. Nach dem Skandal in Brunzels Gasthof hatte Elvira sich dort nicht mehr sehen lassen, weil sie erstens Angst vor Spott und Vorwürfen hatte und zweitens in ihrer freien Zeit sehr mit mir beschäftigt war. Das hatte böses Blut gemacht; die Anweisung Pastor Hurtigs, den Kasten nicht zu bekränzen, war aber erst ergangen, als bekannt wurde, daß wir die Absicht hatten, uns katholisch trauen zu lassen.

Eines schönen Tages hatte ich nämlich auf der Rathenower Chaussee den katholischen Priester getroffen. Ich war mit dem leeren Wagen nach einer zehn Kilometer entfernten Wiese unterwegs, um das letzte Heu reinzuholen. Die Pferde ließ ich so langsam laufen, wie sie wollten, da ich die ruhige Fahrt unter den schattenspendenden Linden sehr schätzte und Arthur und seiner Mutter, die inzwischen den anderen Wagen auf der Wiese luden, eine unplanmäßige Rast gönnte. Ich war so in Gedanken versunken, daß ich den Priester erst erkannte, als er kurz vor mir bremste und abstieg.

»Grüß Gott, junger Landmann!« rief er mir freundlich zu.

»Grüß Gott, Herr Pfarrer!« sagte ich und brachte die Pferde zum Stehen

Mir war nicht ganz wohl bei dieser Begegnung, da ich vor Monaten zum letztenmal in der Kirche gewesen war und Ermahnungen fürchtete.

»Quo vadis, domine?« fragte er lächelnd, nachdem er sein Rad an einen Baum gestellt hatte. Dabei hielt er mir die Hand zur Begrüßung hin. Ich schüttelte sie, die weich, weiß und zart war wie die einer vornehmen Frau, und sagte: »Amen«, da ich annahm, daß sein Ausspruch eines der vielen lateinischen Gebete war, die er auswendig wußte.

Er lachte schallend, und da ich ihn nicht verstimmen wollte, lachte ich kräftig mit. Er erkundigte sich fachmännisch nach der diesjährigen Heuernte, wollte meine Ansichten über den Nutzen von Treckern in dieser sumpfigen Gegend wissen und erzählte von den Schwierigkeiten des Heuens in seiner Heimat, der Rhön.

Und dann fragte er ohne Übergang nach dem Termin unserer Heirat.

»Siebenter August.«

»Wunderbar«, sagte er, nachdem er in einem Notizbüchlein geblättert hatte. »Da haben wir sowieso Messe in Weltzow. Ein historischer Tag für das Dorf: die erste katholische Trauung seit der Reformation. Wird die Braut unseren Glauben annehmen?«

»Nein, ich glaube kaum.« Ich druckste herum, um zum Ausdruck zu bringen, daß meine Schwiegermutter wohl gar nicht recht einverstanden sein werde mit einer katholischen Hochzeit.

»Schon gut«, unterbrach er mein Gestammel. »Wir machen das schon! Spätestens Ende Juli komme ich vorbei, und wir regeln alles. Grüß Gott!«

Er radelte davon und überließ mich meiner Verwirrung, meinen Zweifeln, Sorgen und Ängsten. Daß ich dann am Abend darauf bestand, katholisch getraut zu werden (»Entweder katholisch oder gar nicht!« wurde meine Losung), lag weniger an meiner Begeisterung für historische Bedeutungen als vielmehr an meiner Opposition gegen die tyrannische Schwiegermutter. Als ich davon zu sprechen begonnen hatte, war ich mir noch über nichts klar, als aber die Bäuerin sofort einen Wutanfall bekam und mich meines Glaubens wegen beschimpfte, mußte ich doch einfach fest bleiben.

Ich blieb es, und der Umstand, daß das ganze Dorf dieser Hochzeit mit großer Erwartung entgegensah, glättete die Wogen bald wieder. Als Elvira mir ihre Zustimmung bekanntmachte, war ich so gerührt, das ich als Gegenleistung zum Zylinder ja sagte. Hätte ich gewußt, was mir noch bevorstand, hätte ich auch versprochen, zwei Zylinder übereinander zu tragen, um die katholische Trauung zu verhindern.

Aber soweit war es noch nicht. Erst kam der Ärger mit dem ungeschmückten Aufgebotskasten, dann kam der Priester und einige Tage später Pastor Hurtig.

Der Priester, ein »schöner Mann«, wie Elvira nachher sagte, groß und breit, mit der Stimme eines Opernbaritons, wußte, wie schwer es den Bauern dieser stockprotestantischen Gegend fiel, ihr Mißtrauen gegen alles Katholische zu überwinden. Er verhielt sich sehr geschickt, ließ sich den Hof und das Vieh zeigen, lobte alles, machte Elvira wirkungsvolle Komplimente, schimpfte auf Kommunisten, wirkte durch Gestalt und Sicherheit und erreichte alles, was er wollte. Da er die kirchliche Trauung verständlicherweise für wichtiger hielt als die amtliche, sollte erst nach der Kirche zum Standesamt gegangen werden. Eine Viertelstunde sollten die Glocken läuten. Das konnte durch den Weltzower Kirchendiener geschehen. Einen Orgelspieler aber wollte der Pfarrer aus Rathenow mitbringen. Der war zwar teuer, dafür aber auf den Kirchenchor eingeübt, der auch kommen und nicht mehr als das Fahrgeld und ein gutes Abendessen kosten sollte. Mit der Ausschmückung der Kirche wurde ein Rathenower Gärtner, ein guter Katholik, beauftragt. »Für das Glück ihrer Tochter scheuen wahrhaft christliche Eltern keine Mühen und Kosten!« sagte der Priester mit einem vorwurfsvollen Blick auf Dickopp, der sich sorgenvoll den Kopf kratzte.

Ich war ziemlich überflüssig bei dieser Unterredung, bis zum Schluß, als ich auf die Frage nach meinem Tauf- und Firmschein meine vermißte Mutter mit einer Lüge belasten mußte, die sie mir aber sicher verzeihen wird.

»Und denken Sie daran, daß Sie vorher zur Beichte und zur Kommunion gehen müssen! Um dreizehn Uhr dreißig beginne ich mit der Beichte, um vierzehn Uhr dreißig beginnt die Messe, danach gehen Sie zurück und holen die Braut, um fünfzehn Uhr fünfzehn etwa können wir den Bund fürs Leben schließen!«

Ich nickte nur und ließ ihn meinen Schreck nicht merken. Übrigens erschrak auch Elvira. In zärtlichsten Sekunden hielt sie manchmal inne und beschwor mich, dem Pfarrer doch um Himmels willen nichts von unserem sündigen Vorleben zu erzählen. Aber ich versprach nichts; denn solche Trümpfe soll man nicht leichtfertig aus der Hand geben.

Als einige Tage später Pastor Hurtig kam, um Dickopp zu bewegen, den Plan einer katholischen Trauung aufzugeben, predigte er tauben Ohren. Als er zu drohen begann, wurde er unfreundlich abgefertigt und mußte froh sein, von Elvira noch eine Tüte mit Eiern in die Hand gedrückt zu bekommen.

Die Zeit verging wie im Fluge bei anstrengender Arbeit und nervenaufreibenden Hochzeitsvorbereitungen. Elvira kam nicht mehr mit aufs Feld, da sie ihrer Mutter beim Hausputz, beim Backen, Schlachten, Ausschmücken und Umräumen helfen mußte. Jeder war gereizt, und jeden Morgen, Mittag und Abend gab es Streit. Hinzu kam der Ärger mit meinem Hochzeitsanzug. Der Berliner Schieber, der übrigens jetzt nicht mehr mit einer Handkarre, sondern mit einem alten Tempo-Wagen kam, nutzte die Sache bis aufs letzte aus. Er brachte jedesmal nur ein Stück mit, die Schuhe, die Schleife, das Hemd, den Zylinder, und erfand immer wieder neue Geschichten, die alle mit der gleichen Pointe endeten, daß er nämlich noch mehr Butter, Eier, Speck, Korn oder Kartoffeln mitnehmen müßte, um das noch Fehlende zu besorgen. Jedesmal machte die Alte Krach, aber das half ihr nichts, sie mußte alles herausrükken, wollte sie nicht Gefahr laufen, ihre Tochter mit einem unvorschriftsmäßig angezogenen Mann trauen zu lassen.

Erst am Sonnabend, dem Tag des Polterabends, brachte der Berliner den Anzug, lehnte es ab, zum Mittagessen zu bleiben, lud den halben Zentner Raps, den der Anzug mehr gekostet hatte, auf den Wagen und ratterte davon. Der Grund dafür wurde uns klar, als ich nach dem Mittagessen den Anzug anprobierte: Er paßte mir nicht!

Meine fetten Beine steckten in den Röhren wie in Unterhosen, den Schlitz konnte ich nur mit Gewalt zuknöpfen, die Jacke spannte sich wie ein voller Zuckersack. Als ich mich entsetzt auf einen Küchenstuhl fallen ließ, riß krachend die Naht über dem Gesäß. Die Beine mußte ich ausgestreckt halten, da bei der geringsten Bewegung die Hose über dem Knie zu platzen drohte. Ein Jackettknopf kollerte über den Steinfußboden, als ich zu einem tiefen Seufzer Luft holte.

»Ganz richtig paßt er nicht!« sagte ich.

Elvira stand wie versteinert am Küchentisch, Dickopp brach in Gelächter aus, seine Frau schrie: »Der Sauhund, der!«, womit diesmal aber nicht ich, sondern der Schieber gemeint war. Brüllend jagte sie ihren nur noch leise kichernden Mann hinaus und begann mich von oben bis unten abzutasten, um festzustellen, ob vielleicht irgendein Teil doch paßte. Sie fand, daß die Ärmel des Jacketts lang genug waren, daß der abgerissene Knopf vorversetzt und der Umschlag der Hose ausgelassen werden könnte.

»Am Hintern setzen wir ein Stück ein, dann geht es schon!«

»Und wie soll ich gehen in diesen Schläuchen?«

»Zur Trauung springt man nicht wie ein geiler Bock, und wenn sie nachher beim Tanzen platzen, schadet es nichts, dann sind sowieso alle besoffen!«

»Lieber gehe ich in meinen alten Kommißhosen, als daß ich wie ein Storch zur Kirche stelze!«

»Und wer bezahlt das alles?« schrie sie. »Schleicht sich in bessere Familien ein und will noch eine große Lippe riskieren. Der Anzug wird angezogen und damit Schluß!«

»Habs schon oft genug bereut, in diese Schieberfamilie geraten zu sein!« schrie ich zurück.

Elvira stand noch immer am Küchentisch. Sie weinte jetzt, ich wußte nicht, ob über mich oder über den Anzug.

»Hör auf zu flennen, du Schaf!« schrie ihre Mutter, und in diesem Moment ging zögernd die Küchentür auf, und ein vierjähriges Mädchen stand da und hinter ihr ein siebenjähriges und hinter der eine Frau mit einem noch größeren. Alle drei Mädchen hatten schwarzes Haar, blasse Gesichter und stockdünne Arme und Beine. Mit ihren aufgequollenen Hungerbäuchen sahen sie aus wie kleine Schwangere. Sie blickten zu Boden und nestelten an den Bindfäden, die die Zopfenden zusammenhielten.

»Entschuldigen Sie«, sagte die Frau. »Der Bürgermeister schickt mich. Sie möchten so freundlich sein und mir ein paar Kartoffeln für Sonntag geben, am Montag will er dann alles regeln. Wir sind heute früh mit dem Transport gekommen, aus Ostpreußen.«

»Ohne Arbeit gibt uns auch keiner was«, sagte die Dickopp. »Und dem Bürgermeister bestellen Sie, er soll doch von seinen Frühkartoffeln abgeben.«

»Es brauchen ja nicht Frühkartoffeln zu sein. Vielleicht haben Sie noch alte?«

»Raus! Wir haben andere Sorgen!«

Mir wurde kalt vor Wut und Scham. Aber ich schrie nicht. Ich sagte überhaupt nichts. Ich ging zur Speisekammer, nahm ein Brotmesser, schnitt drei Streifen vom Streuselkuchen und nahm eine Wurst vom Nagel. Ohne auf das Gebrüll der Alten zu achten, ging ich mit Stelzschritten auf die Tür zu, gab der Frau die Wurst, den Kindern je einen Streifen Kuchen und fragte: »Haben Sie einen Sack mit?«

Sie hatte nur ein Einkaufsnetz. Ich schob sie alle vier hinaus und ging zur Scheune hinüber, in der die Frühkartoffeln lagen. Die Kinder hielten mit beiden Händen die Kuchenstreifen, blieben dicht neben mir und warfen ab und zu einen ängstlichen Blick nach der Alten zurück, die auf den Haustürstufen stehengeblieben war. An der Ecke stand Dickopp und sah uns mit eingezogenem Kopf nach. Ich füllte das Netz mit Kartoffeln. Dabei platzte meine hintere Hosennaht noch weiter. Die Kinder starrten auf den Kuchen und wagten nicht hineinzubeißen.

Ich trug das Netz bis zum Hoftor. Dann deutete ich auf meinen Anzug. »Ich würde Sie gern noch begleiten, aber in diesem Aufzug geht das nicht. Haben Sie es weit?«

»Wir wohnen in Brunzels Gasthof!«

»In der kleinen Kammer hinter dem Schlafzimmer? Alle vier?«

»Ja, und ein kleiner Junge auch noch.«

»Kommen Sie ruhig wieder, wenn die Kartoffeln alle sind«, sagte ich. »Ab morgen bin ich hier Bauer!«

»Womit sollen wir Ihnen das danken? Sie sind so gut zu mir! Aber wir haben nichts!«

»Können wir nicht dem Onkel ein Lied vorsingen?« sagte die Kleinste.

Das taten sie dann auch, obwohl die Mutter erst abwehrte. Sie sangen dreistimmig das Lied »Mamatschi, schenk mir ein Pferdchen, ein Pferdchen wär mein Paradies«, und mir liefen die Tränen nur so die Backen runter, und ich hatte doch kein Taschentuch in meinem Anzug.

Als ich zurückging, wartete Dickopp auf mich. Er machte ein nachdenkliches Gesicht, was bei ihm selten war. Ich wollte an ihm vorbei ins Haus, um den korsettengen Anzug endlich auszuziehen, aber er hielt mich am Arm fest und sagte: »Es ist ein feines Gefühl,

Willi, zu verschenken, aber man muß sich das verkneifen können. Du bist ein guter Kerl, und meine Frau ist eine Krähe, aber recht hat sie doch! Gut zu sein, das kann man sich nicht leisten, wenn man ein guter Bauer sein will. Gut ist für den Bauern, was für den Hof gut ist. Ich habe es auch erst lernen müssen.«

Ich riß mich los und ging an der zeternden Alten vorbei ins Haus, in meine Kammer. Ich befreite mich von dem Anzug, legte mich aufs Bett, summte das Lied von der Mama, deren Kind sich ein Pferdchen wünschte, vor mich hin und versuchte das, was mir im Kopf herumging, zu ordnen, bis ich einschlief.

8

Elvira rüttelte mich wach und trieb vergebens zur Eile; die Ankunft Onkel Augusts und Tante Trudes aus Lietzow schien mir kein ausreichender Grund zu sein.

Man saß in der guten Stube und hatte eine Flasche Schnaps schon fast leer. Onkel August war ein gemütlicher Mann von fast sechzig, seine Frau, dick und bärtig, viel jünger, Ende Dreißig vielleicht. Sie stürzte auf mich zu, küßte mich schmatzend auf Stirn und Wangen, packte meine Oberarme, schob mich von sich weg, betrachtete mich von oben bis unten und rief: »Dick nennt ihr das? Gut beieinander, sage ich! Der wird dafür sorgen, daß wir in neun Monaten wieder in Weltzow feiern.«

»Immer dasselbe mit der Frau«, brummte Onkel August. »Hat er denn Ahnung von der Landwirtschaft?«

Ich kam mir vor wie ein Bulle auf dem Viehmarkt, der am Strick den Begutachtern vorgeführt wird. »Guten Abend«, sagte ich mürrisch.

»Guten Abend, Willichen«, rief Tante Trude und benutzte die Gelegenheit, um mich noch einmal abzuküssen und mich dann zwischen sich und Elvira auf das Sofa zu plazieren, wo ich bald zu schwitzen begann.

»Sag Trude zu mir, Willi, für eine Tante bin ich noch nicht alt genug! Komm, trinken wir Brüderschaft!«

Ich hatte Angst vor dem nassen Kuß, sagte, daß ich erst einmal raus müßte, und ging – aus Angst vor der stürmischen Tante –

tatsächlich auf die Toilette. Lange saß ich da und dachte mit wenig Freude an den kommenden Tag, an die Beichte, an die nächsten Wochen, Monate, Jahre, bis ich Arthur im Pferdestall die »Capri-Fischer« singen hörte. Ich schlenderte über den Hof und sah ihm von der Tür aus zu.

»Wir kommen nachher alle poltern!« sagte er.

»Mensch, wie gut du es hast«, sagte ich.

»Wieso?«

»Es kotzt mich alles an«, sagte ich, worauf er nur die Achseln zuckte und weitersang.

Ich ging zum Hoftor. In der beginnenden Dämmerung hatten sich die Dorfkinder vor Dickopps Haus versammelt. Sie hatten altes Geschirr, Flaschen, Töpfe, Blechbüchsen in den Händen und sahen auf die Haustür. Ganz vorn stand Hadlaub, einen Biersiphon unter dem Arm. Den kannte ich, er hatte einen abgebrochenen Hals und stand seit jeher auf Brunzels Hof herum. Wir waren nie dazu gekommen, ihn zur Müllgrube zu schaffen. Auch die drei Mädchen aus Ostpreußen waren dabei.

Hadlaub kommandierte: »Eins, zwei, drei!«, und die Flaschen, Teller, Töpfe und Schüsseln flogen zur Haustür und zerschellten auf den Steinstufen.

»Viele Kinder für das Haus,
Bauer, bring den Kuchen raus!«

schrien alle im Chor, erst leise, ungeordnet, dann lauter und fordernder. Und dann ging die Tür auf, und Elvira und ihre Mutter erschienen mit einem Berg Streuselkuchen, und die Kinder hörten auf zu schreien, rannten zur Tür und streckten die Hände aus.

»Schluß, genug!« rief die Alte, als der Teller leer war.

Drei Bleche mit mageren Zutaten waren für die Kinder gebakken worden, aber morgen würde auch noch Kuchen gebraucht werden für die, die mit Gratulationskarten kamen. Ein paarmal schrien die Kinder noch ihren Vers, dann gingen sie.

»Wo bleibst du denn, Willi?« Elvira stand hinter mir. »Tante Trude denkt, du rückst vor ihr aus!«

»Meinst du, das nasse Geknutsche gefällt mir?«

»Sei froh, daß du ihr gefällst! Sie haben keine Kinder und einen Hof in Lietzow! Sei nett zu ihr!«

»Ich kann ja auch die Hochzeitsnacht mit ihr verbringen!«

»Du bist ein Gerissener!«

Elvira kniff mir ins Hinterteil; das war eine ihrer besonders liebevollen Zärtlichkeiten.

Die Familie tafelte schon. Kartoffelsalat, Kaßler und Schweinebraten verbesserten meine Laune wieder, zumal Tante Trude nüchterner und damit kühler geworden war.

Noch während des Essens begann die Polterei wieder, diesmal aber mit schweren Stücken. Die Jugend lud den Müll der letzten Jahre vor unserer Haustür ab. In Taschen, Kiepen und Handwagen schleppten sie Gerümpel an. Eimer, Drahtkörbe, Pumpenschwengel, Mausefallen, Ofenrohre, Wannen, Müllschippen, Gardinenstangen türmten sich vor dem Haus. Es machte Krach, sie waren es los, und die Brautleute mußten es am Hochzeitsmorgen wegfahren.

»Viele Kinder für das Haus!
Bauer, bring den Schnaps heraus!«

Der Alte nahm Flasche und Glas und winkte mir mitzukommen.

Ich schüttelte den Kopf.

»Laß ihn, er will mich nicht verlassen«, sagte Tante Trude, die wieder zu trinken angefangen hatte.

»Genau«, sagte ich, da ich mich lieber von der dicken Tante belästigen als von den Burschen verlästern ließ, setzte mich wieder auf das Sofa, auf dem das ganze Unglück begonnen hatte, ließ mich abküssen und trank einen Schnaps nach dem anderen, um die Burschen vor dem Haus zu vergessen.

Aber die machten sich immer mehr bemerkbar. Der Schnaps regte zum Dichten an.

»Gottverflucht sei dieses Haus,
kommt der Willi nicht heraus!«

Aber der kam nicht, wollte nicht, schlug vielmehr um sich, riß sich los, als Dickopp an ihm zerrte und Elvira und Trude schoben, rannte den Flur entlang, die Treppe hinauf und schloß sich in seine Kammer ein.

Die Frauen trommelten wie verrückt an die Tür, auf der Straße schrien sich die Burschen die Kehlen wund, ich aber setzte mich auf mein Bett und sah durch das Fenster zum Nachthimmel rauf, bis es nach langer, langer Zeit still wurde.

9

Der erste Sonnenstrahl trieb mich schon auf. Ich wollte den Müll aufgeladen haben, ehe das Dorf wach wurde.

Am Kleiderschrank hing der reparierte Hochzeitsanzug. An der Hose war hinten ein Stück eingesetzt, der Umschlag ausgelassen worden. Es gelang mir, sie anzuziehen, nur konnte ich danach die Knie nicht ohne Gefahr krümmen.

Während ich am Fensterspiegel die Schleife zu binden versuchte, schlich Tante Trude in meine Kammer. Sie war im Morgenrock, den sie mit der Hand oben zuhielt.

»Guten Morgen, lieber Neffe«, sagte sie süßlich. »Ich möchte gern die erste sein, die dich an deinem Glückstag begrüßt.«

Mit der Hand, die sie mir hinstreckte, hatte sie vorher den Morgenrock zugehalten. Ich ergriff die Flucht.

Das Müllaufladen mit steifen Beinen war eine Hundearbeit. Die Kleinigkeiten, zu denen ich mich hätte bücken müssen, mußte ich Elvira überlassen. Ich erzählte ihr dafür von der morgendlichen Nachstellung ihrer Tante und erzielte damit ein unerwartetes Ergebnis. Sie lachte. War sie stolz auf ihren vielbegehrten Mann, oder dachte sie an die Erbschaft?

Dickopp kam mit dem Gespann. Er wollte die Fuhre zur Müllgrube fahren. Als der Wagen anruckte, fiel eine alte Friedhofsharke herab und riß einen Dreiangel in meine gute Hose.

Elvira bekam einen Weinkrampf, die Alte einen Wutanfall, der auch mich ansteckte. Ich zog die Hose aus, schmiß sie ihr vor die Füße, rannte in Unterhosen in meine Kammer, verschloß die Tür und warf mich aufs Bett.

»Das lasse ich mir nicht bieten«, schrie ich in mein Kissen, »sofort haue ich ab, sofort!«

Aber ich hatte noch nichts gegessen und schwer gearbeitet. Vor meiner Tür hörte ich Elvira weinen. Als ich ihr nach einer Stunde aufmachte, fiel sie mir um den Hals und beschwor mich, sie mitzunehmen, wenn ich ausrückte. »Ohne dich kann ich nicht leben, Willi! Heirate mich, und dann fliehen wir!«

Sie tat mir leid.

»Kommt schnell, liebe Kinder, die ersten Gratulanten sind da!« schrie Tante Trude von unten. Ich fuhr in meine alte Hose. Dann rannten wir hinunter, nahmen zwei wartenden Kindern die Karten ab, dankten und überreichten das ihnen zustehende Stück Kuchen. Kaum hatten wir uns zum Frühstück hingesetzt, kamen die nächsten. Und so ging das weiter, den ganzen Vormittag hindurch. Zwischendurch stopfte Elvira meine Hose, mal knurrte ich die Alte, mal knurrte die Alte mich an, aber als gegen elf Uhr die ersten Gäste kamen, glimmte die Wut nur noch versteckt.

Wenn ich an das Mittagessen denke, läuft mir noch heute das Wasser im Munde zusammen. Es gab Hühner-, Enten-, Puten-, Schweine- und Kalbfleisch, dazu mehrere Sorten Gemüse und hinterher Pfirsichkompott mit Eis. Ich aß viel, aber ohne rechten Appetit, denn die Beichte, die um halb zwei auf mich wartete, war Hauptgesprächsthema.

»Erzähle bloß nicht von deinen diversen Frauen«, schrie der lange Lehmann, der seinen Neid durch Forschheit zu verdecken suchte, vom anderen Ende der Tafel her, »sonst wird der Pfaffe noch seiner Askese überdrüssig!« Er hatte die Oberschule besucht und fühlte sich verpflichtet, viele Fremdwörter zu gebrauchen, die keiner verstand.

Ich ärgerte mich mächtig über diese Geschmacklosigkeit, fühlte mich plötzlich verantwortlich für den katholischen Glauben und sah in dem Pfarrer einen Verbündeten gegen diese Heuchler, die sich Christen nannten und ausnahmslos Geizhälse und Ausbeuter waren. Sie gossen und stopften all die guten Sachen in sich hinein, wischten sich das Fett mit dem Handrücken vom Kinn, rissen schlechte Witze und ließen mich hochleben, weil ich nun auch einer von ihrer Sorte geworden war.

Kurz vor halb zwei machte ich mich fertig. Elvira band mir die Schleife vor das gestärkte Hemd. Ich zwängte mich in Hose und Jacke und probierte vor dem Spiegel den richtigen Sitz des Zylinders. Ich fand, daß er mir keck seitlich aufgesetzt am besten stand, aber Elvira und die anderen waren dagegen. Wir einigten uns darauf, daß ich ihn bei meinem Alleingang zur Beichte schief, beim feierlichen Gang zur Trauung aber gerade aufsetzen sollte. Die Schwiegermutter war empört, verstummte aber, als Tante Trude mich mit seitlich sitzendem Zylinder »süß verwegen« fand.

Als ich gehen wollte, stürmte ein junger Mann herein und verkündete, daß der Bus mit Chor und Pfarrer Panne hatte und alles verspätet losgehen würde. Elvira faselte gleich was von unheilvollem Zeichen, ich aber versuchte mir in Ruhe meine Beichte zu überlegen.

Doch kaum hatte ich es geschafft, meine Gedanken zu konzentrieren, rief man schon wieder nach mir. Ich sollte Elviras Staat bewundern. Ich fand meine stämmige Braut komisch in dem jungfräulichen Kleid mit Schleier, sagte aber nichts, sondern verdrückte mich still, um in der Kirche noch über meine Beichte nachdenken zu können. Als ich aber die Haustür öffnete, prallte ich entsetzt zurück. Die Straße vor dem Haus bis zur Kirche hin war voller Menschen. Ich schlug die Tür wieder zu und lief zu den anderen zurück.

»Massen von Gaffern stehen vor dem Haus!« rief ich.

»Selbstverständlich«, sagte die Schwiegermutter stolz, »wenn bei Dickopps Hochzeit ist!«

»Der Kleine hat Angst so allein!« meinte Tante Trude, und ich war ihr dankbar für das Mitleid. »Ich werde mitgehen! Aber nicht allein, sonst denken sie noch, ich bin die Braut. Komm, Else!«

Und so verließ ich einige Minuten später, rechts und links von Frauen in langen schwarzen Abendkleidern flankiert, das Haus und schritt, anfangs schnell, durch dichtes Spalier der Kirche zu. Während die dicke Tante Trude und die hagere Else Müller würdig geradeaus sahen, versuchte ich so heiter und unbefangen wie möglich auszusehen. Ich grüßte kopfnickend den einen oder anderen Bekannten, lächelte krampfhaft und rückte dauernd an meinem Zylinder herum.

Die Leute amüsierten sich köstlich. Manche kicherten vergnügt vor sich hin, andere versuchten ernst zu bleiben, die jungen Burschen aber, die am Kirchhofstor standen, lachten laut.

»Das ist Vielweiberei, mit zweien zur Trauung!«

»Der geht seine Braut suchen!«

»Brauchst du die beiden als Zeugen bei der Beichte, Willi?«

Es war ein Spießrutenlauf. Zu allem Übel mußte ich immer langsamer gehen, da bei meinen forschen Schritten die Hosennaht zwischen den Beinen sich aufzulösen begann. Die kühle, halbdunkle Kirche begrüßte ich wie ein Ertrinkender, der endlich rettendes Land unter den Füßen spürt.

»Wir warten hier auf dich«, flüsterte Tante Trude. Ich ging allein nach vorn.

Die mit Blumen geschmückte Kirche war noch leer bis auf ein paar Beichtkinder, Mädchen und alte Frauen vorwiegend, die in der ersten Bankreihe knieten und sich verstohlen nach mir umdrehten. Ein Platz in der Reihe war noch frei. Ich hängte den Zylinder an den für Kissen und Taschen bestimmten Haken, dann kniete ich auch nieder und faltete wie die anderen die Hände.

Ich nahm mir vor, so wenig wie möglich von Mädchen zu reden. Anfangen wollte ich damit, daß ich manchmal nicht so recht an Gott glauben könnte, und den Mann dann fragen, ob es nicht doch besser wäre, aus Mangel an Liebe und zur Wahrung der inneren Sauberkeit, auf die Heirat zu verzichten.

Hinter mir hörte ich Tuscheln und schlurfende Schritte. Die Kirche füllte sich. Außer den Katholiken, die zur Messe wollten, kamen die alten Mütterchen, um sich einen guten Platz zu sichern. Die meisten Zuschauer warteten draußen; sie wollten erst nach dem Brautpaar in die Kirche strömen. Ständig fühlte ich die Blicke aller hinter mir Sitzenden auf meinem gebeugten Nacken. Erst nach langer Zeit kam der Chor und ging zur Empore hinauf. Der Pfarrer kam und verschwand in der Sakristei. Dann durfte das erste Beichtkind, eine krummgebeugte Alte, hinein. Sie kam schnell wieder, und nun ging die Abfertigung flott. In kaum zwanzig Minuten wäre ich dran gewesen. Aber ich drehte mich um und bedeutete den hinter mir sitzenden Sündern, daß sie ruhig vor mir hineingehen könnten. Als schließlich nur ich noch übrig war, war es drei Uhr. Sicher stand Elvira schon in vollem Staat hinter der Tür und wartete darauf, sich an meinem Arm der Menge zu zeigen.

Mir fiel mein Hosenschaden wieder ein. Gleich würde ich aufstehen müssen. Mit der Hand an die verdächtige Stelle zu fassen, traute ich mich nicht. Als der letzte Beichter aus dem Türchen kam, setzte ich mich erst auf die Bank und sah verstohlen auf meine Hose. Unterhalb des Schlitzes war die Naht gerissen, aber es würde, wie ich beruhigt feststellte, beim Gehen nicht zu sehen sein. Beim Aufstehen stieß ich an den Zylinder, der, von unterdrücktem Kichern begleitet, auf den Gang rollte und in der Mitte liegenblieb. Ich wagte nicht, ihn aufzuheben. Bei der Rückkehr von der Beichte würde ich die gefährliche Bewegung mit vom Publikum abgewendetem Hosenboden machen können.

In der Sakristei war es stockfinster. Ein Räuspern aus der Ecke zeigte mir den Weg. Mit vorgestreckten Händen tappte ich vorwärts.

»Knie nieder, mein Sohn!« hörte ich plötzlich dicht vor mir die angenehme Stimme des Priesters. Ich sank in die Knie auf eine harte Betbank.

»Guten Tag, Herr Pfarrer«, sagte ich so freundlich wie möglich.

»Hast du in deiner Jugend nie Kommunionsunterricht gehabt?« fragte der Pfarrer streng.

»Doch«, antwortete ich eingeschüchtert, »aber ich war oft krank, und das beste Gedächtnis habe ich auch nicht!«

Er sprach mir die Einleitungsfloskeln vor, und ich sprach sie ihm nach. Darauf trat Stille ein. Ich sagte nichts, weil ich dachte, daß er sich sammeln müßte.

»Sprich!« Er schien ungeduldig. Meine Kehle war trocken vor Aufregung. Ich mußte erst räuspern und schlucken, ehe ich sprechen konnte. Dann äußerte ich bescheiden meine ausgedachten Zweifel an der Existenz des lieben Gottes. Aber das schien ihn nicht sonderlich zu interessieren.

»Wann hast du das letzte Mal gebeichtet?«

»Das ist schon ein Weilchen her«, sagte ich. Ich war etwas böse darüber, daß er mein Geständnis so wenig beachtete.

»Was heißt ein Weilchen? Sind das fünf Monate oder fünf Jahre?« Er war weniger erschüttert, als ich dachte, und erkundigte sich ohne Übergang nach Unkeuschheiten, die ich begangen haben sollte. Da ich nicht sicher war, ob das das gefürchtete Thema betraf, stellte ich mich dumm, worauf er nach Einzelheiten fragte, und zwar so genau, daß ich rot wurde. Das schlimmste aber war, daß mich die dunkle Feierlichkeit der Sache so beeindruckte, daß ich mich zusammennehmen mußte, um nicht immer die Wahrheit zu sagen.

»Und nun, Herr Pfarrer«, sagte ich, als er in der Annahme, alle meine Übertretungen des sechsten Gebots zu kennen, eine Pause machte, »muß ich Ihnen noch gestehen, daß ich nicht nur an Gott, sondern auch an meinen Heiratsplänen zweifle.«

Aber er verstand mich falsch, glaubte, daß ich an Elviras protestantischem Glauben was auszusetzen hätte, betonte, daß auch dieser christlich sei, warnte mich vor den Atheisten, langweilte mich mit Geschichten von wunderbaren Bekehrungen, stimmte Lobgesänge auf eine gute christliche Ehe an und wünschte mir zum Schluß viele Kinder. Mehrmals versuchte ich vergeblich, ihn zu unterbrechen; als er schließlich schwieg und lateinische Gebete murmelte, wagte ich es nicht mehr. Ich wußte nun, daß es unsinnig gewesen war, von ihm Rat zu erwarten. Schließlich war – außer Elvira – niemand so sehr wie er an dieser Trauung interessiert.

»Schönen Dank und auf Wiedersehen!« sagte ich und stand auf. Froh darüber, das hinter mir zu haben, tat ich es zu schnell. Mit hörbarem Krach riß die Hosennaht weiter auf. Ich spürte frische Luft zwischen den Beinen. Verwirrt vor Schreck, machte ich ein paar Schritte, fiel über eine Betbank und riß dabei einen Vorhang herunter. Sonnenlicht fiel durch ein Fenster und blendete mich. Ich sah undeutlich eine Tür vor mir, öffnete sie und – stand im Freien.

Im ersten Augenblick war ich erschrocken. Während ich noch die Klinke in der Hand hatte, dachte ich an den Zylinder, an Tante

Trude und die Leute in der Kirche, aber dann faßte ich nach meiner Hose, und mir wurde klar, daß die Verwechslung der Türen eine Fügung des Himmels war: Die Naht war vom Schlitz bis zum Hinterteil aufgerissen. Sie erinnerte an die Hemdhosen meiner Kinderzeit.

Ich sah mich rasch nach allen Seiten um. Über mir schwenkte eine Linde ihre Äste im Sommerwind. An ihrem verkrüppelten Stamm lehnten rostige Grabkreuze; die dazugehörigen Hügel waren schon eingeebnet. Ich befand mich im ältesten Teil des Friedhofes, auf der dem Eingangsportal abgewandten Seite der Kirche.

Unter Menschen konnte ich mich in diesem Aufzug nicht mehr wagen. In Sekundenschnelle war mein Entschluß gefaßt. Ehe der Pfarrer Zeit fand, sein verirrtes Schäfchen wiederzuholen, mußte ich verschwunden sein. Ich sprang hinter den Stamm der Linde und übersah meinen Fluchtweg. Die seit Jahrzehnten nicht mehr erneuerte Friedhofsmauer war kein Hindernis. Dann kam die Straße, die menschenleer war wie um Mitternacht, dann zwei Höfe, und dahinter begannen die Pferdekoppeln.

Mit ein paar Sprüngen war ich an der Mauer, Augenblicke später schon dahinter. Gebückt schlich ich bis zur Ecke, von wo aus die Straße zu übersehen war. Zwischen der Kirche und Dickopps Haus drängten sich die Menschen.

Hinter ihnen schob sich eine schwarze Wolkenwand herauf. Ich rannte über die Straße an den Häusern vorbei bis zur letzten Hofecke, kroch durch den Koppelzaun und legte mich schweratmend auf die Wiese. An den Knien war die Naht jetzt auch aufgerissen, aber das kümmerte mich nicht mehr. Ein kühler Wind fuhr vom Luch her über das Dorf; mir war, als ob er alle Sorgen aus mir herauswehte.

Die Gärten hinter den Höfen waren zum Glück nicht eingezäunt. Ich sprang über Mohrrüben- und Kohlbeete, verhedderte mich in Kartoffelkraut und erreichte gerade noch die Scheune hinter dem Lehrerhaus, als das Gewitter begann.

»Hattest du kein Interesse an meiner Hochzeit?« fragte ich, als ich in Gräbers Stube trat.

Er konnte nicht antworten vor Lachen.

»Ich bin dabei, meinen Wohnort zu wechseln.«

»Aber doch nicht etwa in dem Zeug?«

»Nein, das wirst du den Besitzern wieder abliefern!« Ich riß mir den Rock vom Leibe und zog die lädierte Hose aus. Hans wickelte alles in eine Zeitung. »Wo liegen deine alten Klamotten?« fragte er noch, bevor er ging.

Ich setzte mich in Unterhosen an seinen Schreibtisch und drehte mir von seinem Eigenbau eine Zigarette. Ich hatte das Drehen fast verlernt. Die Zigarette wurde dick und unförmig, aber sie schmeckte mir.

Ich dachte an Elvira. Sicher saßen sie jetzt alle in der guten Stube. Die Alte flucht. Dickopp verbeißt sich das Lachen. Elvira weint, Trude heult zur Gesellschaft mit. Der lange Lehmann versucht mit piepsiger Stimme zu trösten: Er wäre nie ein richtiger Bauer geworden. Elvira nickt unter Tränen und gewöhnt sich schon daran, bald Frau Lehmann zu heißen.

Vom Schreibtisch aus konnte ich durchs Fenster sehen. Mit hochgezogenen Schultern kam Hans durch den Regen gerannt. Als ich meine alten Sachen anhatte, war das Gewitter schon vorbei. Nur in der Ferne grollte noch was.

Gräber stand in der Tür, als ich die Straße überquerte. Ich winkte ihm noch einmal zu und ging den Pflaumenweg entlang aus dem Dorf hinaus. Als ich im freien Luch war, begann ich laut zu singen.

Fedezeen

1

Der Weg zu Großvater war weit, anstrengend und oft gefährlich, die Kekse aus der Blechbüchse schmeckten muffig, und abends fürchtete ich mich in dem alten Mietshaus; trotzdem ging ich gern zu ihm, um von den verzauberten Teichen zu hören.

Immer, wenn ich zu ihm kam, saß er am Fenster neben der Nähmaschine und sah hinaus auf die Brandmauer des zweiten Hinterhauses, deren graues Putzkleid bei jedem Regen mehr zerschliß und die scheußliche Nacktheit nachlässig gemauerter Ziegel sehen ließ. Er hielt den Kopf wie einer, der am fernen Horizont etwas zu erkennen versucht, und erst wenn er mir sein knochiges Gesicht mit den stumpfen, milchigblauen Augen zuwandte, wußte ich wieder, daß er fast blind war.

»Tach, ok, min Jung«, sagte er, erhob sich langsam aus dem leise ächzenden Korbstuhl, schlurfte zum Kleiderschrank, nahm die Keksbüchse herunter und trug sie zur Nähmaschine, auf der ich bereits saß und darauf wartete, daß er zu erzählen begann. Meist aber dauerte es lange, bis er sein Schweigen brach. Im Sommer summten Fliegen an der Scheibe auf und ab, im Winter trieben verirrte Windstöße Schneewirbel gegen die Fenster, im Hofschacht unten klapperten die Müllkästen, weit entfernt, von der Yorck- oder Belle-Alliance-Straße her, erklangen Marschmusik und Autogehupe. Mein Gesäß schmerzte vom harten Sitzen, manchmal fielen mir, wenn ich auf das eintönige Ticken des Regulators hörte, die Augen zu, aber nicht eine Minute bereute ich es, gekommen zu sein.

»Kannst du schwimmen?« Völlig munter war ich, wenn er mit dieser Frage begann.

»Ja, Großvater, ein bißchen.«

»Dat 's gaut; ohne Schwimmen helpt dat nicht so veel!«

Das Stückchen Himmel, das man sehen konnte, wenn man den Kopf auf die Fensterbank legte und steil nach oben blickte, war meist schon grau wie der Mauerputz geworden, wenn Großvater zu sprechen begann. Er redete mit leiser Verschwörerstimme, bei deren Klang sich die Haut auf meinen Armen in angenehmer Erregung zusammenzog.

»Hest du wedder watt?«

»Ja, Großvater«, sagte ich und breitete auf der Fensterbank die Pfennige und Sechser und Groschen aus, um die ich seit Stunden meine Faust gepreßt hatte. Großvater betastete jedes der handwarmen Geldstücke und rechnete leise dabei. Auf einen Wink von ihm lief ich zum Bett und zog unter dem Keilkissen das großkarierte Tuch hervor, in das er die neuerworbenen Schätze einwikkelte. Wieder rechnete er mit aufgeregt flatternden Lippen. Ich schlich zur Tür und legte den Riegel um; Großvater öffnete den Nähmaschinenkasten. Unter Lappen und Garnrollen versteckt, lag unsere Kassette, eine Tabakschachtel mit dem knallbunten Bild eines pfeiferauchenden Robinson; trotz der Kratzspuren waren die Felljacke, der Sonnenschirm und der im Hintergrund arbeitende schwarze Freitag noch gut zu erkennen. Verräterisch schepperte das Blech, wenn das Geld hineinfiel. Großvater feuchtete den Stift mit der Zunge an und gab ihn mir. Vor Aufregung zitternd, trug ich die neue Summe auf der beiliegenden Schreibheftseite ein. Dann wurde Robinson wieder unter Tuch, Zwirn und Stecknadelkissen begraben. Die Tür wurde entriegelt; nun erst konnte ich mich richtig freuen.

»Wie lange noch, Großvater?«

»Iher, as du di denkst, Jung!«

Wir sparten seit Jahren. Ich drängte mich den Nachbarn als Einholer auf, ich hackte beim Kohlenhändler Holz, zählte Briketts in die Kästen, ich bettelte den Jungen aus unserer Straße, die als Lehrlinge ihr erstes Geld verdienten, die Pfennige ab; ich kramte leere Flaschen aus Mülltonnen, hütete gegen Bezahlung Kleinkinder in Buddelkästen, erpreßte meinen älteren Bruder, den ich mit einem Mädchen im Park gesehen hatte; ich hangelte mit Magneten

Münzen aus Kellergittern, verkaufte Weihnachts- und Ostersüßigkeiten an Schulkameraden; ich suchte vor Kinokassen, Theken, Ladentischen und auf Rummelplätzen nach heruntergefallenen Geldstücken und versuchte auch manchmal den Bäcker oder Milchhändler zu betrügen. Großvater aber sparte am Essen, am Strom und am Gas. War er allein, ging er mit der Sonne zu Bett, mit mir saß er im Dunkeln, kam meine Mutter, drehte er oft die Sicherungen heraus, und wir aßen das mitgebrachte Abendbrot bei Kerzenschein. Tee brühte er sich für Tage im voraus und trank ihn kalt; zum Mittag aß er nur Gerichte mit kurzer Kochzeit, Haferflocken-, Grieß- und Maggisuppen, Eierkuchen oder Blutwurst. Manchmal ging angeblich sein Kocher entzwei, und er ließ sich Erbswurstsuppen von der mitleidigen Nachbarin kochen. Sein Versuch, den sonntäglich gestimmten Spaziergängern neben dem künstlichen Wasserfall am Kreuzberg mit demütig gezogener Mütze und frisch gewaschener gelb-schwarzer Armbinde Groschen zu entlocken, endete zwar schnell auf einer Bank im Polizeirevier, aber auch ohne das füllte sich langsam unsere Kasse, und der ersehnte Tag rückte näher.

Zweimal glaubten wir uns schon nahe am Ziel und wurden enttäuscht. Das war, als Großvater von der Fahrpreiserhöhung erfuhr, die irgendwann in den grauen Jahren seines Stadtlebens einmal erfolgt war, und dann, als ich zehn Jahre alt wurde und damit die Kinderermäßigung für mich wegfiel. Aber wir gaben nicht auf, sparten weiter und hüteten unser Geheimnis.

Die Versuchung, Freunde einzuweihen und zu Großvater mitzunehmen, war groß; denn der Weg war langweilig und manchmal, wenn in den Schluchten der Nebenstraßen uniformierte Jungenhorden lauerten, auch gefährlich; aber obwohl Großvater es mir nicht ausdrücklich verboten hatte, tat ich es nie, weil ich ahnte, daß niemand den Zauber unserer Teiche würde begreifen können, und weil ich Angst vor ihrem Lachen hatte. Schon der Name der Straße, in der Großvater wohnte, reizte sie dazu. Fidizin war für sie ein komisches Wort; ich verstand es nicht, wußte es aber aus bitterer Erfahrung. Es verführte sie zu albernen Witzen; sie machten Medizin daraus oder hängten weitere Silben mit i an. Für mich hatte das Wort einen überaus schönen Klang: So surrten die vielfarbig glitzernden Libellen über die Teiche. Und wenn an den schularbeitsfreien Mittwochnachmittagen, während die anderen ihren »Dienst« hatten, auf dem Weg zu Großvater die ermüdend vielen steinernen Rechtecke des Pflasters, die aussahen wie traumhaft-endlose Hopsefelder, unter meinen schwächer werdenden Schritten vorbeizogen, übte auch ich mich in Fidizin-Wortspielen, aber in ernsten. Fodozoon war die Sonne über den Feldern, Fadazaan der Dufthauch des Kalmus, der Flug des Milans, Fuduzuun der Ruf der Unken, das Hämmern des Spechts, der nächtliche Schrei der Eulen. Nur das Fedezeen hielt ich zurück; es erinnerte an das »Nee« des Großvaters, an leere Kassen und trostlose, gelbe Sandberge. Aber auch darüber hätten sie gelacht, die anderen, mehr aber noch, wenn sie nach mühevollem Treppensteigen im Kirchenlicht der buntbemalten Flurfenster den in kunstvoll verschnörkelten Buchstaben auf glänzendes Messing gemalten Namen des Großvaters, Wilhelm Rosinchen, entziffert hätten. Nein, man konnte sie wirklich nicht einweihen; man konnte sie hierher nicht mitnehmen.

Daß Großvater schwieg, ist sicher. Großmutter hatte alles gewußt; aber sie lag schon länger, als ich denken konnte, mit ihrem schneeweißen Papierhemd im Sarg und wartete auf ihn, der ihr aber erst folgen wollte, wenn er mir die Teiche gezeigt hatte. Wenn er von ihnen redete und meine Mutter die Stube betrat, schwieg er sofort oder brabbelte sinnloses Zeug vor sich hin. Einmal hatte ich Kitty, das Mädchen mit den vorstehenden Zähnen, das zweimal wöchentlich Brot und Maggisuppen für ihn einkaufte, im Verdacht der Mitwisserei; aber auf meine eifersüchtige Frage erzählte er mir, daß sie ihm vorgeschlagen hatte, die Nähmaschine, Großmutters Nähmaschine, zu verkaufen, und da wußte ich, daß sie unwürdig war.

2

Unsere Teiche lagen in der Gegend, in der Großmutter geboren war. Sie hatten keinen Namen, da niemand sie kannte; nur ein Köhler hatte von ihnen gewußt und vor seinem Tode Großvater davon erzählt. Vielleicht waren sie auch zu klein für einen richtigen Namen. Großvater nannte sie manchmal Waldaugen, manchmal Glücksteiche, meist aber kamen wir ohne Namen aus.

Sie lagen tief in den Wäldern, die so trocken waren, daß niemand sie in ihnen vermuten konnte. Daß sie auch in den heißesten Sommern nicht austrockneten, daß Fische in ihnen lebten und Laubbäume, die es sonst in der Gegend nirgendwo gab, sie umstanden, konnte Großvater erklären; unerklärlich aber war auch ihm, daß sie im Winter nicht zufroren. Lag es an den Unmengen vielfarbenen Laubs, das im Herbst die winzigen Wasserspiegel wärmend bedeckte? Brachten Quellen aus dem Erdinnern heiße Wasser herauf? Man wußte es nicht, auch wenn man erfuhr, wie die Teiche entstanden waren; aber doch schien einem dann einiges klarer zu sein.

Da stand einmal vor unvorstellbar vielen Jahren, als Großvater noch nicht lebte und dessen Großvater auch noch nicht, dort, wo unsere Teiche jetzt durch Astgewirr zum Himmel sahen, ein Berg und auf dem Berg ein Schloß von glänzendem Weiß, im Umkreis von vielen Meilen sichtbar, und auf dem Schloß wohnte eine Prinzessin, die schön war wie das erste Schilf im Frühjahr und spröde wie das braune Rohr im Frost. Bewerber strömten aus allen Himmelsrichtungen herbei, füllten Straßen und Wirtshäuser, standen Schlange vor dem Schloß, schöne Jünglinge und weise Greise, von nah und fern, Schwarze, Gelbe selbst dabei, Ritter und Schriftgelehrte, Clowns und andere Künstler, Gnomen und Riesen; jeder wollte sie besitzen, sie aber wollte niemandes Besitz werden, weil sie besessen war vom Traumbild eines Jünglings, der nicht kam. Ein großer Zauberer schließlich, der übers Meer gekommen war, um sie zu freien, und wie die anderen abgeschlagen wurde, verfluchte sie. Ein Erdbeben erschütterte das Land, ein Abgrund tat sich auf, und Berg und Schloß und Jungfrau stürzten in die Tiefe. Von der Tränenflut der Prinzessin aber blieben die Teiche zurück. Einmal in hundert Jahren zur Johannisnacht steigt sie empor, Glühwürmchen umschweben sie, die gelben Mummeln auf den Teichen verneigen sich vor ihr, sie sitzt am Ufer, weint, flicht Seerosen zu einem Kranz und wartet auf den unbescholtenen Jüngling, das Sonntagskind, das sie erlösen kann.

Immer wieder verlangte ich von Großvater diese Schöpfungsgeschichte zu hören, und er erzählte, und sie wurde immer schöner und länger dabei. Beim Auftritt der Prinzessin in der Johannisnacht spielten bald nicht nur die Seerosen mit, auch die Libellen und Frösche, die Binsen und Enten bekamen ihre Aufgaben. Nie aber versäumte er, Enttäuschungen vorwegnehmend, zu betonen, daß ich an einem Sonnabend geboren und also nicht bestimmt sei, sie zu erlösen. Aber er wußte auch, daß sie sich über jeden freute, der ihre Teiche fand und darin badete, und diese überschüttete sie dann mit Glück, mit größerem die, die bis zur Mitte schwimmen konnten.

Großvater hatte auch gebadet in den Tränen der Prinzessin, aber nur am Rand, da er nicht schwimmen konnte. Trotzdem: kaum war er anderen Tags aus dem Walde heraus, sah er zum erstenmal die Großmutter, sie hütete am Wegrain Ziegen, und sie nur anzusehen, schien ihm schon Glück genug. Jedoch der Zauber der Prinzessin wirkte weiter; Großmutter sagte ja auf seine Frage, obwohl er weder Geld noch Arbeit hatte und die Polizei ihn suchte; sie küßte ihn und ging mit ihm nach Berlin. Und nicht genug damit. Als in der fremden, grauen Stadt sich nichts zu beißen und zu brechen für sie fand, nahm eine alte Frau sie auf, die bald darauf verstarb und ihnen die Nähmaschine hinterließ, die sie und meine winzig kleine Mutter, die in der Fidizinstraße, zwei Treppen rechts, zur Welt gekommen war, vorm Hungertod bewahrte. Und dabei hatte Großvater nur am Rand gebadet, nicht einmal sein Kopf war naß geworden dabei.

Ich aber konnte schwimmen und sogar tauchen, was wohl noch mehr bedeuten mußte, doch kümmerte mich die Glücksverheißung erstaunlich wenig. Mir war vorstellbares Glück so eng mit der Fahrt zu den Teichen verbunden; der erste Schritt an ihren Ufern, der erste Blick zu den Ulmen, das erste Bad auch so sehr Endpunkt, so sehr Erfüllung, daß mir zukünftiges Glück ganz und gar unwichtig erschien.

Ich sagte es Großvater, und er freute sich darüber, denn er fühlte ebenso. Glück war das Leben an den Teichen, fern der Stadt, fern ihrem Lärm aus Lautsprechern und Fanfaren, ihren uniformierten Horden, fern von Schule, Benzingestank und Kommandos. Großvater wußte: Viele litten wie wir, aber keiner außer uns beiden kannte den Ausweg ins Glück, die Wälder, die Teiche.

3

Nicht nur an Fahrgeld war zu denken, auch an das Gepäck. Immer fiel uns zuerst ein, was wir nicht brauchten, Essen zum Beispiel. Auf der Bahnfahrt würde die freudige Erregung jeden Hunger ersticken. In entsetzlicher Ungeduld vergehen die ersten Stunden, ich lese Großvater die Namen der Stationen vor, er schüttelt den Kopf, wieder und wieder, dann aber, auf einem elenden Bahnhof, nur Gleis und einsames Wartehäuschen, richtet er sich auf, seine Lippen zittern wie immer vor den ersten Worten, er preßt die Nase an der Scheibe platt, dann brabbelt er los: Hier ist Großmutter mal in Stellung gewesen. Auf der nächsten Station, einer kleinen Stadt mit der einen kopfsteingepflasterten Straße, an deren Anfang der Bahnhof und an deren Ende die Kaserne liegt, hatte Großvater einrücken müssen zur Artillerie, weil er mit Pferden umgehen konnte. Nun brauche ich nicht mehr vorzulesen, Großvater weiß die Reihenfolge der Dörfer. Wir stehen schon auf, schnallen den Rucksack über, nehmen Großmutters Hutschachtel aus dem Gepäcknetz, obwohl wir wissen, daß wir erst auf der vierten Station aussteigen. Dann ist es soweit, wir stehen auf dem Bahnsteig, allein, hoffentlich allein, atmen tief und gehen los, durch blühende Rapsfelder, Großvater frisch wie nie, ohne Rast dem Walde zu. Würden wir bis dahin ans Essen denken können? Und unter den Kiefern dann, zu Beginn der großen Waldtour, würden wir finden, was wir brauchten: Beeren, vielleicht auch Kräheneier, bestimmt aber Pilze, die gibt es immer, sogar im Winter den Schneepilz mit weißgrauem Hut, Großvater wußte Bescheid.

Das Geld für Brot und Wurst also konnten wir sparen, aber zu trinken würden wir etwas mitnehmen, Tee am besten, in Großvaters alter Kaffeeflasche; denn der Wald, den wir stundenweit durchqueren würden, war trocken und sandig; Mahlheide nennen ihn die Leute aus Großvaters Dorf. Grau und pulvrig ist der Sand auf den Hügeln, wir stapfen lautlos hindurch; dann geht es über schwärzliches Moos, das knistert, wenn man drauftritt; Äste knacken unter unseren Stiefeln, heiser krächzend flattern Eichelhäher vor uns her. Kein Lufthauch lindert die Hitze, die zwischen den dürftigen Kiefernstämmen steht. Selbst wenn es geregnet hat, ist der Wald wieder trocken, bevor der letzte Tropfen von den Ästen gefallen ist. Die Kaffeeflasche wäre leer, ehe Großvater stehenbliebe und aufgeregt die Nase in die Luft streckte. Nun rieche auch ich es. Duft von feuchtem Moos, von saftigen Blättern, von Wasser weht uns entgegen wie der Atem des Morgens. Noch einen Hügel müssen wir hinauf, höher und steiler als die zuvor, dann sehen wir unter uns den Teppich der Laubbaumkronen.

Die Frage, ob Decken nötig wären, beschäftigte uns lange. Auch Laub und Moos waren warm und weich, aus Binsen konnte man Matten weben, ein Wetterdach aus jungen Buchenstämmen war schnell errichtet. Und doch entschieden wir uns schließlich für die Decken. Am Spätnachmittag erst könnten wir durch dichte Farne zu den Teichen hinunterlaufen, ich voran bis zu der kleinen, baumlosen Kanzel mit dem Findlingsblock, von dem aus man die Teiche zuerst sieht, vier tellerrunde schwarze Spiegel in schattenüberspieltem Grün. Schwer schnaufend, den schweißnassen Schnurrbart zerzaust, tastet Großvater sich mir nach. Ich schäme mich, ihn vergessen zu haben, und laufe zurück. Dann stehen wir dicht beieinander, das Ziel endlich vor Augen. Seine von Adern überzogene Hand mit den zerstörten Nägeln liegt auf meiner Schulter. Ich will ihm erklären, was alles zu sehen ist, aber er schüttelt den Kopf. Er weiß es auch so. Als wir uns langsam den Teichen nähern, beginnen Bleßhühner zu kreischen. Bei jedem Schritt bergab ändert sich die Färbung des Wassers; aus Schwarz wird blendendes Silber, aus Silber Grün, aus Grün Blau; dann stehen wir am Ufer, beugen uns vor und sehen, daß das Wasser klar und durchsichtig ist wie frisch geputzte Fensterscheiben. Jede Windung des spitzen, gedrehten Hauses einer Wasserschnecke ist deutlich zu erkennen. Schade würde es sein, in diesen ersten Stunden an die Arbeit für ein Nachtlager denken zu müssen. Deshalb ist es gut, Decken zu haben; ich werde Großvater in seine einwikkeln, wenn die Dämmerung von den Zweigen fällt; ich schlüpfe in meine, und dann liegen wir im schweren Geruch des Kalmus, der seine schwertartigen Blätter vor uns zum Himmel reckt, und lassen kein Auge von unseren Teichen, die jetzt rosenfarbig geworden sind. Von irgendwoher fällt ein Wind in das Tal und läßt das Rohr sirren und zittern. Sumpfgasblasen perlen empor und zerplatzen lautlos. Zwei Enten erschrecken uns mit hastigen Flügelschlägen, sie fallen ein und reißen die stille Wasserfläche auf. Die Dunkelheit füllt das Tal mit feuchter, kalter Luft.

Die Decken mußten mit, wie auch die Werkzeuge und Angelgeräte, die gleich am ersten Morgen ausgepackt werden müssen. Von diesem ersten Morgen sprach Großvater am liebsten. Er versuchte das Knarren des Drosselrohrsängers und die Lockrufe der Entenmutter nachzuahmen, beschrieb mir das Flügelknistern der stahlblauen Libellen, die Blütenfarbe der Sumpflilien und das Flugbild des Milans, der vielleicht noch immer in der Eiche nistet. In den Wipfeln ist schon heller Tag. Finster steht das Binsengebüsch vor dem Schilfgürtel. Scharen kleiner Fische beginnen zu springen und bringen das Wasser stellenweise zum Brodeln. Während ich nach dem ersten prickelnd-kalten Glücksbad die Angel auswerfe, watet Großvater durchs Schilf und bringt eine Handvoll Frühstückseier mit, weiße und graugesprenkelte. Die Fische beißen, als hätten sie seit der Verwünschung der Prinzessin auf unsere Köder gewartet. Silberweiße Plötzen, goldglänzende Rotfedern, bleifarbene Brassen, schwarzstreifige, spitzflossige Barsche, schleimige Schleie fliegen an Land, zappeln zwischen den mit Kuckucksspucke verzierten Lichtnelken. Dann reißt die Schnur unter den wasseraufwirbelnden Schwanzschlägen eines gelbbäuchigen, breitmäuligen Hechts. Großvater lacht so über mein schafsdummes Gesicht, daß ihm der Speichel über das unrasierte Kinn tropft. Angelschnüre wollten wir reichlich mitnehmen. Der Hecht war uns sicher; einmal würde er sich an dem der Länge nach durch ihn getriebenen Spieß über dem Holzfeuer drehen. Auch Zündhölzer mußten wir mitnehmen, mehrere Pakete. Bis der Frost kam, mußten sie reichen, dann würde unser Feuer im Blockhaus nicht mehr ausgehen.

Mehr als das sagte der Großvater nie über den Winter. Mich fröstelte manchmal beim Gedanken daran. Auch fragte ich mich, ob es genug Schneepilze geben würde. Aber wir hatten ja die Fische aus den immer offenen Teichen.

Von einer Heimkehr in die Stadt war nie die Rede.

4

In den Wochen vor den Sommerferien lebte ich wie ein gehetztes Wild. Fast täglich klingelte es an unserer Wohnungstür, und vor meiner Mutter strammstehende Jungen brachten Befehle, zum »Dienst« zu kommen. Ich versteckte mich, meine Mutter bot den Boten Bonbons an, die sie stolz ablehnten, und suchte nach Entschuldigungsgründen. Nachdem der Klassenlehrer mich öffentlich gerügt hatte, hielten auch meine Freunde nicht mehr zu mir. Auf einen amtlichen Brief hin ging meine Mutter in das Büro des Stammführers, eines netten jungen Mannes mit Abitur. Er machte einen so guten Eindruck auf sie, daß sie mich danach zum erstenmal scharf verhörte. Auch sie verriet mich, indem sie mein Schweigen nicht verstand. Es hätte auch nichts genutzt, ihr zu sagen, daß ich mich vor dem Sohn unseres Gemüsehändlers, der mittwochnachmittags eine grünweiße Kordel trug, nicht auf eine Handbewegung hin in den Dreck fallen lassen konnte. Anscheinend konnten es alle außer mir; ich wußte nicht, warum.

Mutter brachte mich zu einem Arzt. Auch er war nett und verständnisvoll, aber auf den Zettel für den Stammführer schrieb er, daß ein Aufenthalt im Zeltlager meiner schwachen Konstitution gut bekommen würde. Dem Zettel glaubte meine Mutter mehr als meinem Schweigen. Am zweiten Ferientag sollte ich fahren. Am ersten machte ich mich auf den Weg zur Fidizinstraße, fünfundneunzig schwerverdiente Pfennige in der Faust. Ich hatte nicht einmal geweint in dieser Zeit. Wie gut, daß ich keinem von unseren Teichen erzählt hatte.

Bei Großvater gingen zwei Männer auf und ab, die aussahen, als ob sie mit zehn Jahren auch Kordel und Koppel getragen hatten. Großvater sollte in ein Veteranenheim umsiedeln. Sie wechselten sich ab im Reden, sprachen von der Bombenverpflegung, dem schneidigen alten Heimvater, der auch eine Stimmungskanone sein konnte, von den Kameraden, die sie Pfundskerle nannten, und von der stolzen Freude an Kriegserinnerungen. Sie wollten Großvater aus dem Haus haben, weil seine Einzimmerwohnung vom Blockwart als Lagerraum für Helme, Sandsäcke, Wassertonnen und Feuerpatschen gebraucht wurde.

Großvater hatte sein dämlichstes Gesicht aufgesetzt. Seine halbgeschlossenen Augen blickten blöde ins Leere, und unaufhörlich kaute er an seinem schlohweißen Schnurrbart. Wenn nach dem gemeinsamen Spruch über das Frontkämpferleben eine kurze Pause eintrat, brabbelte er nicht zur Sache gehörendes Zeug vor sich hin, das die Männer nicht verstanden. »Koppweih hadd de oll Korporal kregen, as dat Pierd em up den Dez pinkelt hadd.«

Schließlich zogen sie ab, nachdem sie ihm ins Ohr gebrüllt hatten, daß sie am Tag drauf mit Möbelwagen und Taxe wiederkommen würden, um ihn im Heim abzuliefern.

Wir lauschten, bis das Poltern der Stiefel auf der Treppe verstummte. Großvater strich den feuchten Schnurrbart glatt und öffnete die Augen wieder.

»Ich nehme dich mit zu uns!« sagte ich.

»Sülwst is de Mann!« knurrte er und deutete zur Tür. Ich legte den Riegel vor, holte das Tuch aus dem Bett, schwang mich auf die Nähmaschine und ließ meine fünfundneunzig Pfennige auf die Fensterbank rollen. Großvater zählte tastend. Dann wurde Robinson herausgeholt, der Stift angefeuchtet. Ich schrieb, Großvater rechnete im Kopf. Dann lehnte er sich in den Korbstuhl zurück. Seine Lippen zitterten kein bißchen, als er sagte: »Morgen früh führen wi, Jung!«

5

Der Morgen hatte die schwülwarme Nacht mit einem kaum merklichen Hauch von Kühle beendet. Als ich auf die Straße trat, stand die Sonne erst fingerbreit über dem Krankenhausdach, aber schon spürte man die Hitze des fernen Mittags. Trotz des Tornisters, der hart auf meinen Rücken schlug, lief ich ein Stück neben einem Sprengwagen her, bis meine Beine pitschnaß waren und das Wasser in meinen Schuhen schmatzte. Erst dann erinnerte ich mich meiner Mutter, die aus dem Fenster lehnte, um ihrem Jungen einen Abschied zuzuwinken. Sicher war neben der Angst auch ein wenig Stolz in ihren Augen. Die Freude am frühen Sommerferientag, die der Sprengwagen gebracht hatte, verging, für einen Moment war Trennungsschmerz da und die Ahnung künftigen Heimwehs, aber dann siegte der Haß wieder, der die erste große Lüge meines Lebens rechtfertigte. Um ihre Ruhe zu haben, schickte sie mich ins Lager, sie sollte für immer ihre Ruhe vor mir haben.

Ich sah alles wie zum letzten Mal: die vertraute Fassade der Mietshäuser mit der winkenden Mutter darin, die Osram-Reklame auf der Brandmauer, die Lastwagen, die zum Güterbahnhof hinauffuhren, die zahme Elster des Zeitungsverkäufers unter der Brücke und die dumm lächelnden Puppen im Schaufenster von Kajot, Uniformen für alle Gliederungen der Partei. Ich sah es genauer als sonst, aber ohne jeden Schmerz. Vielleicht hätte ich ihn empfunden, wenn ich die nach Leder und Imprägnierung riechende Uniform nicht hätte tragen müssen, die mich zu einer dieser Schaufensterpuppen machte. Mutter hatte viel Geld ausgegeben, um ihren Sohn vorschriftsmäßig ins Zeltlager zu schicken. Ich hatte die vergebens vertanen Scheine und Münzen ohne Bedauern in der Kasse des Kaufhauses verschwinden sehen; Geld interessierte mich nicht mehr, seitdem der notwendige Fahrpreis in der Blechbüchse lag.

Selbst der Abschied von Großvaters Wohnung brachte keinen Schmerz, eher ein Gefühl der Erlösung; es war unsere Stube nicht mehr, seitdem die Nähmaschine nicht mehr vor dem Fenster stand. Kitty, das Mädchen von nebenan, hatte sie zur Aufbewahrung bekommen; nur ich hatte das Recht, sie einmal zurückzufordern. Ich sagte: »Ja, Großvater!«, aber ich dachte: Was soll ich an unseren Teichen mit einer Nähmaschine? Felljacken kann man damit doch nicht nähen.

Der Friedhofswärter, der gähnend das Tor an der Bergmannstraße öffnete, sah uns verwundert an, als wir früher als sonst mit Tornister und Hutschachtel an Blumenladen und Gefallenendenkmal vorbei hinter Nummer 231 in den Seitenpfad einbogen. Aber er fragte nichts, sagte nur etwas über die Hitze und ging in sein

Häuschen zurück, um den Morgenkaffee zu kochen. An Großmutters Grab war es wie immer, nur erzählten wir ihr diesmal etwas geraffter als üblich, was seit unserem letzten Besuch passiert war. Auf dem Weg zur Gneisenaustraße, wo wir auf die 2 warten mußten, war nur von alltäglichen Dingen die Rede. Ich war enttäuscht, daß außer Gepäck und Uniform nichts anders war als sonst, daß die Freude nur matt in mir glimmte. Sie wurde ganz gelöscht, als ich Großvaters ständig wachsende Furcht bemerkte.

6

Am Bahnhof packte ihn vollends die Angst vor Verfolgern. Er glaubte, daß man hinter ihm her wäre, um ihn in das Heim zu sperren. Als ein Förster mit grünem Hut und Lodenmantel zu uns ins Abteil stieg, begann Großvater zu zittern. Je länger ich den Mann anstarrte, desto sicherer erkannte auch ich hinter dem falschen Schnurrbart das Gesicht eines der Männer vom Vortag. Von den Landschaften, die wir durchfuhren, sah ich kaum etwas. Wir sprachen kein Wort. Der Förster schlief, als wir ausstiegen, und wir hatten das Gefühl, ihn überlistet zu haben.

Bei der hohen Pappel müsse von dem zum Dorf führenden Fahrweg ein Pfad abzweigen, meinte Großvater, als wir auf dem sandigen Bahnsteig standen und mißtrauisch die Leute, die mit uns ausgestiegen waren, an uns vorbeiließen. Aber es gab keine Pappel weit und breit, dafür aber viele Fahrwege, die sich von einer Rampe aus in alle Richtungen verzweigten. Lastwagen zogen Staubwolken hinter sich her. Der Himmel war wolkenlos, aber die Hitze breitete Schleier vor die Sonne. Hinter dem Dorf, von dem man nur ein paar Dächer und den gedrungenen Kirchturm sah, stand der Wald wie eine niedrige Mauer. In einem der tiefausgefahrenen Wagengeleise umgingen wir das Dorf. Obwohl wir schwitzten und das Atmen in der Hitze immer schwerer wurde, spürte ich jetzt wieder einen Hauch der erwarteten Freude. Großvaters Aufforderungen, mich nach etwaigen Verfolgern umzusehen, wurden seltener. Ich beschrieb ihm die erkennbaren Häuser des Dorfes, aber er reagierte nicht darauf. Als einzelne Stämme und Wipfel sich aus der dichten Wand des Waldes zu lösen begannen, blieb Großvater stehen, hob die Nase und lächelte. Er roch den Wald.

Der Weg stieg kaum merklich an, er wurde sandiger, das silbergraue Korn daneben kleiner und spärlicher. Vor dem Wald bogen die Fahrspuren nach links ab. Ich ließ Großvater los und rannte über eine von Katzenpfötchen übersäte Brache auf den Wald zu. »Fodozoon!« schrie ich triumphierend, als ich den Tornister in das knisternde Moos fallen ließ. Keuchend und kichernd trippelte Großvater mir nach.

Wir rasteten nicht so lange, wie wir uns vorgenommen hatten. Das Wandern auf festem Waldboden lockte, die Erwartung, unsere Teiche zu sehen und ihre kühle Luft zu atmen, vertrieb jede Müdigkeit. An den steiler werdenden Höhenzügen, die wir überquerten, konnte Großvater sich orientieren. Ich sang ihm alle Lieder vor, die ich kannte. Gegen Mittag erreichten wir einen lichten Hang, von dem aus die Wellentäler der unendlichen Wälder zu übersehen waren. Großvater behauptete, daß man von dieser Stelle aus bei klarer Luft die hellere Färbung der Laubbäume im Tal der Prinzessin erkennen könnte. Es war aber mit der Mittagshitze auch der Dunst stärker geworden, der alle Farbunterschiede weißlich flimmernd ineinander verschmolz. Die schwache Staubwolke, die einige Minuten über den Wald zog und dann verging, war so unwirklich, daß ich sie Großvater verschwieg und auch selbst bald vergaß.

Sie kam mir erst wieder in den Sinn, als wir unversehens einen durch den Wald geschlagenen Weg mit frischen Autospuren kreuzten, über dem sich an Masten befestigte Drähte hinzogen. Großvater erschrak, als er den Abdruck der Profilreifen unter den Füßen spürte, dann aber begann er zu kichern. Die Vorstellung, daß Menschen hier vorbeifuhren, ohne von unserem Paradies hinter dem übernächsten Waldhügel zu wissen, machte ihm Spaß. Ich bemühte mich vergeblich, die Freude festzuhalten und die aufsteigende Angst zu bekämpfen.

Der Wald blieb, wie er war, trocken, nichts als Kiefern und Sand, braune Nadeln am Boden, knackende Äste, unbewegte, heiße, nach Harz duftende Luft. Die Erinnerung an den Weg und die Autos, die Masten und Drähte verging, war aber spürbar als schwache, ungewisse Furcht, die dann plötzlich in der nächsten Senke riesenhaft anschwoll, Kopf und Glieder lähmte, als wir vor dem Zaun standen.

Betonpfähle, höher als Großvater, hielten weitmaschigen Draht; darauf gesetzt waren nach außen geneigte Eisenstangen, zwischen denen sich in fünf gleichlaufenden Linien Stacheldraht spannte. Innen lief ein kaum sichtbarer Trampelpfad entlang, nicht breiter als ein Wildwechsel, sonst war der Wald unberührt, soweit wir sehen konnten.

Wir lehnten am Zaun, die Hände in die Maschen gekrallt, plötzlich müde und zu Tode erschöpft, hungrige Häftlinge, die teuflisch genarrt waren. Hatte ich das nicht schon einmal geträumt, das Gitter vor der Freiheit, oder gedacht, wenn ich »Fedezeen« nicht ausgesprochen hatte?

Großvater keuchte und stöhnte, als bliebe der Atem ihm weg; er hing an dem Zaun, wie vom Starkstrom festgehalten, dann stieß er sich zurück, fiel wieder nach vorn und riß an dem Draht. Und dann lief er los, an den Betonpfählen entlang. Ich hob Großmutters Hutschachtel auf und rannte ihm nach.

Der Zaun zog sich in grausamer Gleichförmigkeit dahin, bergauf, bergab durch unseren Wald; alle paar hundert Meter bog er stumpfwinklig nach innen ab. Die Sonne, die vorher rechts vor uns gestanden hatte, wanderte nach links hinüber. Der Wald veränderte sich; Grasbüschel, Farnkraut und Blaubeerstauden bedeckten den Boden, krüpplige Eichen wuchsen zwischen den Kiefernstämmen. Ein Kahlschlag öffnete sich. Einer der fallenden Bäume hatte den Zaun halb umgerissen. Wir kletterten hinüber, Großvater blutete an der Hand, ich am Knie. Hutschachtel und Tornister ließ ich fallen. Wir liefen einen Hang hinauf. Dahinter mußten unsere Teiche liegen. Oben brachen wir durch dichtes Gebüsch und sahen hinunter.

Einige der mächtigen Eichen, Erlen und Ulmen standen noch. Ihre weitausladenden Äste überragten einen Bunker, auf dessen flaches Dach Büsche und junge Bäume gepflanzt waren. Auf der anderen Seite des einstigen Tales waren gelbe Sandberge aufgeschüttet. Großvater brach, ohne einen Laut von sich zu geben, zusammen. Ich kniete mich neben ihn und schob trockenes Laub unter seinen Kopf. Wortlos bewegten sich seine Lippen.

Ich erschrak kaum, als ich die Schaftstiefel eines Soldaten neben mir sah. Was wir hier suchten, wollte er wissen.

»Unsere Teiche«, sagte ich.

»Die Sumpflöcher sind zugeschüttet«, sagte der Soldat. »Und ihr müßt verschwinden!«

Da hob der Großvater mühsam den Kopf und sagte: »Tauschürt? Jih hebben sie tauschürt, die schöne Prinzeß!« Er ließ den Kopf wieder fallen. Das Laub raschelte ein wenig. Er schloß die Augen und öffnete sie auch nicht, als die Soldaten ihn wegtrugen. Auch beim Verhör in der Baracke sagte er nichts. Die Soldaten lachten, als ich Großvaters Namen sagte. Ich sah nur Koppelschlösser, die mich kalt anstarrten, aber ich bin sicher, daß sie auch grinsten, als ich von der Fidizinstraße sprach. Großvater sagte nur noch einmal etwas, bevor dieses furchtbare Zucken in sein Gesicht kam. Er sagte: »Ik komm all!« Er sagte es leise; Großmutter in ihrem weißen Papierhemd hörte es wohl auch so.

Stallschreiberstraße 45

Auf den paar Quadratmetern freigelegter Erde steht Janke mit ernster Miene und hebt die Hand, so, daß er die rauhe, kalkbestaubte Innenfläche sieht, krümmt die Finger leicht, bis ihre Spitzen einander berühren, öffnet sie gleichmäßig wieder, erreicht nach einigen Korrekturen, daß die Fingerspitzen einen Kreis markieren, der einen Durchmesser von fünf bis sechs Zentimetern hat, dreht die Hand, ohne die Stellung der Finger zu ändern, nach unten, geht in die Knie, drückt die Fingerspitzen in die Erde, nicht tief, nur bis zu den Nagelwurzeln etwa, richtet sich auf, greift in die Hosentasche, nimmt eine Handvoll Bohnen heraus, geht wieder in die Knie, legt die Bohnen in die durch den Fingerabdruck entstandenen Vertiefungen, jede einzeln in ein Loch, bedeckt die Bohnen mit Erde, steht wieder auf, besieht sich sein Werk, wiederholt das dreimal, zählt die restlichen Bohnen, eins, zwei, drei, vier, fünf, sechs, sieben, schließt die Hand, sieht zur Frau hinüber, starrt auf ihre Bluse, ihre Lippen und schließlich über sie hinweg auf den Mann, der sich aus der Richtung Friedrichstraße nähert.

Hinter der Bordschwellenmauer, die Jankes Beete begrenzt, hockt die Frau auf der Erde, sammelt mit beiden Händen Pflastersteine und Mörtelbrocken in einen löchrigen Ledereimer, spreizt manchmal die Finger, harkt Ziegelsplitter zusammen, tut gar nicht erst so, als bemerke sie Jankes Blicke nicht, hebt sofort den Kopf, sieht Janke an, nickt, als er die Hand mit den Bohnen öffnet, lächelt zu ihm hoch, als er die paar Schritte auf sie zukommt und nur noch die niedrige Umzäunung zwischen ihnen ist, sammelt aber weiter dabei, Holzstücke, Steine, Glasscherben, Kabelstücke, sagt aber nichts, wartet, daß er endlich zu reden beginnt.

Da, wo einmal die Stallschreiberstraße gewesen ist, geht der

Mann durch die Trümmerwüste, langsam, ein Bündel Stangen auf der Schulter, bleibt manchmal stehen, sieht nach unten, nach vorn, zurück, und geht dann weiter in Richtung Moritzplatz, genau auf Janke zu. Wenn die Häuser noch stehen würden, könnte man ihn nicht sehen; jetzt sieht man den Kopf und die Schultern; wie von einer Schnur gezogen rutschen sie auf den halbhohen, geborstenen Mauern entlang.

Janke läßt die Bohnen in der hohlen Hand klappern und beginnt zu reden. Daß da so viel Erde unter war! Fünfzig Jahre lang waren immer nur Steine da und Asphalt, Straße, Trottoir, Vorderhaus, erster Hof, Hinterhaus, zweiter Hof, zweites Hinterhaus, alles nur Steine, Ziegelsteine, kleine Pflastersteine, große Pflastersteine, Rinnsteine, und Asphalt, manchmal Eisen auch, die Gullis, die Hydrantendeckel, die Teppichstange, Blechschilder, Betteln und Hausieren verboten, Deutsche Feuersozietät. Und jetzt merkt man plötzlich, daß da immer Erde unter war, richtige Erde, in der man die Frau begraben kann und die Kinder, wo Melde wachsen kann und Disteln und Birken und Tomaten, Obstbäume sogar, die sogar gut, die lieben Kalk, und der ist genug drin, durch den Schutt. Einen Boskoop hat er schon in Aussicht für den Herbst. Aber der allein nutzt nicht viel. Andere Sorten müssen in der Nähe stehen, da der Boskoop sich nicht selbst befruchten kann. Aber zum Glück sind auch Laubenkolonien zerbombt, in Hohenschönhausen, in Lichtenrade oder Baumschulenweg. In zehn bis zwölf Jahren spätestens kann man mit annehmbaren Ernten rechnen.

Da sagt die Frau zum erstenmal etwas. Mein Gott, sagt sie und steht auf.

Der Mann mit den Stangen grüßt und will wissen, wer die Rinnsteine hier rausgewuchtet hat. Anscheinend hat er noch nie was von Luftminen gehört. Er stellt die Stangen an einen Mauerrest, zieht ein Bandmaß aus der Tasche, legt das Ende an eine Rinnsteinkante, die noch am rechten Fleck liegt, beschwert es mit einem Mauerbrocken und geht auf die Alexandrinenecke zu, wo der Straßenverlauf wieder erkennbar wird. Das Band rollt aus der Trommel und schlängelt sich über Geröllhügel und Treppenreste, über Eisenträger, Badewannenteile und quer durch Jankes Bohnenbeet.

So ein Gitter vom U-Bahn-Schacht eignet sich gut zum Durchsieben der Erde, sagt Janke. Er hat eines in seinem Wohnkeller, da vorn gleich, wo der Schornstein noch steht. Er hat es mal gebraucht, als der Keller voll Wasser stand. Jetzt ist es trocken bei ihm, ganz trocken. Und der Keller ist groß, viel zu groß für ihn allein. Überhaupt sind die Keller hier noch alle in Ordnung, bis zur Charlotten- und Schützenstraße runter. Wenn man Pferdemist kriegte, könnte man Champignons züchten. Das wäre ein Geschäft. Hoffentlich kommt der Frost nicht zu früh dies Jahr, damit die Bohnen noch werden. Gott sei Dank liegt genug Holz rum in den Trümmern.

Die Frau fragt, ob der Keller auch gut heizbar ist, und steigt über die Steine in Jankes Garten, um sich zeigen zu lassen, wo der Boskoop stehen soll. Am besten pflanzt man die anderen bei ihr, da und da und da. So groß kann der Boskoop werden. Vielleicht sogar noch ein bißchen größer. Ja, das ist der mit der rauhen Schale. Hält sich bis zum Frühjahr, wenn man ihn richtig lagert.

Der Mann hat die Trommel genau an der Ecke Alexandrinenstraße hingelegt, geht neben dem Band zurück zu seinen Stangen, nimmt eine auf, greift sich einen Ziegelstein und schlägt die Stange in Jankes Beet.

Stangenbohnen sind das aber nicht!

Die muß hier stehen bleiben!

Und warum, wenn man fragen darf?

Damit man weiß, daß die Kartoffeln im Bezirk Mitte und die Kohlrabi in Kreuzberg stehen.

Janke zuckt die Achseln: Sorgen haben die! Schön wäre, wenn man Gravensteiner und Goldparmänen kriegte. Oder Ontario oder einen Edelborsdorfer. Und die Bohnen läßt man wohl am besten beieinander.

Und während die Frau ein bißchen Erde von den Rüben wegkratzt, um zu sehen, wie groß sie schon sind, hebt Janke die Hand, krümmt die Finger, bis die Spitzen einen Kreis markieren, drückt sie in den Boden, legt die glatten, glänzenden Bohnen in die Vertiefungen und bedeckt sie mit Erde.

Vergißmeinnicht

Das Geschäft lief gerade richtig an, als die junge Frau, die ihm vorher so viel Ärger gemacht hatte, schon zurückkam. Seifert sah sie den Hauptweg entlangkommen, langsamer, als es der gute Ton vorschreibt, bleich, schwarz gekleidet, den geliehenen Korb am Arm, und es wunderte ihn, daß sie so schnell mit dem Bepflanzen des frischen Grabes fertig war.

Es war zehn Uhr, und der an den ersten sonnigen Sonntagen des Jahres übliche Andrang begann. Die Leute – Frauen meist, selten mit Mann oder Kind, nie Männer allein – drängten sich an der Pforte, zwangen sich, wenn sie aus dem Schatten der Mauer heraus waren, den langsamen Friedhofsschritt auf, blickten nach links auf die in quadratische und rechteckige Felder geordneten Töpfe und Kästen, blieben stehen, überlegten, gingen weiter, kamen näher, musterten das Angebot, verglichen die Preise, und jede Minute etwa stellte sich eine in die Reihe der Käufer, an der Seiffert hin und her hastete, bei der Auswahl half, verpackte und Geld einnahm. Selten wußte eine gleich, was sie wollte, meist hieß es erst, was ist dies, wie und wann blüht es, was kostet es, ist es winterhart, muß es oft gegossen werden, geben Sie zehn davon, nein, nur fünf und fünf davon, paßt das überhaupt zusammen, warum keine Schnittblumen, was heißt: noch nicht, wozu gibt es Treibhäuser, und dann lohnte die Rechnung den Aufwand nicht, und die Wartenden murrten, aber wenn sie dran waren, machten sie es nicht anders, und der alte Seiffert wurde schweigsam vor Wut über diese Hinterbliebenen, die für ihre Toten nicht eine Stunde früher aufstehen konnten, um vor dem Stoßgeschäft dazusein.

Die junge Frau war früher dagewesen. Sie hatte für ihren Toten reichlich Zeit, aber wenig Geld gehabt. Lange hatte sie das magere Angebot studiert und still für sich gerechnet, bis Seiffert sie gestört hatte, um ihr Stiefmütterchen, die nur 16 Pfennig kosteten und sehr gefragt waren, auszureden, und da Rosen wohl nicht in Frage kamen, zu den massenhaft vorhandenen Vergißmeinnicht (14 Pfennig das Stück) oder zu Waren mittlerer Preisklasse zu raten. Erst hatten es niedrige Eriken (61 Pfennig) sein sollen, dazu hatte das Geld nicht gereicht. Dann hatte er ihr ausführlich erklären müssen, warum es keine Primeln gab. Dann hatte sie sich für Stiefmütterchen entschieden, aber während er knurrend in den Schuppen gehumpelt war, um die letzten zu holen, waren sie ihr für den ernsten Gatten als zu bunt erschienen. Also doch Vergißmeinnicht! Und wieviel? Vierzig? Sie hatte entsetzt getan, als hätte er Grund, ihr mehr aufzuschwatzen, als sie brauchte.

Und jetzt kam sie schon wieder zurück. Sie wollte an der Schlange der Wartenden vorbei, aber jemand sagte was zu ihr, und sie kehrte um und stellte sich schweigend hinten an, obwohl sie doch nur den Korb zurückzugeben hatte. Seiffert wollte sie schon nach vorn beordern, ließ es aber, weil er fand, daß so viel Schüchternheit Strafe verdiente. Er nahm sich vor, ihr, wenn sie an der Reihe war, wortlos den Korb abzunehmen, ihn hinter das Feld der Rosentöpfe zu werfen und die nächste zu fragen, was es denn sein sollte. Aber als sie endlich dran war, konnte er ihrem hilflosen Blick nicht ausweichen und ihre leise gesprochenen Worte nicht gleich begreifen.

»Bitte, nehmen Sie die Blumen wieder zurück!« sagte sie. Er hatte den Korb schon in der Hand, spürte sein Gewicht, aber erst jetzt sah er, daß er noch gefüllt war, daß die Vergißmeinnicht noch so standen, wie er sie aufgereiht hatte. Er hatte die Erdballen aneinanderpressen müssen, um sie alle unterzubringen, und die letzten drei Pflanzen obenauf gelegt.

»Blumen sind vom Umtausch ausgeschlossen«, sagte er und gab ihr den Korb zurück. »Der nächste, bitte!«

Sie hatte ihm vorhin schon reichlich Zeit gestohlen für die paar Mark. Das Theater mit ihr würde von neuem losgehen und die Schlange immer länger werden.

»Ich möchte sie nicht umtauschen, ich möchte sie zurückgeben!«

»Noch besser!« sagte er und hielt der nächsten Kundin einen Rosenstrauß vor die Nase, den sie sich rundum besah, als verstünde sie was davon. »Gekauft ist gekauft! Und falls Sie sich im Friedhof geirrt haben: Sie dürfen die Vergißmeinnicht auch auf dem Nachbarfriedhof pflanzen. Das sind Edelrosen, liebe Frau, die kriegen Sie nirgendsonst für den Preis!«

»Ich habe mich nicht geirrt«, sagte die junge Frau leise, »das Grab ist schon bepflanzt.«

»Geht mich nichts an!« sagte er.

Er hatte zuviel Vergißmeinnicht mitgenommen, die würde er sonntags nicht loswerden. Sie blühten noch nicht, und Leute, die selten kamen, wollten ihre Gräber gleich schön haben, nicht erst später, wenn sie es nicht sahen. Die noch knospenden Vergißmeinnicht waren für wochentags, für die alten Frauen, die er mit Namen kannte, weil sie fast täglich kamen, denen der Friedhof auch Erholungspark und Schrebergarten war.

»Aber was soll ich machen?«

»Sie in den Garten pflanzen.«

»Ich habe keinen Garten.«

»Auf den Balkon.«

»Habe ich auch nicht.«

»Dann lassen Sie sich das Geld von der zurückgeben, die Ihnen diesen Streich gespielt hat.«

»Ich weiß nicht, wer es sein könnte.«

»Die Schwiegermutter vielleicht.«

»Wir haben keine Verwandten hier.«

»Vielleicht eine von seiner Arbeitsstelle.«

»Unmöglich.«

»Dann reißen Sie das Zeug raus und pflanzen Ihres hin.«

»Das geht nicht. Es ist viel schöner so. Blühende Erika, die hohe Sorte!«

Sie sah suchend umher, um ihm die Blumen zu zeigen, fand sie aber nicht. Er hatte die hohe Sorte in diesem Jahr noch nie gehabt, die Genossenschaft hatte sie aus irgendwelchen Gründen nicht geliefert. Die Augen der jungen Frau füllten sich mit Tränen; Seiffert konnte nicht mehr hinsehen; er verkaufte weiter und hörte, während er rechnete und auswählte und einpackte, ihr Schluchzen neben sich und ärgerte sich über die Hartnäckigkeit, mit der sie hier stand und den Kunden was vorheulte, nur der paar Mark wegen. Und dann fiel ihm plötzlich ein, daß er immer so geredet hatte, als könnte nur eine Frau die Blumen gepflanzt haben. Es war unbeabsichtigt und unüberlegt geschehen, weil Männer hier selten kamen, weil Frauen meist die Zäheren sind und überleben und weil die Männer nie allein bleiben und schneller vergessen und weil ihnen das gute Verhältnis zu Toten und zu Blumen fehlt und weil sie meist besser verdienen und mit dem Gärtner eher einen Pflegevertrag abschließen, als selbst zu pflanzen und zu hacken und zu gießen.

Und er sagte, während er Rosen verpackte: »Hohe Erika, sagen Sie? Das ganze Grab bepflanzt? So viel habe ich in den letzten Tagen nur einmal abgegeben, einem Mann, wäre für einen alten Freund, sagte er.«

Die Frau wurde still, putzte sich die Nase, wartete, bis Seiffert das Geld für die Rosen hatte, und fragte: »So ein großer?«

»Ja, groß war er.«

»Schwarz?«

»Ja, groß und schwarz.«

»Redet ein bißchen sächsisch?«

»Ja, ein bißchen.«

Die junge Frau lächelte und stellte den Korb auf die Erde. »Alfred, natürlich Alfred«, sagte sie, und dann ging sie. Der alte Seiffert bediente weiter, sah die Frau durch die Pforte verschwinden, und zu der nächsten Kundin, für die Rosen wohl nicht in Frage kamen, sagte er: »Vergißmeinnicht, vierzig Stück, schon verpackt, nur vier Mark, ohne Korb natürlich.«

Urlaub

Der Soldat setzte ein gelangweiltes Gesicht auf und ging auch in das dritte Lokal, aus dem er Musik hörte. Hier war die Gaststube lang und schmal, die Tische nur mäßig besetzt, aber an der dem Eingang gegenüberliegenden Wand drängelten sich die Männer, um an die Theke heranzukommen.

Vom Eingang her war zu sehen, wie ihre Münder sich zum Schreien und Lachen öffneten, aber das Schreien und Lachen hörte man nicht, da der Lärm, der aus dem Tanzsaal kam, alles übertönte. Der Saal war gleich links, nach drei bis vier Schritten durch die Gaststube war man an der offenen Tür, sah die Girlanden, die verschwitzten Gesichter, einige Papiermützen und dahinter die lärmende Kapelle.

Der Soldat setzte sich an den ersten Tisch in der Gaststube, legte Mütze und Koppel auf einen freien Stuhl, sah sich suchend um und blickte dann aufmerksam durch die offene Tür in den Tanzsaal. Als der Kellner mit leeren Gläsern aus dem Saal kam, hob er die Hand, um ihn auf sich aufmerksam zu machen, aber der Kellner lief vorbei, bahnte sich mit der freien Hand einen Weg durch die Menge, setzte das Tablett auf der Theke ab, wartete, bis die Wirtin Bier abgefüllt hatte, und hastete wieder los. »Herr Ober!« rief der Soldat, aber er rief es zu leise. Der Kellner schrie: »Vorsicht!«, als er in den Saal kam, und die Tänzer, die nach einer Wiederholung klatschten, machten ihm Platz.

Die Kapelle begann wieder zu spielen, und der Soldat beobachtete genau die Paare, die sich an der Tür vorbeischoben, bis ihm ein schwitzender Mann, der sich fortwährend mit dem Taschentuch über die Glatze fuhr, auf die Schulter schlug und sagte: »Der Platz ist besetzt, General!«

Der Soldat versuchte ein Lächeln, stand auf, stellte sich an die Wand zwischen Eingangs- und Saaltür und musterte alle Leute, die nach dem Tanz aus dem Saal kamen und sich setzten. Eine blondgefärbte Frau mit ältlichem Gesicht saß an dem Tisch, an dem er zuvor gesessen hatte, und starrte ihn herausfordernd an. Er wandte den Blick ab, löste sich von der Wand und ging langsam durch die Saaltür bis dicht an den Rand der Tanzfläche. Und da sah er sie.

Sie saß an einem Ecktisch, hatte das schwarze Taftkleid an, und ein Mann legte ihr die Stola um die nackten Schultern. Eine Sekunde lang ließ er seine Hände an ihrem Hals liegen. Sie beugte ihr Gesicht nach unten, bis fast auf die Weingläser, und der Mann küßte sie in den Nacken, grausam lange, und als sie den Kopf wieder hob, zogen sich ihre Augen zu schmalen Spalten zusammen, und ihr Mund öffnete sich leicht wie unter Schmerzen. So sah sie den Mann an, und keine Spur von Lächeln milderte diesen Blick.

Der Soldat wurde beiseite gedrängt, als der nächste Tanz begann. Er beachtete niemanden mehr, stand mit leerem Blick an der Wand, ging nach langer Zeit zurück in die Gaststube und stellte sich an die Theke, die jetzt ziemlich leer war. Er bestellte Bier und Schnaps und trank so hastig, daß die Wirtin nach dem dritten Glas ihm mütterlich zulächelte und sagte: »Ich würde mir den Urlaub nicht durch Schnaps vermasseln.«

Er schob ihr wortlos die Gläser zum Nachfüllen hin und rückte beiseite, als der schwitzende Mann an die Theke kam.

»Kalt geworden«, sagte der Mann und fuhr sich mit dem Tuch über die Glatze.

»Es wird wohl schneien heute nacht«, sagte die Wirtin, ehe sie sich anderen Gästen zuwandte.

»Urlaub?« fragte der Mann. Und als der Soldat nickte, sagte er: »Natürlich eine Enttäuschung. Kann ja nicht anders sein: Man freut sich zu lange darauf.«

Der Soldat trank, und der Mann sah den Ring und sagte: »Sollte wohl eine Überraschung sein? Das geht nie gut, das sollte man sich selbst nie antun. Du kannst noch froh sein, daß sie es nicht zu Hause macht.«

»Ich weiß nicht, wovon Sie reden«, sagte der Soldat.

»Ich war sechs Jahre beim Kommiß, ich kenne das. Erst ging es mir auch so wie dir, aber das gibt sich. Und schließlich tuts nur weh, wenn mans weiß. Und deshalb: immer ein Telegramm vorher schicken!« Der Mann rückte näher an den Soldaten heran. »Ich war ja auch nicht besser. Zwei Jahre Paris! Meinst du, sie hat es nicht gewußt? Aber sie hat mich nicht gefragt und ich sie auch nicht.

»Damals war Krieg!«

»Na und? Sicher ist es heute noch schlimmer. Sie sind satt, ausgeschlafen, und Männer gibts auch mehr als genug.«

Der Mann roch nach Schweiß, und in seinem Gesicht war neben der Neugier auch Freude, den jungen Soldaten zu quälen.

»Das gemeinste ist, daß sie bei anderen nicht eine Spur anders sind«, sagte er.

»Nein!« rief der Soldat.

»Doch! Du denkst vielleicht, daß Scham oder Schuld oder Ekel sie anders machen. Keine Spur. Sie sind genau wie bei dir. Bei dir haben sie gelernt, was wirkt, und das wenden sie immer wieder an. Nicht nur die Haut, die Brust und alles ist genauso, auch das Lachen und das Stöhnen, die Bewegungen, und sogar die Wörter sind dieselben, die Wörter, die ihr euch ausgedacht habt.«

Voller Angst und Ekel sah der Soldat auf den qualligen Mund des Mannes, der unentwegt weiterredete.

»Man muß ihn totschlagen, denkt man, aber das hilft auch nicht. Dann ist es eben nicht der, sondern ein anderer. Es gibt zu viele, die besser dran sind als du, einfach weil sie zu Hause sind. Sinnvoller wäre es schon, sie totzuschlagen. Aber das beste ist, so zu tun, als ob man nichts weiß, es genauso zu machen und beides, so gut man kann, zu vergessen.«

»Nun ists aber genug!« sagte die Wirtin, man wußte nicht zu wem.

Der Soldat wandte sich endlich von dem Mann ab und begegnete dem Blick der Blondgefärbten. Sie hob den Arm und winkte ihm. Er ging schwankend zu ihr an den Tisch und sah, daß sie seine Mütze und sein Koppel auf dem Schoß hatte. Er packte sie am Arm, zog sie hoch und schleppte sie in den Tanzsaal. Er taumelte beim Tanzen.

»Du hast ein bißchen viel getrunken, Kleiner«, sagte sie.

Er blickte starr über ihre Schulter und schob sie aus dem Gewühl heraus, bis er sehen konnte, daß der Ecktisch leer war. Da riß er sich los und kämpfte sich zur Tür durch, rannte durch die Gaststube und auf die Straße. Er sah sie und den Mann auf der anderen Straßenseite in ein Taxi steigen und abfahren.

»Hier sind deine Sachen«, sagte die Blondgefärbte.

Er stand an die Wand gelehnt, rührte sich nicht und sah jetzt ganz so aus wie einer, dem eine Wirtin mütterliche Ermahnungen geben konnte. Die Frau stand eine Weile fröstelnd neben ihm. Dann setzte sie ihm die Mütze auf den Kopf, hängte das Koppel an die Türklinke und ging wieder hinein. Und nun fing es wirklich an zu schneien. Wie feiner Staub fiel der Schnee aus dem Nachthimmel zwischen die Häuser.

Traumstationen

Keine Herberge

Um die schneckengleich kriechende Zeit zu verkürzen, laufe ich gern noch zum Postkasten.

»Ich gehe!« rufe ich vom Korridor aus gegen fünf geschlossene Türen und öffne die sechste, die Wohnungstür. Aber niemand antwortet; denn sie wissen alle, daß ich in drei Minuten wieder hiersein werde, und sie haben zu tun. Im Wohnzimmer schmückt Vater den Baum. In der Küche sortiert Mutter Gebäck. Im Schlafzimmer übt Karl Gitarre, Gisela sortiert Geschenke, und im Bad kämpft Wolfgang mit Pomade gegen widerspenstiges Haar. Ich lasse die Tür ins Schloß fallen, schleiche die Treppe hinunter und horche, ob in den Wohnungen schon Weihnachtliches geschieht. Aber bei Lazar und Krietmann ist alles still, bei Kösling schreit das neue Baby, und die alte Hildebrandt dreht die Kaffeemühle, die an der Küchentür hängt und viel Lärm macht.

Im dürftigen Flurlicht ist zu erkennen, daß vorn auf der Postkarte Klein Jesus im Krippenbett liegt und hinten Mutter, Vater, Tochter und Söhne Wünsche senden, anläßlich des Festes, das auf der Straße schon begann mit feierlicher Stille, makellosem Weiß und Laternenlichtgefunkel auf glattgetretenem Schnee. Ich gehe auf dem Rinnstein, wo noch kein Mensch vor mir gegangen ist, drücke andächtig Schuhformen in den Schnee und bewundere nach jedem zehnten Schritt meine Schöpfung. Am Postkasten brauche ich mich nur noch wenig auf die Zehen zu heben, um den Briefschlitz zu erreichen.

In der Wohnung über dem Bäckerladen wird schon gefeiert. Ich stehe und staune, daß die Leute sich an einem Baum freuen können, an dem nichts richtig ist: Die Kerzen sind elektrisch, die Kugeln nicht bunt, es fehlen die Engel und vor allem der Bethlehemstern, der doch über der Krippe stehen muß, wenn wir Gedichte aufsagen, singen und bei der Weihnachtsgeschichte jedesmal wieder erschrecken, wenn kein Raum in der Herberge ist.

Der Postkasten, die Rudower Allee, die Teterower Straße, der Park und Wendorfs Trinkbude – meine ganze Welt sieht nach Weihnachten aus, und ich bin allein auf ihr, was wunderbar ist, aber auch Grund zum Loslaufen, mit gesenktem Kopf, den Blick auf die Füße gerichtet, die immer fünf Anlaufschritte machen und dann einen Schlitterversuch, und die unser Haus auch allein finden, wie ich oft ausprobiert habe, am besten dann, wenn ich nicht daran denke, wenn ich das ganz allein ihnen überlasse, die nicht bei 6 (wo das kleine Mädchen gestorben ist), nicht bei 7 (wo der gefürchtete Verwalter wohnt) vom Gehweg rechts abbiegen, sondern erst jetzt hier, auf die drei Stufen zurasen und sie gleich mit einem Sprung nehmen werden, während ich das Gesicht hochreiße, um triumphierend die schwarzemaillierte 8 auf weißemailliertem Schild über dem Rundbogen der Haustür zu lesen.

Und ich sehe hoch, und das Schild ist da.

Aber ich springe nicht.

Denn das Schild ist nicht weiß, sondern schwarz. Und die Zahl ist nicht schwarz, sondern weiß. Und sie ist keine 8, sondern eine 138. Und der Rundbogen fehlt. Und es gibt keine drei Stufen, sondern nur eine. Und der Schalter im Flur leuchtet und löst Lichtfluten aus, und die Treppen haben nur acht niedrige Stufen, und im Parterre wohnen nicht Köslings, sondern Dauns.

Aber die Bäume draußen stehen doch, wo sie hingehören; die Straßenbahnschienen glänzen wie immer; der noch immer gleiche Hydrantendeckel bringt den Schnee zum Schmelzen, und das Straßenschild an der Ecke behauptet noch immer: dies ist die Rudower Allee! Und ich möchte es ja auch glauben und laufe noch einmal los und zähle die Hauseingänge ab, aber es bleibt dabei: sechs ist 140, sieben 139 und acht 138, wo an Köslings Tür plötzlich Daun steht und an Lazars Krause und an unserer Lobhold, ich aber trotzdem klingle und eine festlich gekleidete Dicke mir öffnet, süß lächelt und auf Worte wartet.

Wo ist Mama? Hier wohnen wir doch! oder: Was habt ihr mit meinen Brüdern gemacht? will ich sagen, kann aber nicht, starre stumm auf die fette Frau und den fetten Mann, der mit demselben Einladungslächeln neben sie tritt, wundere mich, daß ich die Füße noch bewegen kann, rückwärts, aus dem klebrigen Umkreis dieses Lächelns heraus, Schritt für Schritt auf die Treppe zu, bis ich mich mit plötzlicher Wendung losreißen kann, mit langschwebenden Sprüngen hinunterkomme, die Haustür erreiche, die Kälte, die Bäume.

Raub der Europa

Als der widerliche Kerl sie an der Haltestelle anstarrte, als wäre ich nicht da, als dürfte er auf eine Erwiderung seines Blickes hoffen, konnte ich mich noch schützend vor sie stellen; jetzt bin ich von ihr getrennt, stehe eingekeilt zwischen Frauen und Männern, die wie wir von der Arbeit kommen, kann die Füße nicht bewegen, weil da rechts und links und vorn und hinten andere Füße stehen, kann die Hände nicht heben, um ihr zuzuwinken, da die Arme mir von fremden Körpern an den Leib gepreßt werden, kann sie nur, wenn ich den Kopf zur Seite lege, sehen, in der Ecke neben der Tür, die Rosen an die Brust gepreßt, kann ihr nur zulächeln und warten, daß sie den Blick hebt und mich sieht und mir das Lächeln zurückgibt und die Wimpern ein wenig flattern läßt, damit ich weiß: Alles ist gut, und niemand tut ihr weh, und ihre Hand ist noch da für mich und ihr Haar und ihr Schoß und die Narbe unter dem Knie, damit ich weiß: Alles ist noch wie vor einer Minute und wird auch noch in einer Woche und in einem Jahrzehnt so sein.

Aber ich warte vergebens. Sie hat ihr Gesicht über die Rosen gebeugt, und als sie endlich aufsieht, sieht sie nicht mich an, sondern den Kerl, der sich in ihre Nähe gedrängt hat, der sie anquatscht und nicht aufhört zu reden, obwohl er ihrem verschlossenen Gesicht doch entnehmen kann, daß keine Chancen für ihn bestehen.

Die Räder dröhnen über die Schienen, ich kann nicht verstehen, was er sagt, sehen kann ich nur seinen breiten Rücken, den Fettnacken mit Pickelnarben und schmutzigen Pflasterresten, und als die Bahn hält, auch seine schwarzbehaarte Hand, die er ausstreckt, um auf etwas aufmerksam zu machen. Und als ich sehe, daß ihr Blick, ohne mich noch einmal zu suchen, der Richtung seines Armes folgt, geht mein Zorn in Angst über, und ich versuche, mich aus der Umklammerung der Körper zu befreien. Aber es gelingt nicht. Ich stehe wie gefesselt und starre wie sie auf den Platz hinaus, auf dem das Auto steht, ein flaches, weißes Ding, das schamlos mit seinen roten Polstersitzen protzt, ein Sportwagen oder wie man das nennt, weiß, rot, weiß, ein Wartburg, ein Porsche, ein Fiat. Ich kenne mich da nicht aus. Sie aber, die ihre Nase an der Scheibe plattdrückt und mich vergessen hat, kennt alle Firmen und Marken und Arten, die erreichbaren und die unerreichbaren, mit Preis und Ausstattung und Höchstgeschwindigkeit und Benzinverbrauch, sie hat sie mir oft genug aufgesagt wie Gedichte, hat sie mir zugeraunt wie Beschwörungsformeln, hat sie mir vertrauensvoll gebeichtet wie einen seit Kindertagen wiederkehrenden Traum, der endlich seinen Schrecken verloren hat: weil sie nicht mehr allein ist, weil ihr unvermutet das andere Ich geschenkt wurde, die zweite bei der Schöpfung verlorene Hälfte, die sie erst ganz und voll werden ließ, so daß sie die Hoffnung auf das Traumding mit Rädern nicht mehr brauchte, nicht mehr von Margarine und Kartoffeln leben, nicht mehr die abgelegten Kleider anderer Leute tragen und im Urlaub zu Hause bleiben mußte, um irgendwann einmal die erforderlichen Tausende aufgehäuft zu haben. Gelernt hatte sie wieder, das Gehen auf eignen Füßen nicht als Notbehelf zu betrachten, lachen konnte sie schon über die Sage vom Auto, das Selbstbewußtsein, Ansehen, Freiheit und Glück beschert, die teuersten Pullover konnte sie kaufen und Forellen essen. Jetzt aber überwindet sie den Ekel vor der behaarten Pranke und sieht nur den rot-weißen Stier, der still darauf wartet, daß sie ihn besteigt. Ich schreie. Die Leute um mich sind empört. Sie aber hört mich nicht, denn die Straßenbahn kreischt in der Kurve, während sie den Platz umfährt, auf dem das Auto seine glatte Haut funkeln läßt und ins Leere glotzt mit seinen mandelförmigen Augen.

Wie eine Fahne wird ihr Haar über den Polstern flattern. Die Schnelligkeit wird sie unser Glück vergessen lassen.

Die Straßenbahn steht. Bleib doch! Bleib! Ich will eine Bank ausrauben und dir auch so ein Ding schenken.

Schon faßt er nach ihr, zieht sie hinaus. Sicher ist er am ganzen Körper behaart. Du wirst fiebern vor Ekel auf den roten Polstern. Ich schreie, versuche um mich zu schlagen, bin aber wie gelähmt.

Meine Rosen liegen auf dem Asphalt. Über allen Straßenlärm hinweg dröhnt mir das dumpfe Zufallen der Wagentür ins Ohr.

Stadtbummel

Wir gehen durch die Stadt. Erst schreiten wir tüchtig aus. Später, wenn die Straßen bunter und belebter werden, bummeln wir von Schaufenster zu Schaufenster, warten ohne Ungeduld mal auf Kat, die vom Puppenladen, mal auf Gudrun, die vom Schuhgeschäft nicht wegkommt, reden dabei von alten Zeiten, von Lehrern, Unteroffizieren, von dem fremden Ort, in dem mein Freund Erich seit zwei Jahrzehnten wohnt, und schlendern dann weiter, ohne Ziel, nur um an dem Tag, den wir Erichs Besuch wegen zum Feiertag gemacht haben, auch spazierenzugehen.

Als wir Stadtteile erreichen, die wir noch nie gesehen haben, faßt Kat meine Hand und läßt sie nicht mehr los, während wir Gudrun und Erich folgen, die zwei, drei Schaufenster ausgelassen haben, plaudernd weitergehen und noch bei grünem Licht die Kreuzung passieren, an der wir warten müssen.

Hinter ihr wird das Menschengewühl dichter. Wir kommen schlecht voran. Zum Glück ist Erich sehr groß und sehr blond, so daß ich ihn nicht aus den Augen verliere. Aber obwohl wir schneller und schneller gehen, scheinen wir uns den beiden um keinen Meter zu nähern, was mir leid tut, da ich ihnen den Vorschlag zur Umkehr machen will. Denn ich weiß nicht mehr, wo wir sind, traue mir aber eine Rückkehr auf gleichem Wege noch zu, falls die hastenden Leute auf Fragen nicht antworten sollten oder könnten. Und wonach sollten wir fragen? Unsere Straße kennt hier bestimmt niemand.

Kat zerrt an meiner Hand. Sie weint, weil wir am Spielzeugladen vorbeigegangen sind. Wir gehen also die paar Schritte zurück, und ich blicke mich dabei fortwährend nach dem Blondkopf um, der an der nächsten Ecke mit dem Menschenstrom nach rechts biegt. Jetzt laufen wir los und halten uns fest dabei, was das Vorwärtskommen erschwert. Jeder allein käme besser voran. Aber das macht Kat nicht mit.

Als wir die Ecke erreichen, sehe ich die beiden in einem der vielen Geschäfte verschwinden. Ich hefte meinen Blick starr auf diese Tür, die sich nicht von anderen unterscheidet, und laufe, ohne den Blick zu lösen, darauf zu und hinein.

»Sie wünschen?« fragt ein Herr und bekommt keine Antwort. Ich bin mit drei großen Schritten an ihm und dem Tisch mit den preisgeminderten Pullovern vorbei und habe den Blick frei auf den langgestreckten Verkaufssaal, an dessen Ende Erich einen Vorhang beiseite schiebt und mit Gudrun dahinter verschwindet. Ohne sich umzusehen.

Als wir dort sind, steht eine uniformierte Verkäuferin davor und fragt, was wir suchen.

»Den Ausgang!« sage ich geistesgegenwärtig.

»Bitte!« sagt sie und weist dorthin, wo wir herkommen.

»Und dort?« frage ich und zeige auf den Vorhang.

»Die Umkleidekabine! Ist aber besetzt.«

»Durch meine Frau!« rufe ich und gerate mit der Uniformierten ins Handgemenge. Mit schmerzhaftem Griff packt sie meinen Arm. Ich mache mich frei, schiebe den Vorhang beiseite und öffne die dahinter befindliche Tür, die aber sofort von innen zugeschlagen und abgeschlossen wird. »Besetzt!« sagt dazu Erichs entrüstete Stimme.

»Gudrun!« schreie ich und gehe zwei Schritte zurück, um mich mit dem Körper gegen die Tür zu werfen, werde aber festgehalten, rechts von meiner Tochter, der zuliebe ich die Tür nicht berenne, links von der Angestellten. Ich nehme meinen Hut vom Boden auf und setze mich still auf den Stuhl vor dem Strumpftisch. Die Leute, die einen Halbkreis um uns gebildet haben, versuche ich nicht zu beachten.

»Sieh doch, dort hängen Kinderkleidchen«, sage ich so ruhig wie möglich zu Kat.

Aber sie will nicht weg, will meine Hand nicht loslassen. Sie zwängt sich mit auf den Stuhl, und bald danach liegt ihr Kopf an meiner Schulter. Wenn die letzten Neugierigen sich verlaufen haben, wird sie schon eingeschlafen sein.

So sitzen wir und warten.

Eines Tages ist er wirklich da

Und eines Tages dann ist Karlheinz, mein großer Bruder, wirklich wieder da. Er ist am Kino vorbeigegangen bis zur Litfaßsäule, und genau an der Stelle, die wir alle benutzten und die ich noch heute benutze, kommt er über die Straße, im weißen Nylonhemd, das Jackett im Arm, eine Hand in der Tasche, ohne jedes Gepäck – das werden zwei Lastträger bringen oder das Expreßgutauto. Er geht genau auf die Stelle zu, an der das Eckhaus gestanden hat, durch das wir immer hindurch mußten, sieht die Rasenfläche und hebt dann den Blick zu unserem vierten Stock hinauf. Irgendwann einmal wird er beim Anblick des jetzt im Licht stehenden Hinterhauses »Die Sonne bringt es an den Tag, ausgleichende Gerechtigkeit« oder ähnliches sagen, aber jetzt ist er noch zu erstaunt, kennt sich nicht gleich aus; zweiundzwanzig Jahre sind eine lange Zeit.

Sein Blick sagt: So ist das also jetzt mit dem Haus, in dem ich geboren bin, das hatte ich anders in Erinnerung, fertig, abgemacht, und er geht über die Straße, die leer und still ist, denn es ist wohl ein Sonntagmorgen im Sommer, und ich gehe Milch holen, den Kleinen an der Hand, dem es ein Erlebnis ist, mit seinem Vater auf die Straße zu gehen, und der hoffentlich niemals vergessen wird, wie das war, als sein Onkel heimkam, morgens, unerwartet.

Und wir gehen aufeinander zu, langsam, zögernd, gar nicht so, wie man sich das als kinoerfahrener Mensch vorstellt. Zwar habe ich ihn sofort erkannt, wäre aber doch vorbeigegangen an ihm, wenn er nicht reagiert hätte; denn schließlich ist er ja vorbereitet, er weiß, daß er nach Hause kommt, muß damit rechnen, seinen jüngsten Bruder zu treffen; ich aber gehe aus dem Haus, um für meine Kinder Milch zu holen, und kann nicht ahnen, daß der große Bruder plötzlich nach zweiundzwanzig Jahren ohne Nachricht über die Straße kommt, da muß man zögern, auch wenn er sich kaum verändert hat oder gerade deshalb, denn das ist doch gegen jede Erfahrung, aber wahrscheinlich sieht man die Falten und Schärfen des Gesichts, den verbrauchten Glanz der Augen, den Fettansatz erst später, jetzt nur die noch immer vertrauten Züge, den spöttisch-wohlwollenden Blick, die schmale Hand, gegen die die eigene stets plump und bäurisch schien und einem klarmachte, daß dem Großen nachzueifern ziemlich sinnlos war.

Natürlich ist dieser fatale Eindruck der Unterlegenheit auch gleich wieder da, als ich ihm die Hand schüttle und ihm dann etwas spät und nicht ohne das Gefühl unzulässigen Theaterspielens um den Hals falle und er wie immer lacht über meinen Hang zur Rührseligkeit. Und auch als ich ihm seinen Neffen vorstelle, lacht er ein bißchen, weil es ihm komisch vorkommt, daß sein kleiner Bruder eine Familie hat, und bei mir kommt sofort was von dem alten Trotz wieder: Ja, grinse nur, aber ich will eben nichts anderes als immer zu Hause bleiben und mittelmäßig und normal sein. Natürlich will ich das nur, weil ich weiß, daß ich nichts anderes kann, schlimm ist nur, daß auch meine Frau das plötzlich weiß, als sie Karlheinz gegenübersteht. Ich bin ein bißchen beschämt, ein bißchen eifersüchtig, ein bißchen bockig, sehr, sehr stolz auf meinen großen Bruder und von einer Riesenfreude erfüllt über diese Heimkehr, an der ich ja nie gezweifelt habe, die nun aber durch die unvermutete Unterbrechung der Monotonie meines Lebens etwas Unwirkliches zu haben scheint. Am schnellsten überwindet meine Tochter diesen Eindruck.

Ungeduldig hört sie sich noch mit an, wie ich von unserer letzten Begegnung erzähle, vierundvierzig, der zerstörte Bahnhof, Aussteigeverbot, zehn Minuten Aufenthalt, er mit vielen anderen an der Tür des Viehwaggons, gedrängt die Mütter davor, ein Pfiff,

Winken, Weinen, dann fragt sie ungeduldig ihren Onkel, wie er es fertiggebracht hat, zweiundzwanzig Jahre Mutter und Bruder ohne Nachricht zu lassen, und ich habe Angst, daß er jetzt die Wirklichkeit seiner Heimkehr durch Unsicherheit und ungenaue Erinnerung selbst in Frage stellen, daß er vielleicht sogar zugeben wird, Karlheinz nicht zu sein. Aber er beginnt sofort sicher und genau zu erzählen, und alles stimmt mit dem überein, was wir schon wissen: Saint-Nazaire, im Rücken schon der Motorenlärm der amerikanischen Panzer, er sagt zu seinem Fahrer, wir machen Privatfrieden, sie steigen aus, laufend den Allied Forces entgegen, eine Hecke trennt sie plötzlich, für immer. Ja, das stimmt, das wußten wir schon; siebenundvierzig kam der Fahrer und besuchte uns. Aber dann? Was geschah dann?

Wir sitzen alle um den Küchentisch, er mir gegenüber und stopft sich die Pfeife mit märchenhaft duftendem Tabak, eine Spezial-Blend, er raucht keine fabrikmäßig gemischten Sorten. Zwei Minuten nach der Trennung vom Fahrer hatten sie ihn schon geschnappt. Verhöre, Gegenüberstellungen, kurze Ausbildung und dann ein feines Leben in Luxemburg am Sender für die deutsche Armee, aber nur bis Mai fünfundvierzig, dann PW, Lager, Hunger, Läuse, er war reif für ein Angebot vom Geheimdienst, zwanzig Jahre Verpflichtung, Schweiz, Österreich, Tanger, Griechenland, Südafrika. Er schüttelt sich. Aus, vorbei! Angst, hierherzukommen? Da lacht er wieder den kleinen Bruder aus, den Weltfremden, den Hausvater. Keine Bange, der Wechsel war lange geplant, er hat es sich verdient, hier auszuruhen. Es fällt mir schwer, verstehend zu lächeln, weil ich an Mutter denke.

In unserem Trabant fahren wir hinaus zu ihr ins Altersheim. Noch ist Sonntag. Er fährt. Ich habe Angst vor jedem Polizisten, weil ich nicht wage, ihn nach seiner Fahrerlaubnis zu fragen. Aber er fährt gut. Das hat er im Kloster gelernt bei den französischen Trappisten, den Schweigemönchen, die nicht sprechen und nicht schreiben dürfen, aber Auto fahren. Zwanzig Jahre hat er für eine Irrenanstalt Kranke gefahren. Gleich nach der Trennung vom Fahrer war er hinter der Hecke auf Leute vom Maquis gestoßen, war geflohen, hatte plötzlich vor einer endlosen

Mauer gestanden, einer weißen, hohen, unüberwindlichen, er hatte sie überwunden, die stummen Brüder hatten ihn verborgen, in den Tagen der Ardennenschlacht schon hatte er die Gelübde abgelegt, ehrlichen Glaubens, aber es gibt Heimweh von solcher Stärke, daß alle Schwüre der Welt dagegen unwirksam werden.

Dann gehen wir den Parkweg zum Heim hinauf, er voran, den Kleinen an der Hand, meine Tochter am Arm. Als wir ihm Mutters weißes Haar hinter dem Fenster zeigen, winkt er ausgelassen, er weiß ja nicht, daß sie so weit nicht mehr sieht. Natürlich spricht er auch viel zu leise mit ihr, aber sie fährt ihn nicht an wie uns immer: Habt ihr denn nicht schon in der Schule deutlich und laut sprechen gelernt? Ihn umarmt sie nur immerfort und redet mit ihm wie mit Vater, an den ich mich kaum noch erinnere, für mich war Karlheinz immer so was wie Vater, und jetzt ist er wieder da, beruhigend vertraut in seiner Selbstsicherheit, verwirrend fremd in seiner Jugendlichkeit, endlich wieder da, im weißen Hemd, nach zweiundzwanzig Jahren. Er hat doch nicht schreiben können bei Gefahr seines Lebens. Kaum war sein Fahrer hinter der Hecke verschwunden gewesen, hatte er sich ans Steuer gesetzt und war losgebraust, Richtung Heimat. Zwei Monate hatte er sich am Rhein verstecken müssen, ehe er unbemerkt hinüberkam. Winterschlaf bei einer Bäuerin im Harz. An einem Aprilabend endlich hatte er die Stadtgrenze erreicht, in einer Feldscheune bei Schönefeld – in vier Stunden hätte er zu Hause sein können – hatte ihn der Russe erwischt oder eine Russin vielmehr, eine Majorin, die ihn bei sich behielt, vier Monate in Uniform, ohne ein Wort Russisch zu können. Nataschas Entlassung, Heimkehr nach Sibirien, dort lebt er als Pelztierjäger, drei Kinder, in vier Wochen muß er zurück sein, der Flug dauert nur Stunden, Tage dann aber die Fahrt mit dem Hundeschlitten.

Irrsinniger Schmerz überfällt mich bei dem Gedanken an die Entfernung, die uns bald wieder trennen wird, aber er sieht mich von seinem Platz neben der Mutter her spöttisch an, und ich lasse meinen Kopf nicht an seine Schulter fallen, weil meine Frau dabei ist und die Kinder, die Große schon dreizehn, und ich weiß, daß ich Fieber habe und ruhig liegen muß, um die Frau nicht zu stören, die neben mir atmet, aber ich kann nicht mehr ruhig liegen, mein Kopf schmerzt, mich dürstet, doch das alles ist nicht so schlimm, da ja endlich mein großer Bruder wieder da ist, im weißen Nylonhemd, nach zweiundzwanzig Jahren.

Schöner Morgen

Ich stehe am Grashang und sehe hinab auf mein Tal. Schon glänzen die Baumwipfel in aufsteigender Sonne; silbern die Kiefern, hell die Birken, dunkel die Erlen am Bach. In all die Grüne gebettet liegt rot mein Haus.

Aber etwas ist anders als sonst. Ich spürte es schon beim Erwachen, doch erst jetzt nimmt das Bewußtsein es auf. Zuerst registriert es das Schweigen der Vögel, darauf das Fehlen der Stille und erst dann das Geräusch von Motoren.

Es sind keine Trecker. Schon einen Kilometer vor meinem Tal enden die Felder, dann beginnt der Wald, der abfällt zu sumpfigen Wiesen. Selbst wenn der Wind vom Dorf her weht, wird Treckerlärm nie so laut. Auch so gleichmäßig blieb er nie. Er schwillt langsam an und ebbt wieder ab, wenn die Trecker am Waldrand wenden. Jetzt aber dröhnt es gleichbleibend laut, übertönt von knirschendem Kreischen.

Ich durchquere das Tal. Noch hat die Sonne den Tau nicht getrocknet. Die Gummistiefel glänzen wie schwarzlackiert. Jeder Schritt abwärts verringert den Lärm und verstärkt den Gestank, der aus dem Bach aufsteigt. Sein Wasser hat sich getrübt. An Krümmungen schieben sich Öl und Schmutz zu faltigen Häuten zusammen. Gelblicher Schaum türmt sich zu schwimmenden Inseln.

Ich eile an Haus und Garten vorbei und den Sandhang hinauf bis zum Waldrand. Der Lärm ist jetzt ohrenbetäubend. Erzeugt wird er von einer Maschine, die Bäume ausreißt, bündelt, verschlingt, als graues Pulver ausscheidet und auf Lastwagen lädt, die auf Betonstraßen davonrollen zu hohen Betonspeichern, aus deren Schornsteinen rötlicher Qualm dringt, der zu Wolken geballt nach unten sinkt, auf mich zutreibt, mich einhüllt, mich zu ersticken droht, mir die Sicht nimmt auf die Maschine, die jetzt den letzten Waldstreifen angreift, zu dem auch die Kiefer gehört, an deren rissige Rinde ich mein Gesicht presse.

Brausebad

Das Wasser ist gut temperiert, heiß, aber nicht zu heiß, sein Druck richtig bemessen, stark, aber nicht zu stark. Gleichmäßig schlägt es auf Kopf, Schultern und Rücken, läuft an Bauch und Beinen ab, nimmt Seifenschaum mit und verschwindet unter den Holzrosten, deren Latten sich in die Fußsohlen drücken.

Der Genuß, den Wärme und Sauberkeit mir bereiten, läßt auf vorhergehende Kältestarre und Schmutzverkrustung schließen. Die Gelenke sind von jugendlicher Geschmeidigkeit. Ich strecke die Arme, werfe den Kopf in den Nacken, lasse die Ströme auf Gesicht, Brust und Bauch klatschen. Hinter Dampfwolken wird die Decke sichtbar, ein riesiges Sieb, durch deren Löcher das Wasser fällt.

Begrenzungen lassen sich nicht erkennen, aber groß muß der Raum sein, denn die stimmenähnlichen Laute, die manchmal das Gleichmaß des Rauschens stören, kommen von weit her. Zwischen mir und den anderen steht eine Wand aus Nebel und Wasser. Ich schließe die Augen, gebe mich dem Glück des Augenblicks hin, der unendlich scheint.

Ein leises Pfeifen schwillt an zum Heulen, bricht abrupt ab, mit ihm die Wasserzufuhr. Die plötzliche Stille füllt sich mit Stimmen, mit Fluchen. Nackte Füße klatschen auf nasses Holz. Dampf schlägt sich nieder, gibt den Blick frei auf Massen männlichen Fleischs, weiß, rötlich, picklig, behaart, auf Hängebäuche, Fettwülste, lederne Haut, vorstehende Knochen, faltige Gesäße, auf Muttermale und Narben.

Unruhigen Schritts strebt das alles zum Ausgang, staut sich vor ihm, verknäult sich, ich mitten darin. Haut preßt sich an Haut.

Man drängt von hinten, von seitwärts. Ein Stoß treibt mich durch die Tür, in den langen Gang, in dem rechts und links Holzbänke stehen, auf ihnen die Kleidung, sorgsam zusammengelegt, geschichtet, gerichtet, auf jedem Packen ein Handtuch.

Die Füße frieren auf kaltem Beton. Eilig trocknen wir die fröstelnden Körper, streifen die langbeinigen Unterhosen über, die langarmigen Unterhemden, die grauen Pullover, die grauen Hosen, die grauen Jacken, stülpen die grauen Mützen auf nasses Haar, hocken auf den Bänken, wickeln Fußlappen mit geübten Händen und zwängen die Füße in harte Stiefel.

Jetzt erst sehe ich die Gesichter. Alle sind alt. Auch meins ist alt, aber nicht auf diese unanständige Art. Ich bin natürlichen Alters, die Häßlichkeit um mich herum aber ist Maskerade. Die Tränensäcke und Falten, Glatzen und Doppelkinne wirken wie angeklebt. Und alles stinkt nach Lysol.

In nervöser Hast wälzt die graue Masse sich durch den Gang. Mich quält der Gestank der Tuche und der Anblick der Gesichter, die mir fratzenhaft verkleidet nur vorkommen können, weil sie mir bekannt sind.

Draußen liegt Schnee. Von der Barackentür aus verbreiten sich über die weiße Fläche strahlenförmig schwarze Wege, die alle an Erdaufschüttungen enden. Die Masse teilt sich in kleine Gruppen. Greisenhaft trippelnd eilen wir auf die Wälle zu, passieren den holzverschalten Eingang, greifen nach den Helmen und treten an unsere Plätze. Schon werden Anflüge von Bomberverbänden gemeldet. Die Kanone schwenkt herum, ihr Rohr hebt sich. Der Verschluß schnappt zu. Die Hand liegt am Abzug. Und in dem Moment, in dem der Schuß dröhnt, erkenne ich unter den Altersmasken die Schülergesichter von Krohn, Eggers, Eiserbeck, Hallwaß und Henning wieder und weiß genau, daß wir noch immer dabei sind, nie entlassen wurden, nie entlassen werden, da wir in Uniform alterten und das, was ich Leben nannte, nur Traum war, geträumt im kurzen Moment des Vergessens unter der Brause.

Geschlechtertausch

1

Unser Geschlechtertausch vollzog sich viel zu schnell, als daß ich mir Einzelheiten des Vorgangs hätte merken können. Ehe mir klar wurde, was geschah, war es schon geschehen. In Erinnerung geblieben ist mir nur das mit der Verwandlung verbundene Geräusch: ein knirschend beginnendes Knacken, das dem Laut ähnelt, den beim morgendlichen Recken manchmal Schultergelenke verursachen. Leider ist es willkürlich nicht herstellbar. Vergeblich versuche ich es wieder und wieder – nur zur Erinnerung, behaupte ich, hoffe still für mich aber auf irgendwelche Wirkung.

Vorwürfe mache ich niemandem als mir selbst. Der Tausch war die wortwörtliche Erfüllung meines Wunsches. Mein Fehler war der aller Liebenden, nur hätte er mir nach zehn Ehejahren nicht mehr passieren dürfen: Ich hielt meine Umgebung für verändert, weil ich sie in bestimmten Momenten anders sah. Die Rangordnung der Dinge hatte sich mir verschoben. Da das Wesen der Welt sich mir in Anna verkörperte, verlor der Rest an Bedeutung. Warm, weich, beweglich in ihrem Schoß ruhend, schrumpfte mir Alltägliches zu kaum sichtbaren Punkten zusammen. So hoch waren wir gestiegen, so endgültig hatten wir den Gipfel erreicht, die Erde unter uns gelassen, daß jede Verbindung mit ihr verloren schien. Wir schwebten, schwerelos einer in den anderen verklammert, um ihn nicht zu verlieren, um nicht allein zu bleiben in einsamer Höhe, wo Glück Schmerz ist und Schmerz Glück und nur ein Wunsch offen: der nach Vereinigung beider Seelen, denen die noch so geringe Lücke zwischen sich in diesen Momenten riesenhaft scheint, weshalb die Stimmen lauter werden, mit denen sie sich Nachrichten über die Temperatur ihrer Gefühle, über den Kurs ihrer Lust zurufen, zurufen wollen, aber die richtigen Worte, die richtigen Maße nicht finden und deshalb schreiend die leeren Räume zwischen sich mit dem Wunschwort überbrücken: Ach, wäre ich die Frau, ach, wäre ich der Mann.

Und so geschah es denn auch. Und blieb so. Und brachte Probleme, die alle durch bessere Vorüberlegungen hätten vermieden werden können. Hätte die Wunschformel: Ach, wärst du ich, ach, wäre ich du! gelautet, wäre die gewohnte Ordnung nicht zerstört worden. Ich hätte Annas Kleider benutzen können, hätte Kochrezepte und Kohlenhändleradressen im Kopf gehabt, hätte ihre Tasche samt Ausweis, Schminkgeräten und Lehrbüchern ergriffen und mich für Anna, als Anna vor ihre Lehrlinge gestellt und ihnen Botanik beigebracht. Ihr hätte ich nicht einmal Krawattenbinden beizubringen brauchen.

Nun aber konnten wir uns nicht einmal über unsere Namen einigen. Bezeichnenderweise kam Anna sofort mit dem Vorschlag, sie einfach auszutauschen. Meinen Einwand, daß das unserer unzerstörten Identität widersprechen würde, ließ sie zwar gelten, lehnte aber meinen Gegenvorschlag, der Maskulinisierung und Feminisierung unserer alten Namen vorsah, entrüstet ab. Mit Karla könnte ich zufrieden sein, meinte sie, sie aber doch wohl nicht mit Annus oder gar Anus. Auch Annarich und Anatol fand sie ihrer neuen Männlichkeit nicht angemessen.

Schließlich vereinbarten wir, uns in der Zeit des Geschlechtertausches nur Liebling zu nennen. Sie sollte nur kurz sein. Schon die nächste Wundernacht sollte uns in den alten Zustand zurückversetzen. Denn daß die Rückverwandlung einer solchen bedurfte, war uns klar. Nur wenn die Seelen ganz Körper, die Körper ganz Seelen sind und sich soweit wie möglich einander genähert haben, können die Funken zweier starker Wünsche überspringen.

Am nächsten Morgen aber behauptete Anna, von einer Männerkrankheit befallen zu sein. Ich erbat mir (telefonisch selbstverständlich) von meinem statistischen Amt einen Urlaubstag und begleitete Anna zum Facharzt, der sich sehr interessiert zeigte, sofort unsere Zustimmung zur späteren Publizierung der medizinischen Aspekte unseres Falles erwirkte und auf stationärer Behandlung bestand.

So zog Anna also am gleichen Tag noch, tränenlos wie ein richtiger Mann, mit Pyjama und Rasierzeug in die Klinik um. Ich rief Dankwart, meinen Direktor, an und gab einen Kurzbericht über meinen Zustand. Er nahm es gefaßt auf und versprach, die Kollegen vor meinem ersten Auftritt im Amt zu informieren. Wie ich später erfuhr, tat er sogar mehr: Er drohte auf einer Betriebsversammlung jedem Strafen an, der nicht den Takt aufbrachte, meinen Unfall, wie er es nannte, zu übersehen.

2

Der erste Arbeitstag begann für mich früh, da frauliche Morgenarbeiten mir noch schwer von der Hand gingen. Ich war fünfunddreißig Jahre alt und hatte mir mit meinem männlichen Äußeren bisher keine Mühe zu machen brauchen. Jetzt störte in meinem weicher, runder, kleiner gewordenen Gesicht das Faltengewirr, die Fahlheit der Brauen, die Kürze der Wimpern, die Blässe. Die zierlicher gewordenen, aber immer noch abstehenden Ohren bedurften verhüllender Haarsträhnen. Fingernagel- und Lippenbemalung, Rocklänge und Strumpfsitz, alles mußte erarbeitet, begutachtet, überprüft werden. Um die in mir nichts als Mitleid erregende Brust zur Geltung zu bringen, mußte ich Hilfsmittel benutzen, deren Verwendung mein Gewissen belastete. Verstand sagte mir: auch die Mühe, die es kostet, anderen angenehmen Anblick zu bieten, ist moralischer Art; aber mein Gefühl nannte es: Betrug. Der allem anhaftende Geschmack des Lippenstiftes verdarb mir den Appetit. Geld suchte ich in der nicht mehr vorhandenen Gesäßtasche, Kämme dort, wo einmal Jacketts gesessen hatten. Obwohl es gerade Frühling geworden war, fror ich, besonders an den Beinen und Füßen. Des obszönerweise unten offenen Rockes wegen verzichtete ich in der S-Bahn auf Sitzplätze. Daß Männer in vollen Bahnen näher als nötig an mich herankamen, verdroß mich. Eine Art Huldigung darin zu sehen, lernte ich nie.

Unser Amt befand sich in einer der schmuddligen Nebenstraßen nördlich des Alexanderplatzes, wo man, wegen Abriß und Neubau, ständig auf Mietvertragskündigung wartet, in einem alten Wohnhaus, das notdürftig für unsere Zwecke umgebaut worden war. Mein kurzer Fußweg dorthin führte an fertigen, halbfertigen und gerade begonnenen Neubauten vorbei, an Ungewohntem, sich ständig Veränderndem also, das meine Aufmerksamkeit beanspruchte und meinem eigenen Zustand in gewisser Weise entsprach, so daß ich diesen Teil des Weges relativ gleichmütig zurücklegte. Herzklopfen und Atemnot begannen erst zwischen den alten Häusern, die uns angesichts der hellen Betonkolosse kleiner, schmutziger, aber auch gemütlicher zu werden scheinen. Hier kannte ich von mindestens 3500 Bürotagen her jeden Laternenpfahl, jede Haustür, jede vergilbte Mauerinschrift; und jeder Pfahl, jede Tür kannten mich, aber anders, als ich jetzt war. Die Granitplatten des alten Trottoirs sahen mir unter den Rock, Löcher im kriegszerstörten Putz grinsten, und Fernsehantennen bogen sich vor Lachen. Hier, wo ich wie nirgendwo zu Hause war, wurde ich mir selber fremd.

Um vorzeitigen Begegnungen mit einzelnen Kollegen auszuweichen, hatte ich mich verspätet und mußte, da die Haustür Punkt acht Uhr geschlossen wurde, klingeln. Mit dem vertrauten Summton wurde geöffnet. Auf dem Sims des Portierschalters lag noch das Anwesenheitsbuch, das eigentlich schon bei der Chefsekretärin hätte liegen müssen, damit jeder Bummler den Canossagang dorthin antreten mußte. Das Schalterfenster war geschlossen. Frau Batzlik, die gute Seele, wollte mir wohl die Verlegenheit einer Begrüßung ersparen.

Während ich mein Signum in die mir vorbehaltene Spalte schrieb, sah ich mein Gesicht im Fensterglas: das nicht mehr junge, gut zurechtgemachte, noch immer begehrenswerte Gesicht einer erfahrenen Frau. Und in dieser Spiegelsekunde entdeckte ich zweierlei; daß ich, erstens, Frauen, also auch mich, noch immer mit den Augen des Mannes sah und daß mich, zweitens, die Gewißheit, gut auszusehen, beruhigte. Mein Herz klopfte nicht mehr so stark, mein Atem ging freier, und ich brachte es sogar fertig, an die Scheibe zu klopfen und mein übliches »Für mich wie immer!« zu rufen, was bedeutete, daß mir Frau Batzlik auf ihrem Gang zum Konsum eine Tüte Milch, zwei Zuckerschnecken und die billigsten Filterzigaretten mitbringen sollte.

Im Eilschritt, nur noch wenig durch den Rock gehemmt, lief ich die Treppe hinauf und, ohne Klopfankündigung, ins Chefzimmer, wo täglich genau acht Uhr null die Zehnminutenbesprechung des Direktors mit den Abteilungsleitern begann, also schon begonnen hatte und auch durch mein Erscheinen nicht unterbrochen wurde.

Dankwart war, wie immer, großartig. Ohne seine Ausführungen über das Jahrhundertereignis, das sowjetische Mondauto, das selbstverständlich im Mittelpunkt aller Gespräche in den Abteilungen zu stehen hatte, zu unterbrechen, nickte er mir freundlich, aber aufwandlos zu und machte es damit den anderen leicht, Spannung, Neugier, Schadenfreude, Heiterkeit oder Entsetzen hinter gelassenen Mienen zu verbergen.

Obwohl sein Wesen dem meinen fremd war, habe ich Dankwart immer bewundert. Freundschaft zu schließen war uns unmöglich. Zaghafte Versuche dazu waren in beiderseitiger Verlegenheit erstickt. Wenn wir, auf Dienstreisen vor allem, miteinander allein waren, manchmal sogar in Doppelzimmern übernachten mußten, war eine erträgliche Atmosphäre nur durch ständige Dienstbesprechungen aufrechtzuerhalten gewesen. Er schätzte in mir nur den Fachmann, ich in ihm nur den Leiter. In dunklen Winkeln seiner starken Seele verachtete er mich wohl, nannte mich in unkontrollierten Bewußtseinslagen weich, gefühlsduselig, moralinsauer, während ich ihn oft als grobschlächtig und hartherzig empfand. Einmal, unter Alkoholeinfluß, im Beisein stimulierend wirkender Frauen, beschimpfte ich ihn sogar als preußisch, was ihn hart traf, da er es als Anspielung auf seine Vergangenheit empfand.

Er, Sohn sächsischer Landarbeiter, Kaufmannslehrling ohne Abitur, hatte es in der Wehrmacht nämlich bis zum Oberleutnant und Kompaniechef gebracht, seiner Tollkühnheit und seines Führungstalents wegen. Beides bewährte sich jetzt für eine bessere Sache, die ihn ganz erfüllte. Von seiner Vergangenheit waren keine wesentlichen Spuren zurückgeblieben, nur unwesentliche, wie zum Beispiel die wörtlich gemeinte Redensart: Bis früh um sieben wird gesoffen, um acht aber steht die Truppe wieder! Er stand dann auch und konnte laut und unfein werden, wenn einer der Abteilungsleiter sich um Sekunden verspätete oder krank tat. Er hatte eine Pferdenatur und fand es normal, sie zu haben. Daß seine Mitarbeiter sie nicht hatten, konnte er sich nicht recht vorstellen, brachte es aber trotzdem bei anderen Gelegenheiten fertig, sie zu behandeln, als könnte er es. Er war streng, laut, grob, aber wenn es darauf ankam, konnte er sich zur Güte, zur Stille, zur Feinfühligkeit zwingen. Um nicht ständig Gewalt auszuüben, tat er sich welche an. Er fühlte nie, wie man Menschen richtig behandeln muß, aber er lernte es und tat es.

Selbstverständlich hatte er seine Reaktion auf mein Erscheinen genau geplant. Ungehemmt seiner Natur gehorchend, wäre er in dröhnendes Gelächter ausgebrochen, hätte mit Fäusten auf den Tisch getrommelt und lauthals erklärt, daß es so weit mit einem kommen müsse, der sich femininer Schöngeisterei und Gefühlskultivierung überließe. Als Herrscher aber, auch seiner selbst, gab er dem Tag seine aktuelle Linie, legte Ort, Termin und Dauer von Sitzungen fest, forderte kurze Planerfüllungsauskünfte und hinderte so die Anwesenden an Taktlosigkeit, zwang sie zum Schweigen, sorgte dafür, daß sie den Stift nicht lange vom Notizblock entfernen konnten.

Am genauesten befolgte der alte Schultze Dankwarts Anweisungen, indem er mir mit freundlicher Zurückhaltung zunickte und weiterschrieb. Er war schon lange im Pensionsalter, aber unfähig, länger als einen fürchterlichen Urlaub ohne Amt zu leben. Schon im statistischen Reichsamt der Weimarer Republik hatte er gewirkt. Nach 1945 war er in die Kartographie verschlagen worden. Von dort zurückgeholt hatte ihn erst Dankwart, der dadurch in seinen Augen zum Halbgott geworden war. In den Bezirken wurde er ehrfurchtsvoll Nestor der Wirtschaftsstatistik, bei uns im Amt Chefimitator genannt. Ich habe seine Erfahrungen und seinen Eifer immer zu schätzen gewußt, unseren jungen Leuten, besonders denen der EDV-Abteilung, aber galt er nicht mehr als ein Clown, der den größten Schauwert in langwierigen Versammlungen besaß. War Dankwart nicht anwesend, fiel er leicht in den oft lauten Tagesschlaf alter Leute. Kam der Chef aber, wurde er lebhaft, beobachtete scharf jede seiner Regungen, äußerte Mißbilligung, wenn die Augenbrauen des Angebeteten sich zusammenzogen, bekundete Zustimmung, wenn Dankwart beifällig nickte, lachte laut, wenn die Cheflippen sich zur Andeutung eines Lächelns verzogen. Sein Hauptauftritt aber erfolgte erst, wenn Dankwart das Wort ergriff. Dann kamen Kopf und Gesicht keine Sekunde mehr zur Ruhe. Da laute Äußerungen nicht erwünscht waren, mußte er seinen nach außen drängenden Gefühlen mimisch Luft machen. Die Kraft, die all das Mund- und Augenaufreißen, Kopfschütteln und -nicken, Faltenziehen und Zum-Himmel-Blicken erforderte, hätte man einem Mann seines Alters nicht zugetraut. Wenn er anschließend seinen eigenen Diskussionsbeitrag lieferte, konnte man sicher sein, die sächsisch artikulierten Wahrheiten des Direktors, mit Witzen und Gefühlsausbrüchen durchsetzt, auf berlinisch noch einmal zu hören.

Schultzes tadelloses Verhalten an diesem Morgen verstand sich also von selbst, wie übrigens auch das Seibts, des Kaderleiters, das man am besten mit dem Wort edel bezeichnen kann. Ihm war es unmöglich, das noch so komische Unglück eines anderen lächerlich zu finden. Er war mit Dankwart befreundet, in dienstlichen Fragen aber oft sein entschiedenster Gegner. Er drehte sich zu mir um, stand auf, drückte fest meine Hand, und in seinen klaren Augen war nichts als die Freude, mich gesund wiederzusehen.

Weiß, der Bevölkerungsstatistiker, beachtete mich überhaupt nicht. Vielleicht war die Veränderung, die mit mir vorgegangen war, gar nicht in sein Bewußtsein gedrungen. Für ihn existierte nur Arbeit; Menschen nahm er nur als deren Anhängsel wahr. Er war der gewissenhafteste Arbeiter des Hauses und der schlechteste Leiter, weshalb er auch immer nur Stellvertreter blieb, obwohl der Abteilungsleiterposten seit Jahren vakant war.

Wenn Dankwart, ich oder sonstwer sich vorher darüber Gedanken gemacht hätten, wer die meine veränderte Person betreffenden Anordnungen des Direktors vielleicht nicht akkurat befolgen würde, so wäre der Verdacht mit Sicherheit auf Gans, unseren jüngsten Abteilungsleiter, gefallen, den Häuptling der Intelligenz-Clique, den Ober-Besserwisser und Unruhestifter. Seine Abteilung hatte den längsten Namen (von dem EDV gleich Elektronische Datenverarbeitung nur ein Teil war), die geringste Erfahrung, die meisten Bärte und gar kein Traditionsbewußtsein. Sie wußten, daß ihnen die Zukunft gehörte, und benahmen sich dementsprechend. Überall witterten sie alte Zöpfe, die sie, elektronisch selbstverständlich, abschneiden wollten. Die entsprechenden Parteibeschlüsse wie Keulen schwingend, gingen sie auf alles Altbewährte los. Obwohl Dankwart, Seibt und ich eigentlich ihre Verbündeten waren, mußten wir uns, um unsinnige Zerstörungen zu vermeiden, ihnen dauernd in den Weg stellen. Zu ihren kleinsten Angriffszielen gehörte auch die sehr detailliert festgelegte Arbeitsorganisation, auf die Dankwart, ihr Schöpfer, sehr stolz war. Geistige Arbeit, so argumentierten sie beispielsweise, ließe sich nicht in Minutenkorsetts pressen, was hieß: sie wollten kommen und gehen, wann es ihnen paßte. Damit verletzten sie Heiligstes. Dankwart reagierte tyrannisch. Sie mußten sich fügen, gaben aber ihrem Protest ständig Ausdruck. Gans unter anderem dadurch, daß er immer erst Punkt acht Uhr das Haus betrat, in Hut und Mantel, was Dankwart haßte, im Direktorzimmer erschien, während der Beratung, ständig unruhig das Standbein wechselnd, stehen blieb und Aufforderungen zum Hinsetzen mit der Bemerkung abwies: das täte er erst, wenn die innerbetriebliche Arbeitsvorschrift um diesen Punkt ergänzt würde.

Gans war es dann auch, der gegen die direktoriale Anordnung zur Vermeidung von Taktlosigkeiten verstieß. Er stellte die Aktentasche, die er während der Besprechung nie aus der Hand legte, aufs Fensterbrett, schob einen Sessel an Dankwarts Schreibtisch heran und sagte mit kavaliersmäßiger Geste: »Bitte sehr, gnädige Frau!«

»Idiot«, flüsterte ich ihm zu und merkte gleich, daß das falsch war. Früher hätte er es grinsend als Beifall aufgefaßt. Jetzt zeigte sein bärtiges Gesicht Befremden. Er wich meinem Blick aus und zog sich in seine Stellung am Fenster zurück.

Dankwart nahm den Zwischenfall nicht zur Kenntnis und redete weiter. Ich versuchte hinzuhören, aber obwohl mehrmals die Wörter Kultur und Volksbildung fielen, bei denen ich sonst erschrecke, als würde mein Name genannt, gelang es mir nicht, weil ich voll Unbehagen den Blick Fräulein Wahrlichs auf mir ruhen fühlte. Die Verwaltungsleiterin hatte sich wie immer in die Ecke gedrängt; sie saß dort wie in einem Versteck. Sie wurde von allen nur das Fräulein genannt, hatte, da sie bald sechzig wurde, keine Hoffnung, diesen Namen loszuwerden, und sah immer aus, als sei sie sich dieser Hoffnungslosigkeit ständig bewußt. Niemand nahm sie ernst. Selbst die jüngste Schreibkraft fühlte sich ihr überlegen. Aber jeder war nett zu ihr, da die Hilflosigkeit ihres verwitterten Kindergesichts jede Angriffsabsicht hemmte. Über ihre Ausnahmestellung war sie sich klar und versuchte oft, ihr zu entgehen, indem sie sich bemühte, Ärger, Nervosität oder Heiterkeit des Hauses mitzumachen, erreichte damit aber nur, daß sie noch trauriger wirkte.

Und diese Frau, die bei allen Mitleid erregte, sah mich jetzt mit einem Blick tiefsten Mitleids an. Das war erschreckend. Der böse Blick der Chefsekretärin Anneliese dagegen ärgerte mich nicht einmal. Er hätte mich sogar belustigt, wenn der Anlaß dazu nicht Grund zur Sorge gewesen wäre.

Als zehn Minuten nach acht nämlich Dankwart durch plötzliches Aufstehen die Sitzung beendete und ich mich mit allen zur Tür wandte, wollte er mich noch dortbehalten, wußte mich aber nicht anzusprechen, da Genosse oder Genossin Brauer, Karl oder Karla ihm gleichermaßen problematisch schien. Er hielt mich also nicht akustisch, sondern motorisch fest, faßte mit seiner Hand nach der meinen und zog mich an ihr in den Sessel zurück. Das wirkte auf mich, wie auch auf Anneliese, so, als wenn er mit zuckersüßer Stimme gesagt hätte: Bleib doch noch ein bißchen bei mir, liebe Karla!

3

Die Abteilung, der ich vorstand, beschäftigte sich nicht mit Kultur- und Volksbildungsstatistik, sondern mit deren Problemen. Wir waren vier Mitarbeiter, deren Bildungsvoraussetzungen sich ideal ergänzten. Genosse Rasch war Mathematiker, Kollege Gerber ehemaliger Kulturfunktionär, Kollegin Hiller Lehrerin. Ich kam aus der statistischen Praxis. Unsere Abteilungssekretärin, Fräulein Weniger, war sehr jung, aber bildungsfähig. Die Zeiten, in denen sie beim Wort Daten an den Kalender dachte und Korrelationskoeffizient nicht schreiben konnte, waren lange vorbei. Wenn man davon absieht, daß Rasch durch Kampfgruppenaufträge (er war für die Kleider- und Ausrüstungskammer zuständig) oft von der Arbeit abgehalten wurde beziehungsweise bei Abhaltungen von der Arbeit Kampfgruppenaufträge vorschützte und Kollegin Hiller seit zwei Jahren kein Wort mit Gerber sprach und jede Zusammenarbeit mit ihm verweigerte, bildeten wir ein hervorragendes Kollektiv. Da meine Autorität nie angezweifelt wurde, brauchte ich sie nicht hervorzukehren. Nicht wie Vorgesetzte und Untergebene, sondern wie Freunde gingen wir miteinander um. Was Gerber und mich betrifft, waren wir sogar welche.

Ihm vor allem hatte ich es zu verdanken, daß die Abteilung mir mehr noch als sonst zur Heimat wurde. Dankwart und die Abteilungsleiter konnte man ihrer Disziplin und ihres Takts wegen schätzen, meine Mitarbeiter aber mußte man ihrer Disziplin- und Taktlosigkeit wegen lieben. Dankwarts gutgemeinte Befehle erzeugten Kälte. Die Ungebundenheit, ja Ausgelassenheit meiner Kollegen erwärmte das Herz. Sie versuchten nicht, meine Verwandlung zu ignorieren, sie feierten sie.

Zur Begrüßung hatten sie sich in meinem Zimmer versammelt und überreichten mir Kunststoffblumen, da natürliche in der ganzen Hauptstadt nicht aufzutreiben gewesen waren. In Gerbers Ansprache wurde meine Verwandlung nicht Unfall, sondern Auszeichnung genannt und der Anbruch eines Zeitalters angekündigt, in dem neben Klassen- und Rassenunterschieden auch die der Geschlechter beseitigt würden. Rasch betrachtete meinen Fall im Lichte der bevölkerungsstatistischen Forschung, Fräulein Weniger trug ein Gedicht vor, in dem sich Enttäuschungsschmerz auf Sekretärinnenherz reimte, und Uschi Hiller stellte triumphierend fest, daß die Weiber jetzt die Mehrheit in der Abteilung hatten. Dazu wurde, an Stelle des sonst üblichen Wodkas, Kirschlikör ausgeschenkt.

Wir lachten viel dabei, aber die Träne, die mir ins Auge stieg, war eine der Rührung. So grotesk die Ehrung auch war — sie war doch eine. Unter dem Mummenschanz, den man trieb, verbarg sich Achtung. Und nichts brauchte ich mehr als die, um mein Selbstvertrauen wiederzugewinnen.

Selbstverständlich trug auch ich zur Belustigung bei, indem ich die Szene im Direktorzimmer schilderte. Ich führte vor, wie der Direktor meine Hand nahm und Anneliese in der Tür des Vorzimmers stand und böse die Augen rollte.

Von dem Anlaß zu meiner Verwandlung, deren Zeitweiligkeit ich hervorhob, deutete ich so viel an, wie sich aussprechen ließ. Während der Begrüßung redeten mich alle scherzhaft als Frau an. Als wir zur normalen Arbeit übergingen, wurde ich selbstverständlich wieder Karl und Herr Brauer genannt. Daß Fräulein Weniger dabei anfangs Kicheranfälle bekam, nahm ich ihr weniger übel als ihre späteren Entgleisungen.

Sie nämlich war es, die sich als erste an den neuen Zustand gewöhnte und, als Folge davon, erst meine Zimmerpflanzen und dann mich zu vernachlässigen begann.

4

Immer bin ich Feind des Stubengrünzeugs gewesen. Arbeitszimmer vor allem liebe ich schmucklos, ohne unruhige Taptenmuster, aufdringlich gefärbte Gardinen, Blumen, auch ohne Bilder, die nach einigen Monaten sowieso niemand mehr wahrnimmt.

Für die von der Chefsekretärin angeführten Damen des Hauses hatte ich mich dadurch als kalter, herzloser Banause entlarvt. Unter dem Motto: Für kulturelle Höherentwicklung des Arbeitsplatzes — alle packen an! hatten sie einen Feldzug gegen mich geführt, der auf einer Gewerkschaftsversammlung mit ihrem Sieg geendet hatte, da Dankwart es für taktisch richtig gehalten hatte, sich in dieser Lappalie dem Volkszorn zu beugen. Die saubere Schlichtheit meines Zimmers wurde also durch schreiende Gardinenmuster und wuchernde Pflanzen zerstört. Glücklicherweise mußte das sehr farbige Bild eines optimistischen Liebespaares am Strand aus raumästhetischen Gründen hinter mich gehängt werden, so daß nur Besucher unter seinem Anblick zu leiden hatten.

Traditionsgemäß waren die Abteilungssekretärinnen zur Pflanzenpflege verpflichtet. Mit Selbstverständlichkeit hatte Fräulein

Weniger diese Aufgabe erfüllt – solange ihr Vorgesetzter ein Mann war. Danach ging es den Pflanzen schlecht. Als ihr Grün sich braun zu färben begann, stellte ich die Sekretärin zur Rede und traf auf Aufsässigkeit. Die weitverbreitete Meinung, daß Blumen und Frauen zusammengehören, vielleicht sogar sich in ihrem Wesen ähneln, zumindest aber dem gleichen Zweck dienen, schien auch ihrem jungen Denken schon selbstverständlich. Wenigstens mit mir teilen wollte sie sich die Arbeit. Um Streit zu vermeiden, griff auch ich also zur Gießkanne, und niemand war befremdet, wenn ich mit ihr von der Toilette über den Flur in mein Zimmer ging.

Als Fräulein Weniger auch begann, Kaffeekochen und Geschirrabwaschen mir zu überlassen, versuchte ich mir bei Gerber Rat zu holen, der wie immer Verständnis zeigte. Leider nicht für mich, sondern für das Mädchen, dem Dienste, die sie einem Mann freudig leistete, für eine Frau zwecklos und deshalb unzumutbar erscheinen müßten.

»Dein Klagen beweist, daß du keine richtige Frau bist, denn die macht das gern«, sagte er und zog, wie immer, wenn er satirisch wurde, das rechte Auge zu einem Spalt zusammen, während das linke sich erschreckend weitete und die Braue sich bis fast an den Haaransatz hob. »Eine wie dich nennt man unnatürlich, was, wie du weißt, auf Frauen angewandt, in unseren zivilisierten Zeiten seltsamerweise als Schimpfwort gilt. Für die Hand des Mannes hat die Natur nun einmal das Schwert bestimmt, für die Frau den Blumentopf, den du, wie dein Schicksal, mit der Würde der Frauen tragen solltest. Wenn du auch noch so laut mit deinen neuen Ketten klirrst, befreien kannst du dich von ihnen genausowenig wie die anderen sich von den althergebrachten Vorurteilen geschlechtlicher Arbeitsteilung. Ich selbst, unermüdlicher Propagandist des Fortschritts, nehme mich davon nicht aus und kann zu meiner Rechtfertigung nur anführen: Ein Wegweiser weist die Richtung, bewegt sich aber nicht in ihr.«

Wie recht er damit hatte, zeigte sich deutlich, als wir einige Zeit später polnische Kollegen zu Gast in der Abteilung hatten. Daß ich dabei den Kaffee einschenkte, erschien mir schon selbstverständlich, nicht aber, daß Gerber sich plötzlich wie der Herr im Haus aufführte und mir mit der Kognakflasche, die er mir verweisenden Blicks aus der Hand nahm, auch die Führung des Gesprächs entriß.

Vorgestellt worden war ich noch als Leiterin. Man hatte mich durch Handküsse und galante Redensarten in Verlegenheit gebracht und meinen Ausführungen über die Aufgaben der Abteilung aufmerksam gelauscht. Als aber die sachlichen Erörterungen von zwanglosem Geplauder abgelöst wurden, merkte ich schnell, daß die fünf Männer am Tisch mein vieles Reden als unpassend empfanden. Gab ich Meinungen zur politischen Lage Ausdruck, ging man feinfühlig darüber hinweg. Raschs Platitüden dagegen widersprach man, Gerbers zynische Äußerungen belachte man und fand sie diskussionswürdig. An ihn richtete man Fragen, mir trank man zu, Kollegin Hiller sagte man Artigkeiten. Als ich meinen besten zweideutigen Witz erzählte, mit dem ich oft schon Lacherfolge erzielt hatte, breitete sich Verlegenheit aus.

Je angeregter die Stimmung wurde, je freier der Ton, desto deutlicher wurde erkennbar, daß alle männlichen Sympathien der schweigend und lächelnd dasitzenden Hiller galten. Sie strömte die Stallwärme aus, die Männern so guttut. In ihrer Dunkelheit konnte der männliche Witz leuchten. Hier war die Schwäche, die Männern ihre Kraft bestätigt, die Weichheit, die Männliches hart werden läßt.

Ich kannte das ja aus eigener Erfahrung. Schlimm war nur, daß es mich kränkte, daß ich am Abend lange vor dem Spiegel stand und meine gegenwärtige Gestalt mit den Augen meiner vergangenen sah, um das stolze Schiff meines Selbstbewußtseins wieder flottzumachen. Ich war schon so weit, daß ich die Frage nach meiner Wirkung auf Männer für eine nach meinem Wert oder Unwert hielt.

5

Aber es kam noch schlimmer mit mir. Ich begann nämlich nach dem neuen Maßstab auch meine Sympathien zu messen. Männer, die ich gleichgültig ließ, verloren in meinen Augen an Wert, solche, denen ich gefiel, gewannen. Auf die oberste Stufe aber rückte, wer mich verehrte oder begehrte.

Natürlich wehrte ich mich gegen diese Umwertungen und versuchte den hier wirksam werdenden psychischen Mechanismus zu ergründen. Als mir das gelang, schwieg die Stimme meines Gewissens, hörte die Gegenwehr auf, ergab ich mich dem Unabänderlichen. Denn ich hatte entdeckt, daß die Schuld nicht bei mir lag.

Antriebskraft dieses Mechanismus war der Hunger nach Anerkennung. Zur Zeit meines Männerdaseins war der vorwiegend in der täglichen Arbeit, im Gespräch, in Diskussionen gestillt worden. Jetzt waren mein Wissen und meine Fähigkeit, ihm Ausdruck zu geben und es anzuwenden, zwar nicht geringer geworden, aber es galt weniger, es hatte an Gewicht verloren, man fragte weniger danach, vielmehr dagegen nach Fehlendem, das früher nie als fehlend erkannt worden war.

Gerber, der neben anderen auch sich selbst gut beobachten konnte, drückte es einmal so aus: »Wenn du früher etwas besser wußtest als ich, empfand ich das als normal, heute als Besserwisserei. Der einer Frau unterstellte Mann muß ihre Anordnungen als Anmaßungen empfinden, weil sein Verhältnis zu ihr dem natürlichen entgegengesetzt ist. Von Frauen erwarten wir leider nicht in erster Linie Intellekt und gute Arbeitsleistung; daran messen wir den Wert des Mannes. Von der Frau erwarten wir vor allem Schönheit, und wenn die fehlt: daß sie versucht, sie für uns vorzutäuschen. Wir geben uns ja schließlich dafür auch Mühe, klüger und stärker zu scheinen, als wir sind.«

Er redete mit mir also schon wie mit einer gebürtigen Frau. Mit meinen Manneserfahrungen rechnete er schon nicht mehr. Seiner Offenheit wegen hätte ich ihm dankbar sein müssen. Ich wurde ihm aber gram, weil alle seine Redereien nur darauf zielten, meine ihm überlegene Position zu untergraben, und er mich dadurch zwang, Nahrung für erschüttertes Selbstvertrauen in weiblichen Bereichen zu suchen, in Kleidung, Make-up, Gebaren. Zu hassen aber begann ich ihn, als er das dann nicht honorierte, sondern gegen das Weibliche, das er herausgefordert hatte, gleichgültig blieb.

Als Folge des gestörten Verhältnisses zu Gerber entwickelte

sich ein inniges zu Uschi Hiller. Gleiches Leid erzeugt Solidarität. Gerber hatte sie früher einmal sehr umworben, lange vergeblich. In genau dem Moment, in dem sie bereit gewesen war, seinen Wünschen nachzugeben, hatte er die Flucht ergriffen. Daß verletzter Stolz ihr seitdem verbot, auch nur ein Wort mit ihm zu reden, hatte ich bisher für Hysterie gehalten. Jetzt dämmerte Verständnis dafür in mir auf.

Der erhöhte Standpunkt, von dem aus ich bisher mit Kollegin Hiller geredet hatte, wurde eingeebnet. Die Peinlichkeit, die ihr Ausbreiten von Intimitäten zuerst in mir erzeugte, wich regem Interesse. Meine Verachtung für ihre Umwandlung beruflichen Ehrgeizes in weiblichen begann zu schwinden. Freie Stunden, die sonst nützlichen Fachdiskussionen mit Gerber gedient hatten, wurden jetzt mit Hillerschen Plaudereien über Mode, Schneiderei und Körperpflege gefüllt. Immer weniger empörte es mich, daß der an sich unwesentliche Geschlechtswechsel mich dazu verdammte, kostbare Zeit mit Blumengießen und Hausfrauengeplauder zu verbringen. Ich hatte kaum einen Haushalt, keine Kinder, trotzdem waren die neuen Belastungen, verglichen mit den bisherigen, enorm. Die Jagd nach passenden Miederwaren, Kleidern, Lippenstiften war so zeitraubend wie die Informationen, die ich mir dafür von Uschi holen mußte. Was sich in mir vollzog, könnte man Veräußerlichung nennen. Sie war erzwungen, notwendig, ein Akt der Notwehr.

Auch die Besprechungen im Leitungskollektiv bestätigten die Wichtigkeit dieser Nebensächlichkeiten. Daß sie meine sachdienlichen Äußerungen jetzt weniger ernst nahmen als vorher, merkten die Männer gar nicht. Die Beachtung, die sie mir zukommen ließen, hatte sich, nachdem die erste Neugier gestillt war, in ihrer Masse kaum verändert, wohl aber in ihrer Zusammensetzung. Man fand anderes interessanter als mein Fachwissen.

Als Mann hatte ich sicher sein können, daß bessere Argumente mir auch größere Sympathien eintrugen. Jetzt war es oft umgekehrt. Mein Bedürfnis nach Freundlichkeit wurde besser befriedigt, wenn ich Behauptungen nicht klar und bestimmt, sondern vage, aber charmant vorbrachte, am besten aber, wenn ich gar nichts behauptete, sondern fragte, um Hilfe bat. Wenn ich dabei auch noch nett anzusehen war, steichelte man mich (natürlich mit Worten vorwiegend), antwortete freudig und hurtig. Sich von Frauen belehren zu lassen, fällt Männern schwer. Ritterlich zu sein ist viel einfacher für sie, und sie sind Frauen, die ihnen Gelegenheit dazu geben, dankbar.

Belastungen durch Arbeiten an meinem Äußeren wurden also durch innere Entlastungen im Dienst teilweise ausgeglichen. Die Rolle, in die ich mich drängen ließ, war bequem, aber unproduktiv. Am deutlichsten zeigte sich das bei Gesprächen mit Dankwart.

6

Daß der Direktor mich öfter als früher in sein Zimmer beorderte, fiel wohl eher als mir Anneliese, seiner Sekretärin, auf. Da sie nach Art subalterner Naturen den Zorn über Beleidigungen durch ihren Herrn an anderer Stelle ablud, beleidigte und verleumdete sie mich, wie und wo sie konnte, und wurde blaß vor Anstrengung, wenn sie in Gegenwart »unseres Alten« (wie sie als einzige im Hause den Direktor nannte) gezwungen war, auch nur einen normalen Satz zu mir zu sagen. Die Blicke, die sie mir zuwarf, waren die einer betrogenen Plantagenbesitzersgattin, der die verführerische Sklavin unter die Augen kommt: Sie sah mich an, als wollte sie mich auspeitschen lassen.

Zuerst trug ich mich mit der Absicht, ihr in offener Aussprache die Unsinnigkeit ihrer Eifersucht darzustellen. Später aber brachten Stolz und Trotz mich so weit, daß ich ihr, um ihr die Sticheleien heimzuzahlen, ein Verhältnis zu Dankwart vorspielte, das gar nicht bestand.

Daß er vom ersten Tag meiner Wandlung an Absichten auf mich hatte, war klar und mir, der ich ihn lange genug interessiert beobachtet hatte, verständlich. Das hing nicht, oder nur wenig, mit dem Bild zusammen, das ich ihm als Frau bot. Vielleicht wäre die Versuchung, mich in seinen Besitz zu bekommen (denn nur darum handelte es sich), zwar in jedem Fall vorhanden gewesen, aber nicht so stark, hätte ich unscheinbarer ausgesehen. Die Kluft, die in Zeiten meiner maskulinen Existenz immer zwischen uns geklafft hatte, hoffte er jetzt überbrücken zu können. Sie hatte ihn immer gestört und beunruhigt, da sie seine spezielle Art der Kommunikation, die der Beherrschung nämlich, unmöglich machte. Leute wie Gerber und ich, die sich innerlich seiner Macht entzogen, ohne ihm aber Konkurrenz zu machen, waren ihm fremd, fern und unheimlich, aber sie interessierten ihn. Er nutzte ihre Kenntnisse aus, und er schätzte sie, in seltsamer, mit Verachtung gemischter Weise. Jetzt war ihm durch wunderliche Fügung gegen einen von ihnen eine zusätzliche Angriffswaffe in die Hand gegeben: sein Geschlecht.

Daß Männer selten gerade auf ihr erotisches Ziel zugehen, sich nicht offenkundig zu ihm bekennen, hat weniger mit Verfeinerung der Sitten als mit Angst vor Blamagen zu tun. Ihre sogenannte Mannesehre wird durch Abweisung beschädigt. Denn Abweisung ist Niederlage, und zum Mann gehört Sieg, zumindest der über Frauen.

Deshalb wählte selbst der seiner Stärke bewußte Dankwart verschlungene Pfade, gab seinen Werbungen den Anschein, als wären es keine, sprach nur das aus, was auch anderes bedeuten könnte, nahm Verfängliches sofort zurück, wartete auf Resonanz, auf Entgegenkommen oder Widerspruch.

Er war der erste, der darauf bestand, mich Karla zu nennen. Er erkundigte sich nicht nach dem Befinden Annas, sondern nach dem meines Mannes. Er räumte den Platz hinter dem Schutzwall seines Schreibtisches und setzte sich neben mich. Er war um meine Bequemlichkeit bemüht, fragte um Erlaubnis, wenn er rauchen, wenn er das Fenster öffnen wollte, machte also, indem er mich als Dame behandelte, unsere Verschiedengeschlechtlichkeit ständig deutlich.

Dauernd wich er vom Fachthema ab, sprach über Frauen, über Liebe, über Ehe – erst allgemein, dann speziell über seine, natürlich fragwürdige –, über den Reiz des Neuen, über fließende Grenzen zwischen Moralität und Prüderie, schwieg manchmal, ganz in den Anblick meiner Beine versunken, tat so, als ob er es plötzlich selbst merkte, schreckte auf, entschuldigte sich aber nicht für die Zudringlichkeit, sondern sah mir in die Augen und lächelte.

Welch Kompliment für dich, sagte dieses Lächeln, daß ich, der mit allen erotischen Wassern gewaschene Bursche, durch den Anblick deiner Beine noch abgelenkt werde!

Im Laufe unserer jahrelangen Zusammenarbeit hatte er mir schon manchmal Referate zur kritischen Durchsicht gegeben und meine Hinweise auf fachliche Unschärfen oder fehlerhafte Sprachwendungen dankbar akzeptiert. Jetzt bekam ich jede seiner kleinen und großen Ausarbeitungen zu sehen. Aber er schickte sie mir nicht mehr mit Anneliese in mein Zimmer hinauf, sondern bat mich zu sich herunter und tat so, als wäre kein Durchschlag vorhanden, um mit mir in dasselbe Manuskript sehen zu können.

Während ich seine ständig wiederkehrenden Genitivreihungen (im Sinne der Klassiker des Marxismus-Leninismus hat der Erarbeiter der Statistik der Versorgung der Bevölkerung der Räte der Kreise die Aufgabe usw.) aufzulösen versuchte, war sein Kopf so dicht neben meinem, daß ich die Wärme seiner Wangen an meinen spürte, lag sein Arm entweder auf meiner Schulter oder klemmte so zwischen der Tischkante und meinem Oberkörper, daß das, was er für meine Brust halten mußte, mit seinen Ellenbogen in Berührung kam.

Die kleinen Sensationen, die er auf diese und ähnliche Weise seinen Sinnen bereitete, machten ihm viel Spaß, eigentlich aber waren sie natürlich nur Mittel zu größerem Zweck — nicht völlig untaugliche sogar. Zwar teilte der Sinnenkitzel, den er empfand, sich mir nicht mit, mein Körper blieb unbewegt, aber mein Herz wurde groß, meine Seele öffnete sich dem hartnäckigen Versucher.

Denn Ausdauer gibt jeder Werbung den Anstrich von Ernsthaftigkeit, jedem Verführer verleiht sie den Heiligenschein des Liebenden und rührt deshalb Frauen so sehr, die es nötiger als Männer haben, durch Liebe anerkannt und erhoben zu werden. Der unvorteilhafteste Mann kann durch Ausdauer Vorteil gewinnen: den nämlich, der Frau Qualitäten zu bestätigen, an die sie ohne ihn nicht glauben könnte.

Ich leistete ihm also keinen Widerstand bis zu dem Moment, in dem er eine Etappe gewonnen zu haben glaubte, das Manuskript heftig beiseite schob und sagte: »Glaubst du denn, ich bin aus

Holz?« – »Nein«, entgegnete ich ihm wahrheitsgemäß und wollte, um ein ablenkendes Gespräch in Gang zu setzen, genauere Erklärungen hinzufügen, kam aber nicht dazu, da ich mich damit beschäftigen mußte, seine Hände von meinem Körper fernzuhalten, was nicht leicht war, weil er größer und stärker war als ich. Als er versuchte, seinen Mund an meinen heranzuschieben, flüchtete ich hinter den Schreibtisch und schrie ihn an: »Du bleibst da!«

Seltsamerweise gehorchte er mir. Das Lächerliche seiner Lage versuchte er mit Schimpfworten zu verdecken. »Wie eine zickige Altjungfer benimmst du dich!«

»Sagst du das allen Frauen, die nicht so wollen, wie du willst?«

»Du bist die erste, die nicht will.«

»Weil du Abhängigkeiten ausnutzt! Jede Frau, die mit ihrem Chef ins Bett geht, wird seelisch genotzüchtigt.«

»Bisher hat es noch allen Spaß gemacht.«

Der Stolz, mit dem er das sagte, versetzte mich in solche Wut, daß die unkultivierte Offenheit zwischen uns nicht so bald ein Ende fand. Ich fühlte mich als Rächer aller seit Jahrtausenden unterdrückten Frauen, fand flammende Worte dafür, ließ ihn zu keinem kommen und dachte erst nachträglich daran, daß es besser gewesen wäre, ihm in vernünftigem Gespräch klarzumachen, was ich gerade an mir entdeckt hatte. Daß mir zur richtigen Frau nämlich noch immer eines fehlte: die Liebe zur Widerwärtigkeit der Männer.

Als ich an der höhnisch grinsenden Anneliese vorbei in mein Zimmer hinaufging, war mir klar, daß es auch Dankwarts Selbstdisziplin nicht gelingen würde, diese Szene zu vergessen. Der einzige Mensch, dem ich mein Leid klagen konnte, war Uschi Hiller. Zum erstenmal lud ich sie ein, abends zu mir zu kommen. Während ich den Tisch deckte, räumte und wischte sie, in meinen alten Männerpantoffeln umherhuschend, die Wohnung auf.

»Das Schlimmste am Frausein ist das Objektsein«, klagte ich.

»Ach, wäre ich doch eins für jemanden«, seufzte Uschi.

So detailreich, wie nur Frauen es können, erzählten wir uns unsere Erlebnisse, verfluchten alle Männer und weinten uns gegenseitig an unseren Busen aus: Schließlich schliefen wir getröstet ein.

Es war schön für mich, Uschi am Morgen in Annas Bett zu sehen. Ich weckte sie mit einem Kuß. Sie aber schloß mich in ihre Arme und rief: »Ach, wärst du ein Mann!«

7

Seit mehr als einem Jahr bereitete sich unser Amt auf eine wissenschaftliche Konferenz vor, die Statistiker aller sozialistischen Länder zu Arbeitsgesprächen vereinigen sollte. Zwar sollten die Hauptreferate von Genossen übergeordneter Stellen gehalten werden, aber auch wir hatten Beiträge zu leisten: Dankwart sollte begrüßen und die Diskussion leiten, Gans über die Erarbeitung von Datenflußplänen sprechen, und mir hatte man das Thema »Kulturrevolution und statistische Praxis« übertragen.

Wie üblich hatte sich das ursprünglich als internes Fachgespräch geplante Treffen im Laufe der Vorbereitung zu einem Mammutunternehmen ausgeweitet. Der als Ort der Zusammenkunft geplante Speiseraum unseres Hauses war dazu zu klein. Es wurde die Kongreßhalle gemietet. Aus einer zweistelligen Zahl von Teilnehmern war eine dreistellige geworden.

Es scheint da eine Kette von Wachstumsgesetzen zu geben, die ihrer Formulierung noch harren. Ausgelöst wird die Kettenreaktion durch den Antrag an die vorgesetzte Behörde um finanziellen Zuschuß, und am Ende steht die Formel: Der Nutzen einer Konferenz verhält sich umgekehrt proportional zur Zahl ihrer Teilnehmer. Denn nicht die zwanzig Fachleute, auf die es ankommt, haben sich verzehnfacht, sondern die Schweiger, die Gaffer, die Laien, die Film-, Fernseh- und Zeitungsleute und vor allem die vielen Festredner, die sehr viele Worte brauchen, um zu verhüllen, daß sie nichts zu sagen haben als: Ich, der Vertreter dieser und jener wichtigen Dienststelle, wichtigen Berufssparte, wichtigen Auslandsvertretung, bin auch hier! Gern hört das niemand, aber gebraucht wird es – von den Presseleuten, die das Allgemeinste davon nachdrucken und so dem Leser den richtigen Eindruck vermitteln, daß auf allen Konferenzen, gleich welchen Themas, dasselbe gesagt wird.

Die Aufblähung der Konferenz war nicht Dankwarts Schuld. Er

hatte diesen Prozeß nicht gefördert, doch auch nicht verhindert. Uneingestanden aber entsprach die kundgebungsähnliche Veranstaltung sehr seinen Wünschen. Die Luft, die in diesen Ballon gepumpt wurde, schien ihm Energie zu spenden. Organisation war sein Element. Organisierend verdoppelten sich seine Kräfte, Schlafbedürfnis konnte er auf ein Minimum reduzieren. Er kümmerte sich um die Mineralwassersorte auf dem Rednerpult und die Farbe der Tagungsmappe. Er entwarf übersichtliche Blockschaltbilder in Plakatgröße, von denen spielend leicht abzulesen war, wer wann wo welche Ausländer auf DDR-Boden zu empfangen hatte. Dolmetscher bekamen abgezogene Anweisungen ausgehändigt, aus denen unter anderem zu ersehen war, daß sie bei öffentlichem Auftreten immer links neben dem Gast zu stehen hatten.

Überraschenderweise fand er zwei Tage vor dem Großereignis sogar noch Zeit, die Fachreferate zu lesen und an einer Diskussion darüber teilzunehmen. Daß diese dann länger dauerte, als seine wichtigeren Arbeiten es ihm gestatteten, lag nicht an ihm, sondern an mir. Denn ich widersetzte mich einer von ihm vorgeschlagenen Kürzung meines Referats.

Es handelte sich um einen mit der Zwischenüberschrift »Kritische Einschätzung« versehenen Absatz, in dem ich Gedanken zur Diskussion stellte, die im Amt schon oft welche hervorgerufen hatten. Daß sich im kulturellen Bereich mit Zahlen nicht alles erfassen läßt, wurde da etwa gesagt. Daß wir uns oft vor Methoden scheuen, die uns eventuell das Gegenteil von dem beweisen könnten, was wir bewiesen haben wollen. Daß wir Ergebnisse zu leichtfertig verabsolutieren, anstatt sie in richtige Beziehungen zu anderen Ergebnissen zu setzen. Da führt man zum Beispiel den Rückgang der Kinobesuche einseitig auf die Ausbreitung des Fernsehens zurück, ohne zu fragen, ob nicht vielleicht die schlechten Filme schuld sind, die wachsende Massensportbewegung, die aufreibende Berufsarbeit. Da werden Auflagenzahlen von Büchern mit Literaturwirkung gleichgesetzt, obwohl keine Statistik etwas sagt über die Exemplare, die als Prämien verschenkt und nie gelesen werden, die in Bibliotheken verstauben, aus Prestigegründen nur Bücherwände zieren; obwohl niemand weiß, wen ihr Inhalt abstößt oder zu entgegengesetzten Gedanken provoziert; obwohl sicher ist, daß Bücher mit geringeren Auflagen manchmal größere Wirkungen haben können, wenn zum Beispiel Lehrer, Pastoren, Agitatoren, Schriftsteller sie lesen und ihren Inhalt tausendfach verbreiten. »Wenn wir unsere gängigen Schlußfolgerungen aus der Literaturstatistik, meine Damen und Herren«, so schloß dieser provozierende Absatz, »auf die Goethezeit übertragen würden, kämen wir zu dem Ergebnis, daß nicht Faust oder Hyperion, sondern Rinaldo Rinaldini oder Mimili die wichtigsten Bücher dieser Epoche gewesen sind.«

Dankwart, der mich korrekt, aber kühl behandelte, wollte diesen Absatz entfernt haben, weil er nicht den Ansichten des Hauses (das heißt seinen) entsprach, also nur eine persönliche Meinung ausdrückte und damit nicht in das offizielle Referat gehörte. Da er nur eine Diskussion der von ihm vertretenen Prinzipien, nicht aber eine des Inhalts zuließ und nur Gans sich auf meine Seite schlug, zwang die kollektive Leitung mich zum Nachgeben, billigte aber meinen Vorsatz, das Problem als Diskussionsbeitrag zur Sprache zu bringen.

Natürlich bekam diese Randfrage dadurch ungeheure Bedeutung für mich. Ich stellte mir vor, wie sie die Gemüter der Zuhörer in Wallung bringen, die Konferenz erschüttern würde. Aber dazu mußten die schüchtern formulierten Fragen zu Behauptungen umgeformt, Vermutungen in Beweise verwandelt werden.

Ich vergaß an diesem Tage die Besuchszeit in der Klinik, lief nach dem Dienst in die Staatsbibliothek (wo ich meiner mit Männernamen versehenen Lesekarte wegen Ärger hatte), saß im Lesesaal, bis er geschlossen wurde, dann die halbe Nacht über zu Hause, las, schrieb, auch im Dienst und in der nächsten, der letzten Nacht vor der Konferenz, und wäre sicher durch Unterernährung und Schlaflosigkeit krank geworden, wenn Uschi nicht gewesen wäre. Obwohl sie für meinen Eifer kein Verständnis hatte, brachte sie mir Tee und Schnitten an den Schreibtisch und lockte mich nach Mitternacht ins Bett.

Die Konferenz wurde ein Erfolg. Die Organisation machte dem deutschen Ruf Ehre. Informationsmedien und höhere Stellen waren zufrieden. Noch nie hatte unser Amt im Licht der Öffentlichkeit so geleuchtet. Niemand wagte daran zu denken, daß wir einen Tag später wieder ins Dunkel zurücksinken würden Am glücklichsten war Dankwart. Ständiges Lächeln verklärte seine Züge. Er fühlte sich wie im Paradies, ich mich wie unter Mohammedanern, deren Frauen dort bekanntlich nicht hinkommen. Außer mir litten nur noch die zwanzig in- und ausländischen Fachleute, was aber im Wirbel der Begrüßungen, Freundschaftskundgebungen und Empfänge nicht auffiel.

Da die Verlesung von Grußtelegrammen Stunden beanspruchte und die Zeit des ständig sich wiederholenden Beifalls nicht einkalkuliert worden war, mußten die Spezialvorträge auf den zweiten Tag verschoben und damit in die Arbeitsgruppen verlagert werden.

Ich schnurrte mein Referat ziemlich unbeteiligt herunter, da ich innerlich nur mit dem Diskussionsbeitrag beschäftigt war. Als überraschenderweise heftiger Beifall kam, flüsterte mir Nestor Schultze, wie immer in der Nähe des Chefs, warm und feucht ins Ohr: »Der einzigen Rose unter Dornen applaudiert jeder gern.« Meine Dornen werdet ihr noch zu spüren bekommen, dachte ich und reichte bei Beginn der müde anlaufenden Diskussion sofort meine Wortmeldung zu Dankwart hinauf. Als dritter Redner mußte ich an der Reihe sein.

Der erste benutzte eine unpräzise Formulierung meines Referats dazu, der Versammlung zu beweisen, wie fleißig er die »Dialektik der Natur« studiert hatte. Der zweite bezeichnete mein Referat als ein absolutes Maximum des überhaupt Erreichbaren und brauchte dazu zwanzig Minuten. Der dritte erzählte, daß er bisher nur im Winter die DDR besucht und daher erst jetzt die Schönheiten des deutschen Sommers schätzengelernt hatte. Als der vierte die Worte seines Vorredners zu unterstreichen begann, reichte ich einen Zettel mit der Aufschrift: Ich bin dran!!! zu Dankwart hinauf. Der fünfte gelobte, sich kurz zu fassen. Nachdem er das unerwartet mit Hilfe einiger schwerverständlicher Formeln wirklich getan hatte, schob ich den sechsten Diskutierer, der von Dankwart schon aufgerufen worden war, beiseite, eroberte so das Pult und versuchte, das Flüstern und Murmeln der überraschten Versammlung zu übertönen.

In meiner Aufregung merkte ich erst nach längerer Zeit, daß ich, obwohl es schnell still geworden war, noch immer entsetzlich schrie. Ich senkte also die Stimme, verlor für Augenblicke den Faden dabei, und als ich ihn wieder hatte, schrie ich wieder los, besessen von der Angst, von Dankwart unterbrochen zu werden.

Sehen konnte ich den Chef nicht, da er links hinter mir saß. Dicht vor mir aber, in der ersten Reihe, saß Chefimitator Schultze und bildete, kopfschüttelnd, auf seinem Gesicht nach, was sich auf dem seines Gottes zeigte: Ärger und Wut.

Grund für mein Geschrei war wohl vor allem die Hoffnung, die Minderwertigkeitskomplexe, die man mir seit meiner Weibwerdung anerzogen hatte, abzutöten. Durch Lautstärke wollte ich Kraft demonstrieren, durch Aggressivität allen beweisen, daß mit mir noch gerechnet werden mußte.

Als ich schwitzend und atemlos wieder auf meinem Stuhl saß, erwartete ich einen Meinungsstreit, wie ihn das Amt noch nicht erlebt hatte. Die scheinheilige Eintracht dieser Konferenz würde platzen. Auch Dankwart würde den Sturm nicht aufhalten können.

Aber kein Sturm brach los. Peinliche Stille trat ein, die erst Dankwart beendete. Mit dem charmantesten Lächeln in meine Richtung begann er zu reden – nicht über meine Polemik: über mich. Er lobte meine Engagiertheit, das Feuer meiner Rede, das man auch bewundern konnte, wenn es sich nur an Kleinigkeiten entzündete. Er pries in mir die Vertreterin eines Geschlechts, das die Fesseln uralter Vorurteile abgeworfen hat und leicht und frei auf den vom Sozialismus geöffneten Bahnen in alle Bereiche des Lebens, der Kultur, der Technik, der Wissenschaft eindringt, vorwärtsschreitet, stark, selbstbewußt, und das doch dabei, allen gehässigen Voraussagen der Reaktion zum Trotz, seinen (und dabei wurde seine Stimme sanft) ureigensten Zauber der Weiblichkeit bewahrt.

Der Beifall für seine Worte dauerte so lange wie vorher die Stille nach meinem. Erleichterung drückte sich darin aus. Dankwarts Führungsqualitäten hatten sich wieder einmal glänzend bewährt. Er hatte gespürt, was die Menge bedrückte, und mit sicherem Mund die Last von ihr zu nehmen gewußt. Zwecklügen belasteten dabei sein Gewissen nicht.

Denn das mit dem Zauber der Weiblichkeit war eine. Nicht einmal Erinnerung daran hatte mein Auftreten bei den Zuhörern wekken können. Der Gewaltakt, mit dem ich das Pult erobert hatte, die Lautstärke, die Vehemenz meines Angriffs gegen Unbekannt, das Unmelodische meiner Stimme, mein sich überschlagender Eifer – das alles hätte der gute Geschmack einem Mann vielleicht gerade noch durchgehen lassen, einer Frau mußte man es übelnehmen, auch wenn man eigentlich zu ihrer Partei gehörte, ihre Meinung teilte, ihr beizustehen gewillt war. Die Peinlichkeit, die sie verursachte, lähmte jedes Gefühl für sie, ließ jeden Beistandswillen streiken.

Erst Dankwarts Worte machten es möglich, dieser Lähmung Herr zu werden. Dankwart, der Erlöser, grub ihren Gefühlen den Graben, durch den die Folgen des unangenehmen Erlebnisses abfließen konnten. Es handelte sich also um die notwendigen Begleiterscheinungen einer großartigen Sache, der Frauenemanzipation, um eine der sogenannten Kinderkrankheiten also. Durch die mußte man noch hindurch, dann würde die Frau so sein, wie das Gesetz einer fortschrittlichen Männerherrschaft es befiehlt: so ökonomisch nutzbringend, so souverän, so allseitig interessiert und gebildet wie der Mann, zusätzlich aber noch ausgestattet mit Grazie, Mütterlichkeit, Sanftmut, Liebreiz, Schönheit – kurz: mit all dem, was den Mann seit jeher an ihr erfreut.

Eine Kranke also! Die mußte man trösten, so wie Dankwart es mit seiner Lüge so vorbildlich getan hatte. Man fand also meinen Beitrag interessant, bedenkenswert, beachtlich tief, wohlüberlegt, ja sogar leidenschaftlich, kühn und mutig und konnte auf diese Art und Weise vermeiden, näher auf ihn einzugehen. Man schmeichelte, lobte, verzieh. Man nickte mir lächelnd zu. Dankwart strahlte. Schultze tätschelte meine Hand. Den größten Beifall aber bekam ein ungarischer Kollege, der reizend ausländisch akzentuiert mich den Sonnenschein der Konferenz nannte. Ich war unfähig, noch einmal das Wort zu ergreifen. Als mein Blick auf Fräulein Wahrlich fiel, begriff ich plötzlich den ihren, den sie mir am ersten Morgen nach meiner Verwandlung zugeworfen hatte: den Blick tiefsten Mitleids mit jemandem, für den das Schicksal noch große Enttäuschungen bereithält.

Aber ich nehme das Schicksal nicht an, sagte ich zu mir und hatte meinen Entschluß schon gefaßt.

Als Uschi in der Pause bewundernd zu mir sagte, ich hätte gesprochen wie ein richtiger Mann, antwortete ich ihr: »Warte heute nicht auf mich, ich werde in der Klinik schlafen.«

8

In der Klinik, in der Anna – schon viel zu lange – lag, wurden Besuche nur zu vorgeschriebenen Zeiten gestattet. Um Ärgernissen mit dem Personal zu entgehen, wandte ich mich gleich an den Arzt, der sich unseres Falles mit so großem Interesse angenommen hatte.

Er empfing mich fröhlich, bot mir seinen bequemen Sessel an, nahm selbst mit dem harten Patientenschemel vorlieb, saß aber nicht lange, sondern ging händereibend im Sprechzimmer hin und her, während er versuchte, mir den Umfang seiner Untersuchungsergebnisse klarzumachen. Da ihm die auch Laien verständlichen Begriffe fehlten, gelang ihm das nur unvollständig. Seine gute Laune aber übertrug sich trotzdem schnell auf mich; denn worauf es mir ankam, verstand ich wohl: Er hatte Erfolg gehabt! Annas Krankheit war geheilt. Der Versuch einer Rückverwandlung konnte unternommen werden. Wenn seine Hypothese zutraf, mußte sie gelingen.

»Periodisches steht dem doch hoffentlich nicht im Wege?« fragte er überflüssigerweise. Denn er wußte darüber selbstverständlich genausogut Bescheid wie ich selbst.

»Und die seelische Bereitschaft?«

»Ja, ja!«, rief ich, mußte mich aber noch gedulden, weil er jetzt vom Physiologischen zum Theoretischen überging. Er begann mit Hufelands Lob der Kraft menschlicher Imagination, streifte Kants Arbeit von der Macht des Gemüts, durch den bloßen Vorsatz seiner krankhaften Gefühle Meister zu sein, verweilte bei Mesmer, wies auf die Bedeutung Braids, Charcots und Bechterews, der Väter der hypnotischen Methode, hin, rühmte kritisch Freuds psychoanalytische Schule und deren Folgen, ließ auch Suggestion, Autosuggestion und autogenes Training nicht aus, um schließlich, auf dem Umweg über Pawlows Speichelfluß, auf den mit unserer Hilfe von ihm entdeckten Effekt zu kommen, der einmal auf seinen bescheidenen Namen getauft werden würde.

»Diese Metamorphose ist beileibe kein mystischer, sondern ein dialektischer Vorgang«, sagte er im Schlußteil seiner Rede, dem er die Worte: Anleitung zum Handeln, Doppelpunkt, vorangesetzt hatte. »Die Quantität psychischer Wunschkraft setzt sich in einem bestimmten Punkt in physische Qualität um. Das ist wie auf dem Rummel beim Haut-den-Lukas. Kraft treibt den Zeiger hinauf. Ist diese so groß, daß jener die obere Grenze erreicht, knallts. Sie haben verstanden, worauf es ankommt? Auf Kraft, die zur materiellen Gewalt wird, wenn sie den Zündpunkt erreicht.«

Ich zeigte Optimismus, er griff zum Telefon und gab Anweisungen: Zimmer 6 und 8 waren für eine Nacht zu räumen. Dem Patienten auf 7 waren der Zimmerschlüssel, eine Flasche Sekt und zwei Abendessen, Sorte K IA, auszuhändigen, der Nachtschwester war einzuschärfen, daß sie auf keinen Fall stören dürfte, auch zur Temperaturmessung am Morgen nicht.

Erwartung machte mich unfähig, dem Arzt zu danken. Ich schüttelte ihm wortlos die Hand.

Als ich die Tür zu Zimmer 7 öffnete, war eine Schwester dabei, einen Kopfkissenbezug als Tischdecke über den Nachttisch zu breiten. Sekt und Essen standen auf dem Fensterbrett. Anna war nicht im Zimmer. Ihr frischbezogenes Bett war schon aufgedeckt. Die Schwester forderte mich freundlich zum Eintreten auf. Sie war sehr jung, und ihre Grübchen glätteten sich auch nicht, wenn sie aufhörte zu lächeln.

»Ich bin Schwester Karin. Er ist noch im Bad. Sie sind seine Frau?«

»Nicht mehr lange«, war meine Antwort. Jetzt lächelte ich.

»Sie wissen schon?« fragte sie und öffnete staunend ihre gewaltigen Lippen.

Siegessicher hängte ich meinen Mantel neben Annas neuen Sommeranzug in den Kleiderschrank. Als ich mich wieder ins Zimmer wandte, stand Anna schon in der Tür, im Bademantel, ein Handtuch turbanähnlich ums Haar gebunden, jung, frisch, gesund. Sie schien viel in der Sonne gelegen zu haben. Ihre haarigen Beine und das straffe Männergesicht waren braungebrannt.

Ich lief auf sie zu, umarmte und küßte sie. Daß ich Männer nicht ausstehen konnte, spielte bei ihr keine Rolle. Sie sah ich schon in ihrer ehemaligen und zukünftigen Gestalt. Ich wäre auch sofort zärtlicher geworden, wenn mich die Gegenwart der Schwester nicht gestört hätte.

Die aber machte keine Anstalten, uns zu verlassen. Sie stand am Fenster und war dabei, die Verdrahtung des Sektkorkens zu lösen. Als Anna sich auf den Bettrand setzte, trat sie hinter sie und begann unaufgefordert, ihr das Haar zu trocknen.

»Anna«, sagte ich und versuchte vergeblich, den Jubel in meiner Stimme zu unterdrücken, »ich kann heute nacht bei dir bleiben.«

»Das wird nicht gehen«, sagte Anna.

Damit ihr Kopf beim Abtrocknen nicht hin und her geschüttelt wurde, mußte sie ihn steif halten und, um mich mit ihren kalten Männeraugen ansehen zu können, diese nach oben drehen.

»Doch, der Arzt hat es erlaubt.«

»Der weiß noch nichts«, sagte Anna, ohne ihren Blick von mir zu wenden.

»Ich dachte, Sie wüßten es schon«, sagte Schwester Karin, legte das Handtuch weg, nahm Birkenwasser aus dem Nachttisch und massierte mit spitzen Fingern Annas Kopfhaut.

»Was?« fragte ich noch, hatte aber endlich begriffen.

Selbstmitleid rührte mich. Ich mußte mich setzen. Stolz hielt Tränen zurück.

»Schuld liegt auch bei Ihnen selbst«, sagte Karin, ohne die Fingerspitzen von Annas Kopf zu entfernen. »Die Einseitigkeit, mit der Sie Adam Ihr Frauenleben schilderten, hat ihn verstört. Nie mehr hätte er unbekümmert und vorurteilslos Anna sein können.«

»Du mußt Realitäten anerkennen lernen«, sagte Anna. »Du darfst nicht nur an dich denken. Es geht auch um Karin.«

»Sie werden Befriedigung darin finden, um die Vollendung der Frauenrechte zu kämpfen«, sagte die Schwester und begann mit geübten Bewegungen Annas Haar zu bürsten. »Zu tun gibt es da noch genug. Warum zum Beispiel wird noch immer der Waschtag nur den Frauen gewährt? Wir beide werden völlig gleichberechtigt den Haushalt führen. So werden Adams Erfahrungen nicht ungenutzt bleiben.«

»Du hättest das Zeug zur Frauenrechtlerin«, sagte Anna. »Renegaten und Konvertiten waren schon immer die fanatischsten Sektierer.«

»Hat sich denn Adam als Anna jemals darüber beklagt, eine Frau zu sein?« sagte Karin. »Und tue ich es?«

In diesem Augenblick löste sich knallend der Korken vom Flaschenhals. Das Paar stürzte zum Fenster. Ich ging.

Uschi war nicht in meiner Wohnung. Sie hatte einen Zettel hinterlassen: »Meine Lage ist hoffnungslos. Kommst du als Karl wieder, bringst du Anna mit. Mit einer Karla aber, die keine Hoffnung mehr hat, ein Karl zu werden, kann ich nicht leben. Eingekauft habe ich noch. Du findest alles im Kühlschrank.«

In der gleichen Nacht noch, wie in den folgenden, bot ich alle Kräfte meines Gedächtnisses auf, um mich an den Vorgang des Geschlechtertauschs zu erinnern. Aber geblieben ist nur die Erinnerung an das mit der Verwandlung verbundene Geräusch, das willkürlich nicht herstellbar ist. Vergeblich versuche ich es wieder und wieder, obwohl ich weiß, daß auch das mir nicht helfen könnte.

Babylon

Peinliche Stille kommt gar nicht erst auf. Jeder weiß gleich was zu sagen. Das ist Betsys Verdienst. Vor Verlegenheit redet sie viel und sehr schnell, ohne Pause. Trotzdem gelingt es ihr, kleine Lacher zwischen die Worte zu schieben oder mit ihnen zu mischen. Das spornt alle an, verpflichtet zum Mitreden, zum Mitlachen, auch dazu (um das Tempo zu halten), den anderen nicht ausreden zu lassen, nicht aus Mißachtung seiner Worte, sondern aus Begeisterung über sie. So können alle fast gleichzeitig reden. Es entsteht ein ziemlicher Lärm. Dabei sind wir erst vier. Denn Alexander ist noch nicht da.

Er hat mich für acht zu Betsy bestellt. Bis Viertel neun habe ich vor der Haustür auf ihn gewartet. Dann bin ich hinaufgegangen durch das gediegene Vorderhaus, das nach der Sauberkeit des vorigen Jahrhunderts riecht. Wenn man auf Betsys Klingel drückt, müht sich ein Glockenspiel mit dem Lied »O wie wohl ist mir am Abend« ab. Nach den ersten vier Tönen geht die Melodie in tonloses Scheppern über. Der Korridor ist winzig. Er wird beherrscht von einem behelmten Gendarmen, der mit ausgestrecktem Arm und Zeigefinger auf den Betrachter weist und ihn drohend fragt, ob er die Pille heute schon genommen habe.

Kaum habe ich mich Betsy vorgestellt, klingelt es wieder, und Kitty kommt. Betsy stellt vor: erst mich Kitty, dann Kitty mir, schließlich uns beide Guy.

Kitty ist Betsys Freundin. Sie ist sehr außer Atem. Guy ist Amerikaner und hat goldene Knöpfe am blauen Jackett. Um nicht mit ihm allein zu bleiben, hat Betsy Kitty für sieben Uhr bestellt. Davon darf Guy nichts wissen. Deshalb hindert Betsy Kitty daran, zu erzählen, warum sie erst so spät kommt. Denn sie spielt vor Guy die Überraschte (lacht viel dabei, wie über sich selbst): Jahrelang kommt niemand zu ihr, und nun plötzlich ist das Haus voll. Auch daß Alexander unseren Besuch angekündigt hat, unterschlägt sie also.

Guy gibt sich erfreut, mich kennenzulernen. Mit gegenseitigen Unterbrechungen versichern wir uns, daß wir nicht Betsys, sondern ihrer Arbeiten wegen hier sind. Ich bin Herausgeber einer Zeitschrift, you understand: of a magazin, und will entscheiden, ob Betsy, wie Alexander meint, als Mitarbeiterin in Frage kommt. Guy dagegen ist von Beruf zwar Vertreter von General Motors, zuständig für den Handel mit Eastern Europe, hat aber eine Schwägerin, deren Schwager Editor von »The Painter« ist und ständig neue Talente sucht, solche originellen, wie Betsy eins ist. Er wird sie schon managen. O. K., Betsy? O. K.!

Kaum ist Kitty ein paar Sekunden außerhalb des Gesprächs, merkt Guy das schon und zieht sie wieder hinein. Was denn sie arbeite, will er wissen, und als sie (sie ist Kulturfunktionärin) weit ausholt: das sei so leicht nicht zu erklären, unterbricht er, macht sie zu meiner Frau und erklärt: das sei Arbeit genug. Unser Gelächter versteht er falsch, lacht aber mit, macht überhaupt gute Miene zu dem Besuch, an den Betsy nun freigiebig den Whisky verteilt, den er mitgebracht hat – doch wohl um ihn mit ihr allein zu trinken. Die mitgebrachten Zigaretten dagegen kann Betsy allein rauchen, da niemand die filterlosen französischen verträgt.

Der Verdacht liegt nahe, daß sie den schwarzen Tabak aus ästhetischen Gründen bevorzugt. Denn bei ihr ist alles schwarz: das Haar, die Augen, die Bluse, die Hose, die Tür, der Arbeitstisch, das Bett, der Teppich und auch die Kommode, die ich, da sie niedriger ist als das Bett, für ein Sitzmöbel halte. Betsys Schrei kommt zu spät. Geknackt hat schon was. Aber groß ist der Schaden wohl nicht, zumindest nicht sichtbar. Ich setze mich zu Kitty aufs Bett, die nun endlich, nachdem Guy Betsys aufblasbare Sessel empfohlen hat, dazu kommt, von den Gründen für ihre Verspätung zu erzählen (ohne ihr Bestelltsein zu erwähnen): Ein Unfall, hier in der Linienstraße, direkt vor der Haustür, ein Mann, jung soll er gewesen sein, lief, ganz langsam übrigens, in ein schnellfahrendes Auto und war sofort tot, sie wurde von der Polizei vernommen als Augenzeugin, falls man eine so nennen darf, die sofort wegsehen muß, wenn so etwas passiert.

Das Direkt-vor-der-Haustür erschreckt Betsy, und sie philosophiert ein bißchen über das Verhältnis von Angst und örtlicher und zeitlicher Entfernung des Schreckens. Guy kennt die Zahl der täglichen Unfalltoten New Yorks, leitet dann aber geschickt auf ein weniger angstmachendes Thema über.

Natürlich ist er sehr dafür, mit der Arbeit gleich zu beginnen, hat aber unseren Gesprächen entnommen, daß noch auf einen Alexander gewartet werden soll. Das aber läßt Betsy nicht zu. Ach der! sagt sie und macht (nur für mich) das Gesicht eines Clowns, der zu weinen beginnen will. Sie ist doch nicht abhängig von dem! Sicher wird er bei Tanja sitzen. Sie ist unbefangener in seiner Abwesenheit. Ich übrigens auch, nur aus anderen Gründen. Alexanders Urteile über Betsys Arbeiten als meine auszugeben fällt leichter, wenn er nicht dabei ist. Alles, was ich über Kunst weiß, ist, daß ich nie sagen darf, was ich empfinde. Aber von Menschen verstehe ich was. Und Betsy ist einer, dem ich Genie zutraue.

Sie trägt keinen Büstenhalter unter der Bluse, sicher weil Sommer ist. Es ist schon halb zehn, und noch dämmert Tageslicht durch die Fenster.

Betsy bittet uns ins Zimmer. Erst jetzt merke ich, daß wir in der Küche sitzen. Neben dem Bett, in der Ecke hinter der Tür, stehen Gasherd und Kühlschrank, schwarz lackiert natürlich, wie auch die Töpfe und Kannen. Das Zimmer dagegen ist weiß. Neben unzähligen, meist leeren Rahmen und einem Teppich enthält es nur einen langen und flachen Schrank mit schmalen Schüben, in denen die Mappen liegen.

Die Schuhe werden unter dem Gendarmen abgestellt, denn auch der Teppich ist weiß und zum Sitzen bestimmt. Ich fühle mich beim Eintreten zu einem staunenden Ah verpflichtet. Guy fällt vor Bewunderung in seine Muttersprache zurück. Sonst spricht er Deutsch, nicht gut, aber doch besser als wir alle zusammen Englisch. Er ist überhaupt besser als wir, die wir ihn dauernd vergessen und schnell und berlinisch reden, so daß er nicht folgen kann. Trotzdem strahlt er ständig Glückseligkeit aus, versichert immer mal wieder, wie schön der Abend ist, versucht sich in Geistreicheleien und versteht unser Lachen falsch. Denn witzig an dem Amerikaner ist nur, daß er genau so ist, wie man sich einen vorstellt.

Die Blätter, die Betsy uns zeigt, nehmen kein Ende. Sie präsentiert uns ihre gesamte Entwicklung; von Rousseau über Breughel und Chagall zu, wie sie meint, sich selbst. Mir gefällt es. Das macht mich mißtrauisch. Alexanders Urteile kann ich nicht nutzen, da Betsy sie beim Öffnen jeder Mappe vorwegnimmt. Alexander findet das so und so, hierüber sagt er das, darüber jenes.

Guy will wissen, wer Alexander eigentlich ist. Der Größte – für Betsy, sagt Kitty, die schon zuviel getrunken hat. Aber Betsy befiehlt: No word about Alexander! und öffnet die nächste Mappe, die Alexander für ihre beste hält. Leider erkenne ich nichts auf den winzigen Bildern, die sich auf den riesigen weißen Kartons etwas verloren ausnehmen. Aber der Whisky stärkt das Bedürfnis in mir, freundlich zu ihr zu sein. Ihr den Auftrag zu geben, war ich schon entschlossen, bevor ich hierherkam. In diesen Dingen kann ich mich auf Alexander verlassen. Eigentlich bin ich nur gekommen, um das Mädchen zu sehen, bei dem Alexander genausowenig Vergessen findet wie bei Tanja. Richtig gut sind Sie, Betsy! sage ich schlicht. Guy gibt seiner Bewunderung anders Ausdruck: Er pfeift wohltönend mit gespitzten Lippen einen Dauerton, der hoch beginnt und, tiefer werdend, schließlich verebbt.

Endlich erklingt, worauf wir alle gewartet haben, das Glockenspiel wieder: O wie wohl ist ... Kitty geht öffnen, schon unsicheren Schritts. Betsy räumt hastig die Blätter zusammen und vergißt für Sekunden, die Muntere zu spielen. Nach den Anstrengungen der letzten Stunden scheint ihr Gesicht leer, ganz ohne Ausdruck. Guy benutzt die Gelegenheit, mich zu fragen, ob wir Herrschaften schon geluncht haben. Der Ärmste hat Hunger. Ihm ist unvorstellbar, daß wir zu dieser Zeit das Abendbrot schon hinter uns haben.

Betsys Erregung war umsonst. Jetzt habe ich mein Gesicht nicht mehr in Gewalt. Denn nicht Alexander steht in der Tür, sondern Tanja. Sie ist gekommen, um nach Alexander zu fragen. Um acht wollte er bei Betsy sein und um neun bei ihr. Jetzt aber ist es halb elf, und unpünktlich war er noch nie.

Tanja ist Russin, Korrespondentin. Sie spricht mit uns Deutsch, mit Guy Englisch. Der ist über alle Maßen erfreut, sie kennenzulernen. Er ist zwar nur Manager bei General Motors, zuständig für den Handel mit Eastern Europe (mit Ausnahme der Sowjetunion übrigens), aber in Künstlerkreisen fühlt er sich immer wohl, und Tanja ist die erste Russin seines Lebens, darauf muß er mit ihr trinken: auf die Freundschaft zwischen den Staaten und Rußland also! Aber Tanja trinkt nicht, was Guy veranlaßt, von Herzen zu bedauern, keinen Wodka bei sich zu haben. Aber enttäuscht ist er nicht etwa. Er bietet sich sofort an, Tanja Tee zu bereiten. Für uns hat Betsy noch Weinbrand-Verschnitt da, scheußlich, aber viel. Der Whisky ist alle.

Man sollte denken, daß Betsy und Tanja sich hassen. Aber das ist nicht so. Zur Begrüßung haben sie sich umarmt. Jetzt beweist Tanja ihr Verständnis für Betsys Arbeit dadurch, daß sie nur bestimmte Blätter aus verschiedenen Mappen sehen will und diese mit anderen, die gar nicht dabeiliegen, wortreich vergleicht.

Tanja ist zierlicher als Betsy, ihr Gesicht ruhiger und klarer, aber beide sind vom gleichen Typ. Wenn ich sie schwesterlich miteinander auf dem Teppich hocken sehe, die Köpfe über Kunst gebeugt, schlägt mein Neid auf Alexander langsam in Wut auf ihn um. Sicher, er leidet selbst, aber ist das ein Grund, den beiden ihr Leben kaputt zu machen?

Formvoll und freudig lädt Guy die ganze Gesellschaft ein, mit ihm lunchen zu gehen. Aber das geht nicht ohne Alexander. Kitty bekommt den Auftrag, in der Küche nach Brot und Butter zu suchen. Doch Guy leugnet, hungrig zu sein. Er habe nur an den Hunger der Damen gedacht.

Betsy zwingt sich dazu, mit mir über den Auftrag zu reden. Ihre Frage, welche ihrer Arbeiten meinen Vorstellungen am nächsten käme, stürzt mich in Ratlosigkeit. Von Guy unterstützt, rette ich mich in die Behauptung, ihr das verschweigen zu wollen, um ihren Ideenfluß nicht einzuengen. Tanja interessiert sich für die Ost-Geschäfte von General Motors. Um drei Viertel zwölf fällt Guy ein, daß er um zwölf die Grenze passiert haben muß. Meiner schmerzenden Beine wegen erbiete ich mich sofort, nach einem Taxi zu telefonieren.

Das Telefon steht im Korridor, auf einem flachen schwarzlakkierten Schränkchen, unter dem Gendarmen. Ich knie nieder (sitzen kann ich nicht mehr) und blättere im Telefonbuch. Johanna ist sofort am Apparat, weiß auch sofort, was ich will, und möchte mich schnell wieder loswerden. Sie liegt schon im Bett. Ja, sie ist wieder solo. Woher wir das wissen, ist ihr uninteressant. Daß sich Alexander wieder Hoffnungen macht, seitdem sie seinen Nachfolger rausgeschmissen hat, brauche ich ihr nicht erst zu sagen. Er war am Nachmittag bei ihr. Weggegangen ist er schon um sieben. Ob er die Straßenbahn benutzt hat, weiß sie natürlich nicht. Aber auch zu Fuß hätte er um acht hiersein müssen. So besoffen war er nicht.

Was sie ihm gesagt hat, brauche ich nicht erst zu fragen. Ich stehe noch eine Weile auf dem Korridor und blicke dem Uniformierten furchtlos ins Auge. Sein blitzender Helm beeindruckt mich mehr als Betsys Kunst. Aber das darf ich sowenig zugeben wie meine Angst.

Kitty hat nun wirklich genug getrunken. Sie kann nicht mehr aufrecht sitzen. Mit unsicherer Stimme redet sie auf Betsy und Tanja ein. Sie ist um deren Würde besorgt. Dreimal fragt sie die beiden, ob sie wissen wollen, was Alexander in ihren Augen ist, und als sie es nicht wissen wollen, sagt sie es trotzdem: ein Sadist ist er, ein Sadist.

Um den hungrigen Amerikaner kümmert sich keiner. Der versucht, auf und ab gehend, zu verbergen, daß ihm die eingeschlafenen Beine schmerzen. Er öffnet das Fenster. Ich stelle mich zu ihm und sehe auf die menschenleere Straße hinunter. Auf der Fahrbahn markieren Kreidestriche die Unglücksstelle. Guy macht Atemübungen und findet die Berliner Luft ausgezeichnet. Er ist der einzige von uns, der nicht raucht. Seit siebenunddreißig Tagen hält er schon durch. Meine Anerkennung meint er nicht zu verdienen, denn mit Anti-Nikotin-Pillen ist es ganz einfach. Schon vom Rauch anderer Leute wird einem schlecht.

Mir gelingt es, alles irrsinnig komisch zu finden: Kitty, die vor Würde fast platzt, weil sie keinen hat, an den sie sie verlieren kann, Tanja und Betsy, die an einem hängen, der von einer Dritten nicht loskommt, und dazu dieser Amerikaner, der vor Hunger und Übelkeit bald stirbt, dessen Gesicht aber unverdrossen Frohsinn verbreitet.

Jetzt beginnt er auch noch, von seinem Psychiater zu reden. Kitty fordert mit schwankender Stimme Entscheidungen. Mir fällt ein, daß ich vergessen habe, mich selbst komisch zu finden. Tanja möchte wissen, wer mit ihr Tee trinken will. Von der Friedrichstraße her nähert sich ein Taxi. Guy beginnt seine Abschiedszeremonie bei mir. Entsetzlich glücklich ist er über den Abend. Beim Schuheanziehen versucht er noch, sich für morgen mit Betsy zum Dinner zu verabreden, denn seine Maschine nach Bukarest geht erst am Nachmittag. Aber Betsy hat zu tun.

Kitty ist unfähig, sich vom Teppich zu erheben. Ich schleiche auf Socken in die Küche, setze mich aufs Bett, sehe Tanja beim Teekochen zu und bin froh, daß sie es duldet. Betsy bringt die leeren Gläser und Flaschen. Sie behauptet auf englisch, Alexander vergessen zu können. Kitty ist eingeschlafen. Betsy wickelt sie in eine Decke, dann setzt sie sich zu uns. Wir trinken viel Tee, rauchen unmäßig und warten auf Alexander, bis der Tag kommt.

Freiheitsberaubung

Tendenzielle Gründe sind ausschlaggebend dafür, daß von den hunderttausend und mehr Geschichten, die Tag für Tag in Berlin passieren, gerade diese erzählt wird. Ihre Hauptperson heißt Anita Paschke, ist zweiunddreißig Jahre alt, blond, schlank, ledig und Mutter dreier Kinder. Als Nebenpersonen treten auf: Ströhler, ein Kellner, Schälicke, ein Volkspolizei-Unterleutnant, und Siegfried Böttger, Direktor des VEB Soundso. Die Zeit: eine Nacht des vergangenen Jahres.

Es beginnt mit der Nebenperson Ströhler. Der betritt kurz nach Mitternacht, von der Arbeit in der Bärenschenke kommend, müde natürlich und leicht alkoholisiert, das Haus Nr. 263 in der Linienstraße, in dem er, hinten, vierte Etage, Mitte, wohnt, und verläßt es fünf Minuten später wieder, um die Telefonzelle am Oranienburger Tor aufzusuchen, die aber defekt ist, worauf er eilig, in seinem leicht tänzelnden Gang, in die Bärenschenke zurückläuft, von dort aus das Polizeirevier anruft und den Wachhabenden bittet, sofort eine Funkstreife in die Linienstraße zu senden, wo im Hinterhaus, 4. Etage, links, ein Mensch, genauer: ein Mann, mit Fäusten gegen eine Tür trommelt, schreiend behauptet, seiner Freiheit beraubt worden zu sein, und dringend nach Staatsgewalt verlangt. Nein, betrunken sei niemand, er nicht, obwohl er getrunken habe, wie es sein Beruf, er sei Kellner, fast verlange, und auch der Beraubte nicht, der, wenn man vernünftig mit ihm rede, auch vernünftig antworte, auf sächsisch übrigens, falls dieser Hinweis erlaubt sei. Nein, die Haustür sei nicht verschlossen, und im übrigen würde er, Ströhler, sich sofort vom Telefon weg vor das Haus begeben und dort die Streife erwarten, um den Kollegen unnützes Suchen zu ersparen, da das, was er als Hinterhaus bezeichnet habe, eigentlich der rechte Seitenflügel sei, dessen Eingang leicht übersehen werde, da der Durchgang zum zweiten Hinterhof eher ins Auge falle, weil er größer sei als der richtige Aufgang, sehr groß, eine Durchfahrt eigentlich, die aber von Wagen nicht mehr benutzt werden dürfe, wie auch die erste Durchfahrt nicht, da unter beiden Höfen sumpfige Keller lauerten, die Neigung zum Einbrechen zeigten, weshalb schon zwei Generationen von Mietern den Kohlenträgern Zuschläge zu zahlen gehabt hätten, des langen Fußweges wegen. Ja, wem die Wohnung gehöre, wisse er wohl, denn es sei die ihm benachbarte, vierter Stock links, er wohne Mitte und kenne die Frau recht gut, so wie man eine Nachbarin eben kenne, ohne mit ihr befreundet zu sein; sie heiße Paschke und sei eigentlich ein Fräulein, aber eins mit drei Kindern, zwei, vier und sechs Jahre alt, für die sie nie gleichzeitig habe Kindergarten- und Krippenplätze bekommen können, weshalb sie jetzt nachts arbeite, als Portier in einem kleinen Hotel in der Friedrichstraße, von zehn Uhr abends bis sechs Uhr früh, die geplagte Person, anständig übrigens, wenn man die wechselnden Männer nicht rechne, von denen der Trommler wohl einer sei, wenn er, Ströhler, sich in der Stimme nicht täusche, die er in den letzten Monaten schon öfter gehört habe, von der Treppe aus, nicht durch die Wände, die seien dick und lauthemmend, das sei der einzige Vorteil des Hauses, aber wirklich der einzige. Nein, wie der Mann heiße, wisse er nicht.

Ohne sich damit aufzuhalten, trinkt Ströhler noch einen Schnaps und macht sich unter den aufmunternden Worten seiner Kollegen auf den Weg zum Haus Linienstraße 263, das, was er nicht weiß, vor genau 100 Jahren von dem Geld eines Mannes erbaut wurde, dessen Urenkel jetzt in Hamburg wohnen und ihren Besitz kommunal verwalten lassen. Ströhler weiß nur, daß das Haus 1930 zum letztenmal renoviert worden ist und die Verwaltung nicht beabsichtigt, diesen Vorgang zu wiederholen, da das Objekt, seit 1950 bereits, zum Abriß vorgesehen ist, dessen Termin immer feststand: 1960, 1963, 1968, 1972. Jetzt ist zum Jahr der Hoffnung das übernächste ernannt, worauf nur neue Mieter mit wenig Erfahrung Illusionen gründen.

Als Ströhler den Tatort erreicht, ist die zweite Nebenperson schon dem Auto entstiegen: der schwergewichtige Unterleutnant, der sich nicht namentlich vorstellt, was Ströhler aber tut, worauf er noch einmal berichten muß, was der Leser schon weiß. Während sie den dunklen Hof überqueren und die Stiegen erklimmen, aufgeregt hüpfend der Kellner, ruhig, bedächtig der Polizist, sind noch Fragen zu beantworten, als erste die nach den Kindern, an die Ströhler noch nicht gedacht hat, zu denen ihm aber gleich etwas einfällt, eine Bemerkung ihrer Mutter nämlich: alles mögliche mögen sie von ihren Vätern geerbt haben, die Fähigkeit zu erstaunlichem Tiefschlaf aber hätten sie bestimmt von ihr.

Bei der nächsten Frage bleibt Ströhler stehen, um der heftigen Verneinung gestisch Ausdruck geben zu können: Um Himmels willen, auf keinen Fall, keine Spur davon, mit den wechselnden Männern habe er das nicht gemeint, wenn er sich recht erinnere, sogar von einer anständigen Person gesprochen, auch von einer bedauernswerten, der die Männer immer abhanden kämen nach Monaten oder Jahren, vielleicht, wer kann es wissen, auch wegen der Wohnung, deren Übeln kaum einer für längere Zeit gewachsen sei.

Auf jeden Redeschwall des Kellners reagiert der Unterleutnant lediglich mit Grunzen, äußert keine Meinung, zeigt kein Gefühl, auch vor der Paschkeschen Wohnung nicht, hinter der Fäuste an eine Zimmertür trommeln und Hilferufe ertönen. Er wartet geduldig, bis der Trommler pausiert, bückt sich, öffnet den Briefschlitz und ruft in den dunklen Korridor, daß die Volkspolizei da sei und Aufklärung fordere.

Die Verständigung ist schlecht. Durch die zwei Türen ist nur zu verstehen, wer laut redet und langsam. Das aber bringt der Eingeschlossene nur nach mehrfacher Aufforderung fertig. Schließlich ergibt sich folgender Tatbestand: Der Mann wird von Frau Paschke in böswilliger Absicht gefangengehalten; er verlangt eine sofortige Befreiung, notfalls durch gewaltsames Öffnen der Wohnung.

Der Unterleutnant nimmt das schweigend zur Kenntnis, fragt Ströhler, der vor Aufregung nicht stillstehen kann, nach der Arbeitsstelle der Frau, befiehlt dem Gefangenen Ruhe und Geduld, wünscht Ströhler eine gute Nacht und verläßt das Haus.

Anita Paschke versieht währenddessen ordentlich ihren Dienst, der bis zu vier Fünfteln aus jenem schon erwähnten Tiefschlaf besteht, aus dem sie bei Störungen nur eine äußerst laute Klingel zu reißen vermag, die der Besitzer der Pension, Herr Eisenpeter (der hier nicht auftritt, da er von zweiundzwanzig Uhr dreißig bis fünf Uhr dreißig Nachtruhe hält), für sie hat anbringen lassen müssen, damit nach Mitternacht eintreffende Gäste davor bewahrt werden, den Rest der Nacht zwar nicht auf der Straße, aber doch im Treppenhaus verbringen zu müssen; denn Herrn Eisenpeters kleines Hotel mit dem großspurigen Namen »Stadt Frankfurt« nimmt nur die zweite Etage eines sonst als Wohnhaus dienenden Gebäudes ein.

Bis Mitternacht etwa hält Anita sich noch durch Fernsehfreuden und Strickarbeit munter, dann stellt sie, falls ein Gast vor ihrem Dienstschluß geweckt zu werden wünscht, den Wecker, legt die Zimmerschlüssel der Nachtschwärmer griffbereit, wickelt sich in eine Decke, rollt sich in einem der großen Clubsessel zusammen und schläft sofort ein – wenn sie nicht, wie in dieser Nacht, noch für fünf bis zehn Minuten wachgehalten wird von sorgenvollen Gedanken, die zwar nicht dem Eingeschlossenen gelten, aber doch von ihm ausgelöst sind. Sie denkt an Ratten, sanitäre Einrichtungen und Behörden.

Das geht in ihrem Kopf alles bunt durcheinander, aber am Schluß entsteht dann doch so etwas wie ein Plan für den nächsten Tag, an dem sie unter Betriebsamkeit ihre Verzweiflung zu begraben versuchen will. Sie wird mit den Kindern zusammen Bittgänge machen, Tränen vergießen, ihre Verzweiflung ausbrechen lassen, sie wird schimpfen, lästern, einige ihrer vielen Rattengeschichten erzählen, wird von Kälte, Hitze, Nässe, Schmutz und Gestank reden, Kinderkrankheiten aufzählen, Fachausdrücke von Bauingenieuren, Klempnern, Installateuren benutzen und so hoffentlich wieder einmal ein Bündel von amtlichen Papieren in die Hand bekommen, auf denen die Poliklinik, die Hygiene-Inspektion, das Sozialamt und die Jugendfürsorge ihr bescheinigen, daß ihre Wohnverhältnisse unzumutbar sind. Das Bündel wird sie, auch hier von ihren drei lärmfreudigen Kindern begleitet, zum Wohnungsamt tragen, wo man es verdrießlich zu ihrem schon stattlichen Aktenstoß heften wird. Falls sie an die Dicke gerät, wird die sie mit der Bemerkung, sie könne nur Wohnungen vergeben, die sie habe, kurz abfertigen, falls aber die Alte da ist, wird die besser wehklagen, als sie, Anita, das jemals lernt, über die vielen, vielen Familien, denen es viel, viel schlechter geht als ihr, die mit sechs Personen in einem, nicht wie sie mit vier in zwei Zimmern hausen müssen, deren Klosett nicht wie bei ihr auf der Treppe, sondern im Hof ist, deren Wasserleitung nicht wie in Linienstraße 263 bei jedem Minusgrad einfriert, da sie niemals funktioniert und nie mehr zu reparieren ist. Die Alte wird das so gut machen, daß Anita ihrer Selbstsucht wegen (hat sie doch sogar das Fehlen eines Bades beklagt!) ein schlechtes Gewissen haben und Mitleid empfinden wird: mit den Armen, denen es soviel schlechter geht als ihr, und auch mit der Alten, die unter dem Elend leidet, das sie nicht lindern kann. Reumütig wird sie sich zurückziehen, und erst auf der Straße werden ihr wieder die vielen, vielen Familien einfallen, denen es viel, viel besser geht als ihr, und treffende Worte wird sie wieder, verspätet, in Bereitschaft haben zur Anklage der Ungerechtigkeit, die darin besteht, daß einer, der seit jeher in einem solchen Dreckloch wohnt, nicht mehr herauskommt, es sei denn, das Haus wird abgerissen oder der Hausbewohner hat Beziehungen zu einer der Stellen, die Neubauwohnungen an Leute vergeben, denen der Besuch des Wohnungsamtes nicht zuzumuten ist.

Aber mit dem Wort Beziehungen ist Frau Paschke wieder zu ihrem Ausgangspunkt zurückgekehrt, zum Trommler, dem sie, zur eignen Schonung, weitere Gedanken nicht gönnen will. Also flüchtet sie in den Schlaf, der aber nur kurzfristig Schutz gewährt, weil Klingellärm ihn zerstört.

Was Unterleutnant Schälicke bei Ströhler nicht tat, tut er hier: Er stellt sich vor, nennt Rang und Namen und deutet an, was ihn in die »Stadt Frankfurt« führt. Schreckensreaktionen bei der Frau hat er nicht unbedingt erwartet, aber daß sie sich amüsiert zeigt, überrascht ihn doch. Seine Genossen warten unten im Wagen, er hat es eilig, möchte die Kleinigkeit gleich an der Tür erledigen, folgt aber der Frau, gegen seinen Willen, in den Empfangsraum, der eigentlich nur ein langgestreckter Korridor ist, belastet, nach freundlicher Aufforderung, einen Sessel mit seinem nicht geringen Gewicht, raucht, nimmt sogar die Mütze ab und hört zu eigner Verwunderung nicht Vorwürfe und Anweisungen aus seinem Munde kommen, sondern verständnisvolle Fragen, nachdem er allerdings drei erst selbst hat beantworten müssen: Schlafen die Kinder? Tobt er noch sehr? Wie spät ist es?

Natürlich ist sein Staunen über sich selbst, so groß es auch ist, doch kleiner als das über die Frau, die nicht nur Zierlich-Ansehnliches aus der Decke wickelt und sich, redend, vor seinen Augen ihr Langhaar kämmt, sondern die vor allem ihn gar nicht wie einen Staatsdiener behandelt, ihn durch Nichtbeachtung seiner Autorität entwaffnet, ihn ins Vertrauen zieht, zum Komplizen macht.

Der da in ihrem Wohn- und Schlafzimmer vergeblich nach Freiheit schreit und mit seinen weißen Pranken, denen man das große Tier schon ansieht, auf Holz trommelt, erfährt er jetzt, ist ein gewisser Siegfried Böttger, von Freunden und Frauen Sigi genannt, Direktor des VEB Soundso, den sie vor vier Monaten kennen- und schätzengelernt hat, hier in diesem Hotel, in das er durch einen Zufall verschlagen worden war, als er seine Leipziger Wohnung samt Frau und zwei Kindern hat verlassen müssen (des Direktorpostens wegen) und die komfortable Neubauwohnung in der Berliner Leipziger Straße noch nicht fertig war. Fertig aber war er, mit den Nerven nämlich, denn die Trennung und die neue Arbeit nahmen ihn sehr mit, er brauchte Trost, und wenn einer den braucht, ist sie nicht zu bremsen, auch von schlechten Erfahrungen nicht, die sie wahrlich genug hat. Gut war er zu ihr und zu den Kindern und sie in ihn verliebt; das war sie immer, wenn sie mit einem etwas hatte, leider viel zu oft. Mit ihm aber ging ihr das nicht gleich so, weil er nämlich das beschissene Haus, in dem sie wohnt, nicht beschissen, sondern köstlich fand, tatsächlich, wenn auch kaum zu glauben. So, genau so wars bei uns daheim! hat er auf sächsisch gejubelt, was sie kaum hat verkraften können, trotz aller Sympathie. Fast hätte sie ihn ins Hotel zurückgeschickt. Drei Wochen brauchte er, um zu begreifen, wie sehr ihr seine Schwärmerei für verrostete Ausgüsse, platzenden Putz, Wasserflecke und verstopfte Leitungsrohre auf die Nerven ging. Gewandelt aber hat nicht sie ihn, sondern die Ratte, die am Sonntagmorgen im Klobekken saß und ihm den Frühstücksappetit verdarb.

Das erzählt Anita so ausführlich, wie es dem Leser gar nicht zugemutet werden kann. Es genügt die Andeutung: Er öffnet, noch im Schlafanzug, den Deckel, will sich setzen, da starrt das kotverschmierte, nasse Vieh ihn an, springt in die Jauche zurück, paddelt, die Schnauze über Wasser, er spült, es ist verschwunden, taucht wieder auf, erklimmt die Plattform wieder, die nächste Spülung wird erst in drei bis vier Minuten möglich, weil der Behälter sich erst wieder mit Wasser füllen muß. Wer kann schon mit dem Feuerhaken einschlagen auf das Tier? Auch ist das Becken ja aus Porzellan.

Anita hat noch viele Rattengeschichten parat. Meist hält sie sie mühsam zurück, doch manchmal muß sie sie erzählen, um nicht daran zugrunde zu gehen, an ihrem Ekel, ihrer Angst. Als Kind ist sie von einer gebissen worden, auf dem Hof abends ist sie auf eine getreten. Mal lag eine tote morgens in ihrem Schuh, bei Winterbeginn fand sie im Ofen ein Nest. Sie ist gewohnt, daß alles schreit: Hör auf!, wenn sie mit ihren Geschichten anfängt. So einen wie den Unterleutnant hat sie noch nie erlebt. Seine Haltung ist erstaunlich. Er schlägt als Instrument für die Toilettenratte die Kohlenzange vor: fest packen, dann ersäufen. Er kennt das, denn er wohnt ähnlich, allerdings nicht mehr lange.

»Neubau?« fragt Frau Paschke interessiert. Bei der Polizei müßte man eben sein oder in einem Betrieb, in dem genossenschaftlich gebaut wird. Aber wie soll sie das machen mit den Kindern? Und wo die Tausender hernehmen. Sie hat zweiunddreißig Jahre ihres Lebens in der Linienstraße verbracht, das ganze also, immer unter der Wohnung gelitten und an Lebenszielen nur eins gekannt: sie zu verlassen. Eigentlich war alles, was sie im Leben getan, gedacht und sogar gefühlt hat, darauf nur gerichtet, die Liebe sogar, das soll verachten, wer kann.

Sicher wird die an Geistigem Interessierte den häßlichsten Kopf nehmen, wenn nur viel drin ist, und eine, die glänzen will, wird sich in männliche Schönheit und Eleganz verlieben; sie aber verfällt dem ganz, der, wie ihr Genosse Direktor am Rattenmorgen, ihr zuruft: Du mußt hier raus! und der auch die Macht dazu hat. Denn er hat Beziehungen, und die sind bekanntlich im Sozialismus wichtiger als Geld, wenn es um so große Dinge geht wie Wohnung oder Auto, bei deren Verteilung es streng regelrecht zugeht bis auf die Ausnahmen, die die Regel bestätigen müssen, und zu den Ausnahmen muß man eben auf irgendeine Weise gehören, will man aus dem unverschuldeten Elend heraus.

Obwohl der Unterleutnant, besonders im Dienst, solche Äußerungen eigentlich nicht verantworten kann, grunzt er zustimmend, denn schließlich gehört er selbst zu den in die Slums Hineingeborenen, die sich angesichts der die Neubauten bevölkernden Zugereisten vorkommen wie die auf den Kietz verbannten Ureinwohner eines eroberten Landes. Wer sich verdient macht um die Macht, die die Komfortwohnungen baut, pflegt er sonst immer zu sagen, bekommt früher oder später auch eine. Aber das scheint ihm hier unpassend, und er kommt ausweichend, ohne allzu dienstlich zu werden, auf den Anlaß seiner Bekanntschaft mit Frau Paschke zurück, indem er, wie immer mit Worten sparend, nach dem Grund ihrer Tat fragt, die leicht zu einer Straftat werden könnte.

Die Amüsiertheit, die Anita wieder zeigt, ist eine von der Sorte, die leicht in tränenfeuchte Verzweiflung umschlagen kann. Das Wort Straftat, sagt sie, bringe sie auf die Idee, wirklich eine zu begehen, um dann dem Richter ihre Sache vortragen zu können. Vielleicht käme sie dann nicht ins Gefängnis, sondern in eine helle Wohnung mit winterfesten Abflüssen (um vom Bad nicht zu reden), wie jene Frau aus der Kleinen Auguststraße, die mit selbstgemaltem Transparent am Alex gegen das Wohnungsamt demonstriert habe, allein, nicht lange freilich, weil die Polizei sich gleich ihrer Sache angenommen habe, zu letztlich gutem Ende. Aber diese Idee sei, wie gesagt, neu, eben geboren, vorher sei eigentlich an Gedanken gar nichts dagewesen. Es war die reine Tat. Sie brauche so was, wenn sie ganz am Ende sei. Aufgezwungene Rollen weigere sie sich zu spielen. Sie sei der Verlierer gewesen, folglich habe sie sich nicht wie ein solcher benehmen dürfen.

Vielleicht hat sie, als sie die Zimmertür abschloß, die Sache so ernst noch gar nicht gemeint. Aber dann hat er, an der Klinke rüttelnd, gesagt: Laß doch die dummen Späße, Anita!, worauf sie den Schlüssel abgezogen hat und gegangen ist, des Tons wegen, der sie schon vier Stunden lang in Rage gebracht hatte, dieser Erzieherton, in dem, ganz gleich, was gesagt wird, immer mitschwingt: Ich weiß alles besser!, dieser Herrscherton, aus dem immer zu hören ist: Ich habe immer recht!, dieser Direktorton, in dem das schlichte: Tschüß, ich habe dich satt! klingt wie: Ich hatte wirklich eine Engelsgeduld mit Ihnen, mein Kind, aber da Sie sich trotz, wie ich annehmen möchte, guter Vorsätze doch nicht ändern können, müssen sich unsere Wege leider trennen, wobei ich hoffen will, daß Sie mir keine Schwierigkeiten machen werden.

Welche ernsthaften Schwierigkeiten kann sie ihm schon machen? Der Unterleutnant, der des wartenden Streifenwagens wegen nun doch langsam unruhig wird, drängt durch Fragen auf Abkürzung der Geschichte: Das Einsperren sei also als Strafe für Untreue gedacht? Aber Anita besteht darauf, daß im Moment der Tat an gar nichts gedacht gewesen sei, erst danach. Und was bedeutet schon Untreue? Um Nichteinhaltung eines Versprechens ginge es. Von Heirat sei nie die Rede gewesen, selbst im Bett nicht, wo er am ehesten davon gesprochen hätte, weil sie (Erfahrungen hatte sie genug, aber die allein seien es nicht) sehr schnell herausgefunden habe, was ihm am liebsten war.

Erfahrungen allein seien es nicht, wiederholt sie und sieht den Unterleutnant nachdenklich an, es sei mehr Begabung, die man nur haben, nicht lernen könne. Aber illusionslos zu sein, das lerne sie nie. Nicht etwa, daß sie doch auf Heirat gehofft habe, nein, an die Wohnung, die er ihr habe besorgen wollen, habe sie geglaubt, ein Vierteljahr lang. Abend für Abend habe er davon geredet, das habe bei ihr gewirkt wie Alkohol. So fest vertraut habe sie ihm, daß manchmal schon Abschiedssentimentalität über sie gekommen sei. Schon habe sie eine Vorstellung davon gehabt, wie schön es sein müsse, sich Gefühle der Rührung leisten zu können, wenn man nach zehn Jahren sauberen und sonnigen Wohnens diese Drecklöcher wiedersehe.

Und dann kam dieser plötzliche Schluß. Vier Stunden hat er ihr erklärt, daß sie ihn nicht auf die richtige Art liebe. Von ihrer Wohnung war nicht mehr die Rede, nur, ganz nebenbei, von seiner, der neuen, fünf Zimmer im Hochhaus. Sie ist bezugsfertig. Der eben beginnende Tag ist der des Umzugs. Um fünf Uhr morgens muß er in Leipzig sein, um der Frau zu helfen. Für dreiundzwanzig Uhr war sein Wagen bestellt:

»Wie spät ist es jetzt, Herr Schälicke?«

»Ein Uhr durch.«

»Das reicht. Hier sind die Schlüssel zur Wohnung, hier der fürs Zimmer. Aber es eilt nicht. Einen Wohnungsschlüssel habe ich übrigens noch. Vielleicht bringen Sie mir die anderen mal vorbei. Sagen wir, morgen abend? So gegen sieben oder acht? Und treten Sie, wenn Sie durch die erste Durchfahrt gehen, laut auf, um die Ratten zu warnen. Die sitzen um diese Zeit in den Mülltonnen. Es gibt ein scheußliches Geräusch, wenn sie über die Blechdeckel rutschen. Solange ich denken kann, werden sie alle halbe Jahre vergiftet, aber weniger werden es nie. Verstehen Sie das?«

Der Unterleutnant geht. Nichts als Rache des kleinen Mannes, sagt er im Wagen und versucht, seiner Stimme einen Ton von Abfälligkeit zu geben, was schlecht gelingt. Erst nachdem sie randalierende Betrunkene in der Brunnenstraße beruhigt und eine Schwangere in die Klinik gefahren haben, finden sie Zeit, den Herrn Direktor zu befreien, der ihnen mit Beschwerde droht. Von einer Klage gegen Frau Paschke, die der Unterleutnant ihm vorschlägt, will er nichts wissen.

Schälicke sieht noch nach den schlafenden Kindern. Als er die Wohnungstür abschließt, taucht Ströhler, im Pyjama, wieder auf und bietet sich als Schlüsselbewahrer an. Aber der Unterleutnant verweist auf seine Vorschriften und steckt die Schlüssel in die Tasche.

Frauendienst

Die Kindertrauung, wie Pastor Liesegang (vielleicht aus Unmut, weil er daran ganz unbeteiligt ist) das nennt, findet am Sonntag nach der Messe statt; vor dieser bietet sich für jeden, der es nötig hat, Gelegenheit zur Beichte – auch für Franz, der zwar nicht beichten will, doch muß. Das Sakrament der Ehe wird nur wirksam, sagt der Priester, der Bereska heißt, wenn Franz es würdig, also sündenfrei empfängt; und da die Macht der Kirche, so fremd sie ihm im Krieg geworden ist, im Unterschied zu jeder weltlichen, noch immer was für ihn bedeutet, wagt er es nicht zu sagen: danke, für ihn bestehe kein Bedarf.

Er hat sich in den Nazijahren der Meinung seines Vaters: Wer jetzt den Glauben an die Kirche nicht verliert, hat keinen zu verlieren! angeschlossen, ist so der Pflichten eines Katholiken ganz entwöhnt und sieht dem Beichtakt mit noch größerem Unbehagen als dem Trauungsakt entgegen. Während er dort nur würdig gehen, stehen, sitzen muß und laut (doch nicht zu laut) ein Ja zu sagen hat, muß er hier frei und auf Kommando sozusagen von sich selber reden, was ihm vor Freunden schon, viel mehr vor diesem Oberschlesier, den er nur flüchtig und nicht von der angenehmsten Seite kennt, unmöglich scheint. Die eine Woche, die er zur Vorbereitung darauf hat, reicht nicht mal aus, sein Mißbehagen näher zu bestimmen. Angst vor Geständnis von Verbrechen fällt in Ermangelung dieser aus; viel eher könnte der Gedanke, dem Priester unnütz Zeit zu rauben, Anlaß zur Erfindung solcher sein. Denn viel zu bieten hat Franz nicht. Auch wenn er nicht das eigne Rechtsempfinden, sondern kirchliches zum Maßstab macht, kommt doch vermutlich weniger heraus als bei anderen Junggesellen seines Alters. Unsicherheit in Ritenfragen plagt ihn auch. Zwar hat das Kind gelernt, wie man im Beichtstuhl sich benimmt, was man beim Eintritt und beim Abgang sagt, doch hat der ungeübte Neunzehnjährige es längst vergessen. Duzt man, falls man geduzt wird, den Beichtvater auch? Muß man vielleicht, wie man oft liest, Hochwürden zu ihm sagen? Die Sache kommt Franz schließlich nur wie eine würdelose Unterwerfung vor. Wut auf die Braut, die das verschuldet hat, mischt sich mit Trotz. Am Hochzeitsmorgen weiß er, wie er der Schmach begegnen muß; er wird, ohne die Regeln zu verletzen, seine Meinung sagen und mit dem Priester lokker reden, gleich zu gleich. Er nimmt sich also vor, erstens, die kleinen, aus Mangel an Gelegenheit tatsächlich sehr geringen Sünden, die die Kirche Unkeuschheiten nennt und für den Hauptbestandteil aller Beichten hält, nur auf Verlangen (und in einem Ton, der zeigt, daß er sie selbst verzeihlich findet) zuzugeben und, zweitens, als die schwerste seiner Sünden zu bezeichnen, was für Bereska, wie er annimmt, keine ist. Er habe, wird er sagen, unter der zur Hölle jetzt gefahrenen Obrigkeit stets, wenn auch widerwillig, seine Pflicht getan und fürchte, daß er diese Schuld mit seiner Kirche teile.

Für Leser, die, weil sie noch nie gebeichtet haben, sich schlecht in Franzens Lage finden können, sei hier der oft herangezogene Vergleich von Arzt und Priester angestrengt. So fraglich der auch ist, stimmt er in einem Punkte wirklich: daß nämlich beider Zeit für ihre Kunden knapp bemessen und lange Wartezeit für diese nötig ist. An überfüllten Warteräumen, langen Beichtstuhlschlangen läßt sich natürlich auch was Positives sehen: sie zeigen nicht nur das Vertrauen an, das dieser Mediziner, dieser Gottesmann beim Publikum genießt, sie nehmen auch dem eignen, nun geteilten Leid das Ungeheure und Besondere — und sie schaffen für die Vorbereitung einer möglichst kurzgefaßten Formulierung der Gebrechen oder Sünden Zeit.

In Arndtsdorf, wo ein Küchenschemel das Beichtgestühl ersetzen muß, fehlt auch die Warteschlange; dafür gibt es, vorn rechts, die Wartebank. Von ihr bis zu dem dunkelroten Vlies, das, neben dem Altar, den Eingang zu der Sakristei verhängt, sind es nur vier, fünf Schritt, doch werden die zur Qual, wenn eine schon zum Gottesdienst (der Trauung wegen besonders zahlreich heut) versammelte Gemeinde stumm dem Auftritt folgt. Man weiß, daß aus der Zeit, die man dort drin verbringt, die Leute ihre Schlüsse ziehn, und fürchtet überdies, die Sündenzahl um eine zu vermehren, indem man trödelt und so Anlaß zu verspätetem Beginn der Messe gibt.

Die Sakristei ist nicht so dunkel, wie es Franz beim Eintritt scheint. Zwar sind die Fenster dieses erst im 19. Jahrhundert an den mittelalterlichen Bau gefügten Raums, da Scheiben fehlen, zugenagelt, doch lassen Bretterritzen, trotz der dichten Friedhofsbäume draußen, Sonnenstrahlen ein. Franz, der auf einem Kissen kniet, kann also, wenn er aufschaut, über sich den Kopf des Priesters sehen (im Profil, ihm etwas zugeneigt), und er könnte an der Mimik, gäbe es dergleichen, auch erkennen, welchen Eindruck sein mit Schuldbekenntnissen verbundener Zweifel an der Kirche, den er gleich zu Anfang mitteilt, macht. Vorläufig aber bleibt das Geistlichengesicht noch unbewegt, und nur die Lippen rühren sich ein wenig, wenn Bereska, ohne eine Pause zuzulassen »Und was weiter?« fragt.

Franz, der nichts weiter sagen will, der suggestiven Aufforderung zum Reden aber folgt, gibt zu Punkt eins, dem Streitpunkt, wie er hofft, noch einen Kommentar, das fünfte Gebot betreffend, wird aber, da der stockend ausfällt, bald von einer Frage anderen Inhalts, der schnell weitere folgen, unterbrochen. Dabei kommen, wie befürchtet, auch Intimitäten dran. Die mögen für den Priester, der das Beichtkind eine Stunde später trauen soll, zwar wichtig sein, für unser Thema (das im nächsten Satz schon folgt) aber haben sie nur sehr bedingt Bedeutung. Unter Berufung auf das Beichtgeheimnis lassen wir sie also aus und kommen gleich (das Ganze geht sehr schnell) zu der die Fragerei beschließenden (und Franz verwirrenden) Marienfrage.

Die stellt Bereska (der dadurch mit Erfolg der Kriegs- und Konkordats- und Judenproblematik aus dem Wege geht) zwar lauen oder abgefallenen Katholiken immer, doch hat er diesmal noch besonderen Grund dazu. Da seinem Beichtkind nämlich, wie er weiß, die Reine Magd als Kunstwerk was bedeutet, ahnt er sehr richtig, daß sie ihm auch sonst und überhaupt am Herzen liegt.

Sie ist dabei, wenn er die Frage stellt. Hölzern, bestaubt, die Nase leicht lädiert, mit beiden Händen ihren Mantel über zwergenhafte Mönche haltend, ist sie auf Kirchenbankruinen abgestellt. Den Ehrenplatz, den ihr die Zisterzienser früher gaben, hat sie vor vier Jahrhunderten schon eingebüßt. Jetzt, da die Sakristei, die einer Rumpelkammer gleicht, den Flüchtlingen aus Oberschlesien im Zweimonatsabstand Platz zum Beichten bietet und die alte Feldsteinquaderkirche wieder »Meerstern, ich dich grüße« und »Regina coeli« hört, könnte die Verbannungszeit für sie zu Ende sein; doch macht der Hausherr, Pastor Liesegang, nicht mit. Franz, der als erster, mit kulturhistorischer Begründung, für die wurmzerfressene Immakulata bat, wurde mit dem Hinweis auf den Unterschied von sakral und museal schnell abgespeist. Ausführlicher wurde dann der Pastor, als Bereska kam.

Da zeigte sich, daß Liesegang, den man tagtäglich nur als Landmann sieht, auch Mann der reinen Lehre ist. Und diese, sagt er, bezieht sich auf die Schrift und sonst auf nichts. Verehrung der Maria aber kommt in ihr nicht vor. Weder als Himmelskönigin noch Miterlöserin erscheint sie da, und auch von einer Mittlerin, die anzuflehn noch lohnt, wenn unser Herr im Zorn uns nicht mehr hören will, ist seines Wissens nie die Rede. Dagegen steht ganz deutlich dort geschrieben, siehe Lukas 11, was Jesus von der Lobpreisung seiner Mutter hält. Und wenn er dann, Johannes 1, in Kana auf der Hochzeit ausruft: Weib, was habe ich mit dir zu schaffen! gehört schon sehr viel Ignoranz, um nicht zu sagen Heidentum dazu, den Hinweis auf die kommende Verirrung nicht zu achten. Nein, das Gefäß zum Inhalt, die Magd des Herrn zur Herrin machen, mag der Pastor nicht. Gastrecht gewährt er seinen Christenbrüdern gern, doch dürfen die das Haus ihm nicht entstellen wollen. Maria lieben um des Christkinds willen, ja! Doch wo bei dieser, die so schön den Mantel breitet, ist denn das Kind? Wer garantiert ihm, daß es sich hier wirklich um die Jungfrau handelt? Der alten, der Apostelkirche, der vor Ephesus, rief Liesegang, war der Marienkult so gut wie unbekannt; kommt doch bei Paulus beispielsweise nicht einmal ihr Name vor. Erst später brach dann aus dem trüben Bodensatz des Götzendienstes der Kult der Muttergöttin ein, und Isis und Artemis wurden nun Maria anverwandelt. Vielleicht so, fragte er, wie bei dieser hier in Holz?

Falls Liesegang erwartet hatte, daß sein jüngerer Kollege von dem anderen Zweig der Christenheit mit ihm darüber diskutierte, wurde er enttäuscht. Der strich sich lächelnd nur die hohe Stirn, die bis zur Mitte seines Schädels reichte, versprach (in einem Deutsch, das fast wie Polnisch klang), die hölzerne Maria mal zu säubern, und ging mit der Bemerkung, daß Glaube etwas anderes als Wissen, nämlich Gnade wäre, ab. Er sieht die Dinge nicht so schriftbezogen und so intellektuell wie Liesegang; er weiß, daß Argumente hier nicht klären, sondern nur verwirren können, und legt deshalb mehr Wert auf das Gefühl. Den Zauber, den die Gottesmutter ausübt, kennt er gut: der hilft ihm bei der Missionierung mehr als Vater, Sohn und Heiliger Geist zusammen, und deshalb setzt er ihn auch gern bei Beichten ein. Franz, der noch immer darauf wartet, über seinen Zweifel an dem rechten Weg der Kirche in den vergangenen zwölf schlechten Jahren was zu hören, was er dann bestreiten kann, wird also nun gefragt, ob er die Schönheit und Erhabenheit Mariens denn nicht mehr empfinden könne – worauf er erst ein Ja und dann ein Aber sagt und dann für eine Weile nichts.

Die Eile, die hier nötig ist, sowie die nur durch Räuspern aus dem Kirchenraum durchbrochene Stille, die jedes Wort, so scheint ihm jetzt, zu einem öffentlichen werden läßt, genügten schon, ihn stumm zu machen, doch kommt noch anderes hinzu: Die Fülle dessen nämlich, was zu sagen wäre, überwältigt ihn; den plötzlich ausgelösten Erinnerungen ist sein Denk- und Sprechvermögen nicht gewachsen; er kann nicht ordnen und nicht formulieren, was er weiß und fühlt. Denn um den Meerstern, von dem in seinen ersten Lebensstunden schon gesungen wurde, scheint sich ihm alles, was ihm je bedeutsam wurde, zu gruppieren, von der Rose ohne Dornen scheint, was je er unternahm und unterließ, bestimmt zu sein.

Nach jahrelangem Lager- und Kasernenleben, wo sein Gefühl

mit Angst und Ekel, sein Verstand mit Überlebensstrategie vollauf beschäftigt war und Uniformität in Kleidung, Sprache, Tagesablauf und Gebaren ihn zu einem Niemand schrumpfen ließ, führt dieses Beichtverhör ihn plötzlich zu sich selbst. Die fieberähnliche Bewußtseinsstörung, die seit seinem zwölften Lebensjahr durch Zwänge der Gemeinschaft und durch Todesfurcht entstanden war, heilt aus, der Neunzehnjährige kommt zu sich, er erwacht, und er beginnt von dieser Stunde an, sich langsam eine Ich-Vergangenheit zu schaffen. Bereskas Frage reißt in ihm ein Fenster auf, an dem er jahrelang noch stehen wird, weil es ihm einen Blick zurück ermöglicht: einen Blick in Liebe, nicht im Zorn.

Die Bemühung, das Gedankenknäuel der Selbsterkenntnis aufzulösen, setzt mit der Berichtigung eines kleinen Irrtums ein. Den Meerstern hatte er sich immer als ein der Meeresflora oder -fauna zugehöriges Gebilde vorgestelt, korallen- oder bernsteinähnlich, schön wie eine Blüte, aber dauerhaft; jetzt setzt er ihn sich endlich richtig, nämlich astronomisch um, macht ihn, wie die Erfinder der Metapher wollten, zum Gestirn, das über dem bewegten Meer des Lebens steht und Irrende geleitet — in Richtung Gott im allgemeinen wohl, in seinem Fall zum Schönen, Sanften, Friedlichen, also zum Femininen hin. Der Stern, der ihm an seiner Wiege schon geleuchtet hatte und der zu Hause, in der Kirche, in der Schule in immer anderer Gestalt erschien, ermunterte ihn nicht nur zu dem Frauendienst, den er im Vorschulalter schon begann, er goß auch einen Glanz von Idealität um alle Weiblichkeit, der dieser, falls sie ihn bemerkte, am Anfang einer Beziehung zwar gefiel, doch später, weil er Nähe, die erwartet wurde, ausschloß, lästig wurde.

Der Philosoph in Franz, der alle Daseinsvielfalt aus nur einem Punkt erklären will, ist von der Theorie, daß er in jedem Mädchen nur Maria suchte, so entzückt, daß ihm in der Minute seiner Stummheit Zweifel, ob hier Ursache und Wirkung in richtiger Beziehung zueinander stehen, gar nicht kommen. Er sinnt nur weiter den Indizien, die für seine These sprechen, nach und findet sie so zahlreich und verschiedenartig, daß sie sich in der Eile zu einer Antwort gar nicht ordnen lassen. Ja, der Marienkult bedeutet noch etwas für ihn, die Grenzen aber, die Religiöses vom Profanen trennen, sind hier nicht nur fließend, sondern aufgelöst. Die Himmelsjungfrau, die der Knabe Franz verehrte, war ihm, so wird ihm klar, auch Abbild der für ihn noch nicht vorhandenen Erdenfrau – der insgeheim, sich selbst nicht eingestanden, auch die Gebete und Gedichte und Gesänge galten, die er mit Inbrunst betete und sang. Die Gottesmutter süße, die er noch jetzt, ist er allein, im Liede preist, war die für ihn Bestimmte, der er noch nicht begegnet war. Und wenn er sich das Rosental, das Veilchenfeld, das alle Herzen wonnig schwellt, in Erinnerung ruft oder still für sich: Du Perle, Gold und Edelstein, Du Milch, Du reines Elfenbein, Du Honigseim im Herzen und im Munde! deklamiert und dabei (mit Gottfried) einen Schauder fühlt, der Himmlisches und Irdisches verbindet, wird ihm damit bestätigt, daß seine Leitstern-Theorie doch stimmt.

Warum denn sonst fällt ihm noch ein Jahrzehnt danach bei jeder U-Bahn-Fahrt die erste Liebe, eine junge Mutter, ein, die ihm von Grenzallee bis Friedrichstraße gegenüber saß und ihm ein Lächeln schenkte, als sie merkte, daß die Bewunderung des Knaben ihr galt und nicht ihrem Kind? Und warum konnten Mädchen jeden Alters, die einen Mittelscheitel trugen und ihr Haar lang und natürlich fallen ließen, seiner Verehrung sicher sein? Und warum war er von jedem züchtig fallenden Gewand, das nur die seitlich vorgeschobene Hüfte und das Knie des Spielbeins ahnen ließ, so sehr entzückt, daß Glaube, Hoffnung, Liebe ihn ganz selig machten – in entscheidenden Momenten aber stumm? Und warum ließen ihn, wenn er sich eifrig unter politischen und philosophischen Realien umtat, doch die Personalien (schwarze, blonde oder braune) niemals los? Und warum schrieb die einzige der Angebeteten, die wirklich wichtig für ihn wurde, weil sie die Wort- und Tatenlosigkeit vier Jahre lang ertrug, in ihrem Abschiedsbrief: sie sei kein höheres Wesen, sie könne also seinem Anspruch nicht genügen und wende sich deshalb dem Anderen, dem Niederen vielleicht, dem also ihr Gemäßeren zu?

Bereska, der schon zweimal wissen wollte, was das Aber nach dem Ja bedeuten soll, zeigt Ungeduld. Er zieht die überhohe Stirn in Falten, atmet tief, scheut nicht davor zurück, schnell einen Blick auf seine Armbanduhr zu werfen, und bietet dann dem Beichtkind Formulierungshilfen an, die aber in die falsche Richtung zielen. Die göttliche Empfängnis, glaubt er, macht Franz Schwierigkeiten, und er rät ihm, wie die überwindbar sind: man muß nur lernen, *den* Bereich des Seins, den Wissenschaft erforschen kann, als stark begrenzt zu sehen, dann dringt auch das Gefühl (nicht der Verstand) in das Dahinterliegende, das Wunderbare vor, und die Geburt aus einer Jungfrau wird begreiflich.

Franz, den die Keuschheitsproblematik der Madonna nie beschäftigt hat, der aber leicht begreift, daß Männer eine Frau, die sie verehren wollen oder sollen, eifersüchtig jedem andren Mann (auch wenn er Josef heißt) entziehn, kommt dadurch auf den eignen Fall zurück. Ihm hätte die Erfahrung mit den Mädchen, die nicht nur angebetet werden wollten, leicht den Stern verblassen lassen können, wäre nicht die Nacht so schwarz gewesen, die ihn jahrelang umgab. Die Männerwelt aus Stumpfsinn, Gleichschritt, Zoten und Gestank ließ alles Schöne in so unerreichbar weite Ferne rücken, daß die Distanz zwischen den Frauen und der Krone aller Frauen fast verschwand. Wer jahrelang den Waffenrock als Ehrenkleid ertragen muß, dem können Röcke oder Kleider heilig werden, und eine Krankenschwester, eine Küchenfrau wird zu Unserer Lieben Frau.

Zu Gott dagegen, der bekanntlich Eisen wachsen ließ, um Schwerter draus zu machen, war die Verbindung schwerer herstellbar. Er, der auf den Koppelschlössern mit uns, bei den stärkeren Bataillonen, war, dessen Diener (nicht nur im Geist) in unseren Reihen mitmarschierten und der es zuließ, daß man im Katechismus sein Verbot der Menschentötung, kleingedruckt, veränderte in: Töten ist erlaubt, wenn es das Vaterland, ganz gleich wie es geartet ist, befiehlt; Gott, die Autorität, wurde in der Welt der vielen Autoritäten fremd; er rückte nicht gerade in die Reihe der zwangsverehrten Führer, Feldmarschälle, U-Boot-Helden, aber doch in eine dem Gefühl entzogene Unerreichbarkeit.

Warum, so könnte Franz jetzt fragen, ist der liebe Gott ein Mann?, doch kommt er nicht dazu, weil nebenan im Kirchenraum ein Bänkeknarren und ein Flüstern anhebt, das den beiden in der

Sakristei beweist: die Zeit ist da, die Braut, mit Kranz und Schleier angetan, ist eingetroffen und wartet auf den Bräutigam.

Der wird nun eilig von den Sünden losgesprochen und kann gehen. Der Weg vom Vorhang bis zu seinem Ehrenplatz wird ihm, nicht nur der steifen Knie wegen, schwer. Erst als die Braut, kaum daß er sitzt, verstohlen Staub von seinen schwarzen Hosenbeinen wischt, wird ihm bewußt, daß sie als einzige von allen Mädchen, die er kannte, in sein mariologisches System nicht paßt.

AUTOBIOGRAPHISCHES

Wie ich zur Literatur kam

Die erste Lektüre, derer ich mich entsinne, ist eine Bildergeschichte, in der die Verse vorkommen: Doch im Walde da sind Wurzeln, worüber nun die beiden purzeln. Wenn mein Gedächtnis mich nicht täuscht, waren die beiden ein Page und eine Prinzessin, die sich in einem von Menschenfressern bewohnten Wald verlaufen. Später las man mir idyllische Märchen von Matthiessen vor. Der Band hieß »Das alte Haus«, war auf löschpapierartigem Papier gedruckt und mit Strichzeichnungen versehen, die man bunt ausmalen konnte. Die Zwerge, Riesen, Kartoffelkönige, Uhrenmännchen und sogar die Hexen waren gutartig und freundlich, und es floß kein Tropfen Blut. Tränen dagegen flossen bei mir reichlich über die wechselnden Schicksale eines deutschen Pinocchio, der »Das hölzerne Bengele« hieß. Das erste Stück großer Literatur, das ich an jedem 24. Dezember hörte, die Geschichte von Christi Geburt aus dem Lukas-Evangelium, übte einen Zauber eigener Art auf mich aus, der nie verging, da sich von Jahr zu Jahr mehr von dem erhellte, was erst dunkel geblieben war. Das Glück aber, in Literatur eigne Umwelt, eigne Innenwelt, sich selbst also wiederzufinden, begegnete mir zum erstenmal in einem Stück Prosa, das im Schullesebuch meiner älteren Geschwister stand. Da wurde (von Scharrelmann, wie ich annehme, oder von einem anderen Deutschunterrichtsreformer der Jahrhundertwende) von einem Wintermorgen erzählt, an dem ein Kind durch ein in die Eisblumen der Fensterscheibe gehauchtes Guckloch die vom Schnee veränderte Umgebung beobachtet: schlitternde Nachbarskinder, schneefegende Straßenkehrer, die Milchfrau, weiße Atemwolken, die Pferde aus Nüstern blasen – reine Beschreibung vertrauter Dinge, die aber wunderbarerweise im Leser Gefühle wekken kann, von denen im Text nicht die Rede ist. Das Lesestück stand rechts oben und war höchstens eine dreiviertel Seite lang.

Das muß im ersten Schuljahr gewesen sein. Im selben Jahr noch verfiel ich, und zwar vollständig und für alle Jahre der Kindheit, einem Autor, der sich mit so kurzen Stücken nicht abgab, einem Lang- und Vielschreiber, einem Magier, Hochstapler, Scharlatan, dessen anhaltende Wirkung auch seinen Verächtern Rätsel aufgibt. Von 1933, dem Jahr, in dem Hitler an die Macht und ich zur Schule kam, bis in das erste Kriegsjahr hinein, lebte ich in einer anderen Welt als die anderen, in einer Welt ohne Schulzwang, ohne Uniformzwang, ohne Aufmärsche, Fahnen, Lautsprecher – in der Welt Karl Mays.

Oder war es nicht doch mehr eine eigne, die mir Karl May nur erschaffen half? So kommt es mir vor, wenn ich ihn heute wieder lese. Mühsam muß ich mir, was da, noch immer vertraut, aber völlig entzaubert, auf dem Papier steht, rückübersetzen in die Sprache der Kindheit, und trotzdem gelingt es mir nicht, den Vorgang zu rekonstruieren, der mir damals den Gegenentwurf zu der Welt schuf, die mich umgab, den Entwurf einer Welt der Freiheit, die aber immer überschattet war von der Melancholie des Wissens um ihre Unwirklichkeit.

Es ist die Welt, die ich heute bei einem anderen Vielschreiber wiederfinde, aber bei einem ganz großen, bei Cooper nämlich. Wenn der alte Lederstrumpf in den »Ansiedlern oder die Quellen des Susquehannah« nicht bereit ist, sich den Zwängen der Gesellschaft zu fügen, dann ist es da, dieses Kindergefühl aus Stolz, Trauer und Ohnmacht, das Unfähigkeit zur Anpassung umfunktioniert in Größe, und sich dabei immer der Tatsache bewußt bleibt, daß seine Zeit vorbei ist. Mit der Wildnis, in der und gegen die sich der große einzelne bewährt, stirbt auch sein Ethos. Über die Tragödie der Zähmung geht die Geschichte hinweg.

Nie mehr habe ich so isoliert gelebt wie als Kind. Eine Familie, die sich als Insel im Meer des Unglaubens und der Unmenschlichkeit verstand, hatte Gefühl und Verstand geprägt und sich dann aufgelöst. Das Kind blieb in der Diaspora allein, ein Katholik unter Protestanten, ein zum Nationalismus Unfähiger unter Nationalisten, ein Träumer unter Anpassern. Wie der asoziale Kleinbürger May beim Schreiben, reagierte das Kind beim Lesen sich Komplexe ab. May half ihm Isolierung ertragen, trug aber andererseits dazu bei, es tiefer in diese zu führen. Denn nie konnte es seine ausschließliche Liebe zu ihm mit jemandem teilen. Er galt auch damals schon als altmodisch, unzeitgemäß, unverdaulich, als Literatur der Großväter. Seine Landschaftsschilderungen langweilten, sein christliches Moralisieren wirkte lächerlich. Man las Rolf Torring, Billy Jenkins, William Tex oder Kriegsbücher über Kampfflieger und U-Boot-Kommandanten. Von denen blieb ich verschont.

Wie der letzten Seite eines jeden Karl-May-Bandes zu entnehmen war, gab es 65 davon, und mein Ehrgeiz trieb mich, sie alle zu lesen. Jeder der grünen Halbleinenbände, ohne Schutzumschlag, mit buntem Deckelbild, sonst aber nicht illustriert, hatte 500–600 Seiten. Etwa 35 000 May-Seiten habe ich also (wiederholtes Lesen einzelner Bände nicht gerechnet) damals gelesen, darunter für mich so unverständliche wie seine Gedichte, sein verlogenes »Ich« und die symbolistischen Romane, mit denen er in die Weltliteratur einzugehen gehofft hatte: eine kindliche Leistung, die mich mit Schauder erfüllt, der sich zum Grauen steigert, wenn ich bedenke, daß eigentlich ein Buch es nur war, das ich wirklich liebte und wieder und wieder las: »Winnetou« 1. Band, eine Art Entwicklungsroman, der sich heute wie eine Parodie auf dieses Genre liest, da der Held, der da entwickelt wird, sich in jeder Beziehung als entwickelter erweist als die, die ihn entwickeln sollen.

Das Rätsel, das vermutete Wirkung von Literatur aufgibt, wird beim Gedenken an Karl May mir noch rätselhafter. Nachwirkenden Einfluß scheinen die vielen tausend Seiten nicht ausgeübt zu haben. Was da an vulgarisiertem Nietzsche, an Kolonialideologie, an kleinbürgerlichem Ressentiment, an kuriosen Rassenvorurteilen und bismarck-deutschem Nationalismus auch drinstecken mag – es scheint mich nicht infiziert, eher immunisiert zu haben gegen großdeutschen Nationalismus und brutalen Rassismus. Sollte die, nach Arno Schmidt, das gesamte Werk latent durchsetzende Homosexualität ihre Samen in mich geworfen haben – aufgegangen sind sie nicht. Von ihrer Flucht- und Schutzfunktion abgesehen, wäre diese enorme Leseanstrengung gänzlich wirkungslos geblieben, wenn sie nicht ihren Wert in sich selbst hätte, als Übung und als Erlebnis der Vervielfältigung des Ichs, das nach Wiederholung drängte.

An Karl May habe ich lesen gelernt, im schulmäßigen und im literarischen Sinn. Die ersten Seiten im »Winnetou« waren die ersten Buchseiten überhaupt, die ich allein las. Mit vielen Fremdwörtern, fremden Namen und Begriffen war das der richtige Stoff für Lernanfänger nicht, aber literarisch war May eine gute Schule, weil er es einem schwer machte: der Mann hat schließlich nie an Kinderleser gedacht beim Schreiben. Bei ihm lernte man, daß Lesen nicht so einfach ist wie Kuchenessen (oder Fernsehen) und daß Vergnügen sich dabei oft erst einstellt nach intensiver Bemühung. Die wichtigste Erkenntnis aber war, daß auch Göttern, die wir uns aufrichten, um sie anbeten zu können, die Zeit bemessen ist, daß sie wie alles vergehen und deshalb Skepsis nötig ist und kritische Wachsamkeit.

Die Mehrzahl meiner Jahre mit Karl May waren Jahre mühsamer Abwehr der Kritik an ihm, aus der langsam kritische Abkehr wurde. Als ich auf dem Höhepunkt der Verehrung, mit neun, zehn Jahren, erfuhr, daß alles, was er als Selbsterlebnis ausgab, erlogen war, entsetzte mich das, sofort aber pries ich die Stärke seiner Phantasie. Bei der Suche nach Argumenten gegen seine Verleumder entdeckte ich die Nützlichkeit von Sekundärliteratur und lernte Bibliotheken benutzen. Um Mittel zu seiner Verteidigung zu finden, prüfte ich seine geographischen und historischen Angaben und rühmte mich, besser als jeder andere Bescheid zu wissen über die Wüsten Neu-Mexikos, über die Kordilleren und das Land der Skipetaren, über Juarez und Maximilian, den Alten Dessauer und die heiligen Stätten des Islam. Schon fand ich es lächerlich, daß früher oder später sich jeder seiner Wildwest- oder Orienthelden als Mann ursprünglich deutscher, meist sogar sächsischer Abkunft entpuppte, erlaubte aber keinem andern, das lächerlich zu finden. Schon las ich Cooper und stellte fest, wie schamlos May ihn ausgeschlachtet hatte, schon ärgerte ich mich über die Unfehlbarkeit von Held und Autor, verfluchte ständige Wiederholungen, fand aber immer ein Trotzdem – bis eines Tages auch das wegfiel und die Schule der Kritik abgeschlossen war. Ein Idol war gestürzt, seine Trümmer blieben als Mahnmale erhalten. Der Vorgang brauchte nicht wiederholt zu werden.

Mein Verhältnis zur fiktiven Literatur blieb damals lange gestört. Ein Jahr noch versuchte ich, Karl May, über seinen Tod in mir hinaus, die Treue zu halten, indem ich mich mit Kultur und Geschichte der nordamerikanischen Indianer beschäftigte, wobei mein erstes eignes schriftstellerisches Produkt entstand: die Beschreibung der Indianerschlacht bei Tippecanoe im Jahre 1811. Da war ich schon 14 oder 15 und lebte mein Leseleben noch immer unabhängig vom äußeren, das vorwiegend in Luftschutzkellern und Evakuierungslagern ablief.

Ich hatte nun die Sachliteratur entdeckt, las Reiseberichte, Biographien, Historisches und schließlich auch Literaturgeschichte, über die ich mich mit einem Gewaltakt wieder der schönen Literatur näherte. In einem Kontobuch, dessen Großformat schon die Riesenhaftigkeit der Aufgabe dokumentierte (für Indianerforschung hatte ich nur Vokabelhefte benutzt), entwarf ich einen auf drei Jahre berechneten Plan, der mir die deutsche Literatur erschließen sollte. Er begann mit Lessing, führte über Schiller und Goethe seltsamerweise zu Grillparzer und Hebbel und enthielt nur Dramen, allerdings sämtliche der genannten Autoren. Als ich in einem Viehwaggon von Neuruppin an die Front transportiert wurde, war ich bei »Maria Magdalene« angelangt, von der ich (vom Schlußwort abgesehen: »Ich verstehe die Welt nicht mehr!«) genauso viel begriff wie von allen Dramen zuvor, nämlich nichts.

Zum Erlebnis war mir in dieser Zeit, schlechten Gewissens gelesen, nur außerplanmäßige Literatur geworden: ein paar Gedichte von Goethe, Mörike, Storm und Holz; Eichendorffs »Taugenichts« und eine Zeile von Rilke: »Wer spricht von Siegen? Überstehn ist alles«. Zweigs »Grischa«, den ich während des Zwangsaufenthalts in einer Berliner Flakstellung gelesen hatte, war kein literarisches, sondern ein politisches Ereignis für mich geworden. In Dichtung suchte ich damals Bestätigung eigner Gefühle; dort aber wurden mir Erkenntnisse aufgedrängt, nach denen ich nicht gefragt hatte.

Daß dann schließlich Literatur und Wirklichkeit, Dichtung, Politik, Gefühl, Schönheit, Erkenntnis in eins zusammenfielen, geschah noch im selben Jahr, und zwar beim Lesen handgeschriebener Auszüge aus »Hyperion«, wo nicht nur der Aufschrei, der mir in der Kehle saß, anläßlich der Reise zu den Deutschen artikuliert wird: »...aber keine Menschen!«, sondern auch der Staat in seine Schranken verwiesen wird: »Man nehme sein Gesetz und schlag es an den Pranger.«

Aber das ist dann schon eine Geschichte für sich.

Berlin, Große Hamburger

Das ist keine Straße wie andere; wenn es dem, der am Hackeschen Markt aus der Elektrischen gestiegen und eben hier eingebogen ist, auch so scheint, weil sie ihre Geheimnisse nicht zur Schau stellt; am wenigsten in dieser Zeit und schon gar nicht einem, dessen Blick Türen, Tore, Schaufenster, Fassaden nur flüchtig streift; dem gibt sie sich wie andere Straßen dieser Gegend: alt ohne Ehrwürdigkeit, vernachlässigt ohne Schmutz oder Verfall, bescheiden ohne Armut; sie prunkt nicht mit Schönheiten (versteckt sie eher), prahlt nicht mit Elend. Was sich von ihr ausschnittweise auf der Netzhaut nachbildet, bietet keinen Anlaß zu Fixierung oder Weiterverarbeitung. Weil es vertraut scheint. Aber auch weil es nur unscharfer Hintergrund bleibt, vor dem ein Gesicht agiert, mit geschweiften Brauenstrichen, mit ruhelosen Wimpern, schimmernder Iris und dem Rahmen von dichtem Haar, auf dem eine Federtoque sitzt, die zu Ohrclips und Kameenbrosche paßt, zu Spitzenkragen und Gurtschnalle, schwarz, braun, weiß, auch Rock und Tasche, nur die Lippen rot, zu rot für dieses Gesicht, in dem noch Reste von Kindlichkeit sind, die er sucht und festhalten will, um sie zu halten: Winnetous Squaw, Räubers Prinzessin. Vergeblich. Sie ist vierzehn wie er, aber er weiß an diesem Sommerferienmorgen, der für sie den ersten Arbeitstag bei Rechtsanwalt Gliese, Koppenplatz, einleitet, schon genau, daß sie von nun an stündlich einen Tag oder mehr älter wird als er, auch wenn er dagegen ankämpft mit langen Hosen, Krawatten und Erinnerungen an Versteckspiel und Völkerball: das wiegt Lippenrot und Federhütchen nicht auf und die Männerblicke nicht, die ihn zum kleinen Bruder erniedrigen, obwohl er sie überragt.

Große Hamburger – so heißt für ihn dieser Schmerz, der lange anhält und später oft erinnert wird, wenn der Name fällt. Aber von der Straße hat er nichts gesehen, weiß zehn Jahre später nicht, was für Häuser da gestanden haben, wo jetzt Lücken sind, weiß aber Historisches, was wohl deshalb so interessant und erfreulich ist, weil er sich mit der eigenen Geschichte dadurch eingeordnet vorkommt in geschichtlich Bedeutsames oder auch nur Kurioses. Der junge Fontane hat mal dort gewohnt, gleich vorn an der Oranienburger bei Onkel August, unter lauter reizenden Leuten, Asozialen, Künstlern, Bankrotteuren, öffentlichen Mädchen, neben einem angeblichen Grafen, der seinen schwindsüchtigen Sohn unter Teilnahme aller Hausbewohner zu Tode pflegte und die Leiche nachher aus Dankbarkeit im Hausflur ausstellte. Bettina ist dort gegangen, zu den Slums hinterm Hamburger Tor, die sie dem König so eindringlich beschrieben hat. Zelter, der Goethefreund und Singakademiedirektor, der, wenn man den Gedenktafeln glauben wollte, an zwei Orten geboren wurde, liegt dort begraben, in Gesellschaft der Karschin und Leopold von Rankes, neben der Kirche, an der er als Maurerlehrling mitgebaut hat, der Sophienkirche, mit dem nüchternen Schiff und dem schönsten Turm der Stadt, dem man den Bauherrn, den als Soldatenkönig bekannten kurzbeinigen, dickleibigen Preußen, nicht ansieht. Das Krankenhaus gegenüber täuscht mit Neugotik Alter nur vor. Im Sommer hört man die Abendgebete der Nonnen bis auf die Straße, und man verhält den Schritt vor den Schaufenstern der Nutznießer des Todes, vor dem Blumenladen, dem Begräbnisinstitut oder dem Grabmalbildhauer, der sich als Künstler berechtigt glaubt, seinen Schmerz zur Schau zu stellen: über dem Relief eines Kinderkopfes erklärt vergilbtes Papier dem Passanten: Mein Sohn, 1945 bei Pillau gef.

Aber dann steht, weitere zehn Jahre später, vor dem 1. Mai in der Zeitung: Marschsäule I, Stellplatz Große Hamburger Straße, Spitze Krausnickstraße, und er ist früh genug da, um im Café Kaiser (das früher Schweizer Café hieß) noch eine Zigarette zu rauchen, durchs Fenster das Schulgebäude zu betrachten, vor dem bündelweise Fahnen und Transparente abgeladen werden, plötzlich die alte Inschrift über dem Portal zu entdecken und weiter rechts, neben dem Turnhallenneubau, den Gedenkstein, vor dem immer mal einer der festlich gestimmten Leute, die jetzt die Straße füllen, stehenbleibt – wie auch er kurze Zeit darauf. Rote Papiernelken leuchten auf blauen und weißen Hemden, auf Anoraks, Blusen, Jacketts, Lachen mischt sich mit Musik und Gesang, Schulklassen ziehen vorbei, die Jungen noch Kinder, die Mädchen schon heiratsfähige Damen, Fahnen werden entrollt, Bratwürste duften, blumengeschmückte Lastwagen schieben sich langsam durch die Menge. In ihm aber weicht, als er die Jahreszahl liest, die schmerzliche Kindheitserinnerung plötzlich einer anderen, ein Vorhang hebt sich, in grellem Licht steht über Haar und Federhütchen ein Fenster, eins aus der langen Reihe, und in ihm erscheint das Gesicht eines Kindes, eines Knaben in seinem Alter, ein bleiches Gesicht mit großen Augen, die seinen Blick suchen, aber nicht finden, da er ihn abwendet, zwanzig Jahre lang, bis zu diesem Moment, in dem die Striche der Mädchenbrauen verschwinden, die Wimpern zur Ruhe kommen, Federtoque und Spitzenkragen vorbeirollen, und nur dieses Fenster bleibt, weiß, schwarz, gelb, das Gesicht, die Jacke, der Stern.

Über dem Portal steht: Jüdische Knabenschule, und auf dem Gedenkstein, daß dies der Platz ist, an dem einmal das Altersheim der Jüdischen Gemeinde gestanden hat, seit dem Jahr 1942 Sammellager der Gestapo, von wo aus 50 000 jüdische Menschen nach Theresienstadt und Auschwitz geschickt worden sind.

Er liest es wieder und wieder: 1942. Die Kolonnen sind abmarschiert. Es ist still geworden. Auf den Bänken hinter dem Denkmal sitzen alte Leute. Lustige, ausdruckslose, traurige Augen blinzeln in die Frühlingssonne. Brillen, Krückstöcke, Schiebermützen, Damenhüte nach vorgestriger Mode, schwarze Seide, am Hals geknöpfte Unterhemden, Kichern, Brabbeln, Schlafen; darüber das Flöten der Amseln aus alten Bäumen. Das Friedhofstor ist offen. Gleich rechts in hellem Grau das neuerrichtete Grabmal Moses Mendelssohns im Schatten der Mietskasernen, die bis an die Mauer reichen. 50, 100 oder 200 Fenster blicken hier hinaus, nur wenige davon sind neu in Brandmauern geschlagen. Einige, in die Mauer gelassene Grabsteine sind noch erhalten, hebräische

Schriftzeichen, unleserlich, daneben zwei Tafeln: von 1672 bis 1827 wurde hier begraben, 115 Jahre später wurden alle Denkmäler zerstört. In der dunkelsten Ecke liegen noch ein paar Trümmer, auf der anderen Seite, in der Sonne, ein Gräberfeld, Kreuze aus Holz und Metall, Steine, Blumen, Efeu, der lange Hügel eines Massengrabes. Die Sterbedaten alle vom April und Mai 1945. Als Frauen und Kinder den Koppenplatzbunker (auf dessen erdbedecktem Dach die Kinder von heute spielen) tagelang nicht verlassen konnten, als auf den Friedhöfen am Stadtrand schon die T34 standen, hat man hier begraben. Kinder, Frauen, Soldaten, Unteroffiziere, Polizisten: Gefallen fürs Vaterland. Er sucht nach SS-Dienstgraden. Vergeblich. Wer hier liegt, starb zufällig, vielleicht unschuldig. Zufällig liegt er hier, auf dieser grünen City-Insel, in die jetzt vom Lustgarten her Marschmusik einfällt. Die Alten schlagen mit Gehstöcken den Takt, summen, kichern. Einige beobachten den einsamen Friedhofsbesucher. Fremde kommen selten hierher. Das gehört nicht zu den Sehenswürdigkeiten der Stadt. Berolina- und Käses-Rundfahrten haben andere Routen. Sollten sie die nicht ändern? Aber was sind schon Orte, an denen Verbrechen geschehen? Die sind doch austauschbar, zufällig, ob sie nun Große Hamburger, Köpenick, Plötzensee, Kapstadt oder Haiphong heißen. Entscheidend sind doch die Menschen, der Geist, der sie beherrscht, die Macht, die sie ausüben, der sie unterliegen oder widerstehen. Der kleinste der Greise erhebt sich und trippelt auf ihn zu. »Sie sind fremd hier? Das war hier alles mal jüdisch, das Altersheim, der Friedhof, bis die Nazis…« — »Ich weiß. Haben Sie damals schon hier gewohnt?« — »Gewiß. Ecke Oranienburger, dort, wo jetzt die Lücke ist. Ausgebombt — alles verloren.« — »Da konnten Sie doch hier herunter sehen.« — »Von Küche und Schlafzimmer aus. Alles weg, alles. Nicht ein Stück habe ich retten können. Allein der Teppich war seine fünfhundert wert. Eine schöne Wohnung. Nach hinten raus war es, als ob man im Grünen wohnte.« — »Aber Sie müssen doch gesehen haben, was hier geschah.« — »Was wissen Sie schon von der Zeit damals, junger Mann!« Ja was? Daß ein Mädchen schneller erwachsen wird als ein Junge. Und daß das schmerzt. Und daß Schmerz blind macht für den anderer. Und daß es einfach ist, die eigne Sicht auf Spitzenkragen und Mädchenbrauen zu begrenzen, auf Schlafzimmer und Teppich, und noch einfacher, zu vergessen — was anderen geschieht, dem Jungen am Fenster des Altersheimes, der nie erwachsen wurde, zum Beispiel, und den anderen 50 000 Kindern und Frauen und Männern, die alle einmal unter uns gelebt haben, in deiner Wohnung vielleicht oder nebenan, in der Krausnick- und Auguststraße, am Alexanderplatz, in der Frankfurter Allee und in Pankow, und die sich selbst nicht mehr in Erinnerung bringen können. Das müssen wir tun. Der Toten gedenken, um der Lebenden willen.

Viktoria

Der Tag, an dem der Krieg endete, war klar und warm. Die Sonne schien durch geöffnete Fenster, und da die Lautsprecher, die sonst von morgens bis abends gelärmt hatten, seit vier Tagen schwiegen, kam einem die Welt freundlich und friedlich vor.

Daß der Friede tatsächlich schon da war, wußten wir nicht. Das tschechische Aufstandskomitee, das seit dem 4. Mai die Stadt R. beherrschte, hatte nämlich neben Pistolen, Seitengewehren und Dolchen auch das einzige Radiogerät beschlagnahmt, so daß das Behelfslazarett informationslos geworden war. Statt der Nachrichten gab es nun stündlich neue Gerüchte, in denen viel vom baldigen Einmarsch der Amerikaner, nie aber von Kapitulation die Rede war.

Kurz nach der Morgenvisite wurde die Ruhe durch die Mitteilung gestört, daß eine Durchsuchung nach Waffen erfolgen sollte. Während in den Klassenzimmern des Parterre schon die Suchkommandos lärmten, Bartureit Ölsardinenbüchsen hinter Heizkörpern versenkte, Zeitler Uhr und Ringe unter Verbände schob, und ich Zigarettenpäckchen, Marke Viktoria, unter der Matratze versteckte, fuhr mein Bettnachbar, der seit zwei Wochen einbeinige Unteroffizier Bauer, aus seiner Lethargie plötzlich auf. Er zog seinen Rucksack unter dem Bett hervor, warf mit zitternden Händen Kragenbinden, Socken und Briefe heraus, fand schließlich, was er suchte, und legte es vorsichtig auf das Bett: drei Eierhandgranaten, die er bis zu diesem Moment vergessen hatte, und die ihm, wie er sagte, nun das Leben kosten könnten, wenn nicht einer der Gehfähigen sie in die Tasche steckte, auf die Knabentoilette trug und wenn möglich hinunterspülte. Mit heiserer Flüsterstimme bot er 300 dafür – womit Kronen gemeint waren, bunte Scheine, die neben dem Bild des Hradschin in Deutsch und Tschechisch die Aufschrift Protektorat Böhmen und Mähren trugen, und die selbst Endsieggläubigen nicht als stabile Währung galten, weshalb sie bei jeder Soldauszahlung sofort umgesetzt wurden in Zigaretten, Konserven und Bier.

Zeitler, der seit Tagen jedem erzählte, daß er nur unter Zwang Offiziersanwärter geworden sei, war für 500 Kronen zur Rettung Bauers bereit. Da sein blauweiß gestreifter Krankenanzug zwar zwei Jackentaschen, aber keine Hosentasche besaß, trug er die dritte Granate in der Hand. Aber weit kam er nicht, weil auf dem Flur Schritte ertönten. Als die Tür aufging, lag er schon wieder im Bett. Auf dem Tisch, der in der Mitte des Zimmers stand, lagen, in der Sonne schwarzglänzend, die Granaten: ungarisches oder sowjetisches Beutegut, wie Bauer in einem Ton erklärt hatte, als sei dadurch seine Vergeßlichkeit zu verzeihen.

Die von allen erwartete Frage, wem die Mordinstrumente gehörten, wurde gar nicht gestellt. Ein Karabinerlauf wies auf Springs, der am Fenster saß, und der stand gehorsam auf, lud sich die Stahleier auf die offenen Handflächen und trug sie unter bewaffneter Begleitung hinunter auf den Schulhof, wo die Kastanien blühten.

Nachträglich behaupteten alle, sie hätten sich amüsiert. Zeitler sagte, er habe frech gegrinst über die Lahmärsche mit ihren gestohlenen Waffen. Bartureit, auf dessen Namensschild kürzlich der SS-Dienstgrad durch Feldwebel ersetzt worden war, wollte wetten, daß die Halbzivilisten eine 98 K nicht von einer Klosettbürste unterscheiden könnten, und Bauer fand es weise vom Führer, daß er diese Leute nie für würdig gehalten hätte, deutsche Uniformen zu tragen, obwohl er andererseits gut von ihnen fand, daß sie das Hitlerbild nicht zerstört, sondern nur von der Wand genommen und in die Ecke gestellt hatten — auf welche Bemerkung hin Springs das Bild hochhob und ohne sichtbare Erregung zu Boden fallen ließ, was ich sehr mutig fand.

Ich hatte große Angst gehabt vor der entsicherten deutschen Maschinenpistole, deren Lauf dicht vor meinem Gesicht geschwankt hatte, als der Tscheche mein Bett durchsuchte. Er war nicht älter als ich, 17 oder 18, steckte in einem zu kleinen Anzug, um den er ein Koppel mit vielen Patronentaschen geschnallt hatte, und sah nicht so aus, als ob er die Tücken seiner Waffe kannte, die dem Gerücht nach manchmal losging, ohne daß der Abzug berührt worden war. Er aber hatte den Finger der rechten Hand ständig dort, während er mit der Linken unter die Matratze griff und die Zigaretten hervorzog. Nix Viktoria, sagte er dabei.

Seit einer Kopfverwundung vor sechs Wochen leistete ich mir den Luxus, stumm zu sein, und ich blieb auch jetzt noch dabei. Sicher hätte er mich auch nicht verstanden, wenn ich ihm gesagt hätte, daß ich mich nicht als Besiegter fühlte, weil ich damals nämlich zu der Überzeugung gekommen war, daß die Sieger in Kriegen immer die Überlebenden sind, was kein Anlaß zum Frohsinn war, wenn man an die toten Brüder und Freunde dachte und die lebenden Bartureit.

Erinnerungen sind unzuverlässig, weshalb ich nicht für jede der hier mitgeteilten Einzelheiten (wie zum Beispiel die Namen) bürgen kann. Sicher aber weiß ich, daß ich damals nicht über Freiheit und Tyrannei, über Recht und Unrecht nachdachte, sondern daß einzig wichtig für mich war, die Maschinenpistole sich ohne Zwischenfall von meiner Nase entfernen und die Zigaretten in der Anzugstasche verschwinden zu sehen. Bauer, der bis in die laute Nacht der Siegesfeier hinein mit Zeitler über die 500 Kronen stritt und, wie alle andern, keine Verluste zu beklagen hatte, kommentierte das nachher so: Die wissen genau, mit wem sie es machen können.

Der Holzweg

An meinem ersten Buch arbeitete ich siebzehn Jahre lang; natürlich mit Pausen, deren größere durch Irrtümer entstanden. Zeitweilig bildete ich mir nämlich ein, erstens zum Literaturkritiker, zweitens zum Bibliothekswissenschaftler berufen zu sein und drittens, ohne zu schreiben leben zu können. Der dritte Irrtum trat mehrmals auf.

Fest standen von Anfang an Stoff und Thema. Auch daß es sich nur um Prosa handeln konnte, war klar. Wandlungen machte die Genrewahl durch: vom Tagebuch über Autobiographie und Reportage zum Roman. Die Entscheidung für letzteren war der erste Schritt auf dem Holzweg. Der zweite wurde durch die Heldenwahl getan. In Frage gekommen wäre der Typus des Don Quijote oder des Hamlet, vielleicht sogar der des Hyperion, des Josef K. oder Schwejk. Ich aber wählte den Wilhelm Meister. Denn ich hatte mir einreden lassen, daß ein Roman Entwicklungsroman sein, positiv enden und Totalität geben müsse.

Als der Krieg begann, war ich dreizehn, als er endete, neunzehn Jahre alt. Im April 1945 begann ich in einem Lazarett mit den Vorarbeiten zu dem Buch, das 1963 unter dem Titel »Der Hohlweg« erschien und wenig von dem enthielt, was es hatte enthalten sollen. Es wurde mit einem Preis geehrt und milde beurteilt. Mein eigenes Urteil lautet: Thema verfehlt, 5.

Dieses verfehlte Thema zu formulieren, fällt mir noch heute schwer. Die Begriffe, mit denen das geschehen könnte (obenan der der Freiheit), sind ideologisch vorbelastet und deshalb untauglich zur Bezeichnung eines Bewußtseinszustandes, dessen Wesen gerade in der Abwesenheit von Ideologie bestand. Öffentlich artikuliert wurde dieser Zustand nie, weil keine Öffentlichkeit an ihm Interesse hatte. Daß ich es nicht tat, lag hauptsächlich an meiner literarischen Unfähigkeit, nebenbei aber auch an der zeitweilig in mir vorherrschenden Auffassung, er sei nur mir eigen gewesen. Erst längere literarische Praxis hat mich an das Wunder glauben gelehrt, daß Eigenstes, genau dargestellt, sich als Allgemeines erweist.

Diesen Bewußtseinszustand (um den ich mich dann auf 552 Seiten herummogelte) in reiner Form zu erleben war allerdings nur einer relativ kleinen Gruppe von Menschen vergönnt: Angehörigen des »Dritten Reiches« genannten Gebildes in jugendlichem Alter, die der Ideologie dieses Reiches nicht restlos verfallen waren; die also weder, wie die Älteren, an 12 Jahre verlorene oder versteckte Haltungen anknüpfen, noch das Ende der Hitlerherrschaft als das Ende überhaupt ansehen konnten.

Was denen da zuteil wurde, war eine Gunst des Schicksals. Sie waren Glückskinder der Geschichte. Da sie es unverdient geworden waren, gaben sie es nicht zu. Da nur sie allein es geworden waren, kam es vielen kaum zum Bewußtsein. Da sie zu jung waren, um es sofort zu beschreiben, taten sie es nie; denn als sie dazu fähig wurden, hatten sie längst gelernt, es zu verachten. Der Zustand von damals wurde degradiert zum Anfang von dem, was aus ihnen geworden war. Mit Recht! Verlorengegangen aber war bei dieser teleologischen Betrachtungsweise nur eins: die Fähigkeit, sich des Glückszustandes zu erinnern.

Gründe zum Glücklichsein gab es viele. Vor allem den, überlebt zu haben; doch das hatten andere auch. Was sie auszeichnete, war, daß sie noch keine Gelegenheit gehabt hatten, schuldig zu werden. Sie hatten keinen Besitz verloren, keine berufliche Existenz, keine Familie, keine Machtpositionen. Als jüngste, unterste Schicht der Militärsklaverei genossen sie die Befreiung von Uniformen und Waffen am meisten. Unbelastet gingen sie ins Friedensleben, in dem ihnen alles offen stand. Ohne schlechtes Gewissen besetzten sie alle die Stühle, die Millionen von Kriegstoten verlassen hatten. Sie waren die Sieger der Niederlage.

Ihr geistiger Zustand aber war der der Schwerelosigkeit, der

Leere, der Offenheit, der Herrschafts- und Verantwortungslosigkeit. Sie waren frei – von allem. Es war nicht das Glück des Anfangs (dazu wurde es erst später); es war das Glück der Anarchie. Der Jugendtraum vollkommener Freiheit: hier schien er verwirklicht. Man war nicht nur aus dem Militärzwang entlassen, sondern aus jeder Ordnung, aus jeder Tradition auch. Es war wie eine Entlassung aus der Geschichte.

In vollkommener Form währte dieser Traumzustand nur einige Tage; einige Jahre dauerte sein Abbau, aber ein Leben reichte nicht aus, um ihn zu vergessen.

Das Wort Glück kommt im Tagebuch des Achtzehneinhalbjährigen häufiger vor als die Wörter Angst oder Hunger. Vom Glück der Landstraße ist die Rede, von dem der Wälder, des Gehens, Fahrens, Alleinseins, vom Glück, kein Gepäck zu haben. Gefüllte Koffer liegen im Straßengraben, und niemand belastet sich mit ihnen. Der Wind treibt Geldscheine über die Wege, und es lohnt nicht, sich nach ihnen zu bücken. Nichts, was war, gilt mehr. Alle Werte sind wertlos geworden. Rangabzeichen werden von den Schultern getrennt, geheiligte Staatssymbole verbrannt, der Hauptmann duzt den Muschkoten. Zum erstenmal ist man Besitzer des eigenen Lebens; denn das Vaterland, dem es gehörte, ist tot. Endlich ist man Herr seiner selbst, allein, groß, frei.

Natürlich sind Mächte da, denen man ausweichen muß, aber fremde, die einen innerlich nichts angehen; natürlich enden alle Wälder einmal, führen alle Chausseen (auf denen kein Geld mehr liegt) in Flüchtlings- und Gefangenenlager, auf Bauernhöfe, Baustellen, Fabriken, Schulen, in neue Ordnungen. Natürlich hat man bald wieder Gepäck, an die Kette der Nationalität bleibt man geschmiedet, auch wenn man sie verachtet, und der Zustand der Schwerelosigkeit erweist sich als einer des Anfangs. Aber die Erinnerung an diese Tage wird bleiben: ein Mythos vom verlorenen Paradies. Und bleiben wird das Gefühl, dieses Urerlebnis innerer Freiheit verraten zu haben. Nicht der Bruch des erzwungenen Treueschwurs auf Führer und Reich bleibt das Trauma dieser Jahrgänge, sondern der Bruch der als Frucht der Niederlage freiwillig geleisteten eigenen Schwüre.

Wenig davon ist im Roman zu spüren. Da wird die Zeit des Glücks zu einer der Verzweiflung, die der Abwehr zu einer des Suchens. Die Erkenntnis, daß es kein geistiges Vakuum gibt, verführt dazu, auch das Gefühl davon zu leugnen. Zum Zweck augenfälliger Entwicklung werden Vorgaben verteilt. Um das Ziel aufzuhellen, wird der Anfang eingeschwärzt. Nichts geht da verloren, es wird nur etwas gefunden, vor allem ein bißchen von dem, was der Verfasser zu haben vorgibt: Sicherheit – der Erkenntnis, des Urteils.

Doch erweist sich (in der Rückschau) die Sicherheit mehr als Absicherung. Das zeigt sich vor allem in der Starrheit, mit der der Autor sich an ein vorgegebenes Schema klammert: der Krieg als entwicklungsfördernde Katastrophe, die zwei deutschen Freunde, die zu Ost-West-Feinden werden, die guten Mädchen und die guten Altgenossen als Leitersprossen der Heldenentwicklung, das gewaltsame Erfassenwollen sozialer Totalität. Wenn rührende Versuche gemacht werden, den Klischees durch Umkehrung zu entgehen, zeigt sich nur besonders deutlich das Haften an ihnen.

Hemmung, sich selbst zu offenbaren, und Angst, Falsches, Unerwünschtes oder Mißverständliches zu sagen, lassen Tiefe nicht zu, fördern Flucht in die Breite. Völliges Auseinanderfließen wird nur durch merkbare Konstruktion verhindert.

Verzeihlich ist, daß der Anfänger sich zutraut, alles schreiben zu können, was er schreiben will, unverzeihlich, daß er nicht von vorn beginnt, als er merkt, daß er sein Thema ans Schema verraten hat. Der Grund ist verständlich und verächtlich: Er will gedruckt werden.

Die lange Beschäftigung mit dem Buch entsprang wechselnden Antrieben. Als ich im April 1945 mit Tagebuchschreiben begann, fühlte ich die Verpflichtung, die als bedeutsam empfundenen Geschehnisse für die Nachwelt festzuhalten. Ich hatte mehr als zwei Jahre in militärischen Organisationen zugebracht. Die zur seelischen Gesunderhaltung nötige Sturheit hatte ich nicht gelernt. Immer blieb ich der Außenseiter, der seine Leiden durch kritische Registrierung produktiv zu machen versuchte. Eine Kopfverletzung, die das Sprachzentrum zeitweilig lähmte, machte die Beobachterrolle perfekt. Fehlende Kommunikation ersetzte das Tagebuch: ein Bericht an zukünftige Freunde.

Später begann das Abarbeiten der angestauten Seelenlast. Kriegsschock und Illusionsverlust wurden durch Schreiben von innen nach außen verlagert. Am fertigen Roman läßt sich ablesen, wie weit dieser autopsychotherapeutische Antrieb reichte. Heute wünsche ich mir, aus diesem Bruchteil ein Ganzes gemacht zu haben. Damals trieben pädagogischer Eifer, literaturtheoretische Desorientierung und falschgewählte Vorbilder mich dazu, den Roman größer machen zu wollen, als der Autor war. Ich schrieb über meine Verhältnisse. Noch fehlte mir die Erfahrung, daß gut nur werden kann, was man, sich selbst gehorchend, schreiben muß, nicht was man will oder soll. Demoralisierend wirkte der Verlagsvertrag: ein Stück Selbst wurde zum Objekt eines Geschäfts. Geld, Termine, gute und schlechte Ratschläge verfremdeten Eigenes. Das Bewußtsein des Sich-verkauft-Habens machte die Arbeit zur Fron. Unmerklich trat an die Stelle der Frage: »Ist das die Wahrheit?« die »Nimmt man mir das ab?« Da ich mich zum Teil eines Apparats gemacht hatte, dessen Arbeit ganz auf Veröffentlichung gerichtet war, wurde diese mir selbst zum höchsten Ziel – bis es erreicht war.

Als das Buch gedruckt war, war es für mich tot. Nie habe ich es wieder ansehen mögen, selbst für diese Rückschau nicht.

Zur Entstehung einer Erzählung

Ein Vortrag, der am 27. November 1980
vor der Goethe-Gesellschaft in Halle gehalten wurde

Sehr verehrte Damen und Herren,
obwohl ich das Thema des hier folgenden Vortrags selbst gewählt habe, glaube ich mich berechtigt, über seine Schwierigkeiten klagen zu dürfen – nicht zuletzt deshalb, weil diese Klage unmittelbar zum Thema gehört. Geht es in ihr doch um die Diskrepanz zwischen dem Gewollten und dem Gewordenen, zwischen Plan und Produkt, Idee und Realität – welche letztere (vergleicht man sie mit der Idee) manchmal so beschaffen ist, daß die Tatsache ihrer Existenz das einzige ist, das sich zu ihrem Ruhm anführen läßt.

Als ich mich dazu entschloß, über die Entstehung meiner Erzählung »Märkische Forschungen« zu reden, schien mir, da Inhalt und Ordnung in Gedanken schon da waren, die Hauptschwierigkeit die zu sein, das, was ich verschweigen wollte, so zu kaschieren, daß es als Nicht-Gesagtes nicht in Erscheinung tritt. Ich hatte damit, wie ich jetzt weiß, nicht nur die Peinlichkeit dauernden Ich-Sagens unterschätzt, sondern auch die Länge und Verschlungenheit des Weges vom Kopf zum Papier, hatte nicht bedacht, daß Gedanken willfähriger sind als Worte, daß sie sich, ihrer Schwerelosigkeit, vielleicht auch Ungenauigkeit wegen, leichter zu glanzvollen Gebilden ordnen lassen – was zur Folge hat, daß das Gedachte sich auf der Schwelle zur Wortwerdung verändert, seinen Glanz verliert und schöne Einheitlichkeit vermissen läßt. Die gedachte Rede oder auch die gedachte Erzählung (Sie sehen: ich bin schon beim Thema!) ist eben noch keine; ihr Glanz ist der der Unwirklichkeit. Erst das Wort mit seiner Erdenschwere zeigt ihr wahres Gewicht.

Während gedachte Erzählungen oft ihres Untergewichts wegen zu geschriebenen nicht werden, wurde bei diesem Vortrag Übergewicht zur Gefahr. Das als schlank gedachte Gebilde neigte zur Fülle; denn die Befürchtung, den komplizierten (wenn nicht gar undurchschaubaren) Vorgang unzulässig zu vereinfachen, führte dazu, daß eine Erklärung die nächste gebar. Schon die Einleitung drohte abendfüllend zu werden. Sie sollte von der Privilegiertheit des Autors handeln – wobei mit diesem Begriff nicht, wie Sie vielleicht annehmen, die Möglichkeit, auch in ungewöhnliche Richtungen zu reisen, oder das Vorrecht, über Dinge zu reden, über die man sonst schweigt, gemeint war, sondern der Vorzug einer unentfremdeten (also unzeitgemäßen) Arbeit, in der Planung, Entwurf und Ausführung, wie kaum sonstwo, von ein und derselben Person erledigt werden. Auch die Kehrseite der Sache (also die Gefahr von Isolation, von Selbstüberschätzung, seelischer Dauerbelastung, innerer Deformation durch öffentliche Anerkennung oder auch Nicht-Beachtung) sollte behandelt werden. Zum Thema gehörte das wohl und war doch entbehrlich, weil hier ja nicht allgemein vom Erzählen erzählt werden soll, sondern von der Entstehung einer bestimmten Erzählung. Daß Konkretheit dazu nötig ist, wußte ich zwar, kam aber doch, da es so angenehm ist, das Ich durch das Man ersetzen zu können, immer wieder in den Sog des Allgemeinen hinein. Schließlich befreite ich mich aus ihm durch selbstgestellte Fragen. Durch die Form des Interviews zwang ich mich zur Direktheit. Da ich selber der Frager war, fiel es mir leicht, mit Einfachstem zu beginnen. Weiß doch niemand so genau, was ich eindeutig weiß, wie ich selbst. Wie, Herr de Bruyn, lautete deshalb die erste Frage, kamen Sie zu dem Titel, und was haben Sie sich beim Untertitel gedacht?

Grob (zu grob, wie sich erweisen wird) kann man die einzelnen Elemente dieser Erzählung in erlebte und erfundene einteilen. Der Titel allerdings ist weder dieses noch jenes, er ist ein Drittes: er ist gefunden, eine Fundsache also. Ähnliches war mir zwölf Jahre vorher bei einem Roman passiert, der bereits fertig war, der aber einen Titel führte, den ich nicht mochte. »Ein Zwischenfall« hieß er. Da hörte ich (es war am Morgen beim Aufräumen des Zimmers) eine Radiosendung, die ich nur halb verstand. Es war ein physikalischer Vortrag mit philosophischem Einschlag, in dem es, wenn ich mich richtig erinnere, um Asymmetrie in der Natur ging. Als Beispiel für eine künstlich erdachte Symmetrie wurde dabei der entscheidungsunfähige Esel zwischen zwei gleichen Heubündeln erwähnt – worauf das Zimmer unaufgeräumt blieb, ich eine Geschichte der Philosophie aufschlug und einige Tage später, nach eingehender Lektüre, eine schon vorhandene Romanszene (nicht ohne Gefühl von Hochstapelei) um die Erklärung des neuen Titels ergänzte.

Die Erzählung, von der hier die Rede sein soll, war erst halbfertig, als sie ihren vorläufigen Titel (»Eine Freundschaft« hieß er) verlor und den endgültigen bekam: durch einen Glücksfall, der aber gedanklich schon vorbereitet war.

Die Tatsache, daß jeder Erzähler, wovon er auch immer erzählt, letztendlich von sich erzählt, ist mir so sehr bewußt, daß mir die Möglichkeit, mein Erleben auf den Leser übertragen zu können, bei jedem Buch aufs neue fraglich erscheint. Immer wieder fürchte ich, daß das, was ich erzähle, außer mir nur wenige interessiert. Und da der Gedanke, daß jemand des Titels wegen nach meinem Buch greift und enttäuscht wird, mir unangenehm ist, baue ich vor, nenne den unter Bibliothekaren spielenden Roman »Buridans Esel« und nicht – beispielsweise – »Glück im Hinterhaus« oder versehe die Literaturwissenschaftlergeschichte mit dem warnenden Untertitel »Erzählung für Freunde der Literaturgeschichte« – der zu der Zeit, von der ich jetzt rede, schon feststand und einen sachlichen Haupttitel brauchte. In meiner Jugend, als ich mich für Literatur zu interessieren begann, war mir mal aufgefallen und in Erinnerung geblieben, daß Wilhelm Raabe einer Erzählung den ungewöhnlichen Titel »Keltische Knochen« gegeben hatte. Ähnliches suchte auch ich und fand es, als ich nicht danach suchte, im Katalog der Anonyma der Berliner Universitätsbibliothek. Auf der Suche nach einem Sammelband, dessen Titel mit dem Wort Forschungen begann, stieß ich in den schönen alten Bänden, in denen nicht nach mechanischer, sondern nach grammatikalischer Wortfolge geordnet wird (Bibliothekare unter Ihnen wissen, wovon ich rede), unter den vielen »Forschungen« auch auf die märkischen: eine heimatkundlich-historische Zeitschrift, die seit 1840 etwa in

Berlin erschienen war. Ich wußte sofort, daß es das war, wonach ich gesucht hatte, begriff nur nicht, daß ich auf diese einfache Idee nicht selbständig gekommen war.

Da der Interviewer die Dinge, über die zu reden dem Interviewten schwerfällt, kennt, greift er nicht, was naheläge, den Satz über den Erzähler, der stets von sich selbst erzählt, auf, sondern bleibt noch bei Peripherem. Er will über die Schauplätze etwas wissen, über die Dörfer zum Beispiel. Ohne daß zusammenhängende Ortsbeschreibungen gegeben werden, erklärt er, entsteht im Zuge der Handlung doch ein Bild von der Gegend: Ein sandiger Weg zwischen Kiefernwäldern, der in der Nähe des Torfsees morastig wird; an seinem einen Ende Schwedenow, wo Pötschs Haus und Hof stehen, am anderen Liepros, dessen Topographie sich aus dem Text zusammensetzen läßt. Wie entsteht so etwas? Gibt es Liepros tatsächlich, oder hat der Autor hier nur ein Phantasie-Dorf gemalt?

Wenn vorhin die Teilung in Erlebtes und Erfundenes als zu grob bezeichnet wurde, sollte damit gesagt sein, daß eine klare Trennung beider Bereiche im Einzelfall kaum möglich ist. Es gibt da nicht nur fließende Grenzen, es gibt, was wichtiger ist, auch Abhängigkeiten. Beim Erzählen bemüht man zwar Phantasie, die aber speist sich von Abbildern der Realität. Auch die phantastischste, unrealistischste Geschichte ist, sieht man genauer hin, aus Partikeln von Wirklichkeit zusammengesetzt: Der Märchenerzähler muß wirkliches Feuer kennen, ehe er es den Drachen speien lassen kann. Erfinden heißt also nicht: neu erschaffen, sondern nur: anders zusammensetzen. Es kann also auf die Frage: Gibt es das Dorf Liepros wirklich? mit Ja und mit Nein geantwortet werden; denn das Schloß, die Spree, die Linden, das Pfarrhaus gibt es tatsächlich — und Dreiulmen und die Ruinen des Armenhauses gibt es auch, nur anderswo. Beides kennt der Erzähler, es ist für ihn also Erlebtes; zu Erfundenem wird es dadurch, daß er es zusammenbringt. Das Erfundene löst sich also, fragt man den Einzelheiten nach, in Erlebtes auf. Kurioserweise ist das in diesem Fall sogar bei dem erfundenen Dorfnamen so. Liepros werden Sie im Ortsverzeichnis der DDR vergeblich suchen; finden werden Sie aber Rieplos, aus dem durch Neuordnung die Erfindung erstanden ist. Herauszufinden, welches Real-Dorf der Liepros genannten Fiktion als Vorbild gedient hat, fällt Kennern der Mark und Literaturkennern leicht. Rieplos (wie übrigens auch Lieberose, das bei der Namensgebung ebenfalls Pate stand) geben ungefähr die Richtung, aber die ist in der Erzählung sowieso genannt. Die Nachbardörfer, die nebenbei erwähnt werden, haben ihren realen Namen nur schwach (in einem Fall gar nicht) verändert. Spreedörfer mit einem Schloß wie diesem gibt es in der Gegend sonst nicht. Wem aber auch das nicht genügt, der kann auf Literatur zurückgreifen. Ich zitiere:

»Von X nach Y sind noch anderthalb Meilen. Ein leichter Wagen nahm mich auf, und in brennender Sonnenhitze machte ich den Weg. Die Landschaft war geradezu trostlos, und jedes kommende Dorf erschien noch ärmer als das voraufgegangene. Mahlender Sand und Kiefernheide, dazwischen Brach- und Fruchtfelder, die letzteren so kümmerlich, daß ich meinte, die Halme zählen zu können... In Y angekommen, ließ ich an einer Stelle halten, wo die Sehenswürdigkeiten des Dorfes: das Herrenhaus (jetzt Amtshaus), das Barfus-Schloß und die Kirche, dicht beisammenliegen. – Y war immer ein reicher und ausgedehnter Besitz. In sumpfiger Niederung gelegen..., unterschied es sich in alter Zeit schon vorteilhaft von den Sanddörfern der Höhe, aber erst von 1581 ab hat es eine Geschichte.«

Wenn auch diese Beschreibung noch nicht allzuviel sagt, vielmehr auch auf andere Dörfer zutreffen könnte, so ist doch vom Barfus-Schloß die Rede – und dieser Name taucht auch in den »Märkischen Forschungen« auf, gibt nämlich Max von Schwedenows Hauptwerk den Titel.

Auf diesen fiktiven Roman wird mehrfach angespielt, zum Beispiel im 3. Kapitel:

»Genau an dieser Stelle, so erläuterte Pötsch, sprang der junge Graf Barfus aus der Kutsche, als er aus Frankreich heimkehrte und das Schloß in Flammen stand.«

Und später, in der Rezension von Menzels Buch über Schwedenow, heißt es über den Roman »Barfus«:

»Die Fabel des Romans ist nach ihm [Menzel] die: Auf einer Bildungsreise durch Europa wird der junge Graf Barfus zum Jakobiner, worauf seine reaktionäre Mutter sich selbst und sein Erbe, das Schloß Liepros, verbrennt; er kommt zurück, heiratet und bringt seine revolutionären Ideale in die preußische Erhebung gegen Napoleon ein. Ein politischer Roman also, denkt, wer ihn nicht kennt, und ist bestürzt, wenn er ihn liest. Denn er erlebt eine bezaubernde Liebesgeschichte zwischen Graf Barfus und Dorette, der Pastorentochter, die mit der Heimkehr von der Frankreich-Fahrt beginnt und mit der Hochzeit endet.«

Soweit de Bruyn, nun aber wieder unser literarischer Gewährsmann, der, wie Sie natürlich schon erraten haben, Theodor Fontane heißt:

»Im Jahre 1699 kaufte Hans-Albrecht von Barfus... die Herrschaft... Das Oppensche Herrenhaus, das er vorfand, genügte ihm nicht, und er ging das Jahr darauf an die Aufführung eines Schlosses. Er starb aber darüber hin und hat die Räume desselben nie bewohnt. — Erst seine Witwe, Eleonore geborene Gräfin von Dönhoff, führte den Schloßbau glücklich hinaus. Sie war eine stolze Frau, und es geht die Sage, daß sie bemüht gewesen sei, ihrem einzigen überlebenden Sohn sein Erbe nach Möglichkeit zu schädigen und zu schmälern... Als sie fühlte, daß es mit ihr zum Letzten gehe, befahl sie, den gesamten Hausrat auf den Schloßhof zu tragen, und vergoldete Stühle und Tische, Spiegel und Konsolen, Diwans und Kommoden wurden nun zu einer Pyramide aufgetürmt. In einem Rollstuhl ließ sie sich dann an die Tür des Gartensaales fahren, gab Ordre, zwei Fackeln anzulegen, und starrte lange und befriedigt in die hoch aufschlagende Flamme. Sie fühlte das Feuer mehr, als daß sie es sah, denn die helle Mittagssonne stand über dem Schauspiel. Als alles niedergebrannt war, saß sie tot in ihrem Rollstuhl. — das war 1728...«

Da sich also, wie Sie sehen, die sogenannte Erfindung als freche Kompilation erweist, läßt es sich der Interviewer natürlich nicht nehmen, nach weiteren literarischen Anleihen dieser Art zu fragen, und erfährt: es gibt noch einige (allerdings kleineren Formats), die der Autor bei andren Lieblingsautoren gemacht hat;

denn Erlebtes dieser Sorte – der literarischen – wird nur verwendet, wenn man es nicht suchen muß, sondern im Kopf hat. Zwei Beispiele dafür mögen genügen, nämlich Jean Paul, dessen erste Verlobung in einem »Leopoldsgrüner Wäldchen« stattfand (das in den »Märkischen Forschungen« Trebatscher Wäldchen heißt), und der zu Schwedenows Verlobung auch die Worte liefern mußte: »Nun bin ich ganz dein und auf ewig«, – und zweitens ein anderer Großer aus Schwedenows Zeit, dem Lyrisches nachempfunden wird. Zweimal wird in der Erzählung auf eine Verszeile Max von Schwedenows hingewiesen, in der er die Ulmen vor seinem Haus besingt: »Fröhlich drängt ihr, ihr Starken, aus kräftigen Wurzeln hinauf in die Freiheit des Äthers.« Zum Teil ist das geborgt von einem berühmten Gedicht, das nicht Ulmen besingt, sondern Eichen. Ich zitiere das Original:

»Und ihr drängt euch fröhlich und frei, aus kräftiger
Wurzel,
Unter einander herauf und ergreift, wie der Adler die
Beute,
Mit gewaltigen Armen den Raum, und gegen die Wolken
Ist euch heiter und groß die sonnige Krone gerichtet.«

Das sind, Sie kennen sie sicher, »Die Eichbäume« von Friedrich Hölderlin.

Die Feststellung dieser Bezüge soll Ihnen nun nicht etwa suggerieren, daß die fiktive Gestalt des Max von Schwedenow nach dem Vorbild Jean Pauls oder Hölderlins gearbeitet ist; gesagt sein soll damit nur: so setzt Fiktion, Phantasie, Inspiration, Erfindung (oder was sonst noch an ähnlichen Begriffen in Frage kommt) sich zusammen: ein Flickwerk von Vorstellungs- und Erinnerungsteilchen, mehr oder weniger kunstvoll, mehr oder weniger bewußt kombiniert. Ist man bereit, auch Landschaftserlebnisse, Bildungserlebnisse, Leseerlebnisse zum Begriff »Erlebtes« zu schlagen, ist alles an der Erzählung erlebt. In diesem Sinne könnte man sogar kühn behaupten: Jedes Werk der schönen Literatur ist Autobiographie.

Der Interviewer, der an Ortsbeschreibungen und historisch-literarischen Anspielungen weniger interessiert ist als an gegenwärtigen Bezügen, benutzt die Gelegenheit zu einer kurzen Frage, die, wie nebenbei gestellt, doch Wesentliches treffen muß. Er fragt, ob es sich mit den Personen ebenso verhält, muß aber weiterfragen, da er als Antwort nur ein Ja zu hören kriegt. Auch die Personen also sind Flickwerk aus Teilchen von Real-Personen? Ja. Sind Teilchen Ihrer eignen Person dabei? Natürlich. Und welche?

Um das verärgerte Schweigen nicht zu lang werden zu lassen, kommt die nächste Frage schnell: Sie erwähnten, als Sie von Ortsbeschreibungen sprachen, daß es für die Darstellung des Dorfes Liepros ein reales Vorbild gab, das dann (um das Armenhaus zum Beispiel) ergänzt wurde. Trifft Ähnliches auch auf Personen zu? Auf einige ja. Hatte die Elke Pötsch ein Vorbild? Nein. Der Brattke? Ja. Die wenig angenehme Frau Dr. Eggenfels? O ja, ein sehr genaues. Und Pötsch? Nicht eins: mehrere. Und wie steht es mit Menzel?

Anstatt nun einfach zuzugeben, daß seine Lust, die Frage zu beantworten, groß nicht ist, benimmt sich der Befragte wie ein Politiker oder ein Staatsbürgerkundelehrer, der von einer unbequemen Frage behauptet, sie sei falsch gestellt. Auf das Vor- oder besser Urbild der Kunstfigur Menzel, sagt er, käme es nicht an; es ginge vielmehr darum, ob es dem Leser möglich sei, in dieser Gestalt seinen eignen, speziellen »Menzel« zu sehen. Aber als der Frager (nachdem er sehr richtig bemerkt hat, daß es keine falschen Fragen, nur falsche Antworten gäbe) auf seiner Frage beharrt, antwortet der Befragte dann doch, aber nicht mit Ja, sonder mit Ja, aber... Denn kompliziert ist das, was er zu sagen hat, tatsächlich.

Das weite Ausholen, das nötig ist, hat den Vorteil, daß die obligatorische Frage nach dem Anlaß für die Erzählung nicht erst gestellt werden muß, da dieser unmittelbar auf das Urbild Menzels zurückgeht. Dieser Mensch (der, versteht sich, anders heißt und auch anders ist als die Kunstfigur) löste die Erschütterung aus, die Literatur meist entstehen läßt. Enttäuschung erzeugt seelischen Schmerz, und der will verarbeitet sein, bei dem einen durch Reden, beim andern durch Schweigen, beim (auch in dieser Hinsicht privilegierten) Autor durch Schreiben. Er (der Autor), dem (um es klassisch auszudrücken) ein Gott gab, zu sagen, was er leidet, sagt es für andere – heilt dabei aber sich selbst. Denn eine uralte Wahrheit ist: daß die Formulierung einer Krise bereits Teil ihrer Lösung ist.

Bis hierher ist der Vorgang einfach, nun aber wird er schwer beschreibbar, weil er schwer durchschaubar ist. Denn in dem Moment, in dem der Gedanke, eignen Schmerz literarisch zu verwerten, gedacht wird, mischt sich Reales (das heißt: der Schmerz und die Personen und Vorgänge, die ihn erzeugten) mit Literarischem – was auch und besonders heißt: mit dem Gedanken an Öffentlichkeit. Mit dem Bemühen, das Erlebnis auf Literaturtauglichkeit zu untersuchen, beginnt schon seine Veränderung. Denn Literaturtauglichkeit heißt ja auch: Bedeutung über den subjektiven Fall hinaus, und um die beurteilen zu können, ist der Autor gezwungen, seinen Fall sozusagen von außen ansehen zu lernen, ihn zu objektivieren, sich also von ihm zu entfernen. Dadurch wird es möglich, das Ich aus dem Werk weitgehend zu tilgen und den Kontrahenten (also den, der den Schmerz verursacht hat) unkenntlich zu machen, und zwar nicht, weil der Erzählung das Racheakt-Ähnliche genommen werden soll, sondern weil man weiß oder spürt, daß aus Haß- oder Rachegefühlen oder auch nur aus Gekränktsein gute Literatur nicht entsteht, weil diese eben über das Persönliche hinausweisen muß. Die Gestalt des Professors Menzel hat deshalb in allen (wirklich in allen!) äußeren Lebensumständen mit seinem Urbild nichts mehr gemein. Was geblieben ist, sind (außer Charakterzügen) einige Sätze von ihm, die schon zu einem Dialog gehörten, der eher da war als die Idee der Erzählung. Das Gespräch zweier ehemaliger Freunde, die weder Namen noch Biographie hatten, war nämlich die Urzelle, aus der heraus die Erzählung wuchs. In den letzten von insgesamt vier Fassungen wurde dann dieser lange Dialog (der sich inzwischen mehrfach geändert hatte) nicht nur radikal gekürzt, sondern auch zerrissen. Jetzt steht er (als ehemals durchgehend kaum noch kenntlich) auf mehrere Stellen verteilt. Daß er (von den erwähnten Sätzen abgesehen) mit dem Ur-Dialog nur noch wenig zu tun hat, liegt daran, daß er nun nicht mehr wie am Ur-Anfang von Irgendwem in einem Irgendwo gesprochen wird, sondern von inzwischen mit Charakter und Lebenslauf ausgestatteten Leuten an einem bestimmten Punkt der Handlung. Beispielsweise mußte der ursprünglich wichtige Satz: »Wenn ich die Macht dazu hätte, würde ich den Druck deines Aufsatzes verbieten!« natürlich in dem Augenblick gestrichen werden, als Menzel vom Autor mit der nötigen Macht ausgestattet war.

Dieses Beispiel zeigt, daß der Freiraum der Phantasie mit jeder geschriebenen Zeile kleiner wird. Denn jede Festlegung, die getroffen wird, hat andere zur Folge. In dem enger werdenden Netz von Beziehungen bestimmt schließlich vieles sich selbst. Die Real-Vorbilder, die dem Autor am Anfang als Orientierungshilfe dienten, gelten bald nicht mehr. Die Kunst-Wirklichkeit, die er erschaffen hat, folgt ihren eigenen Gesetzen. – Dieses Neu-Erschaffen bringt, bei aller es begleitenden Qual, die große Freude beim Schreiben hervor. Daß das Erlebnis, das einmal auslösend gewirkt hatte, dabei manchmal nur noch leise durchschimmert, oft andere Formen annimmt, teilweise ganz verschwindet, macht den psychotherapeutischen Effekt aus – macht aber auch die nachträgliche Rekonstruktion des Entstehungsvorgangs so schwer.

Dabei wurde der Vorgang bisher noch insofern vereinfacht, als das eigentlich Literarische daran ausgelassen wurde. Von ersten Überlegungen an bis hin zum letzten Wort, das man schreibt, spielen Formfragen mit hinein. Kann die gleiche Geschichte doch von vorn oder von hinten erzählt, die Chronologie auch völlig zerbrochen werden. Ihr Ton kann sachlich, pathetisch, ironisch sein; ihr Erzähler kann in Erscheinung treten, sogar mitspielen oder aber sich verstecken.

Theoretisch steht einem (am Anfang!) jede Erzählform offen – praktisch natürlich nicht; denn erstens können bestimmte Inhalte bestimmte Formen erfordern, und zweitens sind durch mangelnde Fähigkeiten der Wahl Grenzen gesetzt.

Da der Frager weiß, daß der Befragte aus Hilflosigkeit stets unwillig wird, wenn er nach dem Sinn, dem Gehalt, der Lehre seiner Erzählung befragt wird, bringt er die Frage nach dem Programmatischen (oder auch der Tendenz) auf Umwegen vor. Daß die Erzählung, sagt er, kein rein artistisches, von Wirklichkeit völlig freies Spiel ist, wurde aus dem bisher Gesagten schon klar. Wäre sie das, wäre sie nichtssagend. Wäre sie aber andererseits nichts als erfahrene Wirklichkeit, nichts als Abbild dessen, was wir schon kennen, käme nichts Neues hinzu, fehlte ihr das Bewegende, das Denkanstoßerregende, also der Sinn. Wie aber kommt der hinein? Ist er dem Erzähler beim Erzählen bewußt? Ist er geplant, also von Anfang an da?

Hier macht Herr de Bruyn es sich leicht. Bei einem Vortrag in der Goethe-Gesellschaft, denkt er, kann man getrost auch mal den zu Wort kommen lassen, der vieles von dem, was wir mühsam uns ausdenken, schon besser vorgedacht hat. Er zitiert also aus Goethes »Maximen und Reflexionen« die Nummer 279:

»Es ist ein großer Unterschied, ob der Dichter zum Allgemeinen das Besondere sucht oder im Besonderen das Allgemeine schaut. Aus jener (also der ersten) Art entsteht Allegorie, wo das Besondere nur als Beispiel, als Exempel des Allgemeinen gilt; die letztere aber ist eigentlich die Natur der Poesie: sie spricht ein Besonderes aus, ohne ans Allgemeine zu denken oder darauf hinzuweisen. Wer nun dieses Besondere lebendig faßt, erhält zugleich das Allgemeine mit, ohne es gewahr zu werden, oder erst spät.«

Soweit und so gut und so richtig also Goethe, der keines Zusatzes bedarf.

Der Interviewer hat noch eine letzte Frage, mit der er erneut beweist, daß er eingeweiht ist. Denn er fragt nicht allgemein nach der Namensgebung der Personen, sondern nach einer: nach der des Professors nämlich. Ob dessen Name eine besondre Bedeutung hat und wenn ja, welche?

Offensichtlich ist dem Befragten peinlich, daß er schon wieder mit Ja, aber... antworten muß. Eine Bedeutung hat dieser Name wohl, aber nur für ihn: daß der Leser sie erkennt, wird nicht erwartet und ist auch kaum möglich, da, durch besondere Umstände bedingt, die Beziehungen weitgehend verwischt werden mußten. Der Name und seine Bedeutung dienten dem Autor als Orientierungshilfe. So etwas braucht, wer nach einem Plan arbeitet, der nur im Kopf existiert. Um sich im Wohnhaus der Helden nicht zu verirren, stellt man sich ein Haus vor, das man gut kennt; einer Landschaft, die man beschreibt, legt man die groben Umrisse einer vertrauten unter; eine Gestalt, die noch keine Konturen hat, stattet man behelfsmäßig mit Zügen von Freunden aus, die später verändert oder getilgt werden. Eine solche Hilfslinie war auch der Name Menzel. Dem Professor wurde er gegeben als Signum für einen Lebenslauf, der dann später nicht ausgeführt wurde. Außerdem stellte er Beziehungen zum Forschungsgegenstand des Professors her: zum Lebenslauf Max von Schwedenows. Seine Bedeutung bezog er (wie das in einer Erzählung mit solchem Untertitel naheliegt) aus der Literaturgeschichte. Verwischt wurde das dadurch, daß Menzel (aus Gründen, die hier nicht genannt werden sollen) seinen eigentlich ihm zukommenden Vornamen nicht behalten durfte. So heißt der Professor zwar W. Menzel, aber das W. steht für Winfried und nicht, wie es richtig wäre, für Wolfgang. Denn über den Historiker, Kritiker und Literaturhistoriker Wolfgang Menzel (der von 1798 bis 1873 lebte) lief diese Gedankenverbindung. Der hatte als junger Mann in den freiheitlichen Burschenschaften sein politisches Engagement begonnen, hatte anfangs auch in Geschichtsschreibung und Literaturtheorie fortschrittliche Positionen bezogen, dann aber, nachdem er mit den Behörden der Restaurationsperiode in Konflikt geraten war, eine radikale Wendung ins Reaktionäre vollzogen und die verfolgten Literaturen des jungen Deutschland in gemeiner Weise verunglimpft und denunziert, so daß Heine und Gutzkow ihn mit Schimpf und Spott bedachten und Börne eine satirische Schrift gegen ihn verfaßte, die »Menzel der Franzosenfresser« hieß. Wer die »Märkischen Forschungen« kennt, dem sind die Parallelen zu dem erfundenen Max von Schwedenow deutlich, die zum Professor weniger; denn die Hilfslinie, die der Name darstellte, wurde später nicht weiter genutzt, die Herkunft des Namens dem Leser also nicht erklärt. Einer hat sie trotzdem erkannt: ein nicht nur gebildeter, sondern auch scharfsinniger Mann — der nämlich, der den Anlaß zu dieser Geschichte einst gab. Obwohl seine telefonische Mitteilung darüber als Drohung gemeint war, hat sie dem Autor Freude gemacht. Mit gebändigter Empörung hat der Literaturgeschichtskundige und Redegewandte ausführlich, wie es seine Art ist, erklärt, was er aus dem Namen W. Menzel herauslesen kann: des Erzählers Meinung über eine bestimmte Art von Literaturbefehlshabern nämlich, die, obwohl sie ihre Theorien noch immer als progressiv bezeichnen, die Literaturentwicklung am liebsten auf- oder anhalten möchten, weshalb sie in des Erzählers (natürlich schiefblickenden) Augen die Reaktionären (oder zumindest Konservativen) von hier und heute sind. – So genau erkannte der Mann, der sich unvermutet Menzel getauft sah, das alles. Der Erzähler konnte, dem armen Pötsch ähnlich, nur ja dazu sagen.

Der Interviewer dankt dem Interviewten noch für dieses Gespräch, beide aber, verehrte Damen und Herren, danken Ihnen für Ihre freundliche Aufmerksamkeit.

ÜBER LITERATUR

Zum Thema: Lesen

Manchmal werde ich gefragt, wie ich Schriftsteller geworden bin, und jedesmal bin ich in meiner Verwirrung versucht: durch Lesen, zu antworten. Aber erstens erwartet man auf Fragen dieser Art keine so kurzen Antworten, sondern Bekenntnisse qualvoller Entwicklung und schwerer Arbeit an sich selbst; zweitens bringt man sich damit leicht in den Ruf eines lebensfremden Büchernarren, der, anstatt die Wirklichkeit zu erforschen, Literatur aus zweiter Hand schafft, drittens aber stimmt diese Antwort nicht, weil sie unzulässig vereinfacht, einen Teil für das Ganze nimmt und Wesentliches ausläßt. Sie wird also nicht gegeben. Sie wird unterschlagen. Und das ist auch falsch. Denn wenn auch niemand durch Lesen allein zum Schriftsteller wird, so wird doch niemand Schriftsteller, ohne zu lesen.

Sagt ein Schriftsteller etwas zum Lobe des Lesens, so erinnert das leicht an den Obsthändler, der den gesundheitlichen Wert des Obstes preist. Es stimmt ja: Obst ist gesund und Lesen lohnt, aber unverdächtiger ist es doch, wenn der Schriftsteller über Obst und der Obsthändler über Lesen redet. Aber nicht deshalb allein schweigen sich Schriftsteller gern über ihre Lektüre aus und überlassen die Literatur-Diskussion in den Zeitungen anderen Leuten. Auch daß man ihnen bei Äußerungen über zeitgenössische Literatur Vorurteil, Mißgunst oder Bewunderung der falschen Seite vorwirft und bei der bloßen Erwähnung klassischer Werke sofort Vorbilder andichtet, ist nicht der wahre Grund ihrer Zurückhaltung. Es ist viel simpler: sie schämen sich, eifrige Leser zu sein.

Wenn meine Mutter als Mädchen ein Buch zur Hand nahm, pflegte ihr Vater mit mühsam verhaltenem Zorn zu fragen, ob denn wirklich überall Staub gewischt und alle Strümpfe gestopft seien.

Als Volksbibliothekar habe ich von wohlmeinenden Leuten oft meinen Beruf preisen hören, weil man in ihm immerfort lesen könnte. Das stimmte nicht nur ägerlich, weil Bibliothekare sich von anderen Tätigen dadurch unterscheiden, daß sie wenig Geld bekommen und ihre Hauptarbeit, das Lesen nämlich, in der Freizeit erledigen müssen, sondern vor allem deshalb, weil man heraushören konnte: welch herrlicher Beruf, man braucht nichts zu tun. Aber auf solche Meinung war man zum Glück schon vorbereitet, unter anderem durch die Kommission, vor der man bei der Aufnahmeprüfung für die Bibliothekarschule erscheinen mußte. Wenn man dort die Frage nach dem Warum der Berufswahl mit seiner Liebe zu Büchern begründete, wurden die Gesichter so traurig, daß man aus Mitleid für die prüfenden Damen die Sorge um die eigne Zukunft vergaß. Man erwartete die Antwort: weil ich die Menschen liebe und sie durch Bücher bessern will; ich werde den Verdacht nicht los, daß ein bißchen was von den Auffassungen meines Großvaters auch dort noch vorhanden war. Da Lesen ja tatsächlich für die meisten Leute Luxus ist, begreifen sie schlecht, daß es notwendige Arbeit sein kann. Und da jeder den Schriftstellern empfiehlt: Lernt die Wirklichkeit kennen (ohne daran zu denken, daß heutzutage ein Teil der Wirklichkeitserkenntnis aus Büchern geschöpft wird), und keiner ihnen sagt: Lest mehr!, so schweigen auch sie gern darüber, denn sie sind nicht sicher, daß man das Selbstverständliche als selbstverständlich anerkennt. Freundinnen und Tanten sagt man ja auch nicht: Ich habe heute keine Zeit, ich muß lesen; man hält sich allgemeiner und spricht von Arbeit. Und wenn einem die Lektüre dann Spaß macht, hat man ein schlechtes Gewissen.

Die Behauptung, daß manche Autoren nur ihre eigenen Werke lesen, halte ich für übertrieben, die angeblichen Nur-Krimi-Leser für Aufschneider. Auch auf Autoren, die sich ihrer Unbelesenheit rühmen, haben Bücher eingewirkt.

Vielleicht liest man viel Überflüssiges. Ich habe heute den Eindruck, daß ich auf vieles hätte verzichten können. Doch weiß ich nicht, ob das stimmt. Vielleicht ist viel Lesen, auch das schlechter Literatur, nötig, um Überblick und Maßstab zu finden. Sicher bin ich, daß ich nie das Gefühl verlieren werde, für mich Wichtiges zu lesen versäumt zu haben. Ich lese, um zu sehen, was andere schreiben, um meine und vergangene Zeiten besser kennenzulernen, aus Interesse für bestimmte Themen und formale Eigenarten, im Grunde aber bin ich immer nur auf der Suche nach den wenigen Büchern, die wahre Erlebnisse für mich werden können, die mir lebendige Erfahrung vermitteln, denen zu begegnen so nachhaltig ist wie die Begegnung mit Menschen, und die dann weiter wirken, in meine Arbeit hinein. So etwas ist möglich, über zeitlichen und räumlichen Abstand hinweg, unbeeinflußt vom Urteil der Kritiker und Historiker. Der Gedanke, daß ein solches Buch andere vielleicht gleichgültig lassen wird, stört mich nicht. Für sie werden andere Bücher wichtig sein.

Nicolai oder Ein Opfer der Vernunft

»Die gute Absicht der Schriftsteller, durch Moral zu nützen,
ist immer mit der zufälligen Unbequemlichkeit verknüpft,
daß sie in der Ausführung gar leicht Langeweile erweckt.«
»Geschichte eines dicken Mannes«,
Band 2, Nachschrift

Von der Weis- und Blindheit des Alters

Aufklärung kann nicht frei von Didaktik sein. Wer mehr als andere weiß oder zu wissen glaubt und seine Aufgabe darin sieht, dieses Wissen mitzuteilen, muß zwangsläufig zum Lehrenden werden. Benutzt er dazu die Kunst, muß seine Meisterschaft darin bestehen, das Belehrende, gegen das sich Kunst sträubt, so gut es geht, zu verbergen. Denn Kunst, wie auch Leben, lehren am besten durch Beispiel.

Der Roman »Vertraute Briefe von Adelheid B.« ist ein Werk der Aufklärung, das man meisterhaft kaum nennen kann – eher schon schulmeisterhaft. Es erteilt Moralunterricht, dessen Ergebnis lautet: Gutes siegt nur durch Vernunft – wobei dieser Begriff Humanes und Soziales zwar beinhalten soll, aber in der Gestaltung fast gleichgesetzt wird mit: Ordnungserhaltung, Bewahrung des Bewährten, Ablehnung jedes Experiments. Wäre die Mahnung »Ruhe ist erste Bürgerpflicht!« nicht erst sieben Jahre nach Erscheinen des Buches geprägt worden, hätte sie der Roman-Lektion als Motto dienen können. So wird dasselbe in ihm mit andern Worten gesagt: Nicht im Zeichen der Revolution, der Französischen, soll das Zeitalter stehen, sondern in dem Friedrichs II., der dem bedürftigen Land die Kartoffel brachte.

1806 brachte die Revolution die neue Zeit in der furchterregenden Gestalt Napoleons nach Berlin. Vielleicht ist Nicolai, der das noch erlebte, damals klargeworden, daß er beim Schreiben des Briefromans die Vergeblichkeit seiner Warnung geahnt hatte: Zwar siegt in den »Vertrauten Briefen« die Vernunft, aber Adelheid stirbt an ihr.

Reizvoll an diesem Zeitroman ist sein Ver- und Enthüllungsspiel. Personen und Orte werden vom Verfasser maskiert, aber nicht allzusehr. An völliger Unkenntlichmachung ist ihm nicht gelegen. Die Larve, die er den Sündern mit der einen Hand vor das Gesicht hält, lüftet er mit der andern (in den Fußnoten) wieder. Daß die Stadt mit den guten (den aufgeklärten) und den schlechten (den romantischen) Zirkeln nur Berlin sein kann, ist klar; der Haß auf die Universitäten (Berlin bekam erst elf Jahre später eine) macht den Autodidakten kenntlich; und aus der weiblichen Verkleidung der Adelheid B. spricht unverhohlen ein alter Mann.

Auch daß der Roman ohne Verfasserangabe erschien, war nur ein halbes Verstecken. Nicht nur die Rezensenten wußten, daß dieses 1799 in der Nicolaischen Verlagsbuchhandlung erschienene Werk nur *den* zum Autor haben konnte, der schon seit fünfundzwanzig Jahren die literarische Welt mit seinen vernunftsmoraldurchtränkten Verdammungen erregt, verärgert oder belustigt hatte. Zwar stand der Sechsundsechzigjährige mit seiner Ablehnung alles Neuen in Literatur und Philosophie nicht allein, doch war nur er so leichtsinnig, das an Frühstücks- und Stammtischen Geäußerte auch drucken zu lassen. Denn wer gibt schon gern zu, daß er Vorurteile gegen die Jugend hat! Man hat sie, aber verschweigt oder kaschiert sie, weil auch in den verknöchertsten Alten die Spur einer Ahnung davon lebt, daß eine begabte, selbstbewußte und folglich unbequeme Jugend, wie umwegig auch immer, recht hat.

Der aktuelle Wert der »Vertrauten Briefe«, der einen Neudruck rechtfertigt, liegt in der Umkehrung ihrer ursprünglichen Absicht. Sollten sie damals vor Irrwegen der Jugend warnen, liest man sie heute als Warnung vor den Vorurteilen des Alters. Allerdings muß, wenn dieser Erfolg eintreten soll, der Leser einige Voraussetzungen mitbringen: Er muß erwachsen sein, also erfahren haben, daß auch das Selbstverständliche selbstverständlich vergeht; er muß unfreiwillige Komik genießen, also gegen den Strich lesen können; er muß (was leicht ist) in mancher Hinsicht klüger als Nicolai sein und schließlich auch Gerechtigkeitssinn haben: den Einer- und Andererseitsblick, der auch bei drohender Selbsterkenntnis nicht blind wird.

Im Hinblick auf seine (nicht etwa auf unsere) Zeit klüger zu sein als Nicolai fällt uns, wie gesagt, leicht. Wir können ihn, dessen Name bedeutungslos geworden ist, als Narren empfinden, weil er Jüngere, deren Bedeutung sich inzwischen als dauerhaft erwiesen hat, Narren nennt; wir können komisch finden, für wie leicht der greise Autor die Beherrschung von Leidenschaft hält; wir dürfen das Hohelied auf die Vernunft wie eine Parodie preußischer Aufklärungsmoral lesen – nie aber dabei die Fragen überhören, die dieses Buch an uns selber stellt. Es sind Fragen nach dem Gewohnten und dem Bewährten, nach Tradition und Prinzip, nach allem, was auch uns in der bewegten Zeit feststehend scheint. Weichen wir diesen Fragen aus, nimmt die Selbstgerechtigkeit, die wir belachen, schon von uns selber Besitz.

Zum Glück gibt es in den »Vertrauten Briefen« genügend Details, die auch den Begriffsstutzigsten stutzen lassen. Daß die Schmähung der Jungen bei ihren Haaren und Kleidern beginnt, scheint doch seltsam vertraut, und der Hauptvorwurf an sie: anders sein zu wollen, als die Norm es befiehlt, auch. Wenn der alte Mann, der da dauernd aus Adelheid spricht, der verzärtelten Jugend rät, die Mängel, die die Gesellschaft bei all ihren Vorzügen hat, nicht zu bekämpfen, sondern ruhig zu ertragen, kommt er einem so altertümlich wie seine Redeweise nicht vor. Und wenn er, da Predigen nicht hilft, im Interesse aller, auch streng, ja brutal werden muß und die Pistole zieht, damit die Mähne, das Zeichen der Auflehnung, fällt und die alte Standardisierung siegt, führt er, ohne es zu wollen, auch vor, daß Alter nicht nur weise, sondern auch blind machen kann.

Neben Wesentlicherem hatten die durch die Französische Revolution in Europa eingeleiteten Umwälzungen auch die Haarmoden verändert. Die Frisuren der jungen Männer in den »Vertrauten Briefen« waren also ein Zeichen der Zeit und Nicolais Empörung über sie eins der Rückständigkeit. Obwohl er klug genug war, den Zopf, dessen Zeit bald vorbei war, nicht ausdrücklich zu fordern, empfand er wahrscheinlich nur ihn als gesittet, weil er ihn gewohnt war. In seiner Kindheit waren im Preußen des sparsamen Soldatenkönigs die aufwendigen Perücken von den billigeren Zöpfen abgelöst worden und hatten sich als Männer-Normalfrisuren bis zum Ende des Jahrhunderts gehalten. Über Perücken hat Nicolai später (ohne dem spaßigen Thema, wie Jean Paul erstaunt feststellte, einen Spaß ablocken zu können) ein ganzes Buch geschrieben. Sie waren für ihn Geschichte, der Zopf aber Gegenwart. Noch Nicolais Schwiegersohn Parthey (der allerdings nur wenig jünger als er war) wurde, wie der Enkel berichtet, täglich nach altem Ritus frisiert.

Da tritt, das Frisierzeug unter dem Arm, zuerst Wilhelm, der Diener, auf, breitet ein Leinentuch auf dem Teppich aus, stellt einen Stuhl darauf, hüllt seinen Herrn in einen Umhang und bittet ihn, Platz zu nehmen. Während der Herr sich in die Zeitung vertieft, löst Wilhelm den Vortags-Zopf auf, kämmt das Haar durch und schmiert Pomade hinein, bis es überall glänzt und stark duftet. Mit Hilfe eines Zylinders aus Holz werden die horizontal über den Ohren liegenden Locken gedreht, die des steifenden Fettes wegen den Tag über halten. Die Blechbüchse, in der Weizenmehl ist, wird geöffnet und die Puderquaste aus Flaumfedern hineingetaucht. Das Betupfen des Haars erzeugt eine mehlige Wolke, die Herr und Diener zeitweilig verhüllt. Wenn sie den Boden erreicht hat, ist nicht nur das Fetthaar bepudert, sondern auch die Zeitung, die abgeklopft werden muß, um wieder lesbar zu sein. Der Zopf, der nun an der Reihe ist, wird so straff geflochten, daß er am Nacken dicht anliegt. Das Ende des schwarzseidenen Bandes, das, der Stärke wegen, mitverflochten wird, hält Wilhelm während der Arbeit zwischen den Zähnen, um mit ihm schließlich den fertigen Zopf fest zu umwickeln. Jetzt ist die Frisur perfekt, das Gesicht des Herrn aber bemehlt. Mit dem Pudermesser wird es freigeschabt. Während Wilhelm das Zimmer reinigt, entfernt sich sein Herr, den Hut in der Hand; denn säße der auf dem Kopf, würde er nicht nur die Seitenlocken zerdrücken, sondern auch bald von Fett glänzen.

Gustav (in den »Vertrauten Briefen«) ist also durchaus zu verstehen, wenn er seinen Kurzhaarschnitt für praktischer hält. Die Epoche, die später (von Schinkel und seiner Schule) verächtlich Zopfzeit genannt wird, ist für ihn vorbei, nicht aber für Nicolai, für den das die große Zeit war, die Zeit seiner Erfolge, die Zeit der Aufklärung, der Toleranz, der Vernunft. Er hatte Grund, stolz auf diese Zeit zu sein, auch deshalb, weil er keiner Hochschule bedurft hatte, um zu der Bedeutung aufzusteigen, die er nicht nur für Berlin und Preußen, sondern für ganz Deutschland gehabt hatte. In seiner kurzen, zerrissenen Schulzeit auf insgesamt drei Gymnasien hatte er die Lebensfremdheit der damaligen Bildungsmethoden erfahren, hatte als Buchhändlerlehrling in Frankfurt an der Oder, in einer elenden Kammer hockend, sein Selbststudium begonnen und war damit so erfolgreich gewesen, daß er nicht lange danach, wieder in Berlin, schon bei den literarischen Auseinandersetzungen der fünfziger Jahre hatte mitreden können. Nach beiden Seiten schlechte Noten verteilend, hatte er in den Streit zwischen dem Leipziger Professor Gottsched und dem Schweizer Bodmer eingegriffen und durch diese Kühnheit die Freundschaft Lessings gewonnen. Mit diesem und Moses Mendelssohn gemeinsam hatte er über die Theorie des Trauerspiels korrespondiert, die durch Lessings Mitarbeit so wichtig gewordene kritische Zeitschrift »Briefe, die neueste Literatur betreffend« herausgegeben und schließlich, nachdem er das Verlagsunternehmen des Vaters geerbt hatte, den kühnen Plan einer enzyklopädischen Zeitschrift entwickelt und durchgeführt: der »Allgemeinen Deutschen Bibliothek«, kurz »ADB« genannt, die wie keine andere dazu beigetragen hatte, den Geist der Aufklärung in ganz Deutschland zu verbreiten. Daneben hatte er viel geschrieben: Literaturkritisches,

Philosophisches, Kulturhistorisches, Topographisches, Reisebeschreibungen und Romane. Als Haupt der Berliner Aufklärung und als Befehlshaber eines Heeres von »ADB«-Rezensenten war er eine Macht. Man kannte ihn, achtete ihn, aber man liebte ihn nicht — seiner Einseitigkeit wegen. Denn in dem Bestreben, eine Gefährdung vernünftigen Denkens nicht zuzulassen, ging er mit moralisierendem Eifer gegen alles vor, das anti-aufklärerisch war oder ihm zu sein schien. Schon gegen Klopstock, der die Bardengesänge der barbarischen Altdeutschen wiedererwecken wollte, hatte er angehen müssen. Herder, einst Mitarbeiter der »ADB«, mußte, wie auch Bürger, zur Ordnung gerufen werden, als er die Volkslieder pries, die doch aus primitiven, vor-aufklärerischen Zeiten stammten. Gegen den talentierten, aber gefährlichen Autor der »Leiden des jungen Werthers« mußte er genauso vorgehen wie gegen den sich in unverständlichen Abstraktionen verlierenden Philosophen Kant, der unglücklicherweise auch noch Schiller beeinflußte, der also auch zu bekämpfen war. Nun aber begannen auch die jungen Romantiker sich zu regen und sogar in Berlin einzudringen. Waren ihm die zopffeindlichen Stürmer und Dränger mit ihrem Genie-Kult schon zuwider gewesen: Die Schlegel, Tieck, Fichte, die zu Mystischem, Märchenhaftem, Spekulativem neigten und obendrein auch noch Goethe verehrten, waren es ihm noch mehr. Den »Vertrauten Briefen« merkt man das an.

Aber gefürchtet wurde Nicolai um diese Zeit (um 1800) schon nicht mehr. Zwar existierte seine Hausmacht, die »ADB«, noch, aber ihr Einfluß war nur noch gering. Nachdem Goethe und Schiller in unfeiner Weise über den besserwisserischen Kritiker hergezogen waren, kamen die andern, die Tieck, Schlegel, Jean Paul, nach, bis dann Fichte so ausfallend wurde, daß selbst seine Freunde meinten, solche Grobheit habe der alte Nicolai nun wiederum auch nicht verdient. Dieser wehrte sich öffentlich gegen den Spott bald nicht mehr; nur die Aufnahme Fichtes in die Berliner Akademie der Wissenschaften gelang es ihm noch zu verhindern. Der Zusammenbruch Preußens und das Aufblühen romantischen Denkens drängten ihn vollends ins Abseits. Als der Achtundsiebzigjährige 1811 (nach seiner Frau und nach allen seinen

Kindern) starb, wußten seine Enkel, die sich für Goethe, Tieck und Jean Paul begeisterten, kaum noch von seiner einstigen Bedeutung.

Läßt man die seit langem verbreitete Meinung gelten, daß Nüchternheit (die sich auch mit Sentimentalität verträgt), Toleranz (die auch streitlustig sein kann), Skepsis und Tüchtigkeit typisch preußisch-berlinische Eigenschaften sind, so war Nicolai ein Berliner, wie er im Buche steht; und auszuschließen ist nicht, daß der Ruf, den er genoß, dazu beitrug, dieses Pauschalurteil über die Berliner zu festigen. Daß er und sein Kreis in Büchern und Briefen von Zeitgenossen oft »die Berliner« genannt werden, legt jedenfalls eine solche Vermutung nahe. Daß diese Erwähnungen selten von Sympathie für ihn zeugen, liegt einmal daran, daß Rezensenten (und in besonderem Maße ein Chef vieler Rezensenten) bei Autoren selten beliebt sind, zum andern aber an ihm selbst. Denn da er für die Jungen kein Verständnis hatte, hatten sie keins für ihn; da er als Grobian auftrat, wurde er grob behandelt, und da er die Verdienste anderer nicht sah, übersah man auch seine oder versuchte, sie zu verkleinern. Sein Name, der einst neben dem Lessings geleuchtet hatte, wurde zum Synonym für platten Rationalismus, für Philistertum, Trivialität und Unpoesie. Bei Jean Pauls satirischem »Luftschiffer Giannozzo« von 1801 hört sich das so an: »Himmel! es waren [die Nicolaiten nämlich] aufgeklärte Achtzehnjahrhunderter; sie standen ganz für Friedrich II., für die gemäßigte Freiheit und gute Erholungslektüre und einen gemäßigten Deismus und eine gemäßigte Philosophie; sie erklärten sich sehr gegen Geistererscheinungen, Schwärmerei und Extreme; sie lasen ihren Dichter sehr gern als ein Stilistikum zum Vorteil der Geschäfte und zur Abspannung vom Soliden; sie genossen die Nachtigallen ... als Braten und machten mit der Myrte ... den Ofen heiß ... und nur für *ein* Ding brennt ihr frostiger Geist: für den Leib; dieser ist solid und reell, dieser ist eigentlich der Staat, die Religion, die Kunst, und diesem diene die Berliner Monatsschrift. – O, wie mir dieses blankgescheuerte Blei der polierten Alltäglichkeit, dieses destillierte Wasser, dieser geschönte Landwein ein Greuel ist!« Und dann wirft er den »allgemein-deutsch-bibliothekarischen Menschen« vor, daß sie nur erkennen können, was ihnen ähnlich ist.

Und damit hat Jean Paul zweifellos recht, nur trifft das auf andere Leute ebenso zu, auf Goethe zum Beispiel, der es mit den von Nicolai angefeindeten Romantikern auch nur so lange hielt, wie es aussah, als folgten sie seinen Spuren. Im Geltenlassen anderer waren viele der Großen nicht groß.

Die Rezensierfabrik

Hauptgrund für alle Streitereien Nicolais mit den Jüngeren war seine Beständigkeit, die man auch Starrsinn nennen könnte. Er begriff nicht, daß die Erfahrungen eines alten Mannes alte Erfahrungen sind, die irgendwann nicht mehr gelten. Sein Leben (das eines tüchtigen Bürgers im friderizianischen Preußen) hielt er deshalb für das Ideal jedes Lebens. Da sein gut ausgebildetes Selbstbewußtsein ihn dazu verführte, die Schranken, die seinem Denken und Empfinden gesetzt waren, generell für unüberschreitbar zu halten, geschah ihm nur recht, daß man ihn lächerlich machte. Unrecht war dabei nur, daß die Verdienste, die er innerhalb seiner Grenzen hatte, ihm dabei auch aberkannt wurden. Daß dies so gründlich geschah, hat mit der Größe seiner Gegner zu tun; denn durch ihre, nicht durch seine Werke wurde das Urteil der Nachwelt bestimmt.

Will man das in seiner Spätzeit gezeichnete karikaturistische Bild von ihm entzerren, muß man zuerst daran erinnern, daß seine Tätigkeit sich nicht in der verständnislosen Bekämpfung anderer erschöpfte. Er hat, neben vielen, die nur noch Spezialisten interessieren können, doch einige Werke geschrieben, die immer wieder Neudrucke verdienten: den trotz Langstieligkeit lesenswerten Roman »Das Leben und die Meinungen des Herrn Magister Sebaldus Nothanker« zum Beispiel, die zwölfbändige »Beschreibung einer Reise durch Deutschland und die Schweiz« oder auch die für die Erforschung der Geschichte Berlins und der Mark äußerst verdienstvolle »Beschreibung der königlichen Residenzstädte Berlin und Potsdam« – wobei allerdings gesagt werden muß, daß deren aller Wert mehr auf historischem als auf literarischem Gebiet liegt. Sie alle können als Quellenwerke der Kulturgeschichte des 18. Jahrhunderts benutzt werden, weil Nicolai, dem es an Phantasie und tiefgründigem Denken fehlte, diese durch Genauigkeit ersetzte.

In der »Beschreibung der Residenzstädte« findet man jede Straße, jedes wichtige Gebäude, jedes Denkmal verzeichnet; man kann lesen, welches Amt für welches Gebiet der Verwaltung zuständig war, wie und wo Reisende mitgeführtes Gepäck verzollen mußten und wieviel für ein Gasthofzimmer zu bezahlen war. Wenn Nicolai selbst reiste, erfuhr man von ihm nicht (wie von dem »empfindsamen« und dem romantischen Reisenden), welche Gefühle ihn dabei bewegten, sondern was ihn die Reise kostete, wieviel Meilen er zurücklegte, wie gut oder schlecht gepflastert die Straßen waren und wie die Leute in andern Städten sich kleideten.

Da er weder auf schöne Gefühle noch auf Abenteuer aus war, wurden die Reisetage sorgfältig geplant, die Routen festgelegt, Pläne, Statistiken, Standesamtsregister studiert und vor und nach der Reise Briefe an Bekannte (Rezensenten der »ADB« zum Beispiel) geschrieben, in denen Besichtigungspläne gemacht und öffentlich nicht zugängliche Auskünfte eingeholt wurden. Reisewagentypen wurden studiert, um den besten wählen zu können. Ein Schrittzähler für Fußmärsche und einer für Wagenfahrten wurde angeschafft und ein neuerfundener Füllfederhalter besorgt, bei dem aus einer Metallkapsel Tinte in den Gänsekiel floß. Er konnte also an Ort und Stelle alles, was er erfuhr, notieren – und brauchte dann dreizehn Jahre, um diese Detailmassen in die zwölf Bände mit ihren ingesamt 5 000 Seiten umzulegen. Im elften Band war er in Tübingen, und da dort der Klassiker-Verlag Cotta war, benutzte er die Gelegenheit, um über Schiller herzufallen – was dann zur Folge hatte, daß der Spott der »Xenien« sich vorwiegend gegen die »Beschreibung einer Reise« richtete, deren Wert für alle Zeiten verdunkelte und darüber hinaus auch noch Nicolais Hauptverdienst, seine Herausgebertätigkeit, in Frage stellte.

Goethes und Schillers Ärger über den alten »Nickel« war so

groß, daß es ihnen, in dem Bestreben, ihn zu verletzen, auf Wahrheit nicht so genau ankam. Da Nicolai sich seit seiner »Werther«-Parodie (die übrigens weniger Kritik am Buch als an den Folgen seiner Wirkung gewesen war) als Feind gezeigt hatte, durfte nun auch seine ruhmreiche Vergangenheit nicht wahr sein, mußte auch sein Beitrag zur Aufklärung und zur Entwicklung einer ernstzunehmenden Literaturkritik geleugnet werden. Er hatte also, glaubt man den »Xenien«, als Lessing und Mendelssohn mit den »Briefen, die neueste Literatur betreffend« entscheidende kritische Impulse gegeben hatten, den beiden nur »die Lichter geschneuzt«.

In diesem Punkt besonders aber darf man den »Xenien« nicht glauben, was leichtfällt, da Goethe in späteren Jahren (in »Dichtung und Wahrheit«) sich selbst revidierte. Mit dem braven, verdienst- und kenntnisreichen Mann, von dem er da spricht, ist der Herausgeber und Verleger gemeint, und tatsächlich sind Nicolais Verdienste in dieser Hinsicht unbestritten. Mag sein geistiger Beitrag zu den »Briefen, die neueste Literatur betreffend« auch nicht erheblich gewesen sein, so hat er mit ihnen doch Lessing erst das Instrument geliefert, mit dem dieser seine kritische Wirkung entfalten konnte. Und wenn er dann anschließend selbständig, ohne Lessing, sein größtes Unternehmen, die »ADB«, startete und jahrzehntelang fortführte, so leistete er damit nicht nur einen Beitrag zur Entwicklung des gelehrten Journalismus in Deutschland, sondern trug auch wie kein anderer zur Popularisierung der Aufklärung bei.

Hohe Ziele hatte sich Nicolai mit diesem Rezensionsorgan gestellt. Sämtliche im deutschsprachigen Raum erscheinenden Bücher aller Wissensgebiete (einschließlich der Übersetzungen) sollten angezeigt und besprochen werden. Das in viele Staaten zerrissene Deutschland sollte dadurch eine Art kulturelles Zentrum bekommen und die freimütige, sachkundige, der Aufklärung verpflichtete Kritik gefördert werden. Obwohl das Ziel der Vollständigkeit (bei einer von Jahr zu Jahr ansteigenden Buchproduktion) nie erreicht werden konnte und von den siebziger Jahren an ähnliche Journale der »ADB« Konkurrenz machten, war ihre erstrebte

Breitenwirkung doch enorm. Vierzig Jahre lang (von 1765 bis 1805) hat sie ziemlich umfassend über die Entwicklung der Künste und Wissenschaften informiert. Insgesamt 433 Mitarbeiter haben in dieser Zeit etwa 80 000 Bücher rezensiert. Nicolai, der, abgesehen von einer zensurbedingten Unterbrechung von acht Jahren, das Riesenunternehmen leitete, hat sich dabei als Organisator der Aufklärung glänzend bewährt.

Wenn diese Rezensionsfabrik, wie Fichte sie nannte, bei den Autoren nicht immer beliebt war, so liegt das einmal daran, daß ihr Aufklärungsstandpunkt, von dem aus sie urteilte, mit wachsendem Alter mehr und mehr in Gegensatz zu den sich neu entwickelnden Literaturtendenzen geriet, zum andern aber auch an der allgemeinen Rezensentenfeindlichkeit der Autoren – die Fichte in der dritten Beilage seines Anti-Nicolai-Buches, bezogen auf die »ADB«, in die Worte faßte: »Wer selbst ein Buch schreiben kann, der schreibt ein Buch und keine Rezension, und für die Rezensionen bleiben in der Regel nur diejenigen übrig, die kein Buch schreiben können: hinter ihrem Zeitalter zurückgebliebene Invaliden, deren Bücher keinen Absatz und also keinen Verleger finden, und Schüler, die zwar ein Aufsätzchen in Größe einer Rezension zusammenbringen, aber nicht den Plan eines Buches entwerfen können.« Und er kommt deshalb zu dem Schluß, daß die »ADB« wie jedes Rezensionsblatt ein an sich widersinniges Unternehmen ist.

Konkurrenz in Geselligkeit

Die berühmten Salons der romantischen Zeit hatten in den weniger berühmten Klubs der Aufklärungsepoche ihre Vorläufer. Gegen Ende des 18. Jahrhunderts (zur Zeit der »Vertrauten Briefe« also) bestanden beide nebeneinander: die der Väter und die der Töchter und Söhne. Nicolai gehörte im Laufe seines Lebens drei Kreisen an: einem schöngeistigen Kaffeekränzchen, an dem mehr als hundert Personen beteiligt waren, und zwei exklusiveren Klubs.

Die Aufklärungstendenz wurde an der Mittwoch-Gesellschaft,

die in den achtziger und neunziger Jahren bestand, besonders deutlich. Sie war eine Vereinigung von gebildeten Männern, die Einfluß in Staat, Kirche und Wissenschaft hatten. Jeden Mittwoch kam man zusammen, um einen Vortrag zu hören und zu bereden. Themen aus Literatur und Kunst waren nur selten dabei; es ging mehr um Wissenschaft und um Praktisch-Soziales: Staat, Finanzen und Recht. Man wollte sich nicht nur bilden, man wollte reformerisch wirken, diskutierte zum Beispiel das entstehende Preußische Allgemeine Landrecht, dessen Schöpfer Suarez, ein hoher Justizbeamter, Mitglied des Kreises war. Um unbeeinflußt reden zu können, blieb man streng unter sich und hielt die Existenz der Gesellschaft geheim. Das Paradoxe, das darin zu liegen scheint, daß Männer, die für den Staat, in den sie integriert sind, wirken wollen, sich vor ihm verstecken, löst sich auf, wenn man den Zustand des absolutistischen Staates bedenkt, der sich vor freien Diskussionen zu fürchten hatte. Er verbot dann auch (mit dem Edikt von 1798) alle geheimen Organisationen – worauf die staatstreue Mittwoch-Runde (im Jahre 1800) ihre Selbstauflösung beschloß.

Länger existierte der schon 1749 gegründete Montag-Klub. Nicolai wurde in ihn durch Lessing eingeführt und hat ihm fünfundfünfzig Jahre lang angehört. Auch diesem Kreis, dessen Mitgliederzahl auf fünfundzwanzig beschränkt war, gehörten nur Männer an, vor allem hohe Beamte wie Wöllner (der allerdings 1792 austrat), Geistliche wie der Oberkonsistorialrat Teller, Gelehrte wie Sulzer und Abbt, Künstler wie Schadow und Quantz, der Leiter der Singakademie, Zelter, die Herausgeber der »Berlinischen Monatsschrift«, Biester und Gericke, und Schriftsteller wie Ramler und Engel. Hier wurden keine Vorträge gehalten, hier war nichts geheim, hier durften Freunde mitgebracht werden, denn Zweck der Vereinigung war Geselligkeit und freies Gespräch.

Nach dem Beispiel dieser mehr oder weniger geschlossenen Gesellschaften des Bildungsbürgertums (und im Gegensatz zu ihnen) entwickelten sich gegen Ende des Jahrhunderts die offenen Salons – die Nicolai (wie die »Vertrauten Briefe« vermuten lassen) als Konkurrenz empfand, auch gegen die Gastlichkeit in seinem eigenen Hause. Er übersah dabei, daß seiner Art von Geselligkeit die

Zwanglosigkeit fehlte. Zu ihm ging man nicht, wenn einem nach Gespräch zumute war: Man wurde geladen, zu Festlichkeiten, Mahlzeiten, Vorträgen oder Konzerten. Während in den Salons der Rahel Levin oder der Henriette Herz nur Geist und Gefühl etwas galten, Intellektuelle und Künstler demzufolge dominierten, zählte bei Nicolai mehr bürgerliche Reputation. Es waren Honoratiorenrunden, die sich in den saalähnlichen Zimmern des Hauses Brüderstraße 13 versammelten – ohne die erotische Atmosphäre, die die jungen, unabhängigen Frauen schufen, ohne den Adel auch. Nicht nur der unehrerbietige Friedrich Schlegel, auch der verschuldete Müßiggänger Prinz Louis Ferdinand mit seiner anrüchigen Geliebten wäre an Nicolais reichgedeckter Tafel fehl am Platze gewesen; in Rahels Dachstube, wo es nur Tee gab, gehörten sie hin. Hier (in ihrem kleinen Kreis allerdings nur) setzten die Kinder der Aufklärung in Wirklichkeit um, was sie von ihren Vätern gelernt hatten: den Menschen höher zu achten als seinen Stand – vorausgesetzt, er bringt Bildung mit oder wenigstens Zeit und Lust, sie zu erwerben. Geniales (das Nicolai sein Leben lang bekämpft hatte) war hier gefragt. Wie ein göttliches Wesen wurde Goethe verehrt. Obwohl man (über die Französische Revolution beispielsweise) viel progressivere Reden führte als die gut-preußischen Aufklärer, kümmerte man sich wenig um Soziales. Da es die hier praktizierte Gleichberechtigung von Bürgerlichen, Adligen, Juden, Frauen, Studenten und Künstlern im Staat nicht gab, strebte man ganz aus ihm heraus, ohne auf ihn zurückwirken zu wollen. Statt nach außen sah man nach innen – was Nicolai zu dem Versuch veranlassen mußte, diesen Falschblick wieder zu richten. Von Adelheids geliebtem Gustav wird deshalb soziales Engagement verlangt. Daß das edle Ziel durch Vermittlung einer Hofratsstelle erreicht wird, hat die Jungen damals sicher so amüsiert wie heute uns. Der eigentliche Witz dieses banalen Einfalls aber besteht darin, daß er genau das Richtige traf: Nicht nur Schlegel ist später Hofsekretär und Legationsrat geworden.

Erstaunlich ist, wie selbstverständlich Nicolai, indem er eine Frau zur Trägerin seiner Ideen macht, die emanzipatorischen Fortschritte der Salons in den Roman übernimmt. Ganz ohne Vorbild in der Realität scheint diese Adelheid B. nicht zu sein. Sie ähnelt in vielen Zügen Nicolais langjähriger Freundin Elisa von Recke, die den Betrüger Cagliostro entlarvte, deshalb von allen Aufklärern verehrt wurde, und die nicht nur schön war wie Adelheid, sondern mit dieser auch das Schicksal teilte, in Jugendjahren an einen ungeliebten Mann verheiratet worden zu sein.

Letzteres freilich gab es, besonders beim Adel und bei den Juden, in dieser Zeit oft.

Die Kinder der Aufklärung

Von Nicolais jüdischem Freund Moses Mendelssohn ist ein Brief überliefert, in dem er gegen den Vorschlag, eine seiner Töchter mit dem Bekannten eines Bekannten, der diese nie gesehen hat, zu verheiraten, Bedenken anmeldet. Von Neigung, die zur Ehe erforderlich sei, ist viel die Rede, aber nur von der des künftigen Ehemannes, nicht von der des noch sehr jungen Mädchens, das in dem Brief nur als »wir, meine Tochter und ich« erscheint. Um Dorothea, seine Älteste, geht es in diesem Brief nicht, aber mit der verfährt er nicht anders: Den Mann sucht früh *er* ihr aus. Sie ist siebzehn, als sie an den Bankier Simon Veit vergeben wird, ihre Freundin Henriette erst fünfzehn, als sie Marcus Herz heiraten muß. So wie den beiden ist es jahrhundertelang den Mädchen (nicht nur den jüdischen) gegangen; nur unterscheidet sie von ihren Schicksalsgefährtinnen der Vergangenheit, daß sie eine individuellere Auffassung von Lebenserfüllung haben, ihnen also die Ergebenheit in ihr Schicksal fehlt. Sie sind Töchter aus gutem Hause, gebildet, feinsinnig, großgeworden mit den Ideen von Humanität und Toleranz, Kinder der Aufklärung – die in eine Gesellschaft entlassen werden, die diesen Ideen nicht entspricht. Während die Väter, obwohl sie das Neue verkündeten, am Alten, von dem sie geprägt wurden, teilweise noch hängen, verzweifeln die Jungen daran, fühlen sich unglücklich und brechen aus – zumindest aus den Fesseln der Ehe.

Als im Juli 1797 der fünfundzwanzigjährige Friedrich Schlegel nach Berlin kommt, ist Dorothea vierunddreißig Jahre alt, seit siebzehn Jahren verheiratet und Mutter zweier Söhne (die später beide Maler werden). Im Salon der Henriette Herz sehen sie einander zum erstenmal – und nicht lange danach trennt sich Madame Veit von dem ungeliebten Mann. Sie mietet sich eine Wohnung am Rande der Stadt, in der Ziegelstraße (die mit einer Kalkbrennerei und der Kaserne des 2. Artillerieregiments keine standesgemäße Wohngegend ist), und lebt dort mit dem jungen Dichter zusammen. Dieser verarbeitet die für beide beglückende Liebesbeziehung (sehr frei, sehr »natürlich«, wie man damals sagte) in seinem Roman »Lucinde«, während Nicolai, den das Schicksal der Tochter seines inzwischen verstorbenen Freundes natürlich bewegt, sie nur zum Anlaß für ein didaktisches Exempel nimmt. Nicht die für ihn unvernünftigen Tatsachen schildert er, sondern er nimmt dem Fall alles Skandalöse und zeigt Dorothea, wie es richtig gewesen wäre: Statt die Vernunft an die Leidenschaft zu verraten, hätte die Tochter eines Aufklärungsphilosophen sich ihr zum Opfer bringen müssen.

Zur Ostermesse 1799 erscheinen gleichzeitig die aus gleichem Anlaß entstandenen so ungleichen Romane. Während die »Vertrauten Briefe« meist wohlwollend besprochen und dann schnell vergessen werden, erregt die bis heutigentags in vielen Ausgaben nachgedruckte »Lucinde« einen Sturm der Entrüstung. Fichte, einer ihrer Bewunderer, hat eine Erklärung dafür. »Solche Produkte«, schreibt er an seine Frau, »müssen sich erst ihr Publikum bilden.«

Ausgerechnet in der Jenaer »Allgemeinen Literatur-Zeitung«, dem wichtigsten Forum der Frühromantik, fällt die Besprechung der »Vertrauten Briefe« besonders positiv aus, was allein schon eine Abwendung von den im Roman angegriffenen Brüdern Schlegel bedeutet. Darüber hinaus aber werden sie in den ersten Sätzen auch noch versteckt angegriffen, indem man ihnen »Alleinweisheit«, »gelehrten Egoismus« und »Hinwegsetzen über bürgerliche Verhältnisse und Konvenienz« vorwirft. Natürlich wehren die »jungen Philosophen«, die wichtige Mitarbeiter des Blattes sind, sich dagegen. Da auch Goethe, der als Schiedsrichter angerufen wird, den Riß nicht kitten kann, kommt es zum Zerwürfnis. Ein wichtiges Publikationsorgan geht der Frühromantik auf diese Weise verloren. Indirekt hat also Nicolais Angriff Wirkung – die ihm sonst versagt bleibt.

Denn wie seine Erziehungsabsichten bei den jungen Leuten, denen sie gelten, ankommen, kann man beim Schlegel-Freund Schleiermacher (der seine Verteidigung der »Lucinde« bezeichnenderweise auch »Vertraute Briefe« nennen wird) nachlesen. Der Brief an Henriette Herz, in dem er über die Lektüre von Nicolais Roman berichtet, schließt mit den Worten: »... da habe ich unaussprechlich gelacht.«

Der Geisterseher

Wenn auch die Ehrlichkeit und Konsequenz, mit der Nicolai seine Meinungen unbeeinflußt vortrug, etwas Imponierendes hatte, so mußte die Unbelehrbarkeit des immerfort Belehrenden doch erbosen. Seine auf starkes Selbstbewußtsein gegründete Rechthaberei kann man manchmal mutig nennen, manchmal dumm, manchmal aber auch naiv: Sein Eifer machte ihn blind für die Grenze, hinter der die Lächerlichkeit beginnt. Hatte schon seine maßlose Übertreibung der Gefahren, die dem aufgeklärt-protestantischen Preußen angeblich von den Jesuiten drohte, seinem Ruf geschadet, so machte ihn im Jahr der »Vertrauten Briefe« sein Kampf gegen Geisterglauben vollends zur komischen Figur – auch für die Nachwelt, weil nämlich Goethe an diesem Rufmord beteiligt war.

Mit wirtschaftlichen und sozialen Krisen waren am Ende des Jahrhunderts religiöser Wahn, Wunderglaube und andere Formen des Irrationalismus in die preußische Hauptstadt zurückgekehrt. Auf Humboldts Schloß in Tegel hatte es gespukt, und Friedrich Wilhelm II., der Nachfolger des gekrönten Philosophen Friedrich, hatte sich nicht nur mit Geistererscheinungen beschäftigt, sondern mit Hilfe eines Religionsedikts auch versucht, die orthodoxen Glaubensformen wiederherzustellen. Um der damit verbundenen Zensur zu entgehen, hatte Nicolai, der lächerlicherweise der Religionsfeindlichkeit und sogar des Jakobinismus beschuldigt worden war, die »ADB« außer Landes (das heißt nach Hamburg und Kiel) gebracht. Er war gegen die Unterdrückung der Aufklärung aufgetreten, hatte sich für die alte (gemäßigte) Pressefreiheit erklärt und nahm sich nun der spukenden Geister an.

Im Mai 1799 erschien in der in seinem Verlag publizierten »Neuen Berlinischen Monatsschrift« unter dem Titel »Beispiel einer Erscheinung mehrerer Phantasmen; nebst einigen erläuternden Anmerkungen« ein Vortrag, den er im Februar des gleichen Jahres an der Königlichen Akademie der Wissenschaften gehalten hatte. In ihm versuchte er die Nichtexistenz von Geistern mit der Tatsache zu beweisen – daß er selbst welche gesehen hatte. Er bezichtigte also die Leute, die behaupteten, von Spuk belästigt worden zu sein (»wie neulich in Tegel«), nicht der Lüge, sondern wies ihnen nach, daß das, was sie gesehen hatten, von ihrer verwirrten Seele selbst erzeugt worden war.

Er beginnt mit dem Körper-Seele-Problem im allgemeinen, weist auf die Bedeutung der Erfahrungen hin und entschuldigt sich im voraus dafür, daß er viel von sich selbst reden müsse. Dann schildert er das Auftreten der Geister: Nach überstandener Krankheit (»Verstopfung der feineren Gefäße des Unterleibes«), nach anstrengender Arbeit, schwerer Kränkung, Leid und Verdruß steht am 24. Februar 1791, vormittags 10 Uhr, plötzlich »ungefähr zehn Schritte entfernt«, eine Gestalt vor ihm, die eine Viertelstunde bleibt und danach oft wiederkommt, aber nicht mehr allein, sondern mit mehreren Spukgenossen, die später auch noch zu reden beginnen. Zwei Monate lang suchen nun die Geister, die er so heftig bekämpfte, den Vernunftsmenschen heim. Er beobachtet sie genau und macht sich auf der Stelle Notizen. Schließlich aber vertreibt er sie – durch Arzneikunst.

»Es war endlich beliebt«, heißt es in seinem Vortrag, »Blutegel an den After setzen. Dies geschah den 20. April vormittags um elf Uhr. Ich war mit dem Wundarzte allein, aber während der Operation wimmelte das Zimmer von menschlichen Gestalten aller Art, die sich durcheinanderdrängten. Dieses dauerte ununterbrochen fort bis ungefähr um halb fünf Uhr, gerade wieder um die Zeit der anfangenden Verdauung. Da bemerkte ich, daß die Gestalten anfingen, sich langsamer zu bewegen. Kurz darauf begannen ihre Farben nach und nach blasser zu werden; sie nahmen mit jeder halben Viertelstunde immer mehr ab, ohne daß die bestimmte Figur der Gestalten wäre verändert worden. Etwa um halb sieben Uhr waren alle Gestalten ganz weiß und bewegten sich nur sehr wenig, doch waren die Umrisse noch sehr bestimmt. Nach und nach wurden sie merklich unbestimmter, ohne daß ihre Anzahl abgenommen hätte, wie sonst oft der Fall gewesen war. Die Gestalten gingen nicht weg, sie verschwanden auch nicht, welches gleichfalls sonst oft geschehen war. Jetzt zerflossen sie gleichsam in der Luft. Von einigen sogar waren eine Zeitlang einzelne Stücke zu sehen, die nach und nach auch vergingen. Ungefähr um acht Uhr war gar nichts von den Gestalten mehr da. Nie habe ich wieder dergleichen gesehen.«

Mit Nicolai, der den Spuk los war und überdies mit ihm auch noch Fichtes Idealismus widerlegt zu haben glaubte, frohlockte natürlich über diese wissenschaftliche Mitteilung auch die Schar seiner Feinde. Die Blutegel am Hintern wurde er nun nicht mehr los. Erst nahm sich Tieck ihrer satirisch an, dann wurden sie von Goethe im »Faust« verewigt. Als Neugieriger Reisender und als Proktophantasmist (das ist etwa: Steiß-Geisterseher) irrt Nicolai nun durch die Walpurgisnacht, verflucht

»Das Teufelspack, es fragt nach keiner Regel
Wir sind so klug, und dennoch spukt's in Tegel«,

und muß sich schließlich von Mephisto auch noch sagen lassen:

»Er wird sich gleich in eine Pfütze setzen,
Das ist die Art, wie er sich soulagiert
[erleichtert],
Und wenn Blutegel sich an seinem Steiß
ergetzen,
Ist er von Geistern und von Geist kuriert.«

Werden Autoren beschimpft, fehlt selten der Hinweis darauf, daß ihnen ihre als schlecht, falsch oder feindlich eingestuften Literaturprodukte auch noch Geld eingebracht haben. Obwohl jeder, der gewohnt ist, für Arbeit bezahlt zu werden, das selbstverständlich finden müßte, bleibt die erhoffte Wirkung nicht aus – vielleicht weil die Meinung vorherrscht, daß Schriftsteller Moral nicht nur beschreiben, sondern auch leben müssen und sich das, wie man weiß, nie auszahlt in dieser Welt.

Auch Nicolai wurde (in den »Xenien«) diese Vorhaltung gemacht, und sie war bei ihm, der nur aus Liebhaberei Autor war, besonders absurd. Er schrieb, von Ausnahmen abgesehen, erfolglose Bücher und konnte sich das nur leisten, weil er als Verleger erfolgreich war. Wie man später errechnet hat, verdiente er an seinem Zeitschriften-Großunternehmen »ADB« reichlich und verstand es auch, mit Büchern anderer Art gute Geschäfte zu machen. So brachte er zum Beispiel in seinen verlegerischen Anfängen, im Siebenjährigen Krieg, ein in Leder gebundenes, goldbortenverziertes Kleinstbüchlein mit patriotischen Versen (»Es blühe unser Vaterland/Durch Friedrich, Heinrich, Ferdinand!«) auf den Markt, das, da es mit einer Öse versehen war und so von guten Preußen an der Uhrkette getragen werden konnte, reißenden Absatz fand. 6 000 Taler brachte ihm allein dieser »Berlockenkalender« ein; 30 000 kostete dann sein prächtiges Haus in der Brüderstraße. Als er 1758 die unbedeutende Verlagsbuchhandlung übernahm, war sie verschuldet; als er dreiundfünfzig Jahre später starb, war er einer der wohlhabendsten Bürger Berlins. Nicht nur die Firma, das Stadthaus, ein Sommerhaus und eine kostbare Sammlung von Musikalien, Büchern und Bildern gehörten ihm, sondern auch neun weitere, durch Hypothekengeschäfte erworbene Häuser.

Das Haus in der Brüderstraße war jahrzehntelang das gesellige Zentrum der gebildeten Bürger der Stadt. In seinen Räumen wurden nicht nur Feste gefeiert und Konzerte veranstaltet, hier traf man auch Fremde aus aller Welt. Denn reisende Gelehrte, die nach

Berlin kamen und im »König von England«, in der »Stadt Paris« oder im »König von Portugal« (Gasthöfen erster Klasse, deren Logier- und Speisepreise man in der »Beschreibung der Residenzstädte« nachschlagen kann) abgestiegen waren, versäumten selten, beim berühmten Nicolai vorzusprechen oder wenigstens ihre Karten im Laden abzugeben, wo ein Buchhandelsgehilfe sie sammelte und freitags dem Prinzipal vorlegte, damit die Liste der Sonntagsgäste zusammengestellt werden konnte.

Über der im Erdgeschoß befindlichen Buchhandlung lagen im ersten Stock die Wohn- und Festräume, die man über die heute noch vorhandene schnitzwerkverzierte Eichenholztreppe des Vorderhauses erreichte. Im dreifenstrigen, nach der Straße zu gelegenen Speisesaal empfing der hochgewachsene, hagere Greis seine Besucher, führte sie später zu Musik- oder Theateraufführungen in den mit gewölbter Stuckdecke versehenen Festsaal des linken Seitenflügels hinüber oder auch in die Bibliotheks- und Arbeitsräume des Quergebäudes, wo 16 000 kostbare, mit von Chodowiecki gestochenen Exlibris versehene Bände und viele (zum Teil von so bekannten Künstlern wie Graff und Tischbein gemalte) Bildnisse bewundert werden konnten.

Daß die Sammlungen nach Nicolais Tode verstreut wurden, hatte er selbst verfügt. Wie sein Freund Goeckingk schrieb, wurde sein Testament »nach ebenden Grundsätzen abgefaßt, die er sein ganzes Leben hindurch befolgt hatte« – was bedeutet, daß die Bücher, Gemälde, Kupferstiche, Büsten und Medaillons dahin gegeben wurden, wo sie am nützlichsten waren: in die Akademien der Künste und der Wissenschaften, in die Königliche (die heutige Staats-)Bibliothek und an das Gymnasium zum Grauen Kloster (dessen Buchbestände heute die Berliner Stadtbibliothek bewahrt). Im Familienbesitz (das heißt in dem des Schwiegersohns Parthey) verblieb, neben Verlag und Buchhandlung, das Haus – das heute noch einen Eindruck vom Lebensstil der Nicolai-Zeit vermitteln kann.

Es wurde über mittelalterlichen Kellergewölben unter Verwendung von Gebäuderesten aus gotischer Zeit am Anfang des 18. Jahrhunderts gebaut, mehrfach von Adligen und Kaufleuten erstanden und wieder veräußert und 1787 von Nicolai gekauft. Obwohl es nach seinem Tod und dem späteren Auszug der von den Erben weitergeführten (und heute noch in Westberlin existierenden) Verlagsbuchhandlung zu Wohn- und Geschäftszwecken vermietet wurde, zeitweilig auch ein Lessing-Museum beherbergte und deshalb im Innern oft verändert wurde, ist es im wesentlichen heute noch so erhalten, wie es der Singakademiedirektor Friedrich Zelter, der hauptberuflich Baumeister war, seinem Freund Nicolai umgebaut hatte. Denn die Bomben des zweiten Weltkrieges beschädigten nur den linken Seitenflügel, bei der Neugestaltung des Viertels zwischen Breite Straße und Friedrichsgracht wurden die Brüderstraßen-Häuser 10 bis 13 vom Abriß verschont, und das Institut für Denkmalspflege, das seit fast drei Jahrzehnten hier untergebracht ist, bewacht und betreut diese Bauschönheiten nicht nur, sondern stellt sie teilweise erst unter großen Schwierigkeiten in ihrer alten Gestalt wieder her.

Einen Eindruck von der imposanten Größe des Hauses erhält man, wenn man es (was heute möglich ist) von drei Seiten besieht; seine bürgerliche Behaglichkeit aber erschließt sich erst, wenn man den kopfsteingepflasterten Innenhof betritt, wo dickstämmiger Resedawein Wände und Holzgalerien umrankt und zur Blütezeit Frühlingsdüfte verbreitet. Der Gedanke, daß das Nützlichkeitsdenken des Hausherrn seit seinem Tode zwar Fortschritte gemacht hat, der Schönheitssinn seiner Zeit aber dabei verlorenging, ist dann nicht abzuweisen.

Als Nicolai im Januar 1811 in diesem Hause starb, ehrte man mit einem aufwendigen Begräbnis sicher nicht allein den Mann des alten Preußen, der Neuerungen jeder Art getrotzt, immer das zum Zopf gebundene Haar gepudert und den friderizianischen Dreieckshut zu Kniehose und Schoßweste getragen hatte, sondern auch den Wohltäter der durch Krieg und Besatzung verarmten Stadt, der ihr zu gemeinnützigen Zwecken ein Vermögen von 18 000 Talern vermacht hatte. Der Leichenzug, an dem sich »freiwillig«, wie Goeckingk betont, »die angesehensten und edelsten Männer aus allen Zweigen der Staatsverwaltung und aus allen Ständen« beteiligten, bewegte sich, nachdem vor dem Trauerhause schon Chorschüler gesungen hatten, die Brüderstraße hinunter, an der zwischen Scharren- und Gertraudenstraße stehenden Petrikirche vorbei in die Roß- und Neue Roßstraße, überquerte am Köpenicker Tor (das schon damals nicht mehr stand) den heute nicht mehr existierenden Festungsgraben, bog nach rechts in die Alte Jakobstraße ein, wo links, zwischen Sebastian- und Stallschreiberstraße (also wenige Meter vor der heutigen Staatsgrenze), die Luisenstädtische Kirche stand. »Hier wurde«, wie Goeckingk fortfährt, »die eintretende Versammlung mit einer Motette empfangen und der Sarg vor dem Altare niedergesetzt. Herr Probst Hanstein hielt aus eigner Bewegung eine der Veranlassung angemessene Rede, welche die Verdienste des Verewigten und seine Schicksale schilderte, mit herzerhebender Anwendung auf die Religion. Unter dem Gesange auserwählter Lieder und Begleitung des ganzen Trauergefolges wurde alsdann die Leiche nach dem an die Kirche stoßenden Kirchhof gebracht und in die Gruft gesenkt.«

Anders als Goeckingk, der zwar nicht lügt, aber als offizieller Berichterstatter die Vorgänge wie üblich kaschiert, hat Gustav Parthey, Nicolais Enkel, die Zeremonie gesehen. »Das Leichenbegängnis«, so schreibt er, wenn er sich seiner behüteten Kindheit in der Brüderstraße erinnert, »hinterließ einen äußerst peinlichen, sogar schrecklichen Eindruck. Es hatte sich dabei, wie dies noch jetzt zu geschehen pflegt, alles Lumpengesindel der nächsten Gegend vor dem Hause versammelt. Weil ein so berühmter Mann begraben wurde, so war der Zudrang stärker als gewöhnlich. Das Elend der niederen Volksklassen Berlins muß damals, wegen des Krieges, größer gewesen sein als jetzt. Mich überlief ein Schauder, als wir aus dem Hausflur durch die Reihen der gaffenden Proletarier dem Trauerwagen zugeführt wurden; mir war nicht anders, als müßten diese hohläugigen, blassen Gestalten über uns herfallen, um uns zu berauben oder zu töten. In der Luisenkirche, wo der Trauergottesdienst stattfand, war es noch ärger. Alle Räume bis zu den Emporen hinauf waren dichtgedrängt voll vom unheimlichen Pöbel, der mit Gepolter über die Bänke kletterte und andere Ungehörigkeiten verübte. Von Andacht konnte unter diesen Umständen gar nicht die Rede sein; nichts als Furcht erfüllte meine Seele, daß diese rohen Volkshaufen irgendeine Gewalttätigkeit verüben möchten. Wie dankte ich Gott, als wir beim Nachhausekommen das Spalier der stechenden Blicke zum zweiten Male glücklich durchschritten hatten und aus der Kinderstube in den friedlichen Hausgarten hinabschauten.«

Goeckingks Bemerkung: »Nicolais Grabhügel bedarf keines Denkmals«, läßt darauf schließen, daß es ein solches nie gab. Nur eine gußeiserne Gedenktafel an der Nordmauer der Kirche hat es gegeben; die aber wurde im zweiten Weltkrieg zerstört.

Der Sandpoet – Schmidt von Werneuchen

Von Fahrland nach Werneuchen

Im Sommer 1821 fährt Friedrich Zelter, der Leiter der Berliner Singakademie, von Berlin nach Kunersdorf. In Werneuchen werden die Pferde gewechselt, und Zelter benutzt die Fahrpause, um den Prediger des Städtchens in seinem »reinlichärmlichen Gehöftchen« zu besuchen. Endlich habe er »unsern Sandpoeten«, so berichtet er brieflich dem Duz-Freund Goethe, von Angesicht gesehen. Dafür, diese elende Gegend besungen zu haben, sei der »gute Landpastor« hart bestraft worden: zwei Frauen (in Wirklichkeit war es nur eine: die Henriette seiner Gedichte) seien ihm gestorben, und zweimal sei sein Haus abgebrannt. Schmidt lobpreise aber noch immer »unermüdet seine Natur, die für ihn, so wie er für sie, expreß gemacht zu sein scheint«.

Das Wort »endlich«, das Zelter benutzt, bezieht sich auf einen Zeitraum von etwa fünfundzwanzig Jahren. 1796 nämlich hatte Goethe sich mit dem dichtenden Pastor beschäftigt, das heißt, er hatte ihn abgekanzelt, in amüsanter Weise, in dem parodistischen Gedicht »Musen und Grazien in der Mark«, das seitdem in keiner besseren Ausgabe von Goethes Gedichten fehlt. Für Preußen waren diese fünfundzwanzig Jahre eine bewegte Zeit: Es war von Napoleon besiegt und besetzt worden, es hatte sich von Napoleon befreit, Reformen hatten seine Gesellschaft verändert, freiheitliche Ideen waren aufgeflammt und erstickt worden – an Pastor Schmidt aber war das alles ziemlich spurlos vorbeigegangen. Er war, als Goethe die Parodie auf ihn schrieb, Prediger in Werneuchen gewesen, und er war es noch immer und sollte es bis an sein Lebensende bleiben. Sein Grabkreuz, das im Gegensatz zum alten

Pfarrhaus, das 1930 abgerissen und durch einen Neubau ersetzt wurde, noch heute steht, vermerkt das Datum: »Gestorben den 26. Apr. 1838«. Dreiundvierzig Jahre ist er in Werneuchen Pfarrer gewesen. Es war dies, glaubt man seinen Gedichten, ein Leben, wie er es sich wünschte: ruhig, zufrieden, friedlich, genügsam. Ein schmerzfreies Leben war es nicht.

1764, im ersten Friedensjahr nach dem Siebenjährigen Krieg, ist er als Sohn, Enkel und Urenkel von Pastoren geboren (fünfzehn Jahre nach Goethe, ein Jahr nach Jean Paul, dreizehn Jahre vor Kleist), in Fahrland, dem Dorf nahe Potsdam, das er später in einem seiner schönsten Gedichte beschrieb. Die »süßesten Freuden der frühen Jugend«, die er darin heraufbeschwor, dauerten aber nicht lange. Dem Neunjährigen starb der Vater, und die Mutter zog mit ihm und seinen vier Geschwistern in das benachbarte Döberitz, das aber nur Durchgangsstation für ihn wurde. Man schickte ihn nach Berlin – das man immer im Auge haben sollte, wenn man seine Stadt-Schmähungen liest; denn außer Potsdam vielleicht und Halle hat er andere größere Städte nie gesehen. Die zwanzig Jahre, die er nun an die Stadt gebunden war, wurden Jahre der Sehnsucht für ihn; und diese Sehnsucht nach den Verhältnissen, aus denen er kam, wurde Hauptthema seiner Gedichte. Das Schindlersche Waisenhaus, eine private Stiftung, die durch Stipendien ihren Zöglingen auch eine Berufsausbildung ermöglichte, bestimmte nun Schmidts weiteren Lebensweg. Sechs Jahre trug der Junge die vorgeschriebene graue Kleidung der Anstalt in der Wilhelmstraße, dann wechselte er für zwei Jahre in die Klosterstraße über: in das berühmte Gymnasium zum Grauen Kloster, in dem unter anderen bekannten Leuten auch Karl Philipp Moritz, der Autor des »Anton Reiser«, der Goethe-Freund und spätere Jean-Paul-Entdecker, sein Lehrer war. Ein dreijähriges Theologiestudium in Halle schloß sich an, dann bekam der Zweiundzwanzigjährige seine erste, schlecht bezahlte, Stellung: als Feldprediger (Militärgeistlicher also) am Invaliden-Haus in Berlin.

Das war 1786. Friedrich II. (der vierzig Jahre vorher das Invalidenhaus im Berliner Norden, in der Gegend der heute noch an es erinnernden Invaliden- und Veteranenstraße, hatte bauen lassen) war gerade gestorben. Friedrich Wilhelm II. der dicke Monarch mit den vielen Frauen, regierte, und das Bürgertum Berlins war dabei, in der Stadt tonangebend zu werden. Geistiges Interesse regte sich überall. Man pflegte die Geselligkeit. Es begann die große Zeit der Klubs und Salons. Jeder, der sich in den nächsten zwanzig Jahren in Berlin einen Namen machte, gehörte einer der Gruppen oder Zirkel an. Falls der Feldprediger Schmidt, der bald nach seiner Rückkehr nach Berlin Gedichte zu veröffentlichen begann, Verbindungen dieser Art gehabt haben sollte, waren sie nicht wichtig für ihn. Zwar hatte er Freunde, die er zum Teil schon vom Waisenhaus, vom Gymnasium, vom Studium her kannte, als Dichter aber blieb er Einzelgänger: der Mann vom Lande, dem die Stadt nicht behagte.

Ab 1787 veröffentlichte er Gedichte, verstreut in Zeitschriften und Almanachen, ab 1793 besonders in dem fünf Jahre lang von ihm mit herausgegebenen »Neuen Berlinischen Musenalmanach«. Als 1796 die Sammlung seiner Gedichte aus acht »der Dichtkunst gewidmeten« Jahren erschien, nahm diese, wie er im Vorwort sagt, »die Gestalt einer fortlaufenden Geschichte« an: der Geschichte seines Lebens, das fern von allem Geschichtlichen ablief. Nichts von dem, was Preußen und ganz Europa in dieser Zeit bewegte, klingt auch nur leise oder indirekt in den Gedichten an: weder die Verschärfung der Zensur durch das Religionsedikt, noch die Französische Revolution, die Teilung Polens oder der Krieg gegen die Französische Republik. Dafür aber gibt es das: »Der Leser empfängt in der Einleitung Nachricht von des Dichters moralischem Charakter und Geschmack, hierauf folgt die Jugendgeschichte desselben; alsdann die interessanteste Epoche seines Lebens: Anfang seiner Liebe, dann der um diese Zeit in der Liebe gewöhnliche Paroxismus des Zweifels an der Gegenliebe des geliebten Gegenstandes. Dieser Zweifel wirkt neue Versicherungen. Jetzt tritt die Epoche der Vermählung ein; ihr folgt die Periode der Vaterfreuden. Indes kommen nun auch Intervalle, wo die Seele nicht mehr auf einen einzigen Gegenstand konzentriert ist: Es erwacht lebhafter als je Liebe zum Landleben und Sehnsucht nach ländlichem Glück; auch nimmt die Freundschaft ihren alten Platz wieder ein.«

Unterzeichnet ist dieser Vorbericht so: »F. W. A. Schmidt, Feldprediger des Königl. Invalidenhauses bei Berlin und berufener Prediger zu Werneuchen.«

Es war also viel geschehen in diesen acht Jahren, eigentlich alles, was sein weiteres Leben bestimmte: 1790 hatte er die vielbedichtete Henriette geheiratet, zwei Kinder waren geboren worden, eins davon wieder gestorben, vor allem aber war die ersehnte Berufung aufs Land da. Das der Frau seines Kommandanten gewidmete Gedicht, mit dem er »Abschied von Berlin« nahm, war »Im Dezember 1795« datiert, erschien Anfang 1796 in der »Berlinischen Monatsschrift« und zeigte allen Freunden und Lesern an, daß das Ziel erreicht war, der Dichter den Kerker der Stadt verlassen konnte, um fortan sein Glück bei »Boll' und Sellerie« zu finden. Bereut hat er diese Entscheidung wohl nie. Wenn er sich auch später (vergeblich) um andere Pfarrstellen bewarb, so doch auch um ländliche, nur besser bezahlte. Er lebte sein Leben, wie er es hatte leben wollen: einfach, genügsam, naturnah, in schuldloser Abseitigkeit. Daß seine dichterische Produktivität an der Zufriedenheit starb, hat ihn nicht bekümmert. Sich als Lohn für »sauren Fleiß« im Kupferstich »bekucken« zu lassen, hatte ihm als erstrebenswert nie gegolten. In Gedichten, die 1802 gesammelt erschienen, besang er noch einige Jahre lang das Glück, das er nun nicht mehr ersehnte, sondern hatte, dann war sein einziges Thema endgültig erschöpft.

Den 1815 erschienenen »Neuesten Gedichten«, die der Schmerz um den Tod Henriettes, die mit 39 Jahren an Lungentuberkulose gestorben war, ausgelöst hatte, fehlte die naive Originalität der früheren vollkommen – weshalb sie so wenig lesenswert sind wie seine Ritter- und Schauerballaden, an denen er sich in Bürgers Nachfolge unglücklich versucht hatte.

Poeten, deren Ruhm so schnell verging, wie er kam, hat es viele gegeben, wenige aber nur, die so wenig wie der sympathische, weise Schmidt auf ihn versessen waren.

Als Zelter 1821 beim Passieren Werneuchens das Pfarrhaus aufsucht, gilt sein Besuch einer schon historisch gewordenen Kuriosität, die er auch wie eine solche beschreibt: stattlich und rundlich, »mit einer Art Kohlhaupt, dem Augen und Mund eingeschnitten zu sein scheint«.

Im Gleim-Haus in Halberstadt hängt ein Ölporträt Schmidts von unbekannter Hand, das ahnen läßt, was mit dem »Kohlhaupt« gemeint war. Auf dem schwarzen Pastorengewand mit weißem Bäfchen sitzt ein dicker, fast runder Kopf mit Doppelkinnansatz, fleischiger Nase und schmalen Augen, die ein wenig verschmitzt auf den Betrachter gerichtet sind. Das Lächeln, das um den breiten Mund liegt, soll sicher Selbstgenügsamkeit ausdrücken, zeigt aber, vielleicht gegen den Willen des Malers, mehr Selbstbewußtheit, die nicht frei von Eitelkeit ist. Wer Schmidt so mag, wie seine Gedichte ihn zeigen, wünscht sich, daß er in Wirklichkeit anders ausgesehen hat.

Grasmückengesang

Daß Schmidts Gedichte beim Lesepublikum Anklang fanden, ist anzunehmen. Nicht nur die mehrfachen Drucke sprechen dafür, sondern auch die Zahl der Rezensionen und die Namen der Kritiker: Wieland, Goethe, August Wilhelm Schlegel, Tieck. Der Außenseiter Schmidt, so scheint es, befriedigte ein vorhandenes Lesebedürfnis, und die tonangebenden Literaten (mit Ausnahme Wielands) versuchten nachzuweisen, daß das mit unkünstlerischen Mitteln geschah. Da persönliche Zeugnisse von Schmidt nicht überliefert sind, weiß man nicht, ob er sich davon entmutigen ließ. Nachzuweisen aber ist, daß einige erst wohlwollende Rezensenten später in die allgemeine Ablehnung mit einstimmten. Besonders Goethes glänzende Parodie und zwei gegen Schmidt gerichtete »Xenien« stempelten ihn ein für allemal als unbedeutend und provinziell ab. Das war Unglück und Glück zugleich. Seinem Ansehen bei den Zeitgenossen hat das sicher geschadet, der kleine Nachruhm aber, den er verdient hat, war ihm durch Goethe gesichert: denn ein Name, der in den »Xenien« vorkommt, ist für die Literaturgeschichte nie ganz verloren.

Liest man die Rezensionen der Schmidtschen Gedichte in den

Literaturzeitschriften der (in dieser Hinsicht überreichen) Zeit zwischen 1794 und 1800, so fällt auf, wie schwer man es sich mit diesen leichten Gebilden machte. Man nahm sie ernster, als sie zu nehmen sind, legte (immer, hier wie überhaupt, vom nicht hoch genug zu rühmenden Wieland abgesehen) Maßstäbe an, die ihre nicht waren. Schulmeisterhaft rügte man, was man hätte bewundernswert, rührend oder auch lustig finden sollen: die Naivität der Gedanken, die Unbeholfenheit von Versbau und Reim, die ungewöhnliche Wortwahl. Den heftigsten Anstoß aber erregten die Gegenstände, die da besungen wurden: Enten, Schweine und Spinnen, Sand, Distel und Dorn. Das wurde als unästhetisch, unpoetisch empfunden. Das Gewöhnliche und Alltägliche, das einen ständig umgab, fand man, konnte kein Anlaß für Dichtung sein.

Aber nicht nur Dorfteich und Dreschflegel gehörten in diese Rubrik der »Gemeinheit« (wie Tieck das nannte), sondern auch Sandwege und Sümpfe der Mark. Klassiker und Romantiker unterschieden zwischen schöner und häßlicher Natur, und die Mark Brandenburg zählte man mit Selbstverständlichkeit letzterer zu. »Gewiß«, heißt es in der Jenaer »Allgemeinen Literaturzeitung« vom 5. Dezember 1797, »wenn man Sandgruppen so angenehm findet als fruchtbare Auen, ebenso gern Unken rufen als Nachtigallen singen hört, eine Entenpfütze lieber ansieht als den Rheinfall und stundenlang im Walde stehen kann, um stundenlang aufs Wasser (wär's auch nur Sumpfwasser) zu sehen, so hat man seine Zufriedenheit mit der gemeinen Natur sehr wohlfeilen Kaufs. Allerdings kann man in der Natur jede Kleinigkeit schön, wie im menschlichen Leben noch so unbedeutenden Vorfall erbaulich finden, nur dürfte der Landschaftsmaler, der bloß Sümpfe, Heiden und Sandhügel darstellen wollte, ebenso wenig Liebhaber finden als ein Prediger viele Zuhörer für seine noch so erbaulichen Betrachtungen über einen Besenstiel.« Und Tieck, der in ähnlichem Sinne argumentiert, ist der Meinung, daß Schmidt den »Namen eines Dichters« nur verdienen und »in der Gesellschaft der Musen gelitten« werden kann, wenn er es sich abgewöhnt, »alles so durcheinander schön zu finden« wie in dem Gedicht »Die Dorfkirche«, das er als abschreckendes Beispiel anführt:

»Wie schön die Fensterscheiben, rund und düster!
Des Altars Decke, wo die Motte kreucht!
Die schwarzen Spinngewebe, die der Küster
Selbst mit dem längsten Kehrwisch nicht erreicht!
Wie schön der Todtenkränze Flittern,
Die hier bestäubt am kleinen Chore zittern!«

Daß die Kritik immer wieder auf den Gegenstand seiner Dichtung zu sprechen kam, hatte Schmidt freilich auch selbst provoziert. In dem schon erwähnten Vorbericht zu den »Gedichten« von 1796 hatte er nämlich eine Art poetischen Programms verkündet, indem er bescheiden, wenn auch nicht ohne Stolz, behauptet hatte, daß durch ihn Neues in die Dichtung hineinkäme. »Der Leser verstehe mich recht, Diktion, Versbau, Bilderwahl u. s. w. in diesen Gedichten machen zwar nicht den geringsten Anspruch auf Neuheit, wohl aber die meisten Gegenstände, die ich poetisch zu bearbeiten versucht habe; und diese sind: simple, kunstlose Naturscenen. Unverschönerte, wilde, ländliche, gemeine Natur ist meine Göttin. Ich bin weit entfernt, mit irgend einem unsrer Dichter von Werth mich messen zu wollen; aber *das* glaube ich mit Wahrheit behaupten zu können: daß selbst von schätzbaren Dichtern die Natur selten *wahr* kopirt worden sei. Man hat an ihrer Einfalt gekünstelt. Solche Verschönerungen wird man in diesen Blättern vermissen...«

Das war eine Herausforderung, die Dichterkollegen und Kritiker bereitwillig annahmen. Man nahm ihn beim Wort Kopie, wies ihm (wie es einhundert Jahre später die Naturalisten zu hören bekamen) Vorliebe für Häßliches nach (Tieck: »Schöne Natur scheint ihm ein Aberglaube zu sein.«) – und übersah dabei völlig, daß die Gedichte den theoretischen Behauptungen des Verfassers gar nicht entsprachen. Da war doch nichts nur »kopirt«, da war doch alles »verschönert« durch Liebe des Mannes vom Lande zum Land, des Natursüchtigen zur Natur, des Märkers zur Mark. Im Prinzip unterscheiden sich Schmidts Natur- und Umweltdarstellungen gar nicht von denen seiner berühmten Kollegen; hier wie dort dienten sie der Vermittlung von Stimmungen und Gefühlen. Daß damals, besonders von Tieck, nur »bloße Beschreibung«, bei der »Nüchternheit die Seele ergreift«, gesehen wurde, daß man »Herz« und »Gefühle« vermißte, wird heute nur noch verständlich, wenn man bedenkt, daß das Gewöhnliche des Lebens in der damaligen Dichtung das Ungewöhnliche war. Den hohen, erhabenen Gefühlen, die man in der Poesie zu finden gewohnt war, entsprachen die Alpen, der Rhein oder Italien. An deren Stelle die Jungfernheide oder die Gegend bei Potsdam zu bieten war (wie August Wilhelm Schlegel es ausdrücklich sagte) anti-poetisch.

Als der toleranteste und verständnisvollste Rezensent erwies sich der alte Wieland. Er nahm Schmidt für das, was er war: ein selten vorkommendes Naturtalent, das recht daran tat, die Welt gerade so darzustellen, »wie sie sich in seiner Seele abspiegelte«, und das eigne kritische Maßstäbe verdiente. »Wenn Amseln oder Grasmücken in ihrer Art lieblich singen, warum soll ich mich verdrießen lassen, daß sie keine Nachtigallen sind?«

Mehr oder weniger bewußt und verdeckt lassen manche Kritiken aber auch anklingen, wo der wirkliche Grund für die mangelnde Größe dieser Dichtungen liegt: in ihrer geistigen Begrenztheit nämlich, die bedingt ist durch den engen Horizont des Verfassers. Daß Goethes Parodie sich in heiterer Weise auf diesen Punkt konzentriert, macht sie auch als Kunsturteil aussagekräftiger als viele Auslassungen der Kritiker. Wenn auch die Arroganz des gebildeten Städters und weitgereisten Hofmannes, dem Einfachheit dumm, Natürlichkeit barbarisch erscheint, besonders den Liebhaber der »wilden« Natur der Mark stört, so ist doch nicht zu leugnen, daß die belächelnswerte Beschränktheit Schmidts köstlich getroffen ist:

»Ob es kräftig oder zierlich
Geht uns so genau nicht an:
Wir sind bieder und natürlich
Und das ist genug getan.«

Bei aller Treffsicherheit und Schärfe des Urteils enthält Goethes Parodie, unter charakterisierender Nachahmung versteckt, ein gut Teil Anerkennung für den Parodierten, der doch die Bausteine geliefert und damit einen Beitrag zum Gelingen geleistet hat. Sich zum Parodieren durch einen Größeren zu eignen ist gewissermaßen auch ein Verdienst, das Belohnung verdient. Denn Farblosigkeit läßt sich nicht parodieren. Die Parodie braucht als Vorlage kräftige Eigenart, die sie dem Original dann durch ihre Güte bescheinigt. Etwas vom Geltenlassen auch des Grasmückengesangs schwingt deshalb auch bei Goethe mit.

Daß er sich dessen bewußt war, zeigt eine Notiz, die sich in seinem Nachlaß fand: »Schmidt von Werneuchen ist der wahre Charakter der Natürlichkeit. Jedermann hat sich über ihn lustig gemacht, und das mit Recht; und doch hätte man sich über ihn nicht lustig machen können, wenn er nicht als Poet wirkliches Verdienst hätte, das wir an ihm zu ehren haben.«

Ländliche Glückseligkeit

»Hier merk' ich, daß die Ruh' in schlechten Hütten wohnet,
Wenn Unglück und Verdruß nicht der Paläste schonet;
Daß es viel besser ist, bey Kohl und Rüben stehn,
Als in dem Labyrinth des Hofes irre gehn.«

So sehr diese Verse sich auch nach Schmidt von Werneuchen anhören: gedichtet hat nicht er sie, sondern der Berliner Frühaufklärer Friedrich von Canitz einhundert Jahre vor Schmidt, und sie stehen nur hier, um zu zeigen, wie alt das Motiv schon war, das der Werneuchener Prediger immer wieder variierte. Das ganze 18. Jahrhundert hindurch war es oft bemüht worden. Albrecht von Hallers »Die Alpen« (1729) lebten von ihm genauso wie Salomon Geßners »Idyllen« (1756). Es wurde durch den Einfluß Rousseaus verstärkt, klang in Goethes »Werther« an (wo der Held als Gesandtschaftssekretär »manche Stunde in ländlichen Scenen von ungemischter Glückseligkeit« verträumte), und es war auch in Voltaires »Candide« da, wenn der Titelheld am Schluß endlich Ruhe fand, indem er seinen Garten bebaute. Aus dem unmoralischen Hofleben in die Zufriedenheit schenkende Ländlichkeit flüchteten auch die Helden aus Maximilian Klingers Schauspiel

»Das leidende Weib«, und zwar unter dem modern klingenden Motto: »Wir leben uns selbst.« In den Romanen war die Suche nach ländlichem Glück so verbreitet, daß ein Rezensent in Nicolais Zeitschrift »Allgemeine Deutsche Bibliothek« 1770 folgenden Wunsch vorbrachte: »Die Neigung zur Landwirtschaft verbreitet sich in unserm ökonomischen Jahrhundert auch allmählig auf die Romanschreiber. Wenn sie doch den heilsamen Entschluß faßten, ihr Handwerk aufzugeben und selbst Landwirte zu werden!«

Diese bürgerliche Land-Schwärmerei hatte von Anfang an einen antihöfischen, antifeudalen Zug und unterschied sich dadurch von den Schäferspielen des Adels. Die ersehnte Flucht (die in der Realität selten ausgeführt wurde: Schmidt von Werneuchen ist da rühmliche Ausnahme!) war mehr eine vom Hofe als aus der Stadt. Sie war Ausdruck eines Protestes, der durch Rousseau dann teilweise zivilisationsfeindlich wurde, immer aber feudalfeindlich blieb. Der Tugendhafte, der tugendhaft bleiben wollte, mußte den Hof und die Residenzstadt fliehen, weil dort Korruption und Lasterhaftigkeit herrschten. Menschlichkeit und Sittlichkeit, die er suchte, fand er in einer Traum-Ländlichkeit – die traumhaft immer bleiben mußte, sollte sie ihre Aufgabe erfüllen: lichter Gegensatz zum dunklen Hofleben zu sein. Realistische Darstellung der wahren Zustände auf dem Lande hätte die Idealität, die man in diesem Zusammenhang brauchte, zerstört. Sprachlich dokumentierte sich das unter anderem darin, daß man selten den Begriff Bauer benutzte, fast nur vom Landmann und vom Landleben sprach, sozial also unkonkret blieb und damit die Assoziierung von (der Idealisierung so abträglichen) Tatsachen wie harte Arbeit, Armut und Unterdrückung weitgehend vermied. Das armseligste Leben eines Fronbauern paßte unter solche Begriffe so gut wie das vergleichsweise privilegierte eines Landpfarrers.

Obgleich Schmidt von Werneuchen nur seiner individuellen, tiefempfundenen Land-Sehnsucht Ausdruck gab und sich der Tradition, in der er stand, kaum bewußt war, sind deren Spuren in seinen Gedichten doch sichtbar. Kritik, wenn sie überhaupt direkt vorkommt, ist immer Kritik an der Stadt, die als Residenzstadt deutlich wird: Schlösser und Parks, Orden und Bänder, Luxus und Prunk werden als finsterer Hintergrund herbeizitiert, um auf ihm die Reinheit des Landlebens leuchten zu lassen – die von keinem Schatten getrübt wird, selbst von dem schwerer Arbeit nicht, weil die ihre Schwere verliert durch die Freude, mit der man sie leistet. Wenn manchmal (im »Nachtwächter von Reineckendorf« zum Beispiel) etwas von Mühsal der Arbeit anklingt, so ist das nur die Ausnahme, die die Regel seiner Betrachtungsweise verdeutlicht.

Die Neuheiten, die Schmidt, nach eigner Aussage, in die Dichtung einbrachte, waren tatsächlich nur die Gegenstände, nicht aber die Idyllen, zu denen er sie gruppierte. Als Dichter ländlicher Idyllen stand er nicht nur am Ende einer langen Reihe von Vorgängern, er hinkte diesen sogar hinterher. Denn in dem Jahrzehnt, in dem seine Gedichte entstanden, lag schon eine Idyllendichtung vor, die die reine Idealisierung des Landlebens überwunden hatte: die Prosa-Idyllen Jean Pauls (»Schulmeisterlein Wutz«, »Quintus Fixlein«, »Der Jubelsenior«), die keine mehr waren, weil das Glück in ihnen mühsam dem Schmerz abgerungen war, und die realistischen Idyllen von Johann Heinrich Voß, der der Darstellung von Leibeigenschaft und Fronarbeit nicht mehr aus dem Wege ging.

Voß hatte, etwa zehn Jahre vor Schmidt, auch Verse geschrieben wie diese:

»Ihr armen Städter trauert
Und kränkelt in der Stadt,
Die euch wie eingemauert
In dumpfe Kerker hat.
O wollt ihr Freude schauen,
So wandelt Hand in Hand
Ihr Männer und ihr Frauen,
Und kommt zu uns aufs Land!«

Schmidt hatte davon nicht nur gelernt: er hatte das auch origineller zu machen verstanden, kam aber über diese, seine eigne, Stadt-Land-Problematik selten hinaus, während Voß sich von ihr löste und tiefer in die Wirklichkeit des Landlebens eindrang. Unmittelbarkeit und lebendige Frische hatte Schmidt dem etwas trockenen Voß voraus; in der schönen Konkretheit des Details konnte er sich mit ihm messen; daß aber trotzdem auch Schmidts schönste Gedichte über Fahrland und Döbritz an die »Luise« von Voß (die in einem Ort namens Grünau spielt) nicht heranreichen, liegt daran, daß dem Werneuchener Weite des Blickfeldes und Gedankentiefe fehlen. Daran hat wohl auch Goethe gedacht, als er die treffende, auf Schmidt gemünzte »Xenie« schrieb:

»Das Dorf Döbritz
In *der* Art versprechen wir euch die sämtlichen Dörfer
Deutschlands, aber es wird dennoch kein Grünau daraus.«

Die glänzenden beiden Daumen

Daß die Literaturwissenschaft Schmidt von Werneuchen kaum zur Kenntnis nahm und nimmt, hat vielleicht damit zu tun, daß sein Nachruhm, wenn auch kümmerlich, vor allem durch Goethes Spott lebendig geblieben ist. Andere haben sich davon nicht abschrecken lassen: Jakob Grimm hat Schmidt geschätzt und in seinem großen Wörterbuch oft zitiert, Theodor Storm hat Gedichte von ihm in sein »Hausbuch aus deutschen Dichtern« aufgenommen, Fontane hat sich mehrfach verständnisvoll und anerkennend über ihn geäußert, und dreimal sind seit Schmidts Tod Gedichtsammlungen von ihm erschienen: 1889, 1928, 1940, immer in geringen Auflagen freilich. Die, zu der dieses Nachwort geschrieben wurde, wird sicher die größte sein, die Schmidt je hatte. Aber das Verständnis für ihn ist, wie man mutmaßen kann, heute auch größer denn je:

Weil die Städte größer, hektischer und ungesunder, die Reservate »nackter ländlicher Natur« kleiner geworden sind und immer mehr Städter den Traum einer Stadtflucht träumen – ohne ihn Wirklichkeit werden lassen zu wollen oder zu können. Aber für Menschen, die Grund haben, sich vor den Folgen des technischen Fortschritts zu fürchten, hat solch ein Traum seinen seelischen

Wert in sich selbst. Er muß nicht unbedingt realisierbar sein, aber als Möglichkeit schön und genau. Schmidt von Werneuchens kindlich-heitere, unreal-heile Landwelt, die aus vielen konkreten Dingen zusammengesetzt ist, scheint in diesen Traum gut zu passen. Mit seiner in Reime gebrachten Sehnsucht kann man sich identifizieren, ohne ihn (und sich selbst) sonderlich ernst zu nehmen dabei; denn das Gefühl: da parodiert einer sich selbst, löst auch die eigne Sentimentalität, die freigesetzt wird, in Heiterkeit auf. Schmidts glückbringendes Land-Paradies gibt es nicht und hat es auch zu seiner Zeit nicht gegeben, aber es gab und gibt die Sehnsucht danach – die niemand heute sich so unbefangen auszusprechen erlaubt, wie er es tat: so ohne Rücksicht auf tiefere Problematik und sprachlich-dichterische Vollkommenheit.

Genießen kann diese Verse freilich nur, wer Gedankeneinfalt und Unvollkommenheiten Reiz abgewinnen und auch Naivität als Wert schätzen kann. Der kann sich dann auch darüber freuen, daß der gewollte Frohsinn der Gedichte oft durch unfreiwilligen Humor gewürzt wird. Die besten Beispiele dafür bietet die »Bauernhochzeit«, wo der Braut nicht nur (wie schon Fontane zitiert) vor Sehnsucht nach gebackenen Pflaumen beide Daumen glänzen, sondern ihr auch die Stirn »von nicht gesparter Seife« blinkt. Auch an seltsamen Wortbildungen (wie Kneller, der sich auf Teller, oder wie quäckern, das sich auf meckern reimen muß) kann man sich ohne Gewissensbisse erfreuen. Denn das Lachen darüber ist keins, das die Gedichte beschädigt.

Wer aber ein schlichtes Gemüt nur verachten kann, Unbeholfenheit, auch so origineller Art, nicht verträgt oder, wie Schmidts Zeitgenossen, märkischen Sand für literaturunwürdig hält, der bleibt dem Werneuchener Pfarrer- und Dichterhaus besser fern. Daß dort Bildungsgut, das zu kennen sich schickt, nicht versäumt wird, zeigt die Tatsache, daß Schmidts Kinder nicht Schmidts, sondern Goethes Gedichte auswendig lernen mußten. Und Besucher, die nicht aus Neigung, sondern aus Neugier zu ihm kamen, waren dem Pfarrer (der übrigens nie religiöse Gedichte gemacht hat) ein Greuel, wie man in seiner »Bitte an das Glück« nachlesen kann.

»Uns gewähr' in unserm Sorgenfrei
Eine nur, nur Eine fromme Bitte:
Neugier drängt und ach! Empfindelei
Aus der Stadt, zu rühmen Flur und Hütte.
Send', o Göttin, naht ein solcher Schwall,
Uns zum Schutze Regen her in Bächen!
Thürm' ein Wetter auf mit Blitz und Knall,
Oder laß ein Wagenrad zerbrechen!«

Er wollte nicht als Kuriosität bestaunt oder belächelt, sondern in seiner bescheidenen Art geachtet werden. Leser, die das können, sind ihm auch heute zu wünschen.

Lesefreuden mit Jean Paul

Nachwort zum »Quintus Fixlein«

1

Kunstgenuß ist Ergebnis von Übung. Wie jede Sprache, muß auch die der Kunst gelernt werden. Scheinbar nur verstehen wir mühelos die mancher Kunstwerke: die haben wir unwillkürlich aufgenommen, wie die Muttersprache. Um andere zu verstehen, sind, wie beim Erlernen von Fremd- und Fachsprachen, Anstrengungen nötig. Empörte Bemerkungen wie: »Das kann ich nicht lesen!« oder »Das verstehe ich nicht!« sind keine Argumente, sondern Armutszeugnisse. Die leichtere oder schwerere Erschließbarkeit eines Kunstwerkes wird bestimmt durch die Schlüssel, die man hat und zu nutzen versteht. Schulen und Hochschulen können dem Kunstverständnis aber nur allgemeine Grundlagen legen. Im speziellen Bereich ist der Kunstgenießer immer Autodidakt.

Trotz der Relativität solcher Begriffe wie: Verständlichkeit, Breitenwirkung oder Volkstümlichkeit, haben diese doch ihren Sinn, wenn man sie auf den allgemeinen Bildungsstand und die Lesegewohnheiten einer bestimmten Gesellschaft bezieht. Nur dürfen Feststellungen dieser Art nicht als Werturteile mißbraucht werden. Daß Hölderlin oder Stendhal zu ihrer Zeit nicht so anerkannt wurden wie in späteren Zeiten, läßt keine Rückschlüsse auf die Qualität ihrer Werke zu. Joyce ist nicht besser oder schlechter als Gorki, weil er sich schwerer erschließt. Und wenn der ehemalige Erfolgsautor Jean Paul seit langem weithin als unlesbar gilt, sagt das nichts über den Wert seiner Bücher. Außerdem stimmt es nicht. Man muß ihn nur zu lesen verstehen.

2

So vielgestaltig wie Jean Pauls Werk ist das Echo, das es zu verschiedenen Zeiten fand. An der Wirkungsgeschichte seiner Werke ist der jeweilige Zeitgeist ablesbar.

Als der 1763 geborene Pastorensohn mit 19 Jahren zu veröffentlichen beginnt, nimmt niemand von der großen Produktivität Kenntnis. Die Zeit der aufklärerisch-didaktischen Satiren, die er schreibt, ist in Deutschland vorbei. Auch ist es mühevoll, seine mit gelehrtem Witz und vielen Gleichnissen überladenen, zum Teil scharfen Angriffe gegen die feudale Gesellschaft, ihre Lebensformen und ihre Ideologie zu entschlüsseln. Als er neun Jahre später aber zu erzählen beginnt, ist es mit seiner Anonymität vorbei. Mit einem Sprung ist er mit an der Spitze der deutschen Literatur. Karl Philipp Moritz, Herder, Wieland und andere stellen die Qualität seiner ersten beiden Romane über die Goethes. Der Ruhm, den der arme Autodidakt aus dem Fichtelgebirge auf seinem Siegeszug durch die gebildete Gesellschaft Leipzigs, Weimars und Berlins erntet, ist groß. Besonders der »Hesperus« (1795), ein Gegenwartsroman, der das bürgerliche Lebensgefühl in Deutschland in den Jahren der Französischen Revolution reflektiert, wird das gepriesenste Buch dieser Jahre. In seinen gefühlvollen, tugendhaften, auf gesellschaftliche Veränderung sinnenden Helden erkennen die Leser vielleicht nicht sich, aber doch einen Traum von sich.

Den Erfolg dieses Frühwerks kann Jean Paul nie wiederholen, weder mit seinem Monumentalwerk »Titan« und den Fragment gebliebenen »Flegeljahren«, noch mit den Romanen der Spätzeit, dem »Fibel«, dem »Dr. Katzenberger«, dem »Komet«. Doch bleibt er bis zu seinem Tode (1825) auch mit seinen philosophischen, ästhetischen, pädagogischen und politischen Werken in der deutschen Literatur immer präsent, als einer der Größten nach Goethe überall anerkannt und gelesen.

Den wichtigsten Nachruf auf ihn hält Börne, und so wie er feiern die oppositionellen Literaten des Vormärz ihn: als Aufklärer, als Anwalt der Armen, als Mann des Fortschritts und der Geistesfreiheit. Das Biedermeier aber entdeckt einen anderen Jean Paul für sich: den Idylliker, der traurige deutsche Wirklichkeit durch Heiterkeit erträglich macht, den Naturschwärmer, den Dichter wehmütiger Resignation. Bis zur Jahrhundertmitte ist sein Einfluß bedeutend: Eichendorffs »Taugenichts« kommt von den »Flegeljahren« her, Stifter lernt bei ihm, auch Heine, Keller, Raabe, Vischer. Erst nach der Revolution von 1848 wird er so gut wie vergessen, in Literaturgeschichten als formlos, unkünstlerisch, unlesbar abgestempelt. Für Nietzsche ist er das »Verhängnis im Schlafrock«. Auch Thomas Mann, in manchem ihm verwandt, nimmt ihn nicht zur Kenntnis. Sonst entdeckt ihn das 20. Jahrhundert von verschiedenen Positionen her neu: Stefan George, der ihn »die größte dichterische Kraft der Deutschen« nennt, preist ihn als »Lyriker«. Hofmannsthal rühmt die Musikalität seiner Sprache, Hermann Hesse, der mehrere seiner Romane neu herausgibt und den »Titan« bearbeitet, weist auf die Vieldimensionalität seiner Prosa hin, Karl Kraus und Walter Benjamin bekennen sich als seine Verehrer. Als Dichter des Kosmos, des Mythos, der Innerlichkeit, als Vorläufer des Surrealismus wird er interpretiert. Das gewichtigste Werk, das in unserer Zeit über ihn geschrieben wird, sieht ihn als Dichter der Revolution. Wie verschiedenartig der Einfluß ist, den er auf die deutschsprachige Literatur unserer Tage ausübt, deuten schon die Namen derer an, die sich als Jean-Paul-Kenner bekennen: Arno Schmidt, Günter Grass, Martin Walser, Franz Fühmann, Irmtraud Morgner, Helga Schütz, Fritz Rudolf Fries. Der antiklassische Erzähler in klassischer Zeit gilt heute manchem als Klassiker moderner Erzähltechnik.

Alle diese verschiedenartigen, zum Teil gegensätzlichen Ansichten sind aber Mißdeutungen oder Verfälschungen nur insoweit, als sie einen Teil Jean Pauls für den ganzen ausgeben. Denn er ist nicht dies oder das oder jenes, sondern alles zusammen: Idylliker und Satiriker, Humorist und Mann des Pathos, Realist und Träumer, Sentimentaler und Verstandesklarer, Kleine-Leute-Schilderer und Verkünder neuer gesellschaftlicher Ideale. Schon früh, 1800, in der ersten umfassenden Würdigung von Jean Pauls Werk, hat Friedrich Schlegel für diesen Tatbestand den treffenden Ausdruck gefunden, als er Jean Pauls Romane »eine Enzyklopädie des ganzen geistigen Lebens eines genialischen Individuums« nannte.

3

Man hat ihn wieder und wieder der Formlosigkeit beschuldigt und hätte doch besser sagen sollen: er erzählt nicht so, wie man es gewöhnt ist, nämlich dem Zwang einer Handlung folgend. Er bevorzugt eine Art des Erzählens, die er bei Hippel, bei Wieland, bei Sterne und anderen fand und die er weiterentwickelte zu einer Erzählform, die jedem Einfall, jeder Unterbrechung, jeder Abschweifung offen ist. Die strenge Linie klassischen Erzählens wird bei ihm zur Arabeske, der Handlungsfaden wird aufgelöst, zerfasert, verknotet. Es ist eine besonders epische Art des Erzählens, breit, tief, verschlungen, nie atemberaubend, immer von dem Bewußtsein bestimmt: Zeit und Raum ist genug, um alles zu sagen, was einem zu diesem oder jenem einfällt, was in dieser oder jener Hinsicht mehr oder weniger dazugehört.

Und seine Sprache entspricht seiner Komposition; sie ist perioden- und metaphernreich, meist melodiös, manchmal trocken, sie kann pathetisch sein und witzig, gefühlvoll bis zur Rührseligkeit und kalt; die Bilder sind oft treffend, doch manchmal so weit hergeholt, daß sie (trotz Fußnoten) zu unauflöslichen Rätseln werden. »Ob ich gleich nicht weiß«, notiert er sich nicht ohne Selbstgefälligkeit, »wer unter allen Autoren der Erde die meisten Gleichnisse macht, so freut es mich doch, daß ihn niemand übertrifft als ich.«

Vor dem Auseinanderfallen bewahrt wird diese offene Form durch den Erzähler, der immer gegenwärtig ist und alle Fäden in der Hand hält. Im »Quintus Fixlein« taucht sein Ich im zweiten Satz schon auf und begleitet dann kommentierend und ausschweifend das Geschehen – bis der Autor dann im 11. Zettelkasten in Person auf dem Schauplatz erscheint. Während die Handlung – besonders in den großen Romanen – durch Einschübe oder Dazwischenreden oft so weit entfernt wird, daß man manchmal Mühe hat, sich ihrer noch zu erinnern, bleibt der Autor immer ganz nah, immer in Kontakt mit dem Leser. Was da erzählt wird, verschwimmt oft hinter Unterbrechungen und Bildern, aber wer da erzählt, bleibt immer deutlich. Jean Paul hat seine Bücher einmal lange Briefe an Freunde genannt, und wirklich schreibt er so, wie man zu Vertrauten redet, bei denen man voraussetzen kann, daß alles, was man erfahren hat und erfindet, was man fühlt und denkt, sie auch interessiert. Mit nur leichter Übertreibung könnte man auf die Frage, wovon Jean Pauls Bücher handeln, die Antwort geben: von Jean Paul!

Dabei sind seine erzählenden Werke durchaus nicht handlungsarm. Im »Schulmeisterlein Wutz« und im »Fibel« werden ganze Lebensgeschichten erzählt, im »Hesperus« und im »Titan« Haupt- und Staatsaktionen mit Mord und Kindesentführung. Liebesgeschichten kommen überall vor. Die »Flegeljahre« werden mit einer verzwickten Erbschaftsangelegenheit eröffnet. Siebenkäs befreit sich durch Scheinsterben von Ehefesseln. Nikolaus Marggraf, Held des »Komet«, erfindet die Diamantenherstellung. Nur wird das alles nie schlankweg auf das Ende der Handlung zu erzählt, sondern auf verschlungenen Wegen, die manchmal an ihr vorbei, unter ihr hindurch, über sie hinweg führen. Die Innenwelt der Helden, Naturschwärmerei und Gesellschaftssatire, Träume, Visionen, moralische und philosophische Betrachtungen werden oft wichtiger als der Fluß der Handlung. Und weil vom Universum bis zum Sandkorn, von der Offenbarung bis zum Pastorengehalt den Autor alles gleichermaßen interessiert, entsteht der enzyklopädische Eindruck. Aus der Enge der deutschen Miniaturfürstentümer, in denen er seine Geschichten ansiedelt, blickt man hinaus in die Welt; aber es ist ein Blick wie durch ein Kaleidoskop: bunt, ornamental und bruchstückhaft. Mit Dschungeln, zerklüfteten Landschaften, verwilderten Parks sind seine Romane verglichen worden, mit dem Bild eines Zeitungsblatts hat man das Gemenge von scheinbar Unzusammengehörigem treffen wollen. Aber das stimmt nur, wenn man hinzufügt, daß jeder Baum dieser Wildnis von diesem einen gepflanzt, jede Zeitungsspalte von diesem einen »genialischen Individuum« geschrieben wurde — sicher nicht so planvoll, wie manche Interpreten es glauben machen wollen, aber doch mit einer Meisterschaft, die alles chaotisch Anmutende schließlich zum Ganzen formt. Jeder Versuch, die Worturwälder durch Ausholzen zu Parks umzuformen, wird zur Verfälschung. Mit den Leseschwierigkeiten schwände der Lesereiz. Fontane, der zu Jean Paul kein gutes Verhältnis hatte, ihm aber doch gerecht zu werden versuchte, hat (ein auf Berlin gemünztes Jean-Paul-Wort umwandelnd) über sein Werk gesagt: »Sahara – aber welche Oasen drin!« und damit auch ausgedrückt, daß man die Freude an den Oasen nicht haben kann, wenn die Wüste fehlt.

Aber was heißt hier Wüste? Die Strecken zwischen den Oasen sind oft schwer überwindbar, aber sinnlos nie. In den meisten Fällen sagen sie etwas aus über die Welt, über die erzählt wird, in jedem Fall aber etwas über das Weltbild Jean Pauls.

Jedes Literaturwerk ist eine Art Glaubensbekenntnis seines Verfassers. Welche Dinge er gestaltet, wie er sie sieht und beurteilt, zeigt direkt oder indirekt, welche Anschauung er von ihnen hat. Jean Paul neigt in dieser Hinsicht zu Direktheiten. Der Überzeugungskraft seiner Fabeln traut er wenig und kommt deshalb ohne Kommentare nicht aus. Neben die Romanwelt, die sich durch Handlung be- oder verurteilt, tritt immer die Be- oder Verurteilung durch den Verfasser. Das ist kein Mangel – das ist seine Methode. Anstelle von Klarheit tritt Fülle und Vielfalt. Beständig ist immer der Wechsel, besonders der zwischen Gefühl und Verstand, zwischen Wärme und Kälte. Jean Paul hat das selbst einmal mit einem Dampfbad verglichen, auf das der kalte Wasserguß folgt: das kräftigt und härtet ab. In dieser Technik ist er ein Virtuose, ein Enzyklopädist auch der Form. Aus der Enge der deutschen Wirklichkeit bricht er so aus ins Universale; so auch kann er seine Konfessionen unterbringen. Auf sentimentale Behaglichkeit folgt oft die Satire. Die idyllenartige Geschichte des Wutz hängt er an den Roman »Die unsichtbare Loge« an, in dem revolutionäre Stimmung herrscht. Den »Quintus Fixlein« veröffentlicht er deshalb zusammen mit ganz andersartigen Arbeiten, von denen der »Rektor Fälbel« die wichtigste ist: als der Gegenpol zum »Fixlein« nämlich. Wird hier ein Schulmeister mit wohlwollend-mitleidiger Ironie betrachtet, so dort satirisch. Es ist, als habe Jean Paul das Mißverständnis vorhergesehen, dem seine Erzählungen aus deutscher Kleinwelt später ausgesetzt waren. Denn daß die genaue, verständnisvolle Schilderung der erbärmlichen Zustände im feudalregierten Deutschland seiner Zeit eine Versöhnung mit ihnen bedeutet, ist ein Mißverständnis, das nur aufrechterhalten werden kann, wenn man die bitteren Satiren, die Romane mit ihren Utopien von neuen Gesellschaftsformen und die sozialen Fortschritt und Geistesfreiheit fordernden politischen Schriften willentlich übersieht. Der Blick auf das Riesenwerk dieses von manischem Schreibfleiß Besessenen zeigt einen Schriftsteller, der (geistig von der Aufklärung, politisch von der Französischen Revolution bestimmt) immer daraufhin arbeitet, das Wohl des Menschen zu verbessern. Elend, Unterdrückung, Rechtlosigkeit, Adelswillkür, Nationalismus, Krieg und geistige Knebelung bekämpft er, bürgerliche Tugenden sind ihm heilig, Höflinge verhaßt, und auch sein unkirchliches Christentum folgt humanistischen Antrieben: In inneren Kämpfen hat er sich zu der Meinung durchgerungen, daß der Glaube an Gott und die Unsterblichkeit zum Glück des Menschen nötig ist.

Wie kaum ein anderer Schriftsteller seiner Zeit war er ganz auf Gegenwart eingeschworen. Weder die klassische Hinwendung zur Antike noch die romantische Flucht ins Mittelalter macht er mit. (Die »Geschichte meiner Vorrede zur zweiten Auflage des Quintus Fixlein« ist seine Absage an Klassik und Frühromantik). Er versucht immer wieder das rückständige, zerrissene Deutschland mit seinen verschuldeten Zwergfürsten und hungernden Schulmeistern zu gestalten. Kein Wunder, daß auch sein Werk, weitab von klassischer Klarheit, Zerrissenheit aufweist und an Skurrilitäten nicht arm ist. Den Zuständen, die er bekämpft, bleibt er verhaftet.

4

Der auf Lesefreuden mit Jean Paul begierige Leser muß versuchen, alle durch Lektüre anderer Art antrainierten Vorurteile abzulegen. Er muß auf Überraschungen gefaßt sein. Sollte er gewußt haben, wie ein Roman und eine Erzählung gebaut zu sein haben, tut er gut daran, es zu vergessen. Er muß offen sein für das, was Jean Paul mit ihm vorhat. Die verschlungenen Pfade, auf die der Erzähler ihn führen wird, darf er nicht als Umwege betrachten. Er darf nicht auf ein Handlungsziel hin lesen; die Enttäuschung kann sonst groß sein: drei Romane blieben Fragment. Der Weg schon muß ihm Ziel sein.

Jedes Buch Jean Pauls fängt mit einer Vorrede an (manchmal sind es auch zwei oder drei), in der man wenig über das folgende Werk und viel über den Autor erfährt. Der Leser sollte sie nicht überschlagen, weil sie immer amüsant ist, oft den Charakter eines selbständigen Werkchens hat und weil er an ihr merkt, ob er überhaupt ein Jean-Paul-Leser werden kann oder nicht. Hat er nicht Zeit und Geduld genug für die Vorrede, bewältigt er das übrige auch nicht. Denn viel anders wird es nicht, obwohl die Anfänge, die oft kühn in eine Szene hineinspringen, es manchmal zu versprechen scheinen.

Sagt zum Beispiel der erste Satz des »Quintus Fixlein« in deutlichem Bilde, daß der Schulmeister Ferien hat, so führt doch der zweite (und längere) schon auf leichte Abwege, auf Feriengedanken nämlich, die nicht der Titelheld, sondern der Autor hat und komisch auszudrücken versteht: Er »möchte noch den Totenkopf des guten Mannes streicheln, der die Hundsferien erfand«. Weil also der Verfasser Ferien liebt und das sagen muß, erfährt der Leser erst im nächsten Absatz, was Fixlein in den seinen vorhat. Und doch bietet der Abweg mehr als Verfassermeinung und witzige Wendung: die Sach-Mitteilung nämlich, daß die Lehrer, um die es hier geht, »gekrümmt« leben und nur in den Ferien den aufrechten Gang des Menschen haben. Diese zwei ersten Sätze enthalten in Kleinformat schon viel von dem, was den Leser später erwartet: die oft treffenden, oft witzigen, manchmal weithergeholten, übergelehrten Vergleiche und Bilder, das Dazwischenreden, die Abschweifung. Kommt der Leser dann auf der nächsten Seite bis zu der Stelle, wo der Autor seinen Helden anredet und den Leser (nein, bezeichnenderweise die Leserin) in seine Geschichte einbezieht, so ist er schon eingeweiht in die wesentlichen Schönheiten und Schwierigkeiten dieser Lektüre. Er hat Brosamen von Naturschilderungen gekostet, von denen ihm später noch ganze Brotkörbe voll geboten werden; er kennt Zeit und Ort der Handlung und ein wenig auch die Personen, die er später noch so genau kennenlernen wird wie ihre Lebensumstände, denen sie ihre kleinen Freuden nur abtrotzen können, weil sie sie in ihrer Erbärmlichkeit nicht durchschauen; er hat schon gelernt, die Information auch unter Bilderschmuck zu erkennen – und er hat seine Schwierigkeiten mit Fremdwörtern und ungewohnten Begriffen gehabt. Er weiß also schon, was Johann Peter Hebel meinte, als er Jean Pauls Schriften mit der Ananas verglich, die »auswendig lauter Diestel und Dorn« habe, in deren »süßes inneres Leben« einzudringen sich aber doch lohne. Er ahnt, daß er Ruhe braucht, manches mehrmals lesen muß, um zu begreifen, und er wird bald erfahren, daß er oft einer Art Verfremdung ausgesetzt werden wird, die ihn aus den schönsten Genüssen reißt und zum Nachdenken zwingt durch »Extraworte«, »Extrablätter«, »Extraseiten«, »Extrazeilen«, »Schalttage«, »Intelligenzblätter« oder »Beilagen«, die oft Wichtiges zum Zeitverständnis bieten, manchmal aber auch überschlagen werden dürfen.

Er darf überhaupt viel, der Leser, wenn er die Freundschaft, die ihm der Autor ständig anbietet, annimmt, der Subjektivität des Verfassers also die eigne konfrontiert, wohl oft mitlacht, mitweint, mitdenkt, manchmal aber auch sich weigert, Geschraubtheit Witz zu nennen, die Flut der geweinten Tränen durch eigne zu vermehren oder um Verständnis sich zu bemühen, wenn Spezialwissen auf abgelegenen Gebieten erforderlich wird, um Metaphernknäuel zu entwirren, in denen ein unverständliches Bild durch ein noch unverständlicheres erklärt werden soll. Er darf also denken: Dieses Einschiebsel hättest du dir ersparen können, Freund, ein Bild wäre genug gewesen, hier war der Wüstenweg etwas weit bis zur nächsten Oase! Statt müder Witze darf er des Autors Schrullen belächeln, ihm seine Eitelkeit vorwerfen, ihn auch (falls er ein Kenner der Literaturgeschichte ist) darauf hinweisen, daß hier ein Trick von Sterne, ein Motiv von Smollet, dort ein Gedankengang des verehrten Jean Jaques Rousseau benutzt wird. Das Vergnügen beeinträchtigt das nicht, die Vertrautheit kann es nur stärken. Die Gefahr, durch ständiges Hinaufblicken zum hehren Dichterfürsten Genickstarre zu bekommen, besteht bei dieser Lektüre nicht.

5

Um nun am Schluß meines Nachworts (»Ausläuten« nennt Jean Paul – der übrigens mit bürgerlichem Namen Johann Paul Friedrich Richter hieß – einmal ein solches) in einen der vielen Jean-Paul-Töne zu fallen, möchte ich dem Leser, der durch 332 Seiten Jean Paul und 11 Seiten de Bruyn bis hierher gelangt ist, gern bekennen, was ich jetzt täte, wäre ich er. Nicht ins Regal, diesen Literatur-Gottesacker, wo die Bücher ruhen bis zum Jüngsten Tag, würde ich dieses stellen, sondern es auf den Nachttisch legen, zu den Neuerscheinungen, die noch zu lesen sind. Und wenn ich dann Freude einmal bitter nötig und Zeit dazu hätte, an einem Sonntag im November, der wie der Teufel immer mit Schmutz und Nebel kommt und geht, an einem regnerischen Urlaubstag, bei starkem Schneegestöber oder wenn die Grippe mich ins Bett treibt: dann würde ich mir ein gutes Abendbrot bereiten, den Ofen noch einmal heizen, den Fernsehapparat und das Radio ausschalten, Mitleid mit allen haben, die Partys oder Versammlungen besuchen müssen, und mir dieses Buch wieder vornehmen, das beim zweiten Lesen, wie Kohl beim erneuten Aufwärmen, noch besser schmeckt. Zwei Lesezeichen (es können Zeitungsränder sein oder Fahrkarten, aber keine Wurstpellen – die machen häßliche Flekken – oder Bleistifte – die reißen den Buchblock auf), zwei Lesezeichen also würde ich mir bereitlegen: eins, das zur Kennzeichnung der Seite dient, bis zu der ich gelangt bin, wenn ich telefonische Einladungen von Freunden absage oder wenn die gute-Nacht-sagenden Kinder stören oder ich mir ein Taschentuch holen muß, das andere aber, um mit einem Griff die Worterklärungen des Anhangs finden zu können, durch die ich (andere mögen wissender sein) manchen Satz erst richtig verstehe. Besonders viel Zeit würde ich mir für die Vorreden lassen, die beide ein Programm enthalten, eins fürs Leben die erste, eins für die Literatur die zweite, würde mich fragen, wo da im Spaß Ernst steckt, im Ernst Ironie, und würde besonders lange auf Seite 25 stocken, wo vom komischen und unvollkommenen Charakter Fixleins die Rede ist und vom Identifizierungsverlangen des Lesers, der einen ihm ähnlichen Buchhelden sucht, darunter aber immer einen überaus positiven versteht. Vielleicht würde ich in mir Leser selbst nachforschen, ob das richtig ist, sicher mir aber für das vergnügliche Wiederlesen der Erzählung merken, daß der Urheber des Fixleins diesen wohl mit Liebe, aber doch durchaus mit Abstand sieht und darstellt, obgleich der Held doch wiederum auch viel Persönliches von seinem Erzeuger mitbekommen hat. Und irgendwann unter dem Lesen und Lächeln würde in mir der Gedanke auftauchen, daß dieser Jean Paul, der seine Person mit soviel Selbstsicherheit in den Vordergrund rückt, sich diese subjektive Erzählweise auch leisten kann: nicht nur, weil er sie souverän beherrscht, sondern auch weil das so subjektiv Gebotene von objektivem Belang ist. Deshalb würde in mir auch die Lust auf anderes Jean-Paulsche wachsen, auf das »Schulmeisterlein Wutz«, das seine Familienähnlichkeit mit Fixlein nicht leugnen kann, auf den »Siebenkäs«, der die beiden durch Aktivität und Freiheitsdrang überragt, auf die »Flegeljahre«, die die schönste Ausprägung dieses Menschentyps bieten, dann aber auch auf den »Dr. Katzenberger« und, als die Hohe Schule des Jean-Paul-Lesens, auf den »Hesperus«, den »Titan« und den »Komet«.

Das alles also würde ich tun und denken und dabei dem seit 150 Jahren toten Verfasser und dem noch lebenden Herausgeber danken, beim zweiten Lesen noch mehr als beim ersten. Doch leider bin ich letzterer selbst und hatte (einschließlich des Korrekturlesens) schon achtmal das Vergnügen. Doch auch beim neunten wird noch Neues zu entdecken sein. Gute Bücher und gute Leser kriegen, so scheint mir, nie genug voneinander.

Die Geschwister Tieck

Die Frauen

Die Frauen, die Ludwig Tiecks Leben dienend, liebend oder auch störend begleiteten, hießen: Anna Sophie Tieck, Sophie Tieck, Amalie Tieck , Dorothea Tieck, Agnes Tieck und Henriette Gräfin Finck von Finckenstein. Die erste, Tochter eines Dorfschmieds aus Jeserig bei Brandenburg und Frau eines Berliner Seilermeisters, war seine Mutter, die zweite, eine romantische Dichterin, die weniger durch ihre Werke als durch einen Eheskandal Berühmtheit erlangte, seine Schwester, die dritte, die beim Vorlesen Tieckscher Werke einzuschlafen pflegte, seine Frau, die vierte, deren Namen auf Titelblättern deutscher Shakespeare-Ausgaben zu finden ist, seine Tochter, die sechste 45 Jahre lang seine Geliebte – über die aber wenig bekannt ist, da die fünfte, die Agnes, die als Tiecks Tochter galt, es aber nicht war, die Familienehre dadurch zu retten glaubte, daß sie aus dem Nachlaß ihres angeblichen Vaters alles verbrannte, was sich auf sein Verhältnis zur Gräfin bezog.

Die Mutter starb, als Tieck schon berühmt und verheiratet war; die Schwester, immer bestrebt, andere an sich zu fesseln, ging, als ihr das beim Bruder Ludwig nicht gelang, ihren eignen Weg, der den seinen allerdings immerfort kreuzte; Agnes verheiratete sich. Dem Dichter treu bis zum Tod blieben nicht nur Amalie und Henriette, sondern auch Dorothea, die Tochter, die er für seine Zwecke sorgfältig gebildet hatte, die ihr Leben, für ihn arbeitend und ihn verehrend, an seiner Seite verbrachte und mit 42 Jahren an den Masern starb.

Sophies Unglück war, in Zeiten einer sich auflösenden Sozialordnung eine Frau zu sein. Für ihren Ausbruch in die Unsicherheit war sie nicht gerüstet; denn die Bildung, die der aufgeklärte Seilermeister Tieck seinen Söhnen zukommen ließ, wurde ihr verweigert. Während Ludwig, der ältere Bruder, das Gymnasium und die Universität besuchte und Friedrich, der jüngere, zum Bildhauer ausgebildet wurde, saß sie, die nicht weniger talentiert war, strikkend und kochend zu Hause. Zwar lernte sie von den Brüdern, aber für die Künstlerkreise, in die sie durch diese geriet, genügte das nicht, und da ihre äußeren Reize nicht groß genug waren, um den inneren Mangel zu kompensieren, mußte sie sich stets unterlegen und zurückgesetzt fühlen, was ihrem Charakter nicht gut bekam. Das Bewußtsein, ihren starken Ehrgeiz nicht aus eignen Kräften befriedigen zu können, trieb sie dazu, sich die Gefühle, die andere für sie hatten, nutzbar zu machen. Wenn ihr Liebe und Freundschaft versagt blieben, spekulierte sie auf das Mitleid und setzte so selbst ihre Krankheiten als Erfolgsmittel ein. Die schöne Souveränität anderer Frauen der Romantik (die stets aus gebildeten Kreisen stammten), sucht man bei ihr vergebens. In allen ihren Briefen wird geklagt, gebettelt oder gefordert. Immer fühlt sie sich bedroht, unglücklich, elend. Immer wird sie gehetzt: von ständigem Geldmangel, von der Angst, von den Männern alleingelassen und in die Verhältnisse, aus denen sie kam, zurückgeworfen zu werden, – und vom Willen zum Aufstieg. Ihre Reisen durch halb Europa sind Fluchten und Glücksjagden zugleich. Obwohl die Seilertochter aus Berlin als Baronin und Gutsherrin endete, war es eine erfolglose Jagd.

Der erste Mann, an den Sophie sich klammert, ist ihr Bruder Ludwig. Die Liebe, die die Eltern, denen starke Autorität das beste Erziehungsmittel scheint, für sie nicht fühlen oder zumindest nicht zeigen, findet sie bei ihm. Sie nimmt an seinen ersten literarischen Versuchen teil und läßt sich selbst zu solchen anregen. An seiner Seite erforscht sie ihre Heimatstadt. Alle Bekannten, die sie hat, kennt sie durch ihn, doch weiß sie nichts mit ihnen anzufangen, wenn er nicht bei ihr ist. Sie vermißt ihn also sehr, wenn er mit 18 Jahren die Stadt verläßt, um erst in Halle, dann in Erlangen und Göttingen zu studieren. Die Briefe, die sie ihm schreibt, sind Liebesbriefe, die schon, wie alle späteren an andere Männer, auch Angst-, Droh- und Bettelbriefe sind. Sie mißtraut der Beständigkeit seiner Liebe, stellt sich vor, daß er ihre Briefe ungelesen beiseite legt, wirft ihm vor, daß er heiter sein kann, während sie leidet. Sein Versprechen, nach dem Studium mit ihr in Berlin zusammenzuleben, will sie ständig erneuert haben, andernfalls droht sie mit Krankheit oder Tod. »Als du abreistest«, schreibt sie in ihrer abenteuerlichen Rechtschreibung, die fast ohne Interpunktion auskommt, »verlor ich mit dir jede Geselschaft mir blieb selbst nicht einmal ein Geschöpf mit dem ich hätte lustig sein können viel weniger das jemand einen kleinen Grad von Freundschaft für mich gehabt hätte. Ich wahr also ganz mir selbst gelaßen ich hatte keine Freude als einen Brief von dir. Ich zählte ängstlich jeden Tag bis zu deiner Ankunft...«

Aber auch Unkontrolliertheiten, wie sie sie später manchmal passieren läßt, kommen jetzt schon vor. So steht in dem eben zitierten Brief (vom Oktober 1793), in Klagen über ihre Einsamkeit eingebettet, plötzlich der Satz: »Bernhardi besucht mich jetzt oft ich liebe ihn sehr er ist mein Freund er schreibt mir Briefe liest mir seine Schriften vor kurz wir bringen manchen Abend angenehm mit einander zu...«

Bevor sie diesen Herrn Bernhardi, der Ludwigs Gymnasiallehrer ist, heiratet, unglücklich mit ihm wird, ihn verläßt und jahrelang einen Scheidungsprozeß gegen ihn führt, in den viele Dichter und Denker der Berliner Romantik verwickelt werden, wohnt und arbeitet sie tatsächlich mit dem Bruder in Berlin zusammen – nicht bei den Eltern im engen, dunklen Haus Roßstraße 1, direkt am Köllnischen Fischmarkt, wo sie beide geboren und aufgewachsen sind, sondern draußen im Norden, vor dem Rosenthaler Tor, auf dem ehemals Sparrschen, dann Millardschen, später Wollankschen Weinberg, an den heute der Weinbergsweg noch erinnert, wo aber auch schon zu jener Zeit lange kein Wein mehr wächst, sondern neben einem vielbesuchten Ausflugslokal von Gärten umgebene Landhäuser stehen. Mit dem Wagemut junger Leute werfen sie sich auf die Schriftstellerei; und da Ludwigs Produktivität groß ist, kann die Schwester, die wenig beitragen kann, mit davon leben — solange sie ihn an ihrer Seite zu halten vermag.

Die Schmerzen, Mißverständnisse und Streitereien, von denen in späteren Briefen die Rede ist, und die Eifersucht, mit der die Schwester jeden selbständigen Schritt des Bruders verfolgt, machen Varnhagens Behauptung glaubhaft: Ludwig habe Sophie zu der Heirat überredet. Schwer wird ihm das, da Sophie ohne männliche Hilfe nicht existieren kann, nicht gefallen sein. 1799 wird sie Madame Bernhardi; 1801 sind schon die zwei Männer ständig bei ihr zu Gast, die das Schicksal ihres weiteren Lebens bestimmen werden: der Dichter und Kritiker August Wilhelm Schlegel, der von Jena gekommen ist, um vor bildungshungrigen Berlinern Vorlesungen über Kunst und Literatur zu halten, und der Baron von Knorring aus Estland, dem Bernhardi, um sein mageres Gehalt aufzubessern, Privatunterricht in Griechisch erteilt.

Die Ehe, die Sophie, nachdem sie ihr entronnen ist, als Hölle und Sklaverei bezeichnet, bietet, wenn die Schuld an ihrem Scheitern im Prozeß aufgerechnet wird, das für solche Fälle übliche Bild: Beide Ehepartner bezichtigen einander der Lieblosigkeit; das nie ausreichende Geld hat (nach ihm) sie verschwendet, (nach ihr) er vertrunken; sie hat die Ehe gebrochen, er dagegen die Frau vernachlässigt und Bordells besucht; sie hat, statt ihm Strümpfe zu stricken, diese teuer gekauft, er aber hat ihr das Stricken befohlen, obwohl es der Arzt ihr verbot; statt durch Schriftstellerei nebenbei Geld zu verdienen, hat er die schriftstellernde Gattin dauernd gestört; sie hat die Kinder vernachlässigt, er hätte sie auch verhungern lassen, hätte die Frau sich nicht anderswo Geld besorgt: bei Schlegel vor allem, der von 1801 bis 1804 als Untermieter bei den Bernhardis wohnt.

Natürlich steht Sophies Ehebruch im Mittelpunkt des Prozesses, und Freunde, die diesen durch Eid bestätigen oder bestreiten, gibt es auch. Ohne zu sagen, was er im Schlafzimmer Frau Bernhardis zu suchen hatte, sagt (nach Varnhagen) Fichte zum Beispiel aus, daß er dort bei unerwartetem Eintreten »den älteren Schlegel in sonderbarster Verfassung angetroffen« habe — eine Beschuldigung, die zur Folge hat, daß der Kritiker dem Philosophen einen sprachlich geschliffenen, vornehm gebändigten Beleidigungsbrief schreibt, dessen Entrüstung über die angebliche Falschaussage so echt wirkt, daß man die Lüge, die er insgesamt darstellt, nicht glaubte, gäbe es nicht die Klage-Briefe Sophies, die sie ihm, vom Ehemann unbemerkt, schreibt, wenn Schlegel Berlin kurzzeitig verläßt, um in Jena nach seiner Frau Caroline zu sehen, die schon bereit ist, sich Schellings wegen von ihm zu lösen.

Der Scheidungsprozeß findet aber erst Jahre später statt, wenn die Franzosen schon in Berlin sind, Sophie aber nicht mehr. 1804, kurz nachdem Schlegel der Madame de Staël in die Schweiz gefolgt ist, hat auch Madame Bernhardi mit ihren zwei Söhnen die Stadt verlassen. Mit Billigung ihres Mannes sucht sie in Liebenstein und in Weimar Erholung, kehrt aber, trotz aller Proteste Bernhardis, nie nach Berlin zurück: die (nicht unbegründete) Angst, daß Bernhardi ihr mit Polizeigewalt die Kinder entreißen könnte, hält sie von Preußen fern. Von Knorring begleitet, vom Bruder Friedrich und vom Freund Schlegel aus der Ferne finanziell unterstützt, hält sie sich in Dresden, Teplitz und München auf und ist im Sommer 1805 in Rom, wo sie zwei Jahre bleibt, in der Hoffnung auf päpstlichen Schutz für ihre Kinder katholisch wird, ihre Brüder nachkommen läßt, in höchsten Kreisen verkehrt und in einem Palazzo wohnt. Sie hat (genau wie Ludwig, der völlig mittellos ankommt und große Ansprüche hat) die Fähigkeit, mit fremdem Geld auf großem Fuße zu leben, ohne sich viel Gedanken darüber zu machen, wie das Geborgte zurückgezahlt werden kann. Gläubiger, die nicht zu begütigen sind, werden an Knorring verwiesen. Der hat zwar mehr Geld als die Geschwister, aber doch nicht genug, um die drei aushalten zu können, weil der Vater in Estland, der die Brautwahl des Sohnes nicht billigt, schlecht zahlt. Immer wenn in den kommenden fünf Jahren von Geld die Rede ist, ist von Knorring die Rede, der die rettende große Summe erwartet; aber die kommt nie. Wenn Knorrings Vater nicht schuld daran ist, ist es ein betrügerischer Verwalter oder die Bank oder die Kriegslage, die den Rubel (Estland gehört zu Rußland) fast wertlos macht. Wenn Bruder Friedrich dann mit seiner Bildhauerei nichts verdient, ist letzte Rettung immer wieder Schlegel. Obwohl Sophies Bitten oft Forderungen gleichen (»...damit nicht Knorring wieder alles allein bezahlen muß«), ist seine Güte, trotz eigner Knappheit, unendlich. Anzunehmen ist, daß er Sophies zweiten Sohn, Felix Theodor, für seinen hält.

Aber nicht nur mit Geld hilft Schlegel ihr. Jede Gedichtzeile, die sie schreibt, geht durch seine korrigierenden Hände. Er sucht Verleger für sie, tritt mit seinem erfolgfördernden Namen als ihr Herausgeber auf. Für ein Stück über »Rudolpf von Hapsburg«, das sie der Erzherzogin von Österreich, mit der sie in Rom verkehrt, schreiben will, soll er ihr den Stoff aufbereiten. Und als dann böse Zungen der deutschen Künstlerkolonie in Rom das Gerücht verbreiten, sie sei gar keine vornehme Dame, sondern käme aus den »Hefen des Pöbels«, fordert sie Schlegel auf, Aufsätze für italienische Zeitungen zu schreiben, aus denen hervorgehe, daß sie »eine bekante deutsche Poetin« sei, die sich der »Gesundheit wegen in Italien aufhielte, und daß gewiß jeder von den Deutschen welcher sich für die schöne Litteratur interessire, wünschen müsse, daß mir das milde Clima heilsam wäre, weil man viele vortreffliche Werke alsdan von mir erwarten dürfte... Vorzüglich muß darin liegen daß mich ganz Deutschland kent, so schlagen Sie auf einmal alle diese niedrige Klätschereien nieder...« — was wichtig für sie ist, damit nicht auch die letzten Kreditquellen sich ihr verstopfen.

Aber größer als die Sorge ums Geld ist die Angst um die Kinder. Um die vor allem geht es in dem Berliner Prozeß. Bernhardi hat Sophie des Kindesraubs angeklagt, und da er das Gesetz auf seiner Seite hat, muß sie den Zugriff preußischer Behörden auch im Ausland befürchten. Die Angst treibt sie von Ort zu Ort: von Rom nach Florenz, von dort nach München und Wien. Als sie hier von dem nahen Ende des Prozesses und den Bemühungen Bernhardis, sich der Kinder zu bemächtigen, erfährt, flieht sie sofort nach München zurück, wo aber das, was sie seit Jahren befürchtet hat, sie wirklich ereilt.

An einem Dezembermorgen des Jahres 1808 (Knorring ist gerade wieder auf Reisen, um Geld zu besorgen, aber Ludwig ist da) dringt unerwartet, während sie noch im Bett liegt, Bernhardi mit dem Münchner Polizeidirektor bei ihr ein und fordert die Kinder zurück. Als sie sich weigert und Ludwigs Bittgänge bei der Bayerischen Regierung erfolglos bleiben, wird das Haus von Polizei umstellt. Sophies Flehen rührt Bernhardi. Er läßt sich mit ihr auf Verhandlungen ein. Tagelang streiten sie sich und beschuldigen einander, dann kommt es zu einem Vergleich. Während Felix Theodor bei der Mutter bleibt, reist Bernhardi am Weihnachtstag mit dem neunjährigen Wilhelm, dem älteren Sohn, ab. Die Aufregungen machen Schwester und Bruder krank. Ihr Zusammenleben auf Pump (in einer prächtigen Wohnung mit vier Bedienten) wird unerträglich, weil jeder den andern tyrannisieren will. Wenn der gichtgeplagte Bruder anderthalb Jahre später München verläßt, ist die Haßliebe, die die beiden immer wieder zueinander trieb, endgültig zur Abneigung geworden. Ihre Verbindung reißt bald ganz ab. Wenn einer in Briefen an Dritte den andern erwähnt, weiß er nur Schlechtes zu sagen.

Als Knorrings Vater nach langem Zögern doch seine Einwilligung zur Heirat gibt, wird Sophie 1810 endlich Baronin. Ihr Wunsch, in Rom ein Haus zu kaufen und dort zu wohnen, scheint in Erfüllung zu gehen. Da aber erkrankt ihr Schwiegervater, und der Sohn muß, für Monate nur, nach Estland, um die Verwaltung der Ländereien zu ordnen — aber es werden Jahre daraus. Bis 1812 wartet Sophie noch in München; als aber im Frühjahr Napoleon seine halbe Million Soldaten an die russische Grenze führt und der drohende Krieg eine endgültige Trennung befürchten läßt, macht sie sich im April hastig zu ihrem Mann auf den Weg, im eignen Reisewagen, dem auf den Stationen Postpferde vorgespannt werden. Außer Sophie und ihrem Sohn Felix Theodor sind an der Reise noch eine Zofe, ein Diener und ein polnischer Kohlenbrenner, der auf dem Gut Arrokül gebraucht wird, beteiligt.

Erst geht es über Regensburg nach Prag, dann müssen sie, weil die kurze Strecke über Breslau und Warschau durch Truppenbewegungen blockiert wird, den Umweg über Galizien machen. Ungehindert überschreiten sie mit dem russischen Paß der Baronin bei Brody die Grenze, kommen dann aber schwer nur voran, da Postpferde hier ausschließlich Militärs zur Verfügung stehen. Ein russischer Kutscher, der für Österreich bestimmte Waren, die der Kontinentalsperre wegen in baltischen Häfen entladen werden, nach Brody fährt, nimmt sie schließlich auf seinem leeren Wagen über Pinsk, Lipno und Wilna nach Riga mit. Kurz vor Kriegsausbruch erreichen sie Dorpat, wo Knorring die neue Gutsherrin erwartet. Ein Ziel hat Sophie nun erreicht, aber eins, das sie nie wünschte. Ihre Klagen über seelische und körperliche Leiden setzen sich fort. Waren die Ursachen dafür sonst die Aufregungen und die Schlechtigkeit der Menschen, sind es nun das rauhe Klima und die Langeweile.

»Niemals war es die Absicht meiner Mutter gewesen, ihr eigentliches Leben in Estland zu verbringen oder dort heimisch zu werden«, schreibt der Sohn in seinen Erinnerungen. »Nach Deutschland und Italien, in ihre Welt, in die literarischen Kreise wollte sie ... so bald als möglich zurück. Man war nur hier, um das Vermögen zu ordnen.« Das aber gelingt nie. Ein langer Winter nach dem andern vergeht in dem erzwungenen Abseits, unter durchaus nicht komfortablen Umständen. Da Knorring, noch immer der fehlenden Gelder wegen, viel unterwegs ist, ist sie am Abend oft ganz auf den Sohn angewiesen, der mit ihr Schach spielen und ihren Erinnerungen lauschen muß. Mit Erstaunen nimmt Felix Theodor, der sich später nur Theodor nennt, als er älter wird, wahr, daß seine Mutter, die unter den Adligen als gelehrt gilt, weil sie glänzend zu reden versteht, nie systematisch gelernt, nur gut zugehört hat und selbst auf poetischem Gebiet, wo sie sich für kompetent hält, eigentlich unwissend ist. Auch die Langeweile des »geistigen Sibiriens«, in dem zu leben sie gezwungen ist, benutzt sie nicht zu Studien oder zur Verarbeitung ihrer Erlebnisse: sie baut sich nur eine Phantasiewelt voll Glanz und Schönheit auf, in der sie gelebt haben will. Die Vorbereitung Theodors auf ein Leben in Deutschlands geistigen Kreisen besteht darin, daß ihm beigebracht wird, wie paradiesisch das ist.

Einmal noch (sie ist 45 Jahre alt) kann auch sie das Paradies betreten. Als Bernhardi, der beide Söhne im Testament bedacht hat,

1820 stirbt und Theodor seine Studien beginnen soll, nimmt Herr von Knorring, dem sich die Verwaltung seiner verschuldeten Güter immer mehr verwirrt, das zum Anlaß, seiner inzwischen wohlbeleibten Frau die Freude eines Aufenthalts in Deutschland zu machen. Mit Dienerschaft, im eignen Wagen, der, um Wohlhabenheit vorzutäuschen, von neun Pferden gezogen wird, fahren sie über Warschau und Breslau nach Dresden, wo das Wiedersehen mit den Brüdern enttäuschend ausfällt, und dann durch Franken nach Heidelberg, wo Theodor studieren soll und Sophie ihren älteren Sohn, Wilhelm, zum erstenmal nach zehn Jahren wiedersieht — und entsetzt von ihm ist. Daß »dies Geschöpf« mit seiner »verwahrloßten Gestallt« und seiner »verschrobenen Seele« mit ihr etwas gemeinsam habe, kommt ihr vor wie ein »ängstlicher Traum«. Als Wilhelm (der später übrigens Schriftsteller wird) nach Bonn geht, wo August Wilhelm Schlegel Professor ist, schreibt die Mutter dem Sohn, »mit soviel Schonung als möglich«, daß sie nichts mehr mit ihm zu tun haben wolle, dem alten Freund aber dies: »Ich bin überzeugt, daß Sie ihm raten werden meine Ruhe zu schonen und nicht durch übereilte Schritte sich selbst zu schaden. Sie können nicht denken wie unglaublich schmerzlich es mir sein würde wenn er auf den unglücklichen Gedanken käme mich hier besuchen zu wollen.«

Erst sieht es so aus, als sei der Aufenthalt in Deutschland auf Dauer geplant; nach kurzer Zeit aber ist das Geld schon alle. In höchster Not werden die Pferde verkauft, dann muß, mit größeren Summen, als er hat, wieder Bruder Friedrich helfen, und schließlich geht es nach Estland zurück. Dort warten zwar auch nur Schulden, aber man kann ohne Sorge um das tägliche Brot leben. »Wir können nicht hoffen«, schreibt sie im Mai 1822, kurz vor der Abreise, an Schlegel, »vor künftigen Frühling wieder hier zu sein, und ich bin gezwungen wieder einen Winter in dieser rauhen Gegend getrent von allem was mir Freude machen könnte hinzubringen«; dann aber wollen sie endlich einen »gemeinschaftlichen Lebensplan verabreden«. Noch im Januar nächsten Jahres ist von einer Reise nach Bonn die Rede und in einem Brief an den Bruder Friedrich vom Jahre 1826 von einer nach Berlin. Aber es kommt nie dazu. 1833 stirbt Sophie in Estland – »in Bekümmernissen«, wie der Bruder Friedrich an Schlegel schreibt.

Schriftstellerisch hat sie in den letzten heimwehkranken Jahren mehr gearbeitet als zuvor: Ihr nachgelassener Roman »Evremont« hat weit über tausend Seiten. Darin träumte sie sich, sentimental, aber ohne romantische Wunder, in deutsche Zustände zur Zeit der Befreiungskriege zurück. Auffallend ist, daß die weibliche Hauptgestalt, die sonst edel allen Bösen verzeiht, den Bruder, der das Unglück ihrer Jugend verschuldet hat, über dessen Tod hinaus mit unversöhnlichem Haß verfolgt. Ob Sophies Bruder Ludwig, der drei Jahre nach ihrem Tod den Roman herausgab, das bemerkt hat, sagt er in seiner Vorrede nicht.

Ludwig

Das Friedrichwerdersche Gymnasium, das Ludwig, der älteste der Geschwister, zehn Jahre lang besucht, und das sowohl durch die gediegene Bildung, die es ihm vermittelt, als durch die Freundschaften, die zu schließen es ihm ermöglicht, für ihn bedeutsam wird, ist eine ausgesprochen aufklärerische Anstalt. Gedike, ihr Leiter, ein Freund Nicolais, legt Wert darauf, daß hier eine Bildung vermittelt wird, die nicht nur künftigen Gelehrten, sondern Angehörigen aller Stände zugute kommt. So wird den Handwerkersohn Tieck, den Beamtensohn Wackenroder und den Adligen Wilhelm von Burgsdorff nicht nur wie auf älteren Gymnasien Griechisch, Latein, Französisch und Philosophie gelehrt, sondern auch Geschichte, Geographie, Mathematik, Anatomie und Physik. Die etwa 200 Schüler sind in fünf Klassen geteilt, doch ist dieses System insofern durchlässig gehalten, als es den Schülern erlaubt ist, in den Fächern, in denen sie besonders stark oder schwach sind, die Klassen zu wechseln, also höher oder tiefer zu gehen. Der Wahn, in Zensuren und Prüfungen das pädagogische Heil zu sehen, ist dagegen nicht weniger stark als heute. Ist die eine Prüfung vorbei, fängt die Angst vor der nächsten schon an.

Weit hat es Ludwig zur Schule nicht. Aus dem elterlichen Haus in der Roßstraße tretend, braucht er nur den Köllnischen Fischmarkt zu überschreiten, durch Brüderstraße und Spreegasse den Schleusengraben zu erreichen, diesen auf der Jungfernbrücke zu überqueren, die Unterwasserstraße bis zu deren Ende nach rechts zu gehen, sich links zu halten — und schon ist er auf dem Werderschen Markt, wo gegenüber der turm-, glocken- und uhrlosen Werderschen Kirche (aber noch nicht der Schinkelschen) das Werdersche Rathaus steht, das Turm, Glocken und Uhr besitzt und unter diesen, im Obergeschoß, das Gymnasium beherbergt, in dem vormittags von acht bis elf oder zwölf und nachmittags von zwei bis vier oder fünf unterrichtet wird, während unten im Parterre die Gerichte tagen.

Auch andere Berliner Straßen werden für den Gymnasiasten wichtig: die vornehme Burgstraße, hinter Schloß und Spree, wo der Freund Wackenroder wohnt; die Behrenstraße, wo in einem Hinterhaus das Döbbelinsche Theater als erstes in Berlin deutsche Schauspiele aufführt; und die Friedrichstraße, wo das gastfreie Haus des Königlichen Kapellmeisters Johann Friedrich Reichardt (der der Stiefvater des Schulfreundes Wilhelm Hensler ist) bis 1790 einen Anziehungspunkt für künstlerisch interessierte Bürger der Stadt darstellt. Hier werden die Tieck-Geschwister mit der Musik vertraut und wirken an Liebhaberaufführungen mit; hier kommen sie mit Kreisen in Berührung, die Handwerkerkindern sonst verschlossen sind; hier lernt Ludwig Amalie, eine Schwägerin Reichardts, kennen, die später seine Frau werden wird.

Wenn der belesene und schauspielernde Gymnasiast 1792 das Abitur (das seit vier Jahren in Preußen Vorbedingung für ein Universitätsstudium ist) ablegt und Berlin (das noch keine Universität hat) verläßt, um anderswo angeblich Theologie zu studieren, sind die Grundlagen für seinen späteren Lebensweg schon gelegt; mit Wackenroder, mit dem zusammen er als Begründer der Berliner Romantik in die Literaturgeschichte eingehen wird, ist er schon verbunden; Amalie, die ihm die hilfreiche Tochter Dorothea gebären wird, kennt er bereits; Burgsdorff, der ihm einen komfortablen Wohnsitz verschaffen und die Bekanntschaft mit der geliebten (und vermögenden) Henriette vermitteln wird, steht schon bereit;

und geschrieben ist auch schon viel: Gedichte und Stücke, die nie oder erst spät veröffentlicht werden, und Teile von Trivialromanen, zu denen seine Lehrer Rambach und Bernhardi ihn anstifteten. Daß er schreiben kann, und zwar flink, weiß er schon, wenn er sein Studium beginnt; wenn er es ohne Abschluß beendet, steht sein Entschluß, als Schriftsteller zu leben, fest.

In den nächsten sieben Jahren, seiner zweiten Berliner Zeit (an seinem Lebensende wird es noch eine dritte geben), schreibt und veröffentlicht er viel, darunter auch Gutes. Seine Erzählungen, Romane, Aufsätze, Märchen, Theaterstücke und Gedichte, die in schneller Folge entstehen, spiegeln die Tendenzen der Zeit: den Übergang von der Aufklärung, die ihn erzog, zur Romantik, deren schulemachender Poet er (mit Novalis zusammen) wird. Seine frühe Belesenheit und sein vielseitiges, farbenreiches, aber nicht tiefes Schreibtalent bringen ihn dazu, die Literaturentwicklung der letzten Jahrzehnte individuell nachzuvollziehen. In den »Straußfeder«-Geschichten versucht er sich an moralischer Aufklärungsliteratur; im »William Lovell« bietet er seinen Sturm- und Drang-Roman; die Nachfolge des empfindsamen Lawrence Sterne tritt er im »Peter Lebrecht« an. In dieser Zeit aber schon und kurz danach, während er sich von der Schwester löst, sein Malchen heiratet, in den Salons der Rahel Levin und der Henriette Herz verkehrt, die Schlegels und Schleiermacher kennenlernt, einige Monate auch im frühromantischen Zentrum Jena verbringt, entstehen in Vers und Prosa diejenigen Dichtungen, die es rechtfertigen, daß sich der Begriff des Romantikers mit seinem Namen für immer verknüpft. Zum Teil ist das Literatur, die, nur aus Literatur, nicht aus Erlebnis entstanden, den Streit der hadernden Kunstparteiungen nicht überlebt und nur noch historisch oder formal interessant bleibt (wie zum Beispiel der «Zerbino« oder der »Gestiefelte Kater«); es entsteht in dieser Zeit aber auch das, was bis heute immer wieder gedruckt und gelesen und nachgeahmt wird und Tiecks Namen lebendig erhält; die wunderbaren, unheimlichen, vieldeutigen Märchenerzählungen (wie der »Blonde Eckbert« und der »Runenberg«), in denen Traum und Bewußtsein sich ineinander verschränken und in Idyllen sich Abgründe auftun. Der Krisenstimmung einer Generation, die die Hoffnungen der Aufklärung nach der Französischen Revolution schon zerstört findet und dem beginnenden Kapitalismus mit Bangen entgegensieht, gibt Tieck hier Gestalt. Der Eindruck von Unechtem, Nicht-Erlebtem, von Glätte und Künstlichkeit, der sich sonst bei Tieck-Lektüre leicht einstellt, fehlt hier. Diese aus Angstträumen und Melancholie gewobenen Kunstmärchen, die in einer Zeit entstehen, in der in Preußen (durch den Baseler Frieden von 1795) zwar noch Frieden herrscht, ringsumher aber Kriege toben, sind lebendiger und in tieferem Sinne auch realistischer als die späteren Novellen Tiecks, die in breiter Behäbigkeit zwar Realität abbilden, diese aber nicht lebendig machen können.

Wenn die Brüder Schlegel Berlin wieder verlassen, löst der frühromantische Kreis sich auf, die Romantik aber lebt, vorwiegend durch andere, weiter. Ein verschöntes Mittelalter als nach hinten verlegte Utopie, die altdeutsche Kunst, die »Waldeinsamkeit« (eine Wortschöpfung Tiecks), das Raunen und Rauschen aus der Tiefe der Natur und der Seelen, das Vage, Ahnungsvolle, Märchenhafte, Dunkle, das Witz, Spiel und Ironie mehr verwirren als erhellen, die Vergottung der Kunst, die als Sinn und Ziel menschlichen Lebens erscheint: das alles wird von Arnim und Brentano, von Fouqué, Hoffmann, Eichendorff und anderen übernommen und, bis hin zur Verkitschung und zum Klischee, über Jahrzehnte weitergeführt. Tieck aber, der noch nicht 30 Jahre alt ist, zieht sich bald davon zurück; erst räumlich, indem er kurzzeitig in Dresden und dann in einem märkischen Dorf seinen Wohnsitz nimmt, und dann literarisch: seine romantische Produktion versiegt langsam, fast schweigt er als Dichter ganz, tritt vorwiegend als Übersetzer und Herausgeber auf. Shakespeare (der ihn sein ganzes Leben hindurch begleitet), Cervantes, die Minnesänger, die Nibelungen beschäftigen ihn; er gibt den Nachlaß des frühverstorbenen Novalis heraus. Es ist, als ob ein Erwachsen-Gewordener die Gegenstände kindlichen Spiels zu solchen ernsthafter Arbeit macht. Eine Ehekrise stellt sich ein. Krankheiten quälen ihn. Er weicht den häuslichen Problemen aus, indem er viel reist – oft Sophie hinterher. Noch kann er die Liebe der Schwester, die sich bei längerem

Zusammensein in Haß verwandelt, nicht missen. Bezeichnenderweise erscheint das Inzest-Motiv in seinen Werken auch: spielerisch-harmlos im »Peter Lebrecht« erst, dann tragisch-unheimlich im »Blonden Eckbert«.

Im Herbst 1802 setzt er sich mit Frau und Tochter auf dem Lande fest, hält sich aber in den nächsten elf unruhigen Jahren selten lange dort auf. Er trifft Sophie in Dresden und Wien, lebt ein Jahr in Rom mit ihr zusammen, hält sich fast zwei Jahre in München auf, monatelang in Prag, oft in Berlin. Daß Malchen, die Frau (die während seiner Italienreise vom Freund Burgsdorff ein Kind bekommt), gegen die Schwägerin Intrigen spinnt, um den Mann zurückzubekommen, weiß man aus Sophies Briefen: vom Verhalten der Geliebten, der Gräfin Henriette, weiß man nichts, als daß sie ihm treu bleibt und sich mit der Rolle der Nebenfrau ihr Leben lang begnügt.

Das Dorf, in dessen prächtigem Herrensitz die Tochter Dorothea aufwächst und die Tochter Agnes geboren wird, heißt Ziebingen (heute Cibinka), liegt östlich der Oder in der Neumark, nicht weit von Frankfurt entfernt, und gehört dem Schulfreund Burgsdorf, der in den kurzen Pausen zwischen ausgedehnten Reisen im nur vier Kilometer entfernten Barock-Schloß Sandow residiert.

Er ist aber, wenn er die Familie Tieck zu sich holt, gerade dabei, Ziebingen zu veräußern. Schon wird das Gut von einem Onkel Burgsdorffs, der es 1807 in seinen Besitz bringen wird, bewirtschaftet. Die Tiecks, die siebzehn Jahre lang das Gastrecht in Anspruch nehmen, sind in den ersten Jahren also doppelt verpflichtet. Doch bringt das anscheinend keine Probleme. Denn Neffe und Onkel sind kunstliebende Leute, die sich dem berühmten Dichter gegenüber gern als Mäzene erweisen.

Der Verfall der alten, bis zu König Friedrichs Tod noch unwandelbar scheinenden Sozialordnung, der alle drei Tieck-Kinder aus der zunftgeschützten Handwerkerwelt in die ungesicherte Künstlerexistenz trieb, hat auch den adligen Schulfreund Burgsdorff bindungslos gemacht. Statt als Offizier oder Beamter zu dienen oder seine Güter zu bewirtschaften, treibt er sich, ohne selbst je kunstausübend zu sein, in Künstlerkreisen umher. Er verkehrt in den

Berliner Salons, hat in allen geistigen Zentren Deutschlands Freunde, reist (nicht nur mit Tieck) viel umher und hat eine bekannte Liebesaffäre mit Wilhelm von Humboldts Frau Caroline. Er fängt auch mit den Töchtern des schon erwähnten Onkels Liebesgeschichten an, doch werden die ihm, da er sich weder für die eine noch die andere noch die dritte entscheiden kann, untersagt.

Der Onkel, Friedrich Ludwig Karl Graf Finck von Finckenstein, ist einer der bekannten Konservativen dieser Umbruchszeit. Sein Vater war Minister Friedrichs II., er selbst Regierungspräsident der Neumark bis im Verlauf des Müller–Arnoldschen Prozesses der König ihn entließ. Die Muße, die der fünfunddreißigjährige Pensionär jetzt hat, widmet er der Kunst und später auch der Politik. Er übersetzt die bukolischen Gedichte von Theokrit, Bion und Moschos, gibt eine kritische Ausgabe von Ewald von Kleists »Frühling« heraus, verschönert seinen Gutspark – und organisiert 1811 mit Friedrich August Ludwig von der Marwitz zusammen die Opposition des märkischen Adels gegen die preußischen Reformen, wofür ihn der Staatskanzler Hardenberg kurzzeitig inhaftiert.

Das Bestreben des Grafen, intelligente Männer um sich zu sammeln und das bescheidene Schloß Madlitz (heute Alt-Madlitz, nicht weit von Fürstenwalde) zu einem Treffpunkt der Schöngeister zu machen, wird von einer Schar von Töchtern unterstützt, die Kunst nicht nur lieben, sondern auch ausüben: sie singen nämlich, und zwar so wie der »Chor der Himmlischen«, wie Tieck in der späten Novelle »Die Sommerreise« schwärmt. Er bescheinigt darin (mit voller Namensnennung) der gräflichen Familie »echte Humanität und Urbanität«, weiß vom Grafen, der altdeutsche Gesänge kennt und »das erhabene Epos der Nibelungen fast auswendig« weiß, zu berichten, daß er »mit malerischem Sinn für Natur in Madlitz einen der schönsten Gärten angelegt« hat, der »einfach und ohne Prätension die Herrlichkeit der Bäume und Pflanzen zeigt und an hundert anmutigen Plätzen zum poetischen Sinnen und phantasiereichen Träumen einladet«, nennt die Töchter, von denen er nur drei erwähnt (in Wirklichkeit waren es – neben vier Söhnen – sechs) schön und edel und rühmt an der graziösen Ältesten, die, »wäre sie nicht als Gräfin geboren, ... den Namen auch der berühmtesten Sängerinnen verdunkeln« würde, vor allem die Stimme: den »reinsten, vollsten und auch höchsten Sopran«.

Wenn Tieck 1834 diese erinnerungsträchtigen Zeilen schreibt, ist die schöne Sängerin schon dreißig Jahre lang seine Geliebte. Daß sie nicht seine Frau wird, hat vielleicht auch mit dem Konservativismus des Grafen zu tun, der bürgerliche Intellektuelle zwar als Gesprächspartner, nicht aber als Familienangehörige schätzt. Sein ältester Sohn Karl, der die berühmte Rahel Levin liebt, wird so lange drangsaliert, bis er seine Heiratspläne aufgibt; die zweitälteste Tochter, Caroline, wird nie die Frau des Architekten Hans Christian Genelli, der Ziebingen im klassischen Stil umbaut und sich bis an sein Lebensende in Madlitz aufhält, sondern lebt in freier Gemeinschaft mit ihm zusammen; und die drittälteste Tochter (die, weil sie auf dem Weg von Madlitz nach Berlin, auf dem Barnim, geboren ist, den seltsamen Vornamen Barnime führt) darf den romantischen Dichter Wilhelm Schütz erst heiraten, wenn dessen Vater ein Gut gekauft und den Adelstitel erworben hat — was sechs Jahre dauerte.

Leider geben weder Briefe noch Werke Aufschluß über die Konflikte, die das Leben auf den Adelssitzen begleitet haben müssen. Wenn Tieck in der madlitz-ähnlichen Rahmenhandlung des »Phantasus« und in den späten Novellen Erlebnisse dieser Zeit verwendet, werden sie zur Idylle verschönt oder dienen nur zur Staffage. Selbst wenn er Probleme, die ihn einmal stark berührt haben müssen, zum Thema macht (wie in der »Ahnenprobe« das der standesungemäßen Heirat), weicht er ihnen durch Trivialkonstruktionen der Handlung aus. Die Konfliktscheu des alternden Tieck, die ihn über eigne Seelenqualen schweigen und in den geistig-politischen Kämpfen der Restauration und des Vormärz die unverbindliche Mitte halten läßt, bringen das Hauptübel der späten Prosawerke hervor: die behäbige Langeweile.

Nach dem Tod des Grafen siedelt Tieck 1819 mit seinen zwei Töchtern und seinen zwei Frauen nach Dresden über. Der berühmte, von vielen auch überschätzte Dichter hat nicht nur die Absicht, dort ein geselliges und repräsentatives Leben zu führen —

er hat auch die Mittel dazu. Denn Gräfin Henriette hat aus den Erbschaftsauseinandersetzungen der Finckenstein-Kinder ein Vermögen von 25 000 Talern retten können und ist bereit, das einem aufwendigen Lebensstil zu opfern. Trotzdem hören auch in den seßhaften Dresdner Jahrzehnten, die für den verdienstvollen Herausgeber, den Übersetzer und Novellenschreiber sehr fruchtbar sind, die Klagen des mangelnden Geldes wegen nicht auf. Ein langes Schriftstellerleben hindurch lebt Tieck auf größerem Fuß, als sein Geldbeutel erlaubt. Mit seiner Pumperei machen Freunde böse Erfahrungen, und Caroline Schelling, die ihn in diesem Zusammenhang einen »anmutigen, würdigen Lumpen« nennt, teilt 1810 ein Gedicht mit, das man auf ihn gemacht hat:

»Wie ein blinder Passagier
Fahr ich auf des Lebens Posten,
Einer Freundschaft ohne Kosten
Rühmt sich keiner je mit mir.«

Seine Briefe an wechselnde Verleger (von Nicolai über Reimer bis Brockhaus) bestehen zu großen Teilen aus Bitten um Vorschuß und aus Entschuldigungen dafür, daß er die im voraus bezahlten Arbeiten noch nicht geliefert hat. Die Pump-Geschichten des jungen Mannes hören sich, besonders in Briefen Bettina Brentanos aus seiner Münchener Zeit, noch ganz lustig an, peinlich aber wird es, wenn der elegant und komfortabel lebende Greis um Erbarmen flehen muß, weil er seine kostbare Bibliothek, die schon dem Verleger Brockhaus gehört, noch einmal verkauft hat.

Geld vor allem ist es auch, das ihn 1841, nach Amalies und Dorotheas Tod, nach Berlin zurücklockt. Eine Pension von 1 000 Talern, einen Sekretär, einen Diener und eine Sommerwohnung im Park von Sanssouci hat Friedrich Wilhelm IV., der »Romantiker auf dem Thron«, dem »König der Romantik« zur Verfügung gestellt. Dort und in seiner großartigen Stadtwohnung in Berlin, Friedrichstraße 208, verlebt Tieck seine letzten elf Jahre, erst mit Henriette zusammen, nach deren Tod ganz allein. Zum Bruder Friedrich hat er wenig Kontakt; der, so beklagt er sich, habe kein Vertrauen zu ihm. In den letzten Lebensjahren taucht auch manchmal der Sohn der Schwester bei ihm auf: Felix Theodor von Bernhardi, nun auch schon fünfzig Jahre alt. Der Historiker, dem schon in der Jugend in Estland die Vergangenheitsschwärmereien der Mutter den Geschmack an allem Romantischen verdorben haben, findet jetzt ähnliche Haltungen, die er für unseriös hält, beim Onkel wieder: die Vorherrschaft des Gefühls, die Vorliebe für Wunder und Traum, die Unfähigkeit, historisch zu denken. Bezeichnend scheint dem (freilich voreingenommen) Neffen, daß Onkel Ludwig, wenn er ausdrücken will, daß er über etwas nachgedacht habe, sagt: er habe darüber auch schon phantasiert. »Ja,« notiert er ins Tagebuch, »weiter als bis zum Phantasieren ... haben es die Romantiker nie gebracht.« Da der Onkel auch an allen Geistesgrößen, die der Neffe schätzt, herummäkelt, die Wissenschaftlichkeit eines Jakob Grimm Pedanterie nennt, historische Sicht auf die heilige Kunst als Profanierung ansieht und sich in diesem Zusammenhang zu der Behauptung versteigt: »An dem Streben, sich von der Bedeutung der Dinge Rechenschaft zu geben, ist Goethe zugrunde gegangen«, kommt der Tagebuchschreiber zu dem Schluß, daß die Romantikergeneration aus ihrer Jugendlichkeit nie herausgefunden, nie Licht, Klarheit, Ernst und Reife erlangt habe.

Bestätigt wird dem Neffen dieses Pauschalurteil, wenn das Gespräch die Seelenunsterblichkeitsfrage berührt und Onkel Ludwig eine verblüffend klare Antwort darauf weiß. So wie des Neffen Mutter, die Seilerstochter aus der Roßstraße, am Ende ihres Lebens, um innere Sicherheit zu gewinnen (wie ihr nachgelassener Roman vermuten läßt) zu einer der adelsstolzesten Baronessen des Baltikums hat werden müssen, so hat der Berliner Handwerkersohn Ludwig, der als Greis dem Königsthron nahesteht und, wie manche meinen, den nach Goethes Tod verwaisten Dichterfürstenthron beanspruchen kann, sich ein seinem Lebensstil entsprechendes Selbstbewußtsein anerzogen, das über den Tod hinausreicht. Zur Unsterblichkeit, so beantwortet er also die Frage, gelangen nur die Seelen der Menschen, die konsequent an der Ausbildung ihrer Individualität gearbeitet haben; die der dummen, unbedeutenden Individuen aber fallen »als mißlungene Schöpfungen wieder in das allgemeine Naturleben« zurück.

Im Gegensatz zu Ludwig gelang Friedrich die Lösung von der Schwester nie. Vom Älteren dazu gedrängt, gab er als alter Mann zu, daß sie sein Unglück gewesen sei. Sie habe, schrieb er im August 1846, sein »Leben gehemmt, viele Verbindungen gestört«, seinen »Gewinn verringert und aufgezehrt« und ihm das nie gedankt. »Sie erschrak, als sie an meiner Hand einen kleinen Ring sah, welchen mir eine Dame in Carrara geschenkt und den sie für einen Verlobungsring hielt, erschrak also, daß ich auch von einigen Stunden Glück hätte träumen können, die ihr entzogen wären.«

Diese Geständnisse legt Friedrich dreizehn Jahre nach Sophies Tod ab. Zu ihren Lebzeiten liebte und verteidigte er sie immer; ihre Familie empfand er als seine, und stets unterstützte er sie. Als Caroline von Humboldt darüber staunte, daß er, um die Schwester wiederzusehen, die weite Reise von Italien nach Estland machen wollte, schrieb er ihr (im Februar 1815): Liebe könne bei ihm nie enden; das Alter (er sei nun fast vierzig) habe zwar seine Urteile verändert, aber seine Gefühle nicht, die seien nach wie vor »kindisch«. »Tue ich daran unrecht?« Ludwigs Egoismus war ihm nie beizubringen. Das Glück der Kinderzeit, das Sophie, wenn sie Hilfe brauchte, beschwor, konnte er nicht vergessen. Es scheint das einzige Glück seines Lebens gewesen zu sein.

Die frühe Theater- und Literaturbegeisterung der Geschwister macht Friedrich mit. Zu den von Ludwig geschriebenen Stücken entwirft er die Dekorationen. Da er auf dem Gymnasium versagt, gibt ihn der Vater, der offensichtlich einen Blick für seine Begabung hat, mit dreizehn Jahren zum Bildhauer Sigismund Bettkober in die Lehre. Fünf Jahre harrt er in dessen Werkstatt in der Fischerstraße, also gleich um die Ecke, wo, nach Sophies Meinung, »alle entsezlich dum« sind, aus, dann wechselt er in das Atelier von Schadow über. Da er ein Preisausschreiben Friedrich Wilhelms II. zur Verherrlichung des Baseler Friedens gewinnt, wird ihm ein Stipendium für einen dreijährigen Rom-Aufenthalt bewilligt.

Der 1795 von Preußen und Frankreich in Basel unterzeichnete Vertrag, der dem großen Jahrzehnt der deutschen Literatur den Frieden sichert, wird in dem preisgekrönten Basrelief Friedrichs durch einen Amor versinnbildlicht, der Mars eine Flöte reicht, während im Helm des Kriegsgottes ein Taubenpaar nistet. Aber dieses Friedenssymbol gilt nur für Norddeutschland, dessen Neutralität man in Basel vereinbart hatte, nicht für Italien und Österreich, wo Napoleon in den kommenden Jahren die Reihe seiner siegreichen Schlachten beginnt. Friedrichs Rom-Reise scheitert daran. Sie stockt in Wien und lenkt dann um nach Paris, wo er drei Jahre bei Louis David, dem führenden Klassizisten Europas, sozusagen die Meisterschule besucht.

Wie auch bei späteren Auslandsaufenthalten, wird die räumliche Entfernung von den Geschwistern zu keiner inneren, weil die Freundeskreise, in denen Friedrich sich bewegt, die sind, die sich ihm durch Ludwig und Sophie erschlossen haben, und weil er sich zeitlebens für Literatur interessiert. (Er liest, statt zu arbeiten, wirft man ihm später oft vor.) Nach Paris reist er mit Ludwigs Freund Burgsdorff und mit dem Ehepaar Humboldt zusammen, die Jahre davor in Berlin hat er mit Bernhardi, mit Wackenroder, den Brüdern Schlegel verbracht, hat bei der Rahel verkehrt. Durch die Porträtmedaillons, die er von ihr und von Wackenroder, durch das Doppelbildnis, das er von seinen Geschwistern anfertigt, wird die Gemeinsamkeit dieser frühen Jahre dokumentiert.

Außer der Schwester scheint für den jungen Mann keine Frau wichtig zu sein. Wenn er, von Paris kommend, durch Wilhelm von Humboldt an Goethe vermittelt, fast vier Jahre am Neubau des Weimarer Schlosses mitarbeitet, eilt er, sobald seine Zeit es erlaubt, nach Berlin, um die Schwester zu sehen. Nach dem Tod der Eltern (die beide innerhalb einer Woche sterben) bleibt er so lange bei ihr, daß man in Weimar schon annimmt, er käme nicht mehr. In Todesangst gerät er um sie, als Felix Theodor geboren werden soll und er keine Nachricht von ihr hat. »Mein letztes Kleinod auf Erden ist meine Schwester«, schreibt er im Oktober 1802 an August Wilhelm Schlegel. »Ich weiß nicht ... ob ich nicht gezwungen wäre, mein Leben gewaltsam zu zerreißen, wenn sie stirbt«.

Alles Geld, das er verdient, schickt er sofort nach Berlin; für die eignen Bedürfnisse, die äußerst gering sind, muß er borgen.

Daß der Kleine zu Hause die abgelegte Kleidung des Älteren zu tragen hatte, geht aus den Briefen des Studenten Ludwigs an die Schwester hervor. Der Rock, mit dem er nach Jena kommt, könnte einer aus dieser Zeit noch sein, so »abgeschabt« ist er, wie Caroline Schlegel feststellt, daß »einen kein Härchen mehr reibt, wenn man darüberhin fährt, (unter uns, ich habe es probiert, wie ich hinter ihm stand, derweil er Schelling zeichnete)«. Aber das ist nicht abfällig gemeint, im Gegenteil: sie, die Sophie aus leichtverständlichen Gründen nicht mag und Ludwig »Nücken und Tücken« nachsagt, findet den Bildhauer »liebenswürdig genug – wenn auch nicht imposant«. Seine Abreise beschreibt sie so: »Von uns weg ging er zu Fuß – ich lag auf dem Sofa in großen Leiden, gab ihm aber Schelling und Julchen bis über die Mühlen im Tale hinaus mit, die mir dann ein lebendiges Tableau davon mitbrachten, wie er ... mit einem Stabe, in der Tasche nichts als eine Rolle Papier, die lang herausguckte, die Heerstraße hinaufgewandelt ist, ganz dünn, dünn, und die blonden Haare ihm ins Gesicht flatternd. Einige Silbertaler habe ich ihm doch noch mitgegeben, für Schellings Bild, zwei Carolin. Er wollte durchaus nicht mehr, denn er sagte, er hätte jeden Tag noch überdem einen Taler hier erspart und viel dabei gelernt, weil es doch sein erstes großes Bild ist.«

Liebenswürdig findet ihn Goethe nicht. Er schätzt seine Arbeit, bittet ihn oft in sein Haus und zieht ihn dem älteren, viel berühmteren Schadow stets vor, mag aber seine Unerzogenheit nicht, die er (in einem Brief an Humboldt) »selbstisch« und »ohnbehost«, also sansculottisch, nennt. Goethe hält das für einen Ausdruck von Jugendlichkeit; doch verliert sich diese manchmal recht grobe Art, die Meinung zu sagen, bei Friedrich nie und trägt ihm Mißhelligkeiten ein, unter denen er dann leidet. Er selbst nennt diese Ehrlichkeit »rigoristisch«, beklagt sie, kann und will sie aber so wenig ändern wie seine rigorose Hilfsbereitschaft der Schwester gegenüber. Nicht aus Dummheit, aus Prinzip opfert er sich auf.

1805 bietet sich ihm zum zweitenmal die Gelegenheit einer Rom-Reise, und diesmal wird sie, wenn auch enttäuschende, Wirklichkeit. Durch Fürsprache des Weimarer Herzogs Carl August hat ihm die Preußische Akademie der Künste ein zweijähriges Reisestipendium ausgesetzt, das, so knapp es auch ist, für ihn allein sicher ausreichte, nicht aber für Schwester und Bruder mit; für deren Lebensführung kann es nur einen kleinen Beitrag leisten. Verdienen kann Friedrich auch kaum etwas in Rom, da es dort Künstler, die bekannter sind als er, genug gibt und der Gesellschaftsbetrieb, in den er gezogen wird, ihm die Arbeitszeit raubt. Zwar redet Sophie sich ein, daß es gut für ihn sei, durch sie mit den Spitzen der Stadt, bis hinauf zum päpstlichen Hof, bekannt zu werden; aber als sie im Herbst 1807 abreist, hat er weder Aufträge bekommen, noch kann er angefangene Arbeiten beenden, weil er kein Geld hat, um Marmor und Farben zu kaufen, und weil kein Bekannter ihm borgt, da alle Sophie schon geborgt haben. In seiner »Existenz als Bildhauer« sei er in diesen zwei römischen Jahren »so gut wie tot« gewesen, schreibt er im Oktober 1807 an Schlegel; er habe nichts dazugelernt und lebe nun in solcher Armut wie noch nie. Nicht einmal das Reisegeld kann er aufbringen, als Madame de Staël ihn auf Schlegels Veranlassung in die Schweiz einlädt. Erst nach dreijährigem Aufenthalt kann er Rom verlassen, um ein armseliges, unstetes Wanderleben zu beginnen, das ihn nach Coppet und Zürich, nach München (wo er wieder mit den Geschwistern zusammentrifft), nach Bern, Stuttgart und Salzburg führt, bis er schließlich 1812 in den Marmorbrüchen von Carrara zur Ruhe kommt. Sieben sinn- und freudlose Jahre verbringt er in den dortigen Bildhauerwerkstätten, um einen Großauftrag zu erfüllen, den er einging, um Sophie, die inzwischen längst Baronin ist, unterstützen zu können.

1809 schon hat er den Auftrag des bayerischen Kronprinzen (des späteren Königs Ludwig I.) angenommen, für einen geplanten Ruhmestempel fünfundzwanzig Marmorbüsten von Männern der deutschen Geschichte anzufertigen. Es ist ein in mehrfacher Hinsicht sinnloser Auftrag für ihn: Er bringt finanziell nicht viel ein, er fordert ihn künstlerisch nicht, da die vorgeschriebene heroische Einheitlichkeit (Büsten ohne Gewandung) Individualisierung kaum zuläßt, und er trägt zu seinem Ansehen nichts bei, da die

»Walhalla« (nahe Regensburg, an der Donau) mit ihren insgesamt 102 Büsten erst 1842, wenn er schon alt ist, eingeweiht wird.

Einziger Gewinn dieser Jahre der »Einsamkeit in den Kalkbergen« wird die Bekanntschaft mit Christian Daniel Rauch. Schon in Rom, im Hause Wilhelm von Humboldts, hatten sie einander kurz gesehen; jetzt kommt Rauch für ein Jahr nach Carrara, um an der Marmorausführung des Monuments für die 1810 gestorbene Königin Luise zu arbeiten, und die beiden fast gleichaltrigen Bildhauer schließen eine Freundschaft, die bald zur Arbeitsgemeinschaft wird. Schon in die Arbeit am Luisen-Mausoleum für den Charlottenburger Schloßpark bezieht Rauch Tieck ein, indem er ihm die Ausführung eines Kandelabers überträgt; und wenn er 1816 wieder nach Carrara kommt, wird schon über die Einrichtung einer von Schinkel geplanten gemeinsamen Werkstatt in Berlin geredet.

Die Absicht, die italienische Verbannung zu verlassen, klingt in Friedrichs Briefen seit 1815 schon an. Aber wenn da auch zu lesen ist: »Ich verbrauche für mich selbst wenig; aber es ist zu hart, das Elend um sich herum zu sehen und an Ersparen zu denken«, wird verständlich, warum er nie das Reisegeld hat. Erst am 4. April 1819 bricht er auf, ist am 24. in Weimar bei Goethe zu Tisch, erreicht am 29. Berlin, das er siebzehn Jahre vorher verlassen hat, und bezieht am 30. das sogenannte Lagerhaus in der Klosterstraße 75–76, neben dem Grauen Kloster, wo ursprünglich mal die Kurfürsten residierten, sich später Tuch-Manufakturen befanden und wo jetzt, ein Stockwerk über dem Rauchs, sein Atelier eingerichtet ist. Für den Dreiundvierzigjährigen beginnt jetzt erst die Phase kontinuierlicher Arbeit: an Schinkels Schauspielhaus erst, wo die Reliefs der Giebelfelder und die Plastiken auf Dach und Treppenwangen sein Werk sind; an den Rossebändigern des Alten Museums dann, an den Reliefs der Eisentüren der Friedrichwerderschen Kirche, am plastischen Schmuck des Scharnhorst-Grabmals auf dem Invalidenkirchhof und an anderem mehr. Es ist also vor allem das weniger beachtete Dekorative, womit er beauftragt wird. Während er weiterhin Büsten schafft, ein Denkmal Friedrich Wilhelms II. in Neuruppin und eins für Blücher in Breslau machen darf, gehen die Aufträge alles Monumentalen für Berlin an Rauch, bis hin zum großen Friedrich-Denkmal Unter den Linden. Trotz aller Ehren und Auszeichnungen, die er empfängt, läßt ihn das resignieren. Bald beschäftigt er sich mehr mit Literatur und Geschichte als mit seiner Kunst; die läßt er, wie vor ihm Schadow (nach dessen Witzwort) »in Rauch aufgehen«. Die Freundschaft leidet darunter kaum. Manchmal lenkt Rauch Aufträge zu ihm um – aber zur Behebung von Friedrichs Finanznöten reicht das nicht aus. Denn der Museums-Direktor und Akademie-Vizepräsident Professor Tieck hat sich, um erst seine Schwester, die Frau Baronin, dann deren Witwer und deren Sohn unterstützen zu können, in so große Schulden gestürzt, daß er sein Lebensende in einem ärmlichen Zimmer verbringen muß, in dem nur ein Tisch, ein Stuhl und ein Bett stehen. Am 12. Mai 1851 vermerkt Rauch den Tod des »treuen lieben Freundes« in seinem Tagebuch; auf die selbstgestellte Frage, wie es geschehen konnte, daß Elend und Kummer am Ende dieses Lebens standen, weiß er keine Antwort zu geben.

Die Tatsache, daß drei Wochen später die Einweihung des Rauchschen Friedrich-Denkmals Unter den Linden mit großem Pomp gefeiert wird, während zur gleichen Zeit in aller Stille die genientragenden Raubtiere Tiecks am Schauspielhaus enthüllt werden, gibt nur eine Teil-Antwort. Ergänzt wird sie durch einen Mitbeteiligten, Sophies Sohn Felix Theodor, der in seinem Tagebuch die gleiche Frage stellt, sie aber nicht offen läßt. »Er ist trotz des redlichsten Strebens, mühevoller Arbeit bei sehr bescheidenen Wünschen und Ansprüchen nicht dahin gekommen, auch nur im hohen Alter eine angemessene, ruhige und sorgenfreie Existenz zu haben«, schreibt er. »Und warum? Weil es ihm an der hienieden nun einmal nötigen Selbstsucht fehlte.«

Einmal übrigens hat Friedrich, nach eigner Aussage, Selbstsüchtigkeit versucht: Er hat geheiratet, mit siebzig Jahren eine junge Frau, und dem Bruder gestanden, das nur aus Berechnung getan zu haben, in der Hoffnung nämlich, daß der reiche Schwiegervater seine Schulden bezahlen würde – was aber nicht geschah. Diese Selbstbeschuldigung muß man bezweifeln. Wahrscheinlicher ist, daß der Greis sich wahr machen wollte, was sein Leben lang Traum geblieben war: nicht mehr allein sein zu müssen.

Was es mit der Dame in Carrara, deren Ring die Eifersucht der Schwester erregte, für eine Bewandtnis hatte, ist nicht bekannt. Überhaupt kommen Frauen in Friedrichs Briefen nicht vor, nur Klagen darüber, daß Armut ihm Heirat verbiete und er sich »armseligen Genuß«, den Furcht vor Ansteckung trübe, erkaufen müsse. »Sie«, schreibt er mit vierzig Jahren an den ebenfalls unverheirateten Rauch, »sind wenigstens glücklich gewesen, Frauen gewinnen zu können, wozu ich noch jetzt zu ungeschickt bin.«

Fouqué oder Warnendes Beispiel

Die weiße Rose

Im Sommer 1829 besucht die russische Zarin Alexandra Feodorowna (die vor ihrer Heirat Charlotte hieß) ihren Vater, den preußischen König Friedrich Wilhelm III., in Berlin. Ihr zu Ehren wird an ihrem Geburtstag im Neuen Palais in Potsdam ein aufwendiges Hof-Fest gefeiert, das den romantischen Namen »Zauber der weißen Rose« trägt. Alles was in Berlin, Potsdam und Umgebung Rang und Namen hat, ist mitwirkend oder zuschauend daran beteiligt. Das Hofgelände zwischen dem Palais und den Communs ist zu einem mittelalterlichen Turnierplatz umgestaltet worden, geschmückt mit bunten Fahnen und Standarten, die alle das Symbol des Festes, die weiße Rose zeigen. Die Freitreppen der Communs sind die Tribünen. Mitglieder der besseren Gesellschaft haben hierfür Eintrittskarten kaufen müssen. Die gegenüberliegenden zeltüberdachten Treppen des Palais sind für die königliche Familie und den Hof bestimmt. Dort sitzt unter golddurchwirktem Baldachin neben ihrem königlichen Vater die Herrin des Festes, die seit ihrer Kindheit in der Familie Blancheflour, die weiße Rose, heißt.

Drei ritterlich kostümierte Herolde eröffnen das Spektakel. In den ersten der vielen noch folgenden schlechten Verse, die Herzog Karl von Mecklenburg, Bruder der verstorbenen Königin Luise, also Onkel der Zarin, verfertigt hatte, bitten sie Ihre Kaiserliche Hoheit um die Erlaubnis zum Beginn des Turniers. Unter Trompetenschall reiten die ritterspielenden Aristokraten, mit Rüstung und Helm verkleidet, mit Schwert, Schild und Lanze bewehrt, in die Arena, allen voran der Kronprinz, der spätere König Friedrich

Wilhelm IV. (den 19 Jahre danach seine Untertanen mit einer Revolution überraschen werden). Nach dem Reiten des Carroussels beginnen die Kampfspiele. Man sticht mit Lanzen nach Scheiben, wirft den Spieß, schlägt mit dem Säbel wächserne Mohrenköpfe entzwei und reitet auch, die blanke Klinge schwingend, aufeinander zu, ohne sich weh zu tun. Dann sucht jeder Ritter seine zeitgerecht verkleidete Dame, man formiert sich zu einem farbenprächtigen Zug und verschwindet im Schloß. Das große Publikum kann nach Hause gehen. Wer aber zum Hof und zu dessen engerer Umgebung gehört, hat erst ein Drittel des Festes hinter sich. Das ganze dauert zwölf Stunden.

Schauplatz des zweiten Teils ist das kleine Theater, in dem man schwitzt und sich langweilt. Die gestellten Bilder allegorischen Inhalts nehmen kein Ende. Schinkel hat sie entworfen, und der mecklenburgische Herzog hat überlange Verse dazu gemacht. Zur Erholung folgt ein Souper. Dann geht es in langen Reihen durch die Gänge des Schlosses in den Grottensaal, wo es angenehm kühl ist. Nach einem Ballett folgt der Ball, zu dessen Schlußphase die Verteilung der Kampfpreise gehört. Die Zarin überreicht sie den vor ihr knienden Rittern. Wer keine goldne Kette, keinen Pokal, keinen türkischen Säbel bekommt, erhält als Belohnung für Mitwirkung allein eine Rose aus Silber, mit weißer Schleife verziert. Die aber wird auch einem verliehen, der gar nicht mitgewirkt hat, weil er nicht mehr jung und gesund genug dazu ist, der aber mit kindlichem Ernst an diesem Vergangenheit-Spielen hängt, ein Mann von kleiner Statur, mit rundem Kopf und kurzem Hals, durch den er fast wie bucklig wirkt, nicht schön also, doch mit klangvollem Namen: Friedrich Baron de la Motte Fouqué.

Den bewegt die Aufmerksamkeit, die man ihm erweist, so sehr, daß er einige Tage danach einen Zyklus von zehn Gedichten schreibt, der das Fest besingt. Die »Ostlands-Herrin« wird darin als »Rosen-Fee« gerühmt und edler Rittersinn beschworen. Der Grottensaal erinnert ihn der Muscheln, Korallen und Kristalle wegen an Undine, und wenn er reimend die Preisverteilung beschreibt, enthüllt er auch, warum er selbst dabei nicht leer ausging: Er ist nämlich der Sänger, der »in prophet'scher Ahnung früh von

Blancheflour einst sang« und bekommt deshalb »als Sangs- und Kampfesmahnung ... auch den Rosen-Dank«.

In seiner elf Jahre später geschriebenen Autobiographie weist er dann für alle, die nicht wissen, daß Blancheflour eine der Hauptgestalten seines erfolgreichsten Romans gewesen ist, ausdrücklich auf den »Zauberring« hin, in dessen Rittergeist das Fest gefeiert worden war. Hochfeierlich, schreibt er, sei ihm bei der huldreichen Ehrung zumute gewesen; aber er gesteht sich nicht ein, daß es traurig ist, einer Ehrung von ganz oben zu bedürfen. Neben anderem aus dieser Zeit bleibt auch der Gedichtszyklus länger als 100 Jahre lang ungedruckt. In der Handschriftenabteilung der Deutschen Staatsbibliothek in Berlin, Unter den Linden, kann man das steil und regelmäßig geschriebene Manuskript des 52jährigen noch heute bewundern. Nach diesem Ehrentag wird er noch 13 Jahre leben und schreiben, für die deutsche Literatur aber ist er eigentlich schon tot. Kaum ein Verleger will den ehemals populären Erfolgsautor noch drucken, weil kaum ein Leser sich mehr für ihn interessiert.

Don Quijote, nicht Cervantes

Alle, die Fouqué kannten und sich über ihn äußerten, waren sich einig darüber, daß er ein ehrlicher Mensch war. Wörter wie redlich, brav, anständig, rechtschaffen kommen, auf seinen Charakter bezogen, auch vor, wenn sein Denken und Dichten mit Kritik oder Spott bedacht werden. Selbst in seinem Alter, als keiner der vielen Freunde denkt wie er, kann man seiner kompromißlosen Unbedingtheit Achtung nicht versagen. Während die Welt sich ändert, bleibt Fouqué, wie er war. Auf seine Rückständigkeit ist Verlaß. Indem er sich neuen Erkenntnissen verweigert, bleibt er sich selber treu. Dabei wird er von Jahr zu Jahr unzeitgemäßer.

Der Zeit gemäß denkt er nie, da er sie so, wie sie ist, nicht zur Kenntnis nimmt. Schon als Kind wächst er in eine Welt hinein, die eine vergangene zu nennen falsch ist, weil sie nie war, wie er sie sieht. Sie ist eine Feudalwelt, gewiß, aber eine erträumte. Nicht eigentlich der Adel herrscht in ihr, sondern die adlige Tugend, die Fouqué wieder und wieder Ritterlichkeit nennt. Aufgefordert, diese zu definieren, verweist er auf »das Gefühl in jeder echten Mannesbrust«. Von Gefühlen hält er überhaupt mehr als von Verstand und Wissen. Er weiß auch von Geschichte wenig, obwohl er ständig über sie schreibt. Denn wie alle, die in ihr nur Bestätigung eigner Ansichten suchen, nimmt er sie nur in Teilen wahr. Auch mit der ihn umgebenden Wirklichkeit verfährt er so. Die Ritter seiner Kindheitsträume, die ihn sein Leben lang begleiten, sind in den Gedichten, Dramen, Romanen, Erzählungen, Autobiographien, Aufsätzen und Briefen gegenwärtiger als das, was ihn an Gegenwärtigem umgibt.

Nicht weniger vertraut als mit Siegfried, Hermann oder von ihm erfundenen Heroen lebt er natürlich mit denen der eigenen Familie, die sich bis in die Normandie des 13. Jahrhunderts zurückverfolgen läßt. Seine Religion, an der er eisern festhält, ist die, um derentwillen seine Vorfahren Frankreich verlassen mußten. Die Armee, in die er eintritt, ist die, in der sein Großvater General war. Die von ihm verehrten preußischen Herrscher haben seinen Vorfahren Asyl gewährt. Der große Friedrich, dessen Leiche der Knabe mit ehrfürchtigem Schauder besichtigt, war mit dem Großvater befreundet. Auch der neue König hat die Fouqués nicht vergessen. Sie werden zu Hoffesten geladen. Die königliche Familie besucht sie. Der Knabe spielt mit dem Prinzen, dem Kronprinzen. Sein Leben lang wird Treue gegenüber dem König für ihn selbstverständlich sein. Den geheimen antifranzösischen Verbindungen vor 1813 wird er sich, trotz patriotischer Begeisterung, erst anschließen, wenn sicher ist, daß sie die Billigung des Königs haben.

Als Ludwig Hülsen, ein Fichte-Schüler, der demokratische Positionen der romantischen Philosophie vertritt, sein Hauslehrer wird, lernt Fouqué zwar viel von ihm, ist aber in seinen Adels-Vorstellungen schon so gefestigt, daß es (trotz persönlicher Sympathie und Übereinstimmung in Fragen der Poesie) zu Zerwürfnissen kommt. Einen Mann, den die alten Burgen (für Fouqué immer Symbol der einzig zu rühmenden Zeit) an Zwingherren und Tyrannen erinnern, der erkennt, daß die kulturelle Blüte von Adel und Bürgertum mit dem Elend des Volkes erkauft ist, kann Fouqué nicht verstehen. Vom Denken des 18. Jahrhunderts, das ihm durch Vernunft seine inneren Kreise stören könnte, wendet er sich empört ab und später der Mystik Jakob Böhmes zu (deren auf Pantheismus zielende philosophische Konsequenz er als bibeltreuer Gläubiger allerdings nicht begreift).

Gegen den Einbruch störender Realität in sein Denken wehrt er sich immer erstaunlich erfolgreich. Er ist die Prinzipientreue selbst. Skepsis ist ihm fremd. Selbst für die grausige Wirklichkeit des Militärlebens und des Krieges macht Ideologie ihn blind. Wenn der gleichaltrige Heinrich von Kleist, wie Fouqué einem alten Adelsgeschlecht entstammend, sehr jung schon Soldat und auch im Koalitionskrieg gegen die französische Republik dabei, früh schon das Unmoralische des Krieges sieht und das Militär ihm ein »Monument der Tyrannei« ist, so bemerkt Fouqué in derselben Armee, im selben Krieg nur Heldentum, Ruhm und Ehre. Der Goldglanz seiner Ritterzeit vergoldet ihm auch die Gegenwart. Von dem vielfach bezeugten moralischen Tiefstand des preußischen Offizierskorps vor 1806 ist, wenn er über die Zeit seines Garnisonslebens schreibt, nichts zu spüren. Er sieht alle Kameraden so, wie er selbst wohl war: anständig, weichherzig, poetisch, »edlem Frauendienst sittig ergeben«. Wenn aber dann gar sein König 1813 das Volk zu den Waffen ruft und Fouqué ihm die havelländischen Freiwilligen zuführt, hat der auf der Höhe seines Ruhms stehende Dichter-Offizier vollends das Gefühl, daß Rittertum und Wirklichkeit eins sind; dann wird er selbst zu einer der Gestalten des »Zauberrings«, zu Folko von Montfaucon, Otto von Trautwangen oder Heerdegen von Lichtenried.

Mehr der Idee von Ritterlichkeit als der französischen Herkunft ist vielleicht zu verdanken, daß sein preußisch-deutscher Patriotismus frei von dem widerlichen Franzosenhaß ist, der die meisten Dichtungen der Befreiungskriege so unausstehlich macht. »Der echte Soldat hat für würdige Gegner einen unparteiischen, ja wahrhaft liebenden Sinn«, heißt es in einer Erzählung, und ein Satz wie dieser läßt ahnen, daß dem Ritter Fouqué der Krieg nicht Mittel zum Zweck ist, sondern Zweck selbst. Die Unzahl von Kämpfen, die in seinen Büchern stattfinden, Einzelgefechte meist, werden vorwiegend der Ehre wegen geführt, und in den Schlachten kämpft kaum mal Gut gegen Böse, sondern ein würdiger (das heißt seinem Herrscher ergebener) Haufe gegen den anderen würdigen. Daß man jubelnd in den Kampf zieht und daß Schlachtfelder schön sind, versteht sich von selbst, und den Heldentod stirbt man lächelnd, weil christlich getröstet. Denn Fouqués Gott ist nicht unbedingt bei den preußischen oder den stärkeren Bataillonen, sondern bei allen braven, also blindlings gehorchenden Kriegern.

Fouqués irrationale Kriegsbegeisterung gründet in seiner Auffassung vom Adel als der Kriegerkaste der Nation. Die wirtschaftlichen Grundlagen der Feudalordnung interessieren ihn nicht. Obwohl er fast immer von adligem Grundbesitz lebt, hat er mit dessen Wirtschaft und Verwaltung nie etwas zu tun. An den Auseinandersetzungen über die preußischen Reformen beteiligt er sich nicht, und wenn in seinen Werken das Verhältnis von Grundbesitzer und abhängigen Bauern überhaupt erscheint, dann nur als eins patriarchalischer Harmonie: Ritterlichkeit erfordert auch, den Leuten ein guter Beschützer und väterlicher Ratgeber zu sein. Wenn beide Seiten ihre Pflicht tun, denkt er, können nur beide gewinnen; denn der Bauer macht die friedliche Arbeit, während sein Herr die kriegerische erledigt. So argumentiert er auch nach 1815 noch, als er seinen Konservativismus gegen die ehemaligen Freunde verteidigen muß. Obwohl er dafür nur Unverständnis, Kritik und Spott erntet, wird er in seinen Überzeugungen nicht wankend. Nicht unverdient wird er in seinen letzten Lebensjahren (1840–1843) Herausgeber der »Zeitschrift für den deutschen Adel«.

Helmina von Chezy hat sich aus Begeisterung für den »Zauberring« dazu verstiegen, Fouqué mit dem Ehrentitel »deutscher Cervantes« auszuzeichnen; er ähnelt aber doch wohl mehr dem Don Quijote, den Idealismus realitätsblind macht. Fouqué hat einen 15seitigen Artikel über ihn geschrieben, ohne seine eigne Problematik zu erkennen. Denn Don Quijote, so meint er, suchte ja die »irrende Ritterschaft«, er dagegen die in den Staat integrierte.

Man kann gerührt sein über die Naivität dieses kindlich gebliebenen Poeten, kann auf ihn aber auch sinngemäß anwenden, was Heine über den Fouquéschen Sigurd sagt: »Er hat soviel Mut wie hundert Löwen und soviel Verstand wie zwei Esel.«

Die Wassergeister

Zwischen 1810 und 1815 etwa galt Fouqué dem literarischen Deutschland viel. Als Herausgeber von Anthologien, Jahrbüchern, Zeitschriften, als hilfsbereiter Förderer anderer Autoren, als Briefschreiber, Übersetzer war er außerordentlich rege; vor allem aber waren seine Romane und Erzählungen sehr beliebt. Relativ schnell hatte er sich, durch August Wilhelm Schlegel angeregt und gefördert, einen Namen gemacht, durch Dichtungen und Dramen erst, dann durch seine Prosa, die er schnell schrieb und die schnell gelesen werden konnte. Genauso schnell war sie aber auch wieder vergessen. Man könnte ihn einen Modedichter nennen, müßte die Modewelle, die ihn trug, nicht schwergewichtig Nationalismus genannt werden. Fouqué war, ist vielleicht richtiger zu sagen, ein zweitrangiger Tendenzschriftsteller, der durch die Zeitströmung, der er entsprach, zeitweilig wie ein erstrangiger erscheinen konnte. Man brauchte Helden, und man fand sie bei ihm. Als man sie nicht mehr brauchte, sah man, daß seine nur kostümierte Puppen waren, und der Spott, mit dem man den Autor bedachte, fiel besonders grausam aus, weil er den Lesern selbst hätte gelten müssen: Sie hatten, weil Stoff und Tendenz ihnen gefiel, bunte Oberflächlichkeit für hohe Kunst gehalten. Den kurzen Ruhm mußte Fouqué mit langer Verachtung bezahlen.

Produktiv war er bis an sein Lebensende, erfolgreich aber nur in der Zeit der napoleonischen Besetzung, unter deren Druck die Deutschen sich ihrer Nationalität entsannen. Die deutsche Einigkeit und Größe, die man in der Gegenwart vermißte, fand man in germanischer Vorzeit und im Mittelalter – und ein national gefärbtes Christentum gleich mit. Deutschsein, Ritterlich-Sein und (auf etwas unchristlich-kriegerische Weise) Christlich-Sein waren eins, und unter dem Behelfsdach dieser Ideologie konnten feudale und anti-feudale Kräfte miteinander wohnen: die chauvinistischen und demokratischen Arndt und Jahn genauso wie der nicht-chauvinistische und reaktionäre Fouqué, der so gar nicht demokratisch war, dafür aber populär. Sie alle waren Verbündete gegen den gemeinsamen Feind, der nicht nur Napoleon hieß, sondern auch Frankreich, Revolution und Aufklärung.

Da der Adel unter Napoleons Herrschaft, nicht zu Unrecht, um seine Privilegien bangte und Bürger und Bauern unter Besatzung, Kontributionen und Handelssperren litten, konnte die national-romantische Bewegung, besonders in Preußen, breite Bevölkerungsschichten ergreifen, die zu dankbaren Fouqué-Lesern wurden. Die Stoffe aus der deutschen Geschichte und den nordischen und deutschen Sagen, die Fouqué zum Teil vor der Fach-Germanistik (die in diesen Jahren als Produkt derselben Bewegung erst entstand) aufgriff, reizten sowohl durch ihre Neuheit als durch ihre auf Stärkung des Nationalgefühls wirkende Tendenz und boten, anders als die frühere Romantik, keine Leseschwierigkeiten. Ohne Rücksicht auf geschichtliche und geographische Wahrheit und Genauigkeit ging es phantastisch und abenteuerlich bei Fouqué zu. Gedankentiefen waren vermieden, und die Sprache war eingängig, weil schablonisiert. Mit Recht bewertet Heine positiv, daß »Herr Fouqué... der einzige von der romantischen Schule ist, an dessen Schriften auch die niederen Klassen Geschmack gefunden« haben. Man kann aber auch weniger freundlich sagen: Fouqué hat die literarische Romantik trivialisiert.

Er hat unübersehbar viel geschrieben, doch das meiste davon kann man heute nicht mehr lesen, weil fast immer Tendenz die Realität überdeckt. Was von ihm geblieben ist, das steht am Rande seines Werks. Er ist immer dann der bessere Erzähler, wenn er das Zentrum seiner Absichten verläßt, wenn unheimliche Mächte die Harmonie seiner Traumwelten stören, es ihm nicht um ritterliche Bewährung oder Heiden-Bekehrung geht, oder wenn er gar (wie im »Galgenmännlein«) einen Nicht-Heroen in den Mittelpunkt stellt. Teilweise wird dieses Abweichen von seiner Manier durch die Vorlage bestimmt, teilweise aber bricht sich Autobiographisches Bahn, wie in der »Undine«.

Die wurde schon bei ihrem Erscheinen sehr gelobt, von Freunden wie Chamisso und E. T. A. Hoffmann (der nach ihr die erste romantische Oper komponierte) genauso wie von dem so ganz anders denkenden Heine. Daß diese märchenhaft verkleidete Dreiecksgeschichte (ein Mann zwischen zwei Frauen) trotz ihres Ritter- und Geisterpersonals und der altertümelnden Sprache auch heute noch zu rühren vermag, liegt daran, daß bei ihrer Entstehung nicht nur Erfindung, sondern auch Erfahrung die Feder führte und so in Fouqués künstliche Welt das Leben eindringt. Wenn Ähnliches manchmal auch in anderen Erzählungen und den Romanen aufblitzt (im »Alethes von Lindenstein« vor allem), so ist es in dieser Geschlossenheit sonst doch nie gelungen, so daß es allein der »Undine« zu verdanken ist, daß Fouqué nie vergessen wurde.

Achtzig Seiten gegen ein Riesenwerk von Tausenden! Die Tragödie eines Tendenzschriftstellers kann man das schon nennen und ein warnendes Beispiel auch. Nicht Fabulierkunst und Erfindungsgabe sind die wichtigsten Voraussetzungen für einen guten Erzähler, sondern scharfer Blick für das Leben. Den darf er sich durch Vorurteile, Illusionen oder eingeübte Denkschemata unter keinen Umständen verstellen lassen. Denn nicht von Meinungen über Wirklichkeit lebt Literatur, sondern von Wirklichkeit selbst (die aber durchaus auch durch Wassergeister dargestellt werden kann). Wenn Poesie der Realität die Treue bricht, wird sie von ihr, wie der Ritter von Undine, totgeküßt, das heißt: zu Langeweile oder Trivialität verdammt.

Fouqué hat nie begriffen, warum in den letzten Jahrzehnten seines Lebens das Publikum nichts mehr von ihm lesen wollte. Das Phantom einer politischen Verschwörung gegen ihn war ihm glaubhafter als mangelnde Qualität seiner Werke. Gelitten hat er unter der Erfolglosigkeit; sie hat ihn aber nur dazu gebracht, den Blick noch stetiger nach oben zu richten, wo *ein* Leser ihm sicher war: der »Romantiker auf dem Thron«, der König von Preußen, der das Land, das er regierte, wie Fouqué nicht mehr verstand.

Rahels erste Liebe

Oper und Palast

Man weiß ungefähr wann, genau wo sie sich zum erstenmal sahen und sprachen. Der Ort kann besichtigt werden. Er ist einer der wenigen dieser Geschichte, der noch so ist, wie er war, nicht original, aber dem Original entsprechend erneuert: die Staatsoper Unter den Linden, die damals königlich war.

Das erste Begegnen wird also von Musik untermalt. Man spielt eine der zwanzig Opern, die der Leiter des Hauses, Vincento Righini aus Bologna, komponiert hat, vielleicht sein erfolgreichstes Stück »Enea nel Lazio«, das sich Dramma eroicotragico nennt. Sie sitzen in benachbarten Logen, sie neben Anselm Weber, dem Komponisten, er unter Amtskollegen und doch, wie es scheint, allein. Er ist blond und sehr jung, jünger als sie, und mit blauem Rock, grauer Weste, weißem Tuch und unterm Kinn streng nach der Mode bekleidet. Im Unterschied zu den Männern, die um ihn sitzen, konzentriert er sich auf die Musik, ohne Freude daran zu haben.

»Vermute ich richtig«, könnte sie ihn nachher fragen, »daß dies hier Ihren Ansprüchen nicht genügt?« — und er wird vielleicht erröten vor Schreck, weil sie, ohne daß sie ihn kennt, schon weiß, was er denkt; aber nicht lange danach wird er schon von seinen Schwestern erzählen, mit deren Stimmen keine, die man hier hört, wetteifern kann.

Die Theatersitzordnung bildet die hierarchische Staatsordnung nach. Die besten Plätze, die Mittellogen, sind für den König, für seine Frauen, seine Familie und für den Hofstaat bestimmt; die Diplomaten, die höheren Offiziere und Beamten haben mit den anderen Logen vorliebzunehmen; die Subalternoffiziere und die Bürger drängen sich im Parkett. Nicht repräsentiert sind die Bauern: vom preußischen Staatsvolk etwa 80 Prozent. Die ermöglichen zwar die Kultur, nehmen aber an ihr nicht teil. Hätten sie Zeit und auch Lust, in die Oper zu gehen, fehlte ihnen das Eintrittsgeld; hätten sie dieses auch, mangelte es ihnen an der festlichen Kleidung, die obligatorisch ist.

Staats- und Theatersitzordnung sind sich auch darin gleich, daß ihre Regeln nur aufrechterhalten werden können, wenn man sie ständig durchbricht. Justizminister Woellner, einer der mächtigsten Männer im Staat Friedrich Wilhelms II., ist ein Pastorensohn; ein Minchen Enke darf als Gräfin Lichtenau ein Palais bewohnen, weil sie Mätresse des Königs ist – und Rahel Levin, die Jüdin, kann in der Loge sitzen, weil sie Freunde unter den Diplomaten hat. Am Hof kann sie nicht verkehren, aber Männer des Hofes verkehren bei ihr.

In der Pause, so ist zu vermuten, macht jemand die beiden miteinander bekannt. Mademoiselle Levin: Graf Finckenstein! sehr erfreut! Zu viert oder fünft stehen sie beieinander, die Männer in Uniform oder in farbigen Röcken mit weißen, enganliegenden Hosen, Rahel im dunklen Kleid. Dunkel sind auch ihre Augen, dunkel die Haare; das Gesicht, das erst beim Sprechen Anmut gewinnt, aber ist blaß; man sieht, daß sie kränkelt. Das Interesse, das sie an Karl nimmt, verwirrt diesen erst, die Anteilnahme aber, die er gleich spürt, zwingt ihn zum Reden. Schwer fällt ihm das nicht, da Rahel, die das Gespräch dirigiert, das Thema, das ihm am meisten liegt, nicht verläßt: die Musik, die er kennt, liebt und ausübt. Nur von ihr meint er zu reden, doch redet er auch von sich. Wenn die Pause vorbei ist, er wieder auf seinem Logenplatz sitzt und die Heldentragödie sich fortsetzt, möchte er alles, was er gesagt hat, schon korrigieren. Das Gespräch, das ihm Freude gemacht hat, führt er also in Gedanken noch fort.

Überliefert ist nur, daß dies im Winter 1795/96 geschieht. Wir machen einen Februartag daraus, mit wenig Schnee und viel Wind. Karl ist 24 Jahre und einen Monat alt, Rahel ein Jahr und sieben Monate älter. Während sie vielleicht nach

Hause gefahren wird, geht er wohl zu Fuß. Einladungen zum Abendessen hat er ausgeschlagen, weil er allein sein will. Er geht die Linden entlang bis kurz vor das Karree, hinter dem sich das Brandenburger Tor erhebt, biegt links in die Wilhelmstraße ein und betritt wenig später das Haus, das den Namen seiner Familie trägt: das Gräflich Finckensteinsche Palais. Es liegt auf der rechten Straßenseite, ist zwei Stockwerke hoch und wendet die breite Auffahrt und das von ionischen Säulen eingefaßte Portal dem Wilhelmplatz zu. Sieht man, wie damals üblich, von der Dienerschaft ab und rechnet auch Karl, der hier zwar geboren ist, sich aber als Gast nur fühlt, nicht dazu, wird es allein von seinem Besitzer bewohnt — von dem berühmten Großvater Karls, der unter dem großen Friedrich Minister war, es unter Friedrich Wilhelm II. geblieben ist und es auch unter Friedrich Wilhelm III. noch sein wird, bis schließlich der Tod diese fünf Jahrzehnte währende Laufbahn beendet.

Die Zimmer, die Karl bewohnt, stellen wir uns behaglich, aber nicht prächtig vor. Sie sollen ganz oben liegen, nach hinten hinaus, mit Blick auf den Park, der sich lang und schmal bis an die Stadtmauer vor dem Tiergarten erstreckt. Wie fern von Berlin wohnt er hier, ohne das schätzen zu können. Die Bäume vor seinem Fenster erinnern ihn nur an die, die er vermißt, und fördern sein Heimweh. Trotz aller Genüsse, die die Residenz bietet, fühlt er sich in ihr noch fremd. Peter Roux, sein einziger Freund, ist nach Paris versetzt worden. Von den Kollegen, deren Vergnügen ihm keine bereiten, hält er sich fern, und in die Salons, in denen die Leute verkehren, die er heimlich bewundert, führt man ihn nicht ein. Er müßte bitten darum: den Vetter Wilhelm von Burgsdorff zum Beispiel, der mit allen Geistesgrößen Bekanntschaft hält. Aber aufdrängen mag er sich nicht, und ob er den Anforderungen, die dort an ihn gestellt würden, gewachsen wäre, ist fraglich. Zwar hat er Bildung, aber keine Lust, sie zu zeigen. Gefühle im Übermaß, aber keinen Drang, sie zu analysieren, und wenn er auch Geist zu besitzen glaubt, kann er doch geistreich nicht sein. Er rettet sich aus der Einsamkeit lieber in eine Gemeinschaft, in der man einander sympathisch sein kann, ohne gleich Gründe dafür benennen zu müssen, weil man mehr singt als spricht: in die Gemeinsamkeit eines Chores.

Die Singakademie, die Karl Friedrich Fasch fünf Jahre vorher gegründet und zu solch gutem Ruf gebracht hat, daß Beethoven bei seinem Berlin-Aufenthalt im Sommer dieses Jahres ihre Proben besuchen wird, hat in Karl ein eifriges Mitglied. Da er von Musik, auch von Kirchenmusik, die hier vor allem gepflegt wird, etwas versteht und seine Stimme hervorragend ist, fühlt er sich anerkannt hier, also wohl. Ohne sich als einzelner bewähren zu müssen, kann er Freude an künstlerischer Produktivität empfinden; hier kann er sich zugehörig fühlen, ohne zu sehr gebunden zu sein.

Sollten es Noten sein, mit denen sich Karl an diesem Abend abzulenken versucht, wird er sich auf sie nicht konzentrieren können; sollte er sich ein Buch vornehmen, wird er mechanisch lesen, ohne ein Wort zu verstehen. Er wird also vielleicht lieber ans Fenster treten, sich selbst vor der Schwärze der Nacht in der Scheibe sehen und sich irgendwann wundern, daß die Kerzen, die auch mit im Spiegelbild sind, schneller als jemals zuvor vergehen. Denn die lebenden Bilder, die sich in ihm ohne sein Zutun bewegen, betäuben sein Zeitgefühl.

Die Dachstube

Daß Rahel, wie wir annehmen dürfen, beim Abschied zu Karl gesagt hat, er möge doch gelegentlich vorsprechen bei ihr, hat die Dabeistehenden wenig oder gar nicht gewundert: man weiß, daß sie oft und gern Besuche empfängt, und gewöhnt sich schon ab, darüber zu reden. Was als Rahels Salon in die Kulturgeschichte eingehen wird, fängt in dieser Zeit an sich zu bilden. Das Friedensjahrzehnt zwischen dem Abkommen von Basel (1795) und dem Zusammenbruch Preußens nach Jena und Auerstedt (1806), das auch das große Jahrzehnt der deutschen Literatur ist, wird Rahel zum Mittelpunkt eines Kreises machen, zu dem neben weniger bedeutenden Frauen und Männern auch, ständig oder auf Zeit, Berühmtheiten wie die Brüder Humboldt, die Brüder Schlegel, die

Brüder Tieck, Jean Paul, Friedrich Gentz und Prinz Louis Ferdinand gehören.

Geht doch jetzt schon manch einer nicht nur ihretwegen zu ihr, sondern auch, um dort Leute kennenzulernen, die er sonst nicht trifft: Schriftsteller, Schauspieler, Beamte und Diplomaten. So niveauvoll wie bei ihr läßt sich in Berlin nur in wenigen Häusern plaudern. Daß es einfach zugeht in ihren kleinen Räumen und an Dienerschaft nur ein Mädchen da ist, das den Tee, mit dem man vorliebnehmen muß, serviert, hält keinen vom Kommen ab, im Gegenteil: das Unkonventionelle gerade sucht man bei ihr: denn an Steifheit, Arroganz, Prüderie und Belanglosigkeit findet man anderswo schon genug, am Hofe ebenso wie in Adels- und Bürgerhäusern. Man kommt, wann man will, auch am Vormittag schon, wird, falls Rahel nicht krank ist, auch angenommen und findet meist andere schon vor. Wenn man auch nicht jeden mag, den man dort trifft, kann man doch sicher sein, daß die Gespräche, die man hört und führt, zumindest nicht langweilig sind. Denn wen Rahel anzieht, der hat was zu sagen. Sosehr ihre Freunde sich auch durch Stand, Vermögen, Bildung und Glauben voneinander unterscheiden, haben sie doch eins gemeinsam: Originalität. Rahels Vorurteilslosigkeit akzeptiert jeden Charakter, jede Meinung und Lebensführung — nur echt müssen die sein. Abgestoßen wird sie durch Falschheit und innere Leere.

So offen, wie sie sich gibt, hält sie sich für andere. In Karl hat ihre Neugier auf Menschen, die mit der Fähigkeit zum Mitfühlen unlöslich verbunden ist, sofort das Bedürfnis ausgelöst, ihr von sich zu erzählen. Den Gefühlsüberschuß, den er sonst sorgsam verbirgt, glaubt er ihr zeigen zu können. Bei ihr, weiß er schon, kann er, der sonst so Gehemmte, leicht reden, weil sie ihn versteht.

Die drei Tage, die er, des Anstands wegen, bis zum Besuch noch verstreichen läßt, werden ihm lang. Weit hat er es nicht. Er überquert den Wilhelmplatz, auf dem unter winterlich kahlen Linden vier friderizianische Generäle aus Marmor stehen, und geht die Mohrenstraße entlang bis zum Gendarmenmarkt, dem größten, vielleicht auch schönsten Platz, den die Residenzstadt hat. Zwischen dem Neuen oder auch Deutschen Dom und dem Schauspielhaus hindurch erreicht er die Jäger-(die heutige Otto-Nuschke-)Straße, an deren Ecke die Seehandlung steht — was kein Fischgeschäft ist, sondern die Königliche Bank. Nun ist er schon in Rahels Bereich. Auf der linken Straßenseite, im Haus Nr. 54, ist sie geboren, rechts, in Nr. 24, wohnt sie jetzt, mit, oder besser über ihrer Familie, die aus ihrer verwitweten Mutter und ihren vier jüngeren Geschwistern besteht.

Daß Karl sie, wie er es sich erträumt hat, beim ersten, beim zweiten oder auch fünften Besuch allein sprechen kann, ist kaum anzunehmen. Ob er am Vor- oder Nachmittag oder am Abend kommt: immer ist die Dachstube, wie sie sie nennt, schon Ort der Begegnung. Denn die Grundlage für Rahels Bedeutung ist ihre Unfähigkeit, allein sein zu können. Leben ist ihr nur möglich mit anderen. Ihr Geist, der von allen verehrt wird, entfaltet sich nur im Gespräch, auch im schriftlichen, also im Brief, der bei Entfernung des Freundes den Dialog fortsetzen muß, oft über Jahre, manchmal Jahrzehnte hin. Jeder Denk- und Gefühlsart ist sie gewachsen, und da sie nicht nur nimmt, sondern auch gibt, beichtet und Beichten empfängt, bringen die Gespräche auch immer Gewinn.

Karl, ein halbes Kind noch, wie sich herausstellen wird, erwartet vor allem die Wonne des Sich-aussprechen-Könnens bei ihr. Nach Kinderart ist er in erster Linie an sich interessiert: an seinem Leid, das sich aus Heimweh, Stadtfremdheit und Einsamkeit zusammensetzt, an seinem Glück, das Musik und Natur ihm bereiten, und an einer ziellosen Sehnsucht, die beides vermischt. Darüber in Gegenwart anderer zu reden, ist ihm natürlich verwehrt. Er kann nur Andeutungen machen. Daß Rahel auch die schon versteht, ermuntert ihn wiederzukommen.

In den folgenden Winterwochen lernt er fast alle kennen, die zu Rahel gehören: Männer, von denen er einige kennt oder zumindest von ihnen schon weiß, Freundinnen Rahels aus Kindertagen, Jüdinnen meist, die aus bekannten Berliner Familien stammen, und dann Rahels Geschwister natürlich: Markus, der Herr im Hause ist, weil er das väterliche Geschäft übernahm, Ludwig, den angehenden Dichter, Rose, die mit ihren fünfzehn Jahren erst aufzublühen beginnt, und Moritz, der noch ein Kind ist.

Vielleicht will es das Unglück, daß bei Karls erstem Besuch sein Vetter schon da ist: Wilhelm von Burgsdorff aus Ziebingen, südlich von Frankfurt, gleich hinter der Oder. Der hat zwar ein Studium und eine kurze Anstellung im Staatsdienst hinter sich, denkt aber nicht daran, sich weiterhin Berufspflichten zu unterziehen, da seine schöngeistigen (und auch erotischen) Neigungen ihn vollauf beschäftigen. Ludwig Tieck, seinen Schulfreund, wird er mit Rahel bekannt machen; er wird mit Wilhelm von Humboldts Frau Caroline und mit Tiecks Frau Amalie Liebschaften haben, wird ausgedehnte Reisen unternehmen und mit vielen Künstlern verkehren, ohne je selbst produktiv zu sein. Karl hat ihn erst kürzlich zu Hause, in Madlitz, gesehen und dort das gleiche, wenn auch schwächer, gefühlt wie jetzt: eine Abneigung, die aus Unterlegenheit entsteht und die Eifersucht zu nennen er sich noch verbietet. Denn der weltläufige Vetter sticht ihn nicht nur bei Rahel aus: auch bei Karls geliebten Schwestern Henriette und Karoline, die Burgsdorff nacheinander, nicht ohne Erfolg, umwirbt. Karls Vater wird dem Unentschiedenen später das Haus verbieten, was diesen sehr quälen wird, aber nicht lange, weil sein Herz sich bald nach einem anderen weiblichen orientiert.

Wenn Burgsdorff dabei ist, von Dingen zu reden, die dieser kennt, ist Karl nicht möglich, aber auch in Gegenwart anderer fällt es ihm schwer. Da seine Familie ihm heilig ist, wäre der Ton, in dem er über sie redete, entsprechend gefärbt – was man befremdlich oder gar lächerlich finden könnte. Er schweigt also lieber, oder er paßt sich, wenn Rahel ihn mit ins Gespräch zieht, dem jeweils herrschenden Ton möglichst an. Gut gelingt ihm das nie. Sarkastisch wie Genelli (mit dem er später noch sehr vertraut werden wird) kann er nicht sein; die Geschliffenheit Brinckmanns, des schwedischen Diplomaten, der Verse in deutscher Sprache schreibt, steht ihm nicht zu Gebote; und wenn er auch den Witz des Majors von Gualtieri hätte, fehlte ihm doch der Stoff dazu: denn die Tagesneuigkeiten vom Hofe, die der Flügeladjutant Friedrich Wilhelms II. in die Dachstube mitbringt und pointiert zu erzählen weiß, erreichen Karl auf seinem Büroschemel der Kurmärkischen Kriegs- und Domänenkammer nicht.

Besser ist ihm zumute, wenn Frauen zugegen sind, weil die, außer Liebenswürdigkeit, keine Leistung von ihm erwarten; und liebenswürdig zu Frauen zu sein, fällt ihm nicht schwer. Für jede findet er dann gleich den richtigen Ton. Selbst Frau Unzelmann, der bedeutendsten Schauspielerin Berlins, die sofort mit ihm zu kokettieren beginnt, weiß er geschickt zu begegnen, indem er Distanz wahrt, aber doch zeigt, daß ihn die Auszeichnung freut.

Von einem, der niemals dabei ist (und der auch nie kommen wird), ist so häufig die Rede, daß Karl unruhig wird: von Goethe, den Rahel, wie sie nicht müde wird zu beteuern, nicht nur verehrt, sondern liebt. Im Vorjahr ist sie ihm in Karlsbad begegnet, und das Kompliment, das er ihr nachträglich machte, hat sie auf Brief-Umwegen erreicht. Mehrmals erlebt Karl mit, daß sie es vorliest, und immer fällt es den Zuhörern schwer, Rahels Glück auch zu teilen. Denn Goethe, der Kenner von Frauenschönheit, nennt nur ihre Seele schön. Was er rühmt, ist die Stärke ihrer Empfindung und die Leichtigkeit ihres Ausdrucks, und wenn das Wort liebevoll fällt, hört jeder (von Karl abgesehen) mit: aber nicht liebeerregend.

Karl, für den Rahel schön *ist*, hört nur das Lob, das ihn schmerzt und beeindruckt. Er ist der einzige Mann in der Runde, den Goethes Ausspruch nicht betroffen macht. Denn so zärtlich-herablassend wie der Verehrte in Weimar denken sonst alle von ihr, die sie die Kleine nennen: mit Sympathie und Bewunderung, aber mit Mitleid auch. Die Tiefe ihrer Gedanken und Empfindungen, ihre Ausdruckskraft und Kritikfähigkeit schätzen sie alle, aber von keinem wird sie begehrt. Man braucht sie, um mit ihr über Liebe zu reden, aber ausüben will man sie mit ihr nicht.

Den Grund dafür einzig, wie auch sie selbst es tut, in ihrem Mangel an Grazie und Schönheit zu sehen, scheint nur Halbwahrheit zu sein. Vielleicht wirkt auch ihr Geist, der von allen als gleichberechtigt oder gar überlegen anerkannt wird, hemmend auf Männer, die Unterwerfung gewöhnt sind und hier Unbeugsamkeit finden. Vielleicht auch will Rahel diese herrschaftsgewohnten Männer nicht und kommt ihnen deshalb nicht entgegen. Tatsache ist jedenfalls, daß alle, die sie lieben wird, jünger und unbedeutender sein werden als sie.

Der erste von ihnen ist Karl, der von dieser Problematik nichts ahnt. Für ihn sind alle Bewunderer Rahels seine Rivalen, und da er sich ihnen unterlegen weiß, sind seine Qualen groß. Beim Einschlafen abends erfüllt ihn jedes Wort Rahels, das er sich in Erinnerung ruft, mit Hoffnung; jedes Erwachen am Morgen findet ihn hoffnungslos. Oft nimmt er sich vor, die Jägerstraße zu meiden, nie aber führt er den Vorsatz aus.

Als Rahel ihn gegen Ende des Winters, im März vielleicht, vielleicht auch erst im April, eines Nachmittags allein empfängt und alle Besucher, die nach ihm kommen, mit der Begründung, sie sei krank, abweisen läßt, trifft ihn das Glück unvorbereitet. Sprachlos macht es ihn nicht. Versteht Rahel doch die Kunst, Menschen zum Sprechen zu bringen.

Im Abseits

Rahels Kommunikationszwang hat mit ihrem Abseitsstehen zu tun. Ihre Neugier auf Menschen ist auch Neugier auf eine Welt, zu der sie nicht gehört, ihre Gespräche sind auch Erkundungen — und ihre Liebe wird zum Versuch der Integration. Denn den Platz in der Gesellschaft, der Karl schon durch Geburt angewiesen wurde, muß sie erst erringen.

Während Karl von Kindheit an gelernt hat, sich als Teil einer Ahnenreihe zu sehen, weiß Rahel von ihrer Herkunft so gut wie nichts — sie spürt nur deren Folgen. Da sie sich mit der Geschichte ihres Volkes, die niemand sie gelehrt hat, nicht identifizieren kann, kommt ihr das Schicksal, eine Jüdin zu sein, wie individuelles Unglück vor. Sie sieht sich als Schlemihl, als Pechvogel also, der doppelt vom Pech verfolgt wird: durch Herkunft und durch Geschlecht. Das Jüdisch-Sein bewirkt ihre Absonderung, das Frau-Sein verdammt sie zur Untätigkeit.

Seit dem Mittelalter waren die Juden in Deutschland günstigstenfalls geduldet worden, meist aber wurden sie unterdrückt oder verfolgt. Auch im Zeitalter der Aufklärung gelten sie noch als verachtete Fremde, die rechtlich den anderen Einwohnern nicht gleichgestellt waren. Für sie galt in Preußen das »Judenrecht«, das ihre Zahl in den Städten begrenzte, ihnen nur die Ausübung bestimmter Berufe gestattete und so viel Geld wie möglich von ihnen erpreßte. Nur wenige kapitalkräftige Kaufleute, die Friedrich II. als Armeelieferanten, Unternehmer und Bankiers nützlich waren, wurden weitgehend von den Beschränkungen befreit. Aber erst fünf Jahre nach des Königs Tod wurde als erster Jude in Preußen Daniel Ephraim rechtmäßiger Bürger der Stadt Berlin.

Markus Levin, Rahels Vater, war Bankier und auch Juwelenhändler. Er war im Siebenjährigen Krieg, als König Friedrich sich durch eine Münzverschlechterung die leeren Kassen wieder füllen ließ, mit anderen jüdischen Bankiers zusammen an dem Geschäft beteiligt worden, doch war der Reichtum, den er sich dabei erwarb, nach seinem Tode (1789) schnell zerronnen, so daß das Leben im Levinschen Hause ziemlich dürftig war. Die Lebemänner aus den höchsten Schichten der Gesellschaft, die vorher oft ins Haus gekommen waren, um sich Geld zu leihen (und die dabei mit dem nicht schönen, aber sehr gescheiten Mädchen Rahel gern geplaudert hatten) blieben aus. Man hungerte zwar nicht, doch war die Sorge, daß der Hunger einmal kommen könnte (ob berechtigt oder nicht), doch da. Denn Bruder Markus, der Geschäftsinhaber, hatte neben seiner eigenen Familie auch die Mutter zu ernähren und die vier Geschwister auch.

Rahel gehörte also nicht zu jenen Kaufmannstöchtern, die (vergeblich noch zu dieser Zeit) von einem Hochgeborenen träumten, der, der großen Mitgift wegen, den Makel ihrer jüdischen Geburt vergessen und an Heirat denken würde. Sie muß auf einen warten, der sie liebt.

Da sie schon fünfundzwanzig ist, wenn dieser eine endlich kommt, brauchte der wohl so schön, so lieb und auch so adlig nicht zu sein, um Gegenliebe in ihr zu entzünden. Liebt sie in ihm doch mehr als nur den blonden Grafen Finckenstein: den nämlich, der sie aus ihrem Unnützsein befreien und in die Welt, zu der sie gern gehören möchte, einführen kann.

Die Finckensteins, die Anfang des 18. Jahrhunderts vom Kaiser in den Grafenstand erhoben wurden, sind seit dem späten Mittelalter schon im Ordenslande Preußen nachweisbar. Die Linie, aus der Karl kam, die märkische, war jünger. Sein Urgroßvater leitete sie ein. Der war zwar Feldmarschall, jedoch kein Truppenführer. Seine Verdienste lagen auf pädagogischem Gebiet. Er hatte Kronprinzen zu erziehen: erst Friedrich Wilhelm, den späteren Soldatenkönig, dann dessen Sohn, den zweiten Friedrich. Seinen Stammsitz, Schloß Finckenstein in Ostpreußen, baute er zwar prächtig aus, doch wohnte er dort kaum. Wenn die Erzieherpflicht es ihm erlaubte, Berlin und Potsdam zu verlassen, fuhr er in die Johanniterkomturei Lietzen in der Mark, die seine Pfründe war. Nicht weit davon, in Madlitz, nahe Fürstenwalde, kaufte sein Sohn sich dann, im Jahre 1751, an.

Im Kindesalter schon hatte der Kronprinzenerziehersohn seinem königlichen Herrn als Spielgefährte gedient, zur Zeit des Gutskaufs aber war er dessen Kabinettsminister: ein Mann mit Arbeitseifer, Ordnungssinn, politischem Verstand, dem König Friedrich auch in Krisenzeiten stets vertraute – den er jedoch nie an die berühmte Tafelrunde zog, weil er dort, wo Schöngeister und Zyniker den Ton angaben, nur Spott geerntet hätte. Denn der höchste Staatsbeamte des atheistischen Königs hing treu an seinem reformierten Glauben und war allen Neuerungen, selbst denen der Mode, abgeneigt. Die zierliche Rokokokleidung aus Friedrichs Tagen trug der alte Mann, der früh Witwer war, auch noch zu Zeiten Friedrich Wilhelms II. und des III., und allen Lockerungen der Etikette widersetzte er sich. Daß mit seinem Tode die engen Bindungen seiner Familie ans Königshaus abreißen könnten, bekümmerte ihn. Hoffnung gab ihm in dieser Hinsicht nur sein Enkel Karl, der ein begabter Diplomat zu werden versprach. Denn seine Söhne enttäuschten ihn.

Seinen Ältesten, Karls Vater, hatten wohl schon die Hofmeister verdorben, als sie ihm Liebe zur Kunst statt Liebe zum Staatsdienst beigebracht hatten. Zwar war seinem Jurastudium in Halle eine entsprechende Laufbahn gefolgt, in der er es schnell zu Amt und Würden gebracht hatte (er war 1777 Regierungspräsident der Neumark geworden), aber der Ehrgeiz, dem Thron näher zu kommen, hatte gefehlt. Als dann das Unglück ihn traf (unverschuldet, wie jeder zugeben mußte), hatte er gleich resigniert, der Politik den Rücken gekehrt und sich nach Madlitz zurückgezogen, das heißt: er war seiner Neigung zum kontemplativen Leben gefolgt.

Das Unglück, das ihn die Stellung gekostet hatte, war der oft beschriebene Müller-Arnold-Prozeß. In der Neumark hatte der Müller gegen einen Adligen geklagt, die Richter hatten dem Adligen recht gegeben, der Müller hatte sich an Friedrich II. gewandt, und der hatte dem Müller (der tatsächlich im Unrecht war) Recht verschafft: mit Gewalt. Dem König hatte die Sache den Ruf eingebracht, für das Recht des Volks einzustehen, den Richtern Festungshaft, dem Präsidenten aber die vorzeitige Pensionierung — die ihm nicht unlieb war. Konnte der 34jährige sich doch nun ganz dem widmen, was ihm lag: seinem Gut, der Familie, der Literatur, der Musik und der Ausgestaltung seines Parks.

In der Harmonie und Kultiviertheit dieses Hauses wächst Karl Friedrich Albrecht Reichsgraf Finck von Finckenstein (in der Familie und hier nur Karl genannt) wohlbehütet und von Liebe umgeben auf. Seine Mutter, eine geborene Gräfin von Schönburg-Glauchau, bringt zwischen 1771 und 1793 dreizehn Kinder zur Welt, von denen nur drei bald nach der Geburt sterben — was unter dem Durchschnitt der damaligen Kindersterblichkeitsrate liegt. Man nimmt die günstigen Bedingungen, die sich der Familie bieten, aber auch wahr: Immer wenn eine Entbindung herannaht, fährt das Ehepaar nach Berlin, weil dort, im Palais in der Wilhelmstraße, der königliche Hofarzt zur Verfügung steht. Einmal macht man sich zu spät auf den Weg, und eine Tochter kommt im Wagen zwischen Vogelsdorf und Dahlwitz, auf dem Barnim also, zur Welt — weshalb sie dann auch Barnime genannt wird.

Sie ist die dritte von Karls insgesamt sechs Schwestern, die alle sehr an ihm, dem Ältesten, hängen; von besonderer Bedeutung für ihn aber sind zwei, die nur wenig jünger als er sind. Wenn in seinen Briefen von Schwestern die Rede ist, sind vor allem diese beiden gemeint, Henriette und Caroline, die schön sind, die wunderbar singen, in die sich Burgsdorff verliebt, die Rahel als Rivalinnen empfindet – und die mit ihrem Bruder Karl nicht nur die Liebe zur Kunst gemeinsam haben, sondern später auch die zu einem Menschen, der unstandesgemäß ist.

In enger Gemeinschaft mit den Eltern (was unter Aristokraten in dieser Zeit durchaus nicht üblich ist) wachsen die Kinder auf. Das Kinderzimmer, das auch als Wohnzimmer dient, ist der Mittelpunkt des Hauses. Man spielt, liest und feiert gemeinsam, und auch wenn Besuch kommt, sind die Kinder dabei – schon um ihre Leistung im Chorgesang bewundern zu lassen. Der Präsident (wie Karls Vater in dieser titelfreudigen Zeit bis an sein Lebensende genannt wird) übersetzt nicht nur die bukolischen Dichter der Alten, Theokrit, Bion und Moschos, ins Deutsche, gibt nicht nur eine historisch-kritische Ausgabe von Ewald von Kleists großem Gedicht »Der Frühling« heraus und schreibt über Gartenkunst, er komponiert auch – und beteiligt die Kinder an allem. Fast alle spielen Klavier, alle werden im Haus unterrichtet, und das Lieblingsvorhaben des Präsidenten, die Anlage des idyllischen Parks, der erst 1800 fertiggestellt ist, erleben sie alle mit.

Karl hat sein zwanzigstes Lebensjahr schon beendet, als er zum erstenmal das Herrenhaus in Madlitz verläßt, um ein dreijähriges Jura-Studium zu beginnen. Aber eine Lösung von der Familie bedeutet das noch nicht. Denn von der Universität in Frankfurt an der Oder, die er gewählt hat, ist Madlitz mit dem Wagen in ein bis zwei Stunden zu erreichen. Erst die Anstellung in Berlin bringt die wirkliche Trennung. Im Januar 1796 stellt er sich beim Staatsministerium vor und wird probeweise beschäftigt. In den folgenden Wochen lernt er Rahel kennen und lieben, ist aber im Mai schon wieder zu Haus: vielleicht um sich auf das Zulassungsexamen im Juni vorzubereiten, vielleicht um den Besuch Wilhelm von Humboldts und dessen Frau Caroline nicht zu versäumen, vielleicht weil er zu einer Aussprache beordert wurde, vielleicht nur aus Heimweh. Rahel, die krank ist, leidet unter der Trennung – der die Nachwelt das erste Briefdokument dieser Beziehung verdankt.

Das Verständnis dieser Liebesgeschichte wird nicht nur dadurch erschwert, daß uns fast 200 Jahre von den Liebenden trennen, sondern auch durch die Unvollständigkeit des überlieferten Materials. Das nämlich ist unausgewogen und lückenhaft. Von dem unbedeutenden Grafen, über dessen Denken und Fühlen man sonst wenig weiß, sind 90 Briefe an Rahel erhalten, von ihr, der berühmten Briefschreiberin, die unablässig ihr Inneres enthüllte (und doch rätselhaft bleibt), aber nur fünf an den Grafen. Auch sind Briefe überhaupt von fragwürdigem Dokumentenwert. Sie können, je nach Anlaß und Zweck ihrer Entstehung, auf Täuschung oder Selbsttäuschung beruhen, und auch wenn sie Wahrheit vermitteln, kann die vielleicht nur von Augenblicksgeltung sein.

Die Basis für die Rekonstruktion der Geschehnisse ist also schmal. Könnte man nicht darauf bauen, daß sich die Grundmuster menschlichen Fühlens nur wenig wandeln, verböte sich der Versuch. So aber kann man fehlende Kenntnis von Tatsachen durch Vermutung ergänzen, kann, neben historischem Wissen, eigne Erfahrung einfließen lassen – jeder für sich, wenn er will. Dies hier soll nicht Festlegung, sondern nur Vorschlag sein.

Der erste Brief Karls an Rahel, Madlitz, den 12. Mai 1796 (der ein Schreiben Caroline von Humboldts einschließt, in dem Karls Gewandtheit gelobt wird, als wäre an dieser zu zweifeln), wirkt, als würde mit ihm ein Muster für alle, die folgen, entworfen. Ob sie, wie dieser, im Lenz der Liebe geschrieben werden oder im Herbst, immer bleibt der Aufbau sich ähnlich, und Inhaltliches kommt wenig hinzu. Karls Gefühlsbereich wird durch sie kaum vertieft und erweitert, und was Rahel an Erlebnissen und Erfahrungen geboten wird, bleibt ausschnitthaft. Alle Bemühungen Rahels, Karl zum Reden über das Ausgesparte zu bringen, haben keinen Erfolg: Das Kind, das sich in Liebe ganz hinzugeben scheint, bleibt in einem Punkt immer verstockt und verschwiegen.

Im ersten Brief wirkt dieses Schweigen noch wie Rücksichtnahme. Um Rahel nicht zu verletzen, vermeidet Karl Direktheit, kommt aber, da er nicht lügen kann, um das Verletzende nicht herum. Wenn man die späteren Briefe nicht kennt, wirkt dieser wie einer, der schlechtes Gewissen, das er verhüllen will, preisgibt, rührend in unbeabsichtigter Offenheit. Da Karl Angst davor hat (und wohl auch unfähig ist dazu), die Zerrissenheit seiner Gefühle zu analysieren, stellt er alles, was ihn bewegt, unbedacht nebeneinander und macht dem Empfänger dadurch das Analysieren leicht.

Er ist, als Rahel schon krank war, aus Gründen, die ihm, kaum aber ihr, zwingend erschienen, nach Madlitz gefahren, und der Schmerz, den er der Trennung wegen empfindet, ist echt. Über ihn vor allem nimmt er sich vor, ihr zu schreiben, und tatsächlich sind Dreiviertel des Briefes davon erfüllt. Da er weiß, wie sehr Rahel unter der Trennung leidet, stellt er, indem er sein eignes Unglücklichsein schildert, seine Liebe der ihren gleich. Aber auch der Rechtfertigung dient sein Leid: Je unglücklicher er sich macht, desto deutlicher muß ihr werden, daß er die Fahrt nach Hause notgedrungen nur unternahm.

Er kommt also vom Trennungsschmerz, den er mit Rahel ja teilt, auf den andern zu sprechen, den er allein tragen muß: auf den Gram ohne Namen, der ihm das Herz abdrückt und die Seele zusammenpreßt, auf das Eine, das er vor der Reise schon ahnte und das tatsächlich nun kam. Ausgesprochen hat er seine Vorahnung damals nicht, um Rahel nicht zu erschrecken, aber sie hat wohl trotzdem davon gewußt. Auch jetzt spricht er nicht aus, um was es sich handelt – und nie in den kommenden Jahren wird er das tun. Das macht seine Briefe, bei aller Gleichförmigkeit, die sie dadurch bekommen, so spannend: weil man durch sie an heutige Briefe, die nicht veröffentlicht werden, erinnert wird. Denn Rahels Leid, das man auch ohne Kenntnis ihrer Briefe ahnt, wird heute vielfach gelitten: durch Liebe, die gefühlvoll, aber kraftlos ist und die Entscheidung scheut. Da wird das Leben (und bald auch die Persönlichkeit) in Arbeit und Familie und Geliebte aufgeteilt und Überschreitung der Sektorengrenzen nicht geduldet. Da darf das eine Reich vom anderen nichts wissen, und wenn es etwas weiß, muß es darüber schweigen: die Frau, die Kinder sind für die Nebenfrau tabu.

Karl hat keine Ehefrau und keine Kinder, doch hat er Eltern

und Geschwister, die ihn halten und denen er verpflichtet ist. So wie der Ehemann, der außerhalb der Ehe liebt, verübt auch Karl, der außerhalb des Standes liebt, Verrat. Wohl darf er lieben, aber diese nicht. Als Erbe der Familientradition (er ist der älteste der Söhne) empfindet er als Unrecht, was er fühlt, doch kann er andererseits, als literaturbeflissener, aufgeklärter Mensch mit Glücksanspruch, sein Fühlen nicht verdammen. Er liebt genauso heftig, wie ihm das Gewissen schlägt, vermag den Zwiespalt deshalb nicht zu lösen und macht ihn dadurch weniger schmerzlich, daß er die beiden Pole so weit wie möglich voneinander trennt. Konfliktbenennung also meidet er und klammert die Familie ganz aus seinem Bund mit Rahel aus. Nicht Graf, nicht Diplomat, nur Liebender ist er bei ihr; der Kreis, in dem sie sich bewegen kann und wo er ihr gehört, ist also festgelegt. Immer wieder gibt er Rahel zu verstehen, daß die Familie ihm genauso wichtig ist wie sie. Nie klagt er an, er klagt nur immer und nimmt die Bande, die ihn halten, als naturgegeben hin. Rahels besorgten Fragen nach der Zukunft weicht er aus; nach Kinderart zieht er die Decke über beide Ohren und überläßt Entscheidungen der Zeit.

Wie Klagen klingen auch die Liebesworte, mit denen er fast jeden Brief beginnt. Da von ihm unterstellt wird, Rahel ahnte, glaubte, wüßte nicht, wie traurig ihm zumute sei, wenn sie nicht da ist, werden Vorwürfe für sie daraus. Das ist im ersten Brief schon so. Was in den Anfangsworten (ihr Brief sei fast die einzige Freude, die er in seiner Trauer habe) das Fast bedeutet, erfährt sie dann am Schluß: daß er in Madlitz glücklich wäre, gäbe es den Kummer nicht — um sie.

Ein Frühlingstag auf dem Lande

Um uns Karls Besuch in Madlitz besser vorstellen zu können, reisen wir selbst dorthin, Ende Mai, wenn die Akazien in Blüte stehen. Den Blick so weit zu reduzieren, daß nur sichtbar wird, was auch damals zu sehen war, fällt nicht leicht: zuviel hat sich auch hier, fern von Autobahn, Fernstraße und Eisenbahn, inzwischen verändert. Zwei Etappen der Dorfentwicklung (bei der die Einwohnerzahl von 200 auf 400 angewachsen ist) gilt es zu übersehen: die des vorigen Jahrhunderts, in der die Halbbauern, Kossäten und Büdner selbständige Bauern wurden (sich also neue Häuser und Höfe bauten) und die der letzten Jahrzehnte, in der durch Zentralisierung die Höfe weitgehend funktionslos geworden sind.

Wir denken uns also weg: die hohen Schuppen, in denen Mähdrescher, Kartoffelrodemaschinen, Traktoren stehen; das umzäunte Ödland, auf dem Betonteile und Schotter lagern; die barakkenähnlichen Großviehställe, zwischen deren Reihen der Frühlingswind mit Fetzen von Plastiksäcken spielt; den zweistöckigen Neubaublock mit Mopeds und Fahrrädern davor und dem Gewirr von Garagen und Schuppen dahinter; die neuen Eigenheimbauten, vor denen Ziermäuerchen den Vorgarten begrenzen; die gelben Plastikdächer über den Eingangstüren, die Luftschutzsirene, die Bushaltestelle und den Straßenasphalt. Anstelle der Bauernhäuser, deren lebendiges Backsteinrot meist schon vom Putzgrau verdeckt ist, stellen wir uns kleinere vor, aus Fachwerk und Lehm, strohgedeckt. Außer dem Straßenverlauf ist nichts mehr so, wie es war, auch nicht die Kirche, die keinen besonderen Platz auf dem Anger beansprucht, sondern sich in die Reihe der die eine Straße flankierenden Häuser bequemt; zehn Jahre nach Karls Tod wurden ihre mittelalterlichen Feldsteinwände durch ein Putzkleid klassizistisch verbrämt. Um das Dorf so sehen zu können, wie Karl es sah, schließt man also am besten die Augen.

Öffnen kann man sie wieder, wenn man das Dorf hinter sich hat und nicht den Straßendurchbruch nach rechts benutzt, sondern den pflasterlosen Weg geradeaus. An der ehemaligen Gutsgärtnerei, die sich hinter Backsteinmauern in lädierter Neo-Romanik präsentiert, geht man vorbei, auf mächtige Eichen, auf schmutzige Teiche zu und bleibt in der Linkskurve stehen. Hinter Resten einer Lindenallee liegt das Schloß, ungepflegt, aber unzerstört, ein dreigeschossiger Bau mit schlichter, wohlproportionierter Fassade, ebenerdig der Eingang, was die Einfachheit noch betont. Wäre das Walmdach nicht in diesem Jahrhundert begradigt worden, böte sich hier (aus beschönigender Entfernung) ziemlich genau ein Anblick aus Karls Zeit.

Dieses Bild seines Vaterhauses wird ihn gerührt haben, als er im Mai 1796 kam – erstmals als Liebender, also gefühlsintensiv. Anzunehmen ist, daß er nicht die fahrende Post benutzt (die am Hofpostamt in der Königstraße abfährt), sondern individuell reist, also reitet. Wenn er bei Sonnenaufgang Berlin durch das Frankfurter Tor verläßt und in den Dörfern (Lichtenberg, Mahlsdorf, Tasdorf) nicht rastet, kann er mittags schon in dem Städtchen Müncheberg sein. Noch vor der Kolonie Neu-Madlitz (deren Gründung sein Heimatdorf den amtlichen Namen Alt-Madlitz verdankt, an den aber noch niemand sich gewöhnt hat) biegt er von der Frankfurter Straße (die aber noch keine Kunststraße ist, sondern ein sandiger löchriger Weg) nach links ab – im Schritt nur noch, da das Pferd unter der Hitze leidet. Die trocknen Kiefernwälder, die er durchquert, heißen Vorderheide und Bettelgrund. Wenn sie sich lichten und die Madlitzer Äcker vor ihm liegen, fällt sein Pferd von selbst wieder in Trab und biegt beim Vorwerk von Wilmersdorf ohne Aufforderung ab in die richtige Richtung. Hier wird der Weg fester, die Luft frischer. Links, bis zum Park hin, erstrecken sich sumpfige Wiesen, mit Wasserlöchern darin, die die Madlitzer Hellige Pfühle nennen: heilige Teiche, deren schwarze Wasserspiegel der Mai jetzt mit dem Gelb der Sumpflilien rahmt. Gegenüber der Kirche reitet er in die Dorfstraße ein. Flügelschlagend weichen Hühner und Gänse aus; mit Diener und Knicks grüßen Kinder, und der junge Herr grüßt zurück. In der Allee, die auf das Schloß zu führt, laufen ihm die kleinen Geschwister entgegen und schreien ihm die Namen der Gäste zu, die heute gekommen sind.

Durch die gleiche Tür, in der vielleicht damals die Humboldts gestanden haben, um Karl zu begrüßen, betreten wir jetzt das Schloß, das heute ein Mietshaus ist. Im seitlichen Anbau sind alle Räume zu Wohnungen umfunktioniert worden, im Haupttrakt nur die des zweiten Stocks. Umsiedler von jenseits der Oder sind vor vierzig Jahren hier seßhaft geworden – zufrieden mit dem Schloß sind sie nicht. Denn der Zustand des alten Hauses ist schlecht, hygienische Einrichtungen fehlen, und das Babygeschrei aus der

Krippe im ersten Stock stört. Im vorigen Jahr war das Erdgeschoß noch vom Kindergarten belebt, und wir konnten den schönsten Raum, den Gartensaal, noch betreten. Jetzt sind die Kinder in besser geeignete Räume gezogen, und die Tür ist versperrt. Man schickt uns zum Bürgermeister und von dort zu Mitgliedern des Kleintierzüchterverbands, der den Saal jetzt benutzt; aber der Schlüssel ist nicht zu finden. Wir müssen uns also mit einem Blick durch die Fenster (die repariert werden müßten) begnügen. Die Decke mit dem Rokoko-Stuck können wir so nicht sehen, wohl aber den hohen Kamin und das Wappen darüber: mit Halbmonden und Stern, mit Löwen und Grafenkronen.

Die alten Autoreifen, bunt bemalt, die jeden Kindergarten-Auslauf in der Mark zu zieren scheinen, gibt es hier auch. Wir übersehen sie und lassen uns den Blick von der Terrasse auch nicht von jenem scheußlichen Gebäude (vielleicht ein Pumpwerk) trüben, das man genau dorthin gebaut hat, wo es am meisten stört; in diesen blumenübersäten Wiesengrund, mit dem der Park sich zu dem Schloß hin öffnet. Die Tannen, Buchen und Akazien, die die Lichtung beiderseits begrenzen, schieben starke Äste in die Helligkeit, als wollten sie die Lücke, die der Wald hier zeigt, bald schließen. Der Landschaftspark, das Kunstprodukt, das wie Natur erscheinen sollte, ist Natur geworden, schön noch immer, aber anders schön, mehr wild als sanft. Die Blicke auf die Gruppen seltener Bäume (zu denen damals die Akazien zählten) sind vom Unterholz verstellt. Um das Miniaturgebirge zu erreichen, auf dem damals Ruhebänke, vielleicht auch Rindenhütten standen, muß man sich durch Büsche zwängen, die mitunter stachlig sind. Was Karl in Briefen »unsern Berg« nennt (und was später Herzberg hieß, weil hier das Herz des Präsidenten ruhte), setzt dem Aufstieg Widerstand entgegen: umgestürzte Bäume in den Schluchten sperren uns den Weg. Von hier aus war wohl früher ein Blick ins flache Land, aufs Ehrentor für Ewald von Kleist und auch zum nahen Schloß hin zu genießen; jetzt kann man sich zwar immer noch auf Findlingsblöcke, die das Kunstgebilde krönen, setzen, doch außer Blättern, Nadeln und dem Gewirr von Ästen sieht man nichts.

In einem andern Tal des Parks (fast zwanzig Hektar ist der

ganze groß), zum Steinpfuhl hin, wo Kinder oder Angler die Liebesinsel durch einen Steg wieder erreichbar machten, ist (unter sachverständiger Anleitung des Instituts für Denkmalspflege) neuerdings das Unterholz gerodet worden, so daß der Urwald wieder wie ein Park erscheint. Blickt man von einem Gartenhaus, das wohl Genelli noch entwarf (heut Kleintierstall), nach Norden hin, leuchtet von weitem schon durch Buchenstämme ein runder, offener Säulenpavillon – und läßt die Illusion in uns entstehen, daß Karl und seine Schwester Caroline vor uns schlendern, ins Gespräch vertieft.

Sie haben sich von der Gesellschaft abgesetzt, als diese neue Gäste zu begrüßen hatte, Verwandte diesmal: Onkel Voß aus Buch, mit Frau (geborene Finckenstein) und Kindern. Dem Präsidenten kommen sie sehr recht, weil er mit ihnen musizieren kann, uns geben sie Gelegenheit, Betrachtungen an sie zu knüpfen: Voß ist Minister im Finanzdepartement, und seine Neider munkeln, daß er die Stellung erst bekam, als seine Schwester Julie (als Friedrich Wilhelms Gattin linker Hand dann Gräfin Ingenheim genannt) dem König endlich nachgegeben hatte. Der Sohn, der diesem Bund entsproß, der Graf von Ingenheim, ist später dann befreundet mit Genellis Neffen Buonaventura, der oft zu seinem Onkel Hans nach Madlitz kommt und Caroline Finckenstein, des Onkels (wenn auch nicht angetraute) Frau, wie eine Mutter liebt und verehrt und sie auch zeichnet. Ja, Preußen ist zwar groß, doch die dem Hofe nahestehende Gesellschaft klein und tausendfach durch ein Beziehungsnetz verbunden, das den einzelnen umstrickt und hält – auch Burgsdorff beispielsweise, von dem jetzt Karl und Caroline lange reden, um gegenseitig sich davon zu überzeugen, daß er wenig taugt. Der bricht jetzt, wie es scheint, aus jeder Bindung aus, quittiert den Staatsdienst, verschmäht auch die Armee, denkt nicht daran, sich um sein Gut in Ziebingen zu kümmern, lebt hier und dort, darunter in Paris, liebt diese, jene, zeugt, wie behauptet wird, vier uneheliche Kinder, verkehrt mit Tieck, mit Humboldt und den Klassikern in Weimar auch – um dann am Ende doch in seinen Kreis zurückzukehren und eine Base heimzuführen, die auch von Burgsdorff heißt.

Die Base Caroline Finckenstein, der wir auf ihren Wegen mit dem Bruder folgen, hat ihre Neugier-Fragen (nach der Kronprinzessin, die, wie man hört, von sagenhafter Schönheit ist, nach Karneval, Singakademieprogramm und neuen Opern) in der Gesellschaft schon gestellt und kann nun gleich zum Wichtigsten, zu Herzensangelegenheiten kommen. Fälschlich sieht sie die eignen und die Karls im Zusammenhang, weil sie den Bruder und den Vetter dem Zauber ein und derselben Frau erlegen wähnt. Burgsdorff, von dem die Eltern schon erwartet hatten, daß er sich bald erklärt, läßt sich in Madlitz nicht mehr sehen, schreibt nicht mehr, fühlt aber sich dafür, wie die Gerüchte sagen, zum gleichen Hause in der Jägerstraße hingezogen, in dem auch Karl seine freie Zeit vertut. Die Zwanzigjährige vom Lande, die die Residenz nur von Besuchen unter Obhut ihres Vaters kennt, stellt sich die Levi (wie sie, den Humboldts darin folgend, Rahel immer nennt) schön und verführerisch und auch verworfen vor: wie Orientalinnen so sind. Ob es denn stimme, will sie von dem Bruder wissen, daß Burgsdorff bald mit Rahel gemeinsam in die Bäder fährt?

Karl, der darauf brennt, von seinem Glück zu reden, hat jetzt Gelegenheit dazu. Fällt seine Pflicht, die Schwester zu beruhigen, doch mit dem Drang, das Bild von Rahel zu berichtigen und Geständnisse zu machen, fast zusammen. Viel Zeit braucht er dazu.

Den Park, der ohne feste Grenzen in die Wälder übergeht, verlassen sie bei diesem (ganz von uns erfundenen) Gespräch, umgehen das Dorf, spazieren am See entlang bis zu der Wassermühle und sitzen dann noch lange auf dem Friedrichsberg – der diesen Namen nach einem jüngeren Bruder führt, der 1788 diese Welt betrat, sie noch im gleichen Jahr verließ und hier begraben wurde – wie später seine Eltern, seine Schwestern, Brüder, deren Kinder, Kindeskinder bis in unsere Zeiten auch.

Weil ganz Alt-Madlitz heute seine Toten nicht mehr an der Kirche, sondern auf dem Friedrichsberg (der nichts als eine unbedeutende Erhebung in den Feldern ist) begräbt, führt jetzt ein vielbefahrener Feldweg dort hinaus. Vom Dorf aus ist der Friedhofshügel leicht zu finden, da dichter Baumbestand ihn krönt. Die Trennung der Gemeinde von der Gutsherrschaft wird hier noch praktiziert. Die gut gepflegten Gräber und geharkten Wege schließt ein Drahtzaun ein; die Wildnis, die dahinter liegt, ist nur durch einen Umweg über Äcker zu erreichen. Im Schatten alter Bäume erhebt sich hier ein großes Kreuz aus Stein; wild wuchert Efeu, wachsen Buchsbaumbüsche; schwach heben Gräberreihen sich vom Waldesboden ab. Die Trümmer kleiner Marmorplatten, deren Schrift bei neueren Exemplaren fast verblichen, bei alten aber noch gut lesbar ist, sind schon von Humus, Laub und Gras bedeckt. Allein das älteste der Gräber, das Denkmal für den frühgestorbenen Bruder Friedrich, hat der Zerstörungswut getrotzt. Es ist ein Quader aus Granit, den diese Verse zieren:

»Rötlich hieng die Blüthe
Da hauchte sie leise der Tod an
Und an des Himmels Strahl
Zeitiget schwellende Frucht!«

Daß wir den Herzensaustausch der Geschwister gerade an den Ort verlegen, an dem einmal der Hügel sie bedecken und gleichgeformter Marmor an sie erinnern wird, geschieht nicht ohne Grund. Wo über 150 Jahre lang die gräfliche Familie jedem, der ihr einmal angehörte, ein Denkmal setzte, ihn also nicht vergaß, wird die Intaktheit einer Ordnung deutlich, die zwar (wie hier augenfällig wird) nicht unzerstörbar war, doch ihren Angehörigen sehr lange noch so schien. Mehr als wir heute nachempfinden können, sind die Gedanken und Gefühle dieser beiden jungen Leute familiär bestimmt. Ansehen, Beruf, Besitz und Lebensstil sind mit dem Namen, den sie tragen, eng verbunden – und die Pflichten, die sie zu erfüllen haben, auch. Die Privilegien, die sie genießen, die Sicherheiten, die ihnen die Familie (bis zum Begräbnisplatz hin) garantiert, werden durch äußere und innere Gebundenheit bezahlt. Karl kann nur Gutsherr, Offizier oder Beamter werden, und wenn er außerhalb von Adelskreisen liebt und Heirat dabei nur erwägt, kommt er sich schon wie ein Gesetzesbrecher vor. Für seine Schwestern, deren Leben nur durch Heirat in Bewegung kommen kann, ist der Entscheidungsspielraum noch viel eingeengter. Zwar wird ihnen nicht mehr, wie es früher üblich war, vom Vater der Gemahl bestimmt, doch ist die Auswahl, die sich ihnen unter Standesgleichen bietet, sehr begrenzt. Landjunker, wie es sie zwischen Müncheberg und Frankfurt, zwischen Küstrin und Storkow dutzendweise gibt, verkehren bei den Grafen selten, und wenn sie es tun, wissen sie, ungebildet wie sie sind, die Vorzüge dieser Mädchen kaum zu schätzen. Auch dem interessantesten und eigenwilligsten von ihnen, von der Marwitz, der nicht weit von Madlitz sitzt und in der Politik sich später mit dem Präsidenten eng verbündet, ist die Beschäftigung mit Kunst nur Grund zum Spott: sie ist für ihn was Bürgerliches, das verweichlicht und die alte Ordnung untergräbt.

Ganz unrecht hat er damit nicht. Der Präsident, der kulturell schon in der Neuzeit lebt, politisch aber noch am Alten hängt, hat durch Erziehung die Konflikte in den Kindern angelegt, die Sorgen, die sie ihm dann machen, also selbst verschuldet. Durch Musik und Dichtung hat er ihr Gefühl geschult, ihr Eigendenken angeregt und eine Glückserwartung wachsen lassen, die auf Individuelles ausgerichtet ist und damit dem Familienkollektivgefühl des Adels widerspricht. Die Männer, die er schätzt und an sich zieht (und damit seinen Töchtern präsentiert), zeichnen sich durch Geist und Bildung aus, nicht durch Geburt. Daß ihnen dann, und nicht den hochgeborenen leeren Köpfen, die töchterliche Neigung gilt, kann eigentlich den Präsidenten nicht verwundern — und doch entsetzt es ihn. Wenn auch ein Dokument dafür, daß er sich gegen bürgerliche Schwiegersöhne wehrt, nicht existiert, zeugen die Lebenswege seiner Töchter doch von seinem (oder ihrem eignen inneren) Widerstand. Henriette bleibt ihr Leben lang in Liebe (ohne Heirat) dem Dichter Ludwig Tieck in Ziebingen und Dresden und Berlin verbunden; Caroline, die Madlitz nie verläßt, schließt sich, wenn sie den Kummer über Burgsdorff ausgestanden hat, dem Architekten Hans Christian Genelli an — ohne jemals seine Frau zu werden; und Barnime zögert ihre Heirat jahrelang hinaus, bis ihr geliebter Dichter Wilhelm Schütz mit einem Gut zusammen sich das Von erstanden hat.

Karl, als der Älteste, doch nicht der Stärkste, wird zuerst von diesem Widerstreit zwischen Pflicht und Glück bedrückt. Im Frühling 1796 auf dem Friedrichsberg, als Caroline ihm gesteht, daß man in Madlitz schon von seiner Liebe zu der Jüdin weiß, erschrickt er sehr, doch hilft die Stärke des Gefühls ihm über seine Angst hinweg. Daß er sich zutraut, eine Auseinandersetzung mit dem Vater zu bestehen, ist kaum anzunehmen. Er baut darauf, daß seine liebevollen Eltern Streit vermeiden werden, und er vertraut der Zeit.

Das brave Kind

Kaum hat Karl sein Zulassungsexamen bestanden und sich damit im Staatsdienst etabliert, reist Rahel, von Freundinnen begleitet, nach Böhmen ab. Ihre Kränklichkeit ohne Namen, psychosomatisch, wie man vermuten kann, treibt sie Jahr für Jahr in die Bäder. Erst ist das märkische (also nahe und billige) Freienwalde dran, das aber schon aus der Mode ist, dann Teplitz und Karlsbad und ein Jahr später Pyrmont. Daß die Trinkkuren und Bäder ihre Gesundheit fördern, kann man vermuten, gewiß aber ist, daß die Badegesellschaft ihr gut bekommt. Denn Berlin ist im Sommer für sie wie verödet, da jeder, der es sich leisten kann, es verläßt. Das Bad zu gebrauchen, wie man das nennt, ist für die meisten aber mehr Urlaub als Kur. Wenn man darüber nach Hause berichtet, ist wenig von Heilerfolgen die Rede, viel aber von Fürsten und anderen Standespersonen, von Geistesgrößen, von Essen und Festen und schönen Frauen. Die Güte des Bades wird an seinen Gästen gemessen, an den Leuten, die man wiedergesehen oder kennengelernt hat. Rahel, die zwar zur besseren Gesellschaft Berlins nicht gehört, aber durch einzelne von deren Mitgliedern doch teil an ihr hat, reist also sozusagen ihrem »Salon« hinterher – und erweitert ihn dort: um die Gräfin von Pachta zum Beispiel, die in unserer Geschichte noch eine wichtige Rolle zu spielen hat.

Karl bleibt in Berlin zurück und erweist sich als eifriger Schreiber. Jede Post, die nach Böhmen geht, befördert Briefe von ihm, und fast jede, die kommt, bringt welche von Rahel. Geistvoll oder abwechslungsreich sind Karls Briefe zwar nicht, aber sie geben, trotz der Klischees, die er immer wieder benutzt, über sein Leben und Lieben doch Auskunft. Ihre Bedeutung, ist man versucht zu sagen, liegt darin, daß ihnen solche fehlt. Ein schlichtes Gemüt offenbart in ihnen seine Gewöhnlichkeit; ein Durchschnittsaristokrat gibt Einblick in den von Langeweile und Ziellosigkeit geprägten Alltag der Aristokratie.

Denkt man an die nur wenig später geschriebenen Jugendbriefe des vier Jahre jüngeren Frankfurters Heinrich von Kleist, wird deutlich, was Karls Briefe so nichtssagend werden läßt: der Mangel an Willen und Wollen. Kein Lebensplan, der Kleists Dasein so spannend macht, ist bei Karl da, kein Vervollkommnungsstreben, kein Sinnsuchen, keine Sucht nach Erkenntnis und folglich auch keine Erkenntniskrise. Statt Verzweiflung gibt es bei ihm nur Traurigkeit, statt Aufbegehren und Ausbruch nur ein Sichfügen. Während Kleist den Konflikten, die zwischen ihm und der herrschenden Ordnung bestehen, sich stellt, weicht Karl ihnen aus und vermeidet sogar, sie zu formulieren. Der Zwang, unter dem er steht, kommt nur selten verdeckt zum Ausdruck: wenn er im Madlitzer Garten von Unabhängigkeit zu träumen beginnt oder bei einem Ausflug jenseits der preußischen Grenzen Freiheitsgefühle empfindet. Doch nicht Selbstgestaltung des Lebens oder Erfüllung ehrgeiziger Pläne erträumt er sich: er will nur in Ruhe genießen können.

Ausgeglichenheit des Gemüts ist es, was er erstrebt; und in Berlin kann er die, wenn Rahel nicht da ist, nicht finden. Seine Hauptsorge besteht also, neben der Korrespondenz, darin, die viele Zeit, die er hat, zu zerstreuen. Fleißig werden Theater und Opern besucht; er nimmt Klavierunterricht; er schwimmt in der (damals noch sauberen) Spree. Fürst Reuß, dessen Geliebte Mariane mit Rahel in Teplitz ist, nimmt ihn zu Hoffesten mit; viele Abende verbringt er bei Rahels Verwandten und Freunden. Auch die Singakademie wird weiter besucht; hier kann er, wenn die Sehnsucht zu groß wird oder die Eifersucht auf Burgsdorff, der Rahel nachgereist ist, ihn quält, sich ruhig singen.

Um seine Gemütsruhe geht es auch meist bei den klagenden

Liebesbeteuerungen, mit denen er Briefseite um Briefseite füllt. Sein Werben um Rahel besteht in der oft wiederholten Versicherung, daß er sie braucht; denn nur sie versteht ihn, nur mit ihr kann er reden, nur in ihrer Gegenwart ruhig und glücklich sein. Er scheint anzunehmen, daß seine Hilfsbedürftigkeit Grund für Rahel ist, ihn wiederzulieben, und daß in dem Bestreben, ihn glücklich zu machen, ihr Glück besteht. Sein kindlicher Egoismus drängt sie also in eine Rolle, die der einer Mutter sehr ähnelt; doch kann man (ihrer späteren Liebesbeziehungen wegen) annehmen, daß sie die gern annimmt, vielleicht sogar provoziert.

Karl wird schon wissen, was bei ihr wirkt, wenn er ihr, um ihren Unwillen zu besänftigen, schreibt: er würde sich in Zukunft immer als zahm und gehorsam erweisen und artig ausführen, was seine geliebte Führerin will.

Abschied und Willkommen

Rahel hört solche Folgsamkeitsversicherungen vielleicht auch deshalb gern, weil sie ihr Hoffnung machen, den Willensschwachen zu Entscheidungen veranlassen zu können. Sie weiß, daß die von ihr erwünschte Legitimation des Liebesbundes nur zustande kommen kann, wenn es ihr gelingt, die Überlegenheit, die sie in menschlicher und intellektueller Hinsicht hat, so einzusetzen, daß sie Karl dazu bewegt, die Schwierigkeiten und Probleme, die sich daraus für ihn ergeben, durchzustehen. Denn, sieht man von der Liebe ab, verfolgte er damit nur ihr Interesse und nähme für sich den Streit mit der Familie und Nachteile anderer Art in Kauf. So würde Rahel beispielsweise auch als Gräfin nicht hoffähig sein; für einen Diplomaten, der eine Karriere an Höfen vor sich hat, wäre sie also nicht die geeignete Frau.

In Karls Briefen aus dem Sommer 1796 ist von der Bereitschaft, diese Frage auch nur anzuschneiden, nichts zu spüren, viel dagegen vom Bestreben, allen Schwierigkeiten aus dem Weg zu gehen. Obgleich er, wie sein Schreibfleiß zeigt, bemüht ist, Rahel nah zu bleiben, vermeidet er doch jeden Schritt, der sein Verhältnis zur

Familie trübt. Im Juni, als Rahel abfuhr, ist vereinbart worden, daß Karl ihr im August nach Teplitz folgen soll. Die Freude darauf ist bei ihm erst groß, dann werden leise Zweifel angemeldet, und schließlich wird die Undurchführbarkeit des Planes konstatiert. Während sein Flirt mit Madame Unzelmann sehr detailliert, mit kindlich-rücksichtsloser Offenheit (ja, fast mit Stolz auf den Erfolg) geschildert wird, bleiben die Gründe, die ihn an der Reise zu ihr hindern, unerörtert. Den Urlaub bringt er, statt bei ihr, bei der Familie zu. Sein letzter Brief nach Teplitz, den er im September schreibt, ist kühl und muß ihr alle Hoffnung nehmen. Neben der Eifersucht auf Burgsdorff, die durch Unterstreichung in die Augen sticht, ist zwar von Liebe auch die Rede, aber nur von der zu Madlitz und zu seinen Schwestern, nicht zu ihr. Obwohl die Form gewahrt bleibt, klingt das kurze Schreiben wie ein Abschiedsbrief und wird von Rahel, als sie wieder in Berlin ist, wohl auch so gelesen. Denn Karl, der ihr in jedem Brief versichert hat, mit welcher Sehnsucht er den Heimkehrtag erwarte, ist nicht da, und wochenlang läßt er von sich nichts hören.

Ob seine schwere Krankheit, die ihn in Madlitz überfällt, eventuell die Folge davon ist, daß er dem Drängen der Familie, sich von Rahel zu lösen, nachgab, muß als Frage offen bleiben; sicher aber ist, daß er von ihr genausowenig lassen kann, wie sie von ihm. Die kurzen, mit schwacher Hand geschriebenen Krankenlagerbriefe, mit denen Karl sechs Wochen später, im November, den zweiten Akt des Trauerspiels beginnt, finden bei ihr sofort die alte Resonanz. Die Innigkeit des Anfangs wird in der regen (vor Karls Eltern geheimgehaltenen) Korrespondenz, die bis zum Jahresende dauert, wieder hergestellt, doch wirkt die nur verdrängte, nicht aber überwundene Krise, deren Existenz von Karl nicht zugegeben wird, natürlich fort. Wieder geht er mit seinen selbstgemachten oder von den Dichtern ausgeborgten Liebesschwärmereien jeder Problematik aus dem Wege und kommentiert nur manchmal, widerwillig, das, was sie ihm schreibt. Wieder setzt er ihren Sorgen nur sein sonniges Gemüt entgegen, verbietet sich und ihr, an Zukünftiges zu denken, und schwört einzig auf die Gegenwart. Unausgesprochen macht er Rahel immer wieder klar, daß das Versprechen, das sie (ebenfalls nicht ausgesprochen) von ihm fordert, bei aller Liebe nicht von ihm zu haben ist.

Und sie geht auf die alte Praxis wieder ein. Die Reise, die sie vorhat, schiebt sie auf, um, wenn er nach Berlin kommt, für ihn dazusein. Sie wartet wieder, weil der Arzt erst, dann der Vater, Karl nicht erlauben, daß er vor den Weihnachts- und den Jahreswechselfeiertagen reist. Es schmerzt sie wieder anzuhören, daß Karl bei den geliebten Schwestern ach so glücklich wäre, quälte ihn die Sehnsucht nach ihr nicht. – Obgleich sie also weiß, was sie erwartet, nimmt sie ihn wieder mit offenen Armen auf.

Daß sie aus Mitleid nur so handelt, gibt sie im Dezember Caroline Humboldt zu verstehen. Uns ist das Anlaß, hier erneut den zweifelhaften Wahrheitswert von Briefen zu betonen und Rahels Ehrlichkeit in diesem Fall als fragwürdig anzusehen.

Klatsch

Wenn das Paar beieinander ist, weisen Liebesgeschichten, die Briefen nacherzählt werden, notwendigerweise Leerstellen auf. Denn wer täglich sich spricht, braucht sich nicht zu schreiben. Zeiten des Glücks bleiben so meist undokumentiert.

Mit Rahel und Karl geht uns das im ersten Halbjahr 1797 so. Weder vorher noch nachher sind sie so lange zusammen. Im Frühling des Vorjahres hatte das Liebesverhältnis begonnen; im Mai hielt Karl sich in Madlitz auf, im Juni fuhr Rahel ins Bad; erst im Januar treffen sie wieder zusammen. Die Zeit, die wir (ohne Beweise dafür zu haben) für ihre glücklichste halten, endet im Juni, mit Rahels Abreise nach Bad Pyrmont. Daß Karl dann am Morgen nicht da sein wird, um sie zu verabschieden (weil er verschlafen hat), wird schon als böses Omen gedeutet werden; Zerwürfnisse werden entstehen, die sich im Herbst, wenn Rahel zurück ist, zur dramatischsten Krise verdichten: zum Anfang vom Ende, das sich noch jahrelang hinziehen wird – brieflich, da Karl nur selten anwesend ist.

Jetzt aber ist noch die Hoch-Zeit der Liebe dran, die Zeit der

Gemeinsamkeit für die beiden, die informationslose Zeit für uns. Wir helfen uns damit, daß wir Einzelheiten, die wir vorher und nachher erfahren, zusammenklauben, daß wir Vermutungen äußern und auch Briefe anderer Personen benutzen – aber mit Vorsicht nur.

Eine Schwierigkeit für die jungen Leute wird in der mangelnden Möglichkeit ungestörten Alleinseins bestehen. Das Palais in der Wilhelmstraße ist Rahel verschlossen, und im Levinschen Hause ist immer Betrieb. Zwar ist Burgsdorff, einer der eifrigsten Gäste, mit Caroline von Humboldt zusammen verreist, aber Kunth, der Erzieher der Humboldt-Brüder, Brinckmann, Gualtieri und andere Vertraute sind da. Freundinnen wie Mariane Meyer, Rebekka Friedländer, Henriette Mendelssohn kommen mal schnell vorbei; Wilhelm von Humboldt spricht vor; David Veit, der erste Briefpartner Rahels, sucht das Gespräch, und Ludwig Tieck und sein Bruder Friedrich, der das schöne Relief-Porträt von Rahel gemacht hat, wollen auch unterhalten sein. Da Abweisung leicht Kränkung zur Folge hat, fällt diese schwer; und auch wenn man sie auf sich nimmt, ist das Haus nicht leer. Denn die Familie ist immer da: die Mutter, die Brüder, die Schwester, die Nichte, die Schwägerin.

Da ihr Verhältnis geheim ist, vermeiden die beiden, wenn andere dabei sind, das vertrauliche Du. Zwar wissen Rahels Verwandte und Karls Geschwister Bescheid, und da Burgsdorff eingeweiht ist, sind es Humboldt und Brinckmann auch, und mit letzterem weiß es die Stadt – aber das Sie wird trotzdem benutzt, auch wenn Karl sich manchmal verschnappt (also verspricht). Denn das Geheimnis (auch wenn es keins ist) zu lüften, hieße die Gesellschaft herauszufordern, und das wirkte kompromittierend – für Rahel allerdings nur. Dem Edelmann wird das Recht, ein Verhältnis zu haben, wohl zugebilligt, nur auf Ehe berechnet darf es nicht sein.

Das von Karl in Briefen oft beschworene Glück zu zweit in Rahels Stube unterm Dach wird also selten sein. Man wird Besuche haben, wird Besuche machen und wird häufig ins Theater gehen. Im Januar, wenn Karl kommt, beginnt der Karneval, die Zeit, in der die Königliche (die italienische) Oper spielt. Dort, wo sie sich ein Jahr zuvor zum erstenmal gesehen haben, werden sie manche Abende verbringen, andere im Theater am Gendarmenmarkt, der deutschen Bühne, die seit dem Herbst des Vorjahres unter Ifflands Leitung steht. Die Spielplanvielfalt ist hier groß; neben Lustspiel und Tragödie werden Oper, Singspiel, Operette auch gepflegt, und Premieren gibt es häufiger, als man sich heute vorstellen kann.

Rahel, die gern spazierengeht oder im Wagen ausfährt, hat in diesem Frühjahr stets Begleitung. Der Tiergarten ist (nicht nur für sie) ein sehr beliebtes Ziel. Kaum ist das Brandenburger Tor passiert (das seit vier Jahren aussieht, wie wir heut es kennen), steht man schon unter Bäumen. Der große Park, von Kunst verschönt, an Sonnentagen von Tausenden belebt, erstreckt sich bis Charlottenburg. Durchzogen ist er von Alleen, wo man fahren, reiten kann; auf Schlängelpfaden, wie zum Beispiel dem Poetensteig, kann man zu Fuß von einem Lustschloß bis zum anderen, zu Kaffeegärten, zur Fasanerie, zu Labyrinthen und Bassins und auch zur Spree gelangen. Da Friederike Unzelmann und Bruder Markus hier draußen Sommerhäuschen haben, findet man sich an warmen Tagen in frischer Luft zusammen und fährt erst, wenn es dunkelt, in die Stadt zurück.

Doch frei von Schmerzensstunden oder -tagen ist für Rahel auch die Glückszeit nicht. Zu oft wird ihr bewußt, daß Karl, der sanft und willig sich in ihre Art zu lieben fügt, sich ihr in Teilbereichen nur eröffnet, sie aus anderen aber gänzlich ausgeschlossen hält. Nicht nur die Arbeitsstunden im Büro (Journal genannt), die Festlichkeiten, die Empfänge und Audienzen entfernen ihn von ihr, er muß sich auch auf Bällen an den Prinzenhöfen sehen lassen und muß Konzerte hören, die die Gräfin Lichtenau im Schloß Charlottenburg organisiert. Obgleich er stets betont, daß nichts ihm wichtiger ist als die Besuche in der Jägerstraße, wird Rahel, die nicht wissen kann, wie weit in dieser Hinsicht seine Diplomatenpflichten wirklich gehen, manchmal doch von Eifersucht geplagt. Die Folge davon ist, daß er noch mehr als vorher schon sein Adelsdasein ihr verschweigt – und damit ihrem Mißtrauen neue Nahrung gibt.

Am meisten aber leidet sie, wenn Karls Vater und die Schwestern kommen und das glückliche Familienleben tagelang von Madlitz nach Berlin verlagert ist. Dann läßt sich Karl bei ihr kaum sehen; er zeigt den Schwestern alles, was er nur durch Rahel kennenlernte, und kann mit ihnen auch (das schmerzt besonders) in die oberen Bereiche der Gesellschaft gehen, die Rahel unzugänglich sind.

Zu dem von Karl erträumten harmonischen Beisammensein mit Schwestern und Geliebter kommt es nie. Rahel sieht die Komtessen zwar einmal, lernt sie jedoch nicht näher kennen. Vielleicht geschieht das auf dem Ausflug im April, von dem ein Brinckmann-Brief an Burgsdorff dann berichtet. Für die ahnungslose Rahel erschrickt man, wenn man Burgsdorffs Antwort liest: Der Heiratsplan, den Karl angeblich hat, wird hier in einer Weise kommentiert, die man von zwei vertrauten Freunden Rahels nicht erwartet. Ihr Glück, ihr Unglück interessiert die beiden nicht; die Freude an der Neuigkeit deckt jede Anteilnahme zu. Man spürt, daß der Gedanke an eine Ehe des Grafen mit der Jüdin nie auch nur erwogen wurde; die Frage lautet nur: bleibt Karl Junggeselle oder geht er eine Adelsheirat ein.

Inwieweit der Klatsch Tatsachen wiedergibt, ist nicht bekannt; ganz aus der Luft gegriffen ist er sicher nicht. Fräulein von Berg, die in den engsten Kreis des Hofs gehört, weil ihre Mutter eine Freundin der Kronprinzessin Luise ist, scheint für den Grafen Karl durchaus die richtige Partie. Zweieinhalb Jahre später kommt sie in einem bösen Briefe Rahels vor. Als jung und hübsch und reich wird sie dann dort beschrieben – als all das also, was Rahel selbst, nach ihrer Ansicht, fehlt.

Die Gewaltkur

Um die verehrte Rahel nicht die Geliebte des Grafen nennen zu müssen, wird fast in der gesamten Rahel-Literatur von einer Verlobung gesprochen – und damit die Sachlage verfälscht. Karl wird unterstellt, er habe ein Eheversprechen gegeben (und also gebrochen), und Rahels Leid wird verkleinert, indem man ihm seine Hauptursache: das Gefühl der Erniedrigung, nimmt. Ohne diese tiefe Verletzung wäre es kaum verständlich, daß Rahel noch viele Jahre danach Karl ihren »Mörder« nennt und daß sie auch nach seinem Tode noch, und sei es im Traum, mit Verzweiflung und Angst an ihn denkt. Nicht weil der Verlobte aus Mangel an Liebe oder durch Druck der Familie sein Versprechen nicht einlöste, vergißt sie die Schmach nie, sondern weil der Geliebte, bei aller Liebe, sie, die Unebenbürtige, niemals der Heirat für würdig hielt.

Vielleicht angespornt durch die heimliche Ehe, die der Fürst Reuß mit ihrer Freundin Mariane Meyer schließt, unternimmt Rahel, von der forschen Gräfin Pachta beraten, im November 1797 den verzweifelten Versuch, Karl zu einem Eheversprechen zu zwingen. Varnhagen, der Erfinder der beschönigenden Lesart von der Verlobung, sieht später die Sache so: Die souveräne Rahel, die, wenn sie wollte, Karl nach ihrem Willen leiten könnte, gibt ihm, als sie sein inneres Schwanken spürt, sein Wort zurück, spricht ihn von aller Bindung frei, damit er neu und wahr *für* eine Ehe oder *gegen* sie entscheiden kann – und begrüßt am Ende auch den negativen Ausgang noch: weil sie eine Heirat, die sie nur ihrer Überlegenheit verdankt, nicht will.

Die Wirklichkeit sah, wie die Briefe zeigen, anders aus: nicht ganz so edel und so schmerzensfrei. Man könnte fast von einer Art Erpressung reden. Die Gräfin Pachta, die der Meinung ist, ein Mann, der einer Frau von Liebe spricht, habe die Ehe eigentlich ihr schon versprochen, leitet Rahel bei der Gewaltkur an. Das Seelenfolterinstrument, das man benutzt, ist die Verweigerung: Karl darf die Geliebte nicht mehr sehen, er muß, drei Straßen weiter sitzend, leidend, weinend, lange Briefe schreibend, in sich gehen und soll dabei nun endlich die Entscheidung fällen, die die Wirrnis löst. Direkt sagt Rahel ihm nicht, was sie von ihm verlangt (darauf soll er selber kommen), sie führt als Trennungsgrund nur die Erniedrigung an, die das Verhältnis ohne feste Bindung für sie bedeutet. Während sie sich ihm entzieht, bietet die Freundin Pachta sich als Mittlerin ihm an. Aber obgleich der Plan sehr richtig auf Karls starke Liebe baut, mißlingt er doch. Die Pachta hat vergessen, daß auch Rahel zu leiden hat.

Wer Konsequenz als solche liebt, kann Karls Haltung in diesen qualvollen Novembertagen nur bewundern. Das Wort, das alle Schmerzen lösen könnte, spricht er nicht; nichts versucht er zu entschuldigen, nichts zu erklären: das Problem, um das es geht, berührt er nicht; er beharrt auf der Methode, nur das Schicksal anzuklagen, und er flüchtet sich in Phantasien: Krankheit wünscht er sich herbei, dann könnte die Geliebte kommen und ihn pflegen, ohne sich was zu vergeben. Rahel, die nach ein paar Tagen schon erkennen muß, daß das verstockte Kind auf diese Weise nicht zu bessern ist, kann so hart, wie ihre Freundin will, nicht sein. Bald schreibt sie wieder liebevolle Briefe, um den Schmerz zu lindern, und als das Schicksal (vielleicht gelenkt von Karls Vater) wirklich eingreift, kann sie seinem Flehen nicht länger widerstehen.

Es zeigt sich, daß Karl, wie er immer wieder sagt, tatsächlich nur im Heute lebt und sich um die Zukunft nicht bekümmert. Die Abberufung von Berlin, die ihn für Monate von Rahel trennen wird, erfreut ihn, statt ihn zu erschrecken, weil er weiß: so grausam, ihm ein Treffen vor der großen Reise abzuschlagen, ist Rahel nicht. Und er hat recht damit. Nach vierzehn Tagen, die den beiden nichts als Qualen brachten, wird die Zwangsmaßnahme eingestellt. Man sieht und spricht sich wieder (schreibt sich also keine Briefe), und als Karls Fahrt in diplomatischer Mission beginnt, ist den ausführlichen Berichten, die er Rahel von der Reise gibt, von diesem Zwischenfall nichts anzumerken.

Der Kongreß an der Murg

Im Sommer 1796, als Karl fälschlich den General Bonaparte in Italien geschlagen wähnt, teilt er Rahel seine Freude darüber mit, aber sonst erfährt sie von den politischen Vorkommnissen, die ihn beschäftigen müssen, da er von ihnen betroffen, teilweise an ihnen beteiligt ist, nichts. Politik gehört zu den Standes-, Berufs- und Familiensachen, die Rahel nichts angehen. Am deutlichsten wird das, als Karl Anfang Dezember 1797 in politischem Auftrag nach Rastatt fährt und über das, was dort vorgeht, Rahel gegenüber kein Wort verliert. Sollte er, was kaum glaublich ist, bei seiner Rückkehr im Jahre 1799 mündlich Bilanz gezogen haben, hätte die in dem Ausruf bestehen können: Wahrlich, ein ekelhaftes Geschäft!

Nach Niederlagen in Italien hatte Österreich mit der Republik von Frankreich Frieden schließen müssen; dabei hatte es dem Sieger (was geheim blieb) zugesagt, sich für die Abtretung der deutschen Reichsgebiete links des Rheins an Frankreich einzusetzen. Am 1. November 1797 (dem Tag, an dem sich Rahel Karl entzieht) lädt Kaiser Franz II. die Deputierten aller deutschen Fürsten zum Kongreß nach Baden, in das Städtchen Rastatt, ein, um, unter Wahrung der Integrität des Reichs, wie er beteuert, mit den Franzosen über einen Frieden zu beraten. Während die Gesandten all der vielen deutschen Staaten auf dem Weg noch sind, trifft Bonaparte zu einem Blitzbesuch in Rastatt ein und handelt mit dem österreichischen Minister alle die Bedingungen schon aus, an denen der Kongreß (der eineinviertel Jahre dauern wird) dann nichts mehr ändern kann: die Besetzung der Rheinfestungen, die Abtretung des linken Rheinufers und die Entschädigung der dadurch betroffenen Länder durch Säkularisation der geistlichen Fürstentümer. Als der Kongreß am 9. Dezember zusammentritt, ist Bonaparte (der sieben Jahre später Kaiser sein wird) schon wieder in Paris, um seinen Sieg zu feiern. In den kommenden Monaten werden die Deputierten nach und nach mit dem vertraut gemacht, was sie beschließen sollen; dann dürfen sie sich um die Kirchenländereien streiten.

Karl trifft erst zehn Tage nach Kongreßbeginn in Rastatt ein; möglicherweise hat ein Trauerfall ihn aufgehalten. Am 16. November nämlich stirbt in Potsdam Preußens König, und sein Sohn, der dritte Friedrich Wilhelm, der als Reformfreund gilt, besteigt den Thron. Da muß erst kondoliert, gefeiert und begraben und gehuldigt werden, und man muß erkunden, ob der junge König zu den Instruktionen, die der alte gab, auch steht. Daß der schon in den ersten Stunden seiner Amtszeit die Verhaftung der Mätresse seines Vaters, der Gräfin Lichtenau, befiehlt, erfüllt mit Zuversicht.

Ob Karl die Illusionen teilt, die man im In- und Ausland an den neuen Herrscher knüpft, ist nicht bekannt, da er darüber schweigt. Die Briefe, die er von der Reise und aus Rastatt schreibt, handeln von Natureindrücken, von Lektüre und Theater, aber nie von seiner Arbeit oder gar von Politik. Der König und die Königin (Luise) kommen in ihnen genausowenig vor wie andere Mächtige der Zeit, und wenn der Name Metternich erscheint, dann nur, weil eine junge hübsche Frau ihn trägt. Als der Kongreß empört darüber ist, daß die Franzosen, ohne erste Beschlüsse abzuwarten, laut Geheimabkommen Mainz besetzen, schreibt Karl über Spiel und Tanz und Abendessen, und als im März und im April die erzwungene Entscheidung über die Gebietsabtretung fällt, bleiben die Briefe aus.

Dafür kommt Karl selber. So groß ist seine Sehnsucht noch, daß er die weite, strapaziöse Reise auf sich nimmt, um Rahel zu sehen. Konfliktlos aber scheint der kurze Urlaub nicht zu sein; denn Karls Briefe, die danach aus Rastatt kommen, enthalten zwar die alten Liebesklagen und die Phantasien von einem besseren, freieren Dasein wieder, doch kündigt deutlich sich ein neues Stadium der Beziehung an. Er muß jetzt Rahels Zweifel an der Echtheit seiner Liebe widerlegen; er macht das wortreich erst, dann resigniert, und wenn er Rahel dafür dankt, daß sie ihm Lebenskenntnisse und Selbstgefühl vermittelte, hört sich das wie ein Nachruf an. Ein Schlußwort aber spricht er nicht. Er läßt die Briefe kühler, seltner werden und gibt das Schreiben schließlich auf.

Ein solches Ende aber duldet Rahel nicht. Der erste ihrer noch erhaltenen Briefe (wahrscheinlich ein Konzept) zeigt die Verzweiflung, in der sie sich befindet. Wie nicht anders zu erwarten, weckt sie dadurch Karls schlafende Gefühle wieder auf. Gleich, gleich muß er ihr wieder schreiben, um ihr, wenig glaubhaft, zu versichern, daß das Feuer noch wie früher in ihm brennt. Das neue Jahr (1799) scheint auch die Bindung wieder zu erneuern — noch nicht zum letztenmal.

Vom Ende des Kongresses erfährt man durch die Briefe nichts; es war ein blutiges: die Farce endete als Trauerspiel. Unter der Bezeichnung Rastatter Gesandtenmord ging es in die Geschichte ein und hat noch lange Detektive unter den Historikern beschäftigt.

England und Frankreich hatten, mit wechselndem Erfolg, während der Verhandlungen in Rastatt weiter Krieg geführt. Ägypten war von Bonaparte eingenommen worden; seine Flotte wurde von Admiral Nelson bei Abukir versenkt; die Türken traten gegen Frankreich in den Krieg; und als dann Rußland sich auf Englands Seite schlug, schloß sich auch Österreich wieder diesem Bündnis gegen Frankreich an. Zu Anfang des Jahres 1799, während in Rastatt über den Frieden noch verhandelt wurde, begann in Süddeutschland und in Italien schon der Krieg. Als österreichische Truppen sich dabei dem neutralisierten Rastatt näherten, verließen die drei Gesandten Frankreichs nachts die Stadt. Von unbekannten Reitern wurden sie überfallen und beraubt. Zwei wurden totgeschlagen, der dritte konnte fliehen. Die österreichische Armee, die damals schon und später immer wieder der Tat beschuldigt wurde, stritt jede Verantwortung dafür entschieden ab.

Das Ende

Rahel, die Autodidaktin, die in ihrer Kindheit nur hebräische Buchstaben schrieb und durch Erziehung keine gefestigten Sprachformen mitbekam, mußte sich das Deutsche in ihrer Jugend erst selbst erobern. Ihren Briefen merkt man das an. Ihr Stil ist weder gewandt noch schön, ihre Orthographie phantastisch, ihre selbstgemachte Interpunktion vertrackt.

Flüssig liest sich das nicht; oft stockt man, um sich zu fragen, was der Sinn einer überraschenden Wendung sei, und manchmal bleibt das Nachsinnen darüber ohne Ergebnis. An den Fremdwörtern (die man ja nachschlagen kann) liegt das nicht, eher schon an dem ungewohnten Gebrauch gewöhnlicher Wörter, an Metaphernkühnheit und der Eigenart, in einem Satz verschiedene Gedankengänge zu vereinen. Und doch ist der Gewinn beim Lesen dieser Briefe groß, weil individueller Sprachgebrauch mit Tiefe der Erkenntnis sich verbindet und Originalität dadurch entsteht, daß originales Denken hier den ihm gemäßen Ausdruck findet.

Stößt man nach all den vielen Briefen, die Karl an Rahel schrieb, auf ihren ersten, der sich uns erhalten hat, spürt man sofort den Unterschied; Karls schreibgewandtes Einerlei steht gegen ihre Farbigkeit, Schwäche wird konfrontiert mit Kraft, Wehleidigkeit mit Stärke des Gefühls. Und schon nach wenigen Zeilen spürt man: die wirklich Leidende in diesem desolaten Liebesbund ist sie.

Obwohl sie ahnt, wie wenig noch von seiner Liebe übrig ist, zwingt sie ihr Schmerz, das bißchen Hoffnung festzuhalten und einen Neubeginn noch einmal zu versuchen. Sie schimpft ihn wegen seines Schweigens aus, sie lockt, sie fleht, erspart ihm keinen Vorwurf, sie zeigt ihm, was sie leidet, setzt also ihre Macht zum letztenmal noch ein — und hat Erfolg damit. Karl reagiert darauf, wenn auch, wie immer schon, unangemessen. Mit der Freude, so geliebt zu werden, quittiert er ihren Verzweiflungsschrei, jeden Vorwurf überhört er, auf Probleme geht er nicht ein. Rahels Liebe rührt ihn noch; ein paar Wochen später, in Berlin, wird sie ihm lästig sein.

Der Sommer 1799 wird für Rahel zur Qual. Es sind die letzten Monate mit Karl, in denen sie ihn oft erwartet, aber selten sieht. Aus dem heimwehkranken jungen Mann vom Lande ist ein Mann von Welt geworden, der sie zwar dann und wann noch als Geliebte, aber nicht mehr als Vertraute braucht. Freunde in den eignen Kreisen hat er nun genug, und Pflichten auch. Diners und Soirees und Bälle zieht er dem Besuch von Rahel vor. Madlitz und die Verwandten in der Neumark werden oft besucht, und wenn die Schwestern und die Brüder kommen, bleibt für die Jägerstraße keine Zeit.

Rahel, in ihrem Stolz verletzt, empört sich, doch die Kraft, sich von ihm loszumachen, hat sie noch nicht. Die Liebe, die sie an ihn bindet, wird für sie zum Fluch. In einem Brief, in dem die wildeste Verzweiflung schon zur Kälte ohne Tränen wird, fleht sie ihn an, doch ihre Qual zu enden, indem er diesen Bund, der sie entwürdigt, löst – sie, die das einmal (im November 1797) schon versuchte, könne das nicht mehr.

Doch diese Kraft (die sie ihm wohl nur zutraut, weil sie vermutet, daß das Fräulein von Berg sie ihm vermitteln kann) hat er natürlich nicht. Mit der Bemerkung, daß ihr Brief ihm fast das Herz zerrissen habe, geht er erst über ihren Wunsch hinweg, um dann, acht Wochen später, dem Eigentlichen aus dem Wege gehend, zu erklären: nein, er liebe dieses Fräulein nicht.

Um diese Zeit ist er schon nicht mehr in Berlin. Den Briefen von der Reise und aus Wien (wo er, erst als Gesandtschaftssekretär, dann als Gesandter, länger als ein Jahrzehnt verbleibt) sieht man zwar an, daß Karl die Freundin nicht mehr braucht, doch auch, daß er insofern noch der alte ist, als er liebenswürdig an der Oberfläche bleibt, die ernsten Dinge nicht berührt und die Entscheidung scheut.

Seine Weigerung, die Wunden, die er schlug, auch nur zu sehen, wirkt auf Rahel wie Infamie. Vom Zauber seiner Gegenwart befreit, kann sie, die Stärkere im Lieben und im Leiden, das Verhältnis, das sie knüpfte, nun auch lösen, aber leicht fällt ihr das nicht. Einen Brief aus Wien, der nicht viel anders ist als andere, nimmt sie zum Anlaß, sich in einen Zorn hineinzusteigern, der es ihr erlaubt, Karl (im Oktober 1799) einen bitterbösen Abschiedsbrief zu schreiben – den sie liegen läßt. Im Dezember schreibt sie an Genelli: er möge Karl doch sagen, daß sie ihm nicht mehr schreibe, adressiert den Brief dann aber doch an Karl nach Wien – und schickt ihn niemals ab.

Der dritte Brief erst, der im Februar geschrieben wird, erreicht den Adressaten auch. Unvorbereitet trifft er Karl nicht. Gehorsam, wie er auch am Schluß noch ist, erfüllt er ihr den Wunsch, von nun an unbekannt mit ihm zu werden, und verstummt. Rahel, die dieses Ende ihrer Liebe nur als Schmach und Niederlage sieht, reist nach Paris. Fern von Berlin, so hofft sie, wird das Vergessen leichter sein.

Das erste Jahrzehnt des neuen Jahrhunderts wird für fast alle Personen aus Rahels Umgebung entscheidend, nur sie selbst weiß, wenn es endet, noch immer nicht recht, wohin sie das Schicksal zieht. Genelli baut Burgsdorffs Schloß Ziebingen (das dann die Finckensteins kaufen) zu klassizistischer Schönheit um und läßt sich in Madlitz nieder, um Karls zweiter Schwester Caroline nahe zu sein. Humboldt tritt in den Staatsdienst, wird erst Gesandter in Rom und dann in Berlin eine Art Bildungsminister; Ludwig Tieck findet in Ziebingen bei Burgsdorff Asyl, sein Bruder Friedrich, der Bildhauer, irrt in Europa umher; Gentz und Friedrich Schlegel gehen nach Wien; Brinckmann wird nach London versetzt und kehrt dann nach Schweden zurück; Rahels Freundinnen heiraten oder verlassen aus anderen Gründen Berlin; Gualtieri findet in Spanien durch Krankheit, Prinz Louis Ferdinand bei Saalfeld durch Säbelhiebe den Tod – und Luise von Berg wird zwar durch Heirat zur Gräfin, aber eine von Voß, nicht von Finckenstein.

Auf dem Umweg über Amsterdam, wo ihre Schwester Rose verheiratet ist, kehrt Rahel im Sommer 1801 aus Paris zurück. Ein leidenschaftliches Verhältnis zu einem spanischen Diplomaten fügt ihrer Seele erneut Wunden zu. Mit der Niederlage Preußens leert sich ihr Salon; ihre Mutter stirbt; zweimal zieht sie um. Als drei Jahre nach dem Einzug des Siegers Napoleon das geflüchtete Königspaar wieder Berliner Boden betritt, haben sich für Rahel neue Freunde gefunden: der 14 Jahre jüngere Varnhagen, ihr späterer Mann, und Alexander von der Marwitz, der 16 Jahre jünger ist als sie, der sie verehrt, aber nicht wiederliebt, und mit dem sie einen Briefwechsel führt, der vollständig erhalten ist und zu den schönsten in deutscher Sprache gehört.

Karl verlebt dieses Jahrzehnt in Wien. Er gilt als Musikliebhaber und Büchersammler und ist auch sonst kulturell interessiert. Er besucht die Vorlesungen, die August Wilhelm Schlegel dort zeitweilig hält; und in Karlsbad, wo er sich mit Vater und Schwestern trifft, lernt er auch Goethe kennen. Über den Verlust Rahels tröstet er sich mit einer Südländerin, die später seine Frau wird, hinweg. Politischen Lorbeer erwirbt er sich nicht. Da der Freiherr vom Stein, obwohl er in Karl einen Bewunderer hat, dessen Verschwiegenheit mißtraut, werden die geheimen Verhandlungen Preußens mit Österreich nicht ihm übertragen, doch setzt Karl sich immer (vergeblich) für ein Bündnis gegen Napoleon ein. Als 1809, nach der Schlacht bei Aspern, Depeschen von ihm, in denen er seinen König zum Kriegseintritt auffordert, Napoleon in die Hände fallen, verlangt der seine Abberufung, die 1810 auch erfolgt. Anfang Mai 1811 kehrte er mit Frau und Kind (ein zweiter Sohn ist ihm gerade gestorben) nach Preußen heim. In Madlitz will er seine Berufung an den sächsischen Hof in Dresden erwarten. Als er sich in Berlin aufhält, spricht er bei Rahel, die jetzt in der Behrenstraße wohnt, vor.

Um sie nicht in Gesellschaft anzutreffen, geht er nicht an ihrem 40. Geburtstag zu ihr, sondern erst einen Tag danach. Vielleicht will er sentimentale Erinnerung pflegen, vielleicht sich davon überzeugen, daß seine Jugendliebe keiner Unwürdigen galt, vielleicht ihr auch zeigen, daß er kein Kind mehr ist. Da er kein schlechtes Gewissen hat, kommt er ganz unbefangen, sicher davon ermuntert, daß Rahel ihm kürzlich einer Nebensächlichkeit wegen schrieb. Er ist überzeugt davon, daß sie sich über seinen Besuch freut. Aber als er dann sitzt (auf dem Sofa, das er von früher her kennt) spürt er sofort Rahels Abwehr, die ihn verwirrt, und er weiß nichts zu sagen, so daß sie, um die Pausen nicht zu peinlicher Länge anwachsen zu lassen, ihn dauernd nach diesem oder jenem fragt, er brav antwortet und also wieder der Unterlegene ist. Das Gespräch, das er, sobald es der Anstand erlaubt, beendet, wird ihm zur Qual, weil er Rahels Gefühle nicht deuten kann. Aber das fällt ihr selber auch schwer. Wenn sie am Tage danach diese Begegnung notiert und sie zu analysieren versucht, schwingt die Erregung, die sie beherrschte, immer noch mit. Sie, die nie müde wird, den Freunden in Briefen alle Nuancen ihres Inneren bloßzulegen, tut das diesmal nur für sich selbst. Ohne sich durch den Versuch einer Synthese selbst zu belügen, wird sie sich über das Widerspruchsvolle ihrer Gefühle klar. Der Mann, der da neben ihr saß auf dem Sofa, hat ihre Liebe mißbraucht, doch niemals getötet; sie haßte ihn als ihren Mörder und blieb ihm gleichzeitig treu; könnte er das, was geschah, ungeschehen machen, sie verfiele ihm wieder, obwohl sie ihn ganz genau, mit all seinen Schwächen, kennt. Da er nicht unschuldig sei, schreibt sie ins Tagebuch, sei ihr Verzeihung nicht möglich – und beginnt mit der indirekten Entschuldigung seines Verhaltens schon Stunden später, wenn sie ihren Mangel an Schönheit und Grazie beklagt.

Resigniert hatte sie fünf Jahre vorher schon an eine Freundin geschrieben, daß sie von Menschen nichts mehr erhoffe und von denen, die sie liebe, schon gar nicht: denn daß die just sie wiederlieben würden, sei doch nicht zu erwarten.

Der Traum

Nervenfieberepidemien treten am häufigsten in den Monaten August und September auf. Am wenigsten durch sie gefährdet sind Kinder und Greise, am meisten junge Männer von kräftiger Konstitution. Kopfschmerz und Mattigkeit kündigen die Krankheit an, Schüttelfrost und folgende Hitze leiten sie ein. Das Fieber steigt sofort über 40 Grad, die Schleimhäute entzünden sich, Zähne, Zunge und Gaumen zeigen weißen Belag, und ein harter Husten beginnt den Kranken zu quälen. Am dritten Tag wird der Körper von roten Flecken bedeckt, die durch Fingerdruck schwinden, sofort aber wieder da sind, wird der Finger entfernt. Apathie wechselt mit Delirien und Bewußtlosigkeit; Darmgase treiben dem Kranken die Bauchdecke auf, unkontrollierter Durchfall erschwert seine Pflege. Am siebenten Tag fällt das Fieber ein wenig ab, um in der zweiten Woche, an deren Ende die Krisis liegt, noch höher zu steigen. Nun wird die Bewußtseinstrübung so stark, daß der Genesene sich dieser Tage später nicht mehr entsinnt. Der stinkende Atem des Kranken wird flach und schnell, das Herz schlägt nur schwach, und die Hautflecken wechseln die Farbe: von hochrot zu blau. Die meisten Todesfälle kommen am Anfang der dritten Woche vor; wer aber überlebt (etwa 75 Prozent), beginnt, wenn auch sehr langsam nur, jetzt zu genesen.

Wie diese Krankheit, die nach Tuberculose und Lungenentzündung zu den häufigsten Todesursachen gehört, entsteht, weiß man zu dieser Zeit nicht; man vermutet, durch Luft-, Wasser- oder Bodenvergiftung. Medikamente, die ihre Heilung befördern, sind unbekannt; man kann nur die Symptome bekämpfen. Als Karl, wenige Wochen nach dem Besuch bei Rahel, daran erkrankt, wird Professor Berends aus Frankfurt ihm sicher Chinarinde zur Fiebersenkung und Alaun zur Durchfallbekämpfung verordnen. Aber helfen kann ihm das nicht. Ende August 1811 ist er tot. Den Erreger des Nervenfiebers, das man auch Typhus nennt, findet Robert Koch erst 70 Jahre später.

Rahel, die sich in Teplitz aufhält, hört von Karls Tod erst im Herbst. Sie habe ihm, der sie als erster durch Liebe zur Liebe verführte und dann betrog, im vorigen Jahr schon verziehen, schreibt sie den Freunden, doch sie schreibt es mit Worten, die zeigen, daß sie die Schmach, die er ihr antat, über sein Grab hinaus immer noch quält.

Ein Jahr später träumt sie von ihm: Er ist der König, sie soll geopfert werden, er zögert mit der Entscheidung, aber da das Volk ihren Tod fordert, sagt er am Ende ja. »Ja, sagte er. Man ergriff mich, stürzte mich über den Wall, von Stein fiel ich zu Stein, und als ich nach der letzten Tiefe kommen sollte, erwachte ich – und wußte in tiefster Seele wohl, wie Finckenstein gegen mich war.«

Immer wieder Fontane

Ein Vorwort

Wem Bücher etwas bedeuten, der sollte sich alle paar Jahre einmal die Frage stellen, welche Autoren seines Literaturfirmaments ihm die wichtigsten sind, und sich die Antworten merken. Er wird im Laufe der Zeit feststellen, daß manche Lieblingsdichter Sternschnuppen gleichen, die aufleuchten und vergehen, andere, dem Monde ähnlich, mal diese, mal jene Teile zeigen und mal ganz verschwinden, wenige aber nur wie Fixsterne ihren festen Platz behaupten.

Für mich ist ein solcher Fixstern Theodor Fontane gewesen und geblieben. Das begann früh mit Balladen und Gedichten, setzte sich fort mit den »Wanderungen durch die Mark Brandenburg«, um schließlich in den Erzählungen und Romanen zu gipfeln – wobei diese Reihung nur die Folge des Kennenlernens bezeichnet, nicht aber eine des Ablösens. Es kommt immer mehr hinzu, ohne daß das Bekannte seine Bedeutung verliert. Noch können einzelne als Zitate verwendete Balladenzeilen bei mir eine Gänsehaut verursachen.

Literaturwissenschaftler halten Fontane für den größten deutschen Romanschreiber der zweiten Hälfte des 19. Jahrhunderts; ich bin auch dieser Meinung, glaube aber nicht, daß meine Hochschätzung Fontanes viel damit zu tun hat. Lieblingsautoren wählt man sich nicht nach ihrer literaturgeschichtlichen Bedeutung. Wonach aber sonst? Was ist es denn, was einem Bücher und ihre Verfasser so besonders lieb, vertraut und wichtig werden läßt? Das ist eine Frage, die jeder für sich allein zu beantworten versuchen muß und es sicher so wenig erschöpfend kann, wie die nach den Gründen seiner Liebe zu einem Menschen, die ja (zum Glück) sich nicht nach dessen objektiv meßbarer Bedeutung richtet.

Mein Versuch einer Antwort muß bei der Darstellung von Örtlichkeiten beginnen, bei den Schauplätzen fontanischer Romane, bei den Straßen seiner Erinnerungen, den Dörfern und Seen der Wanderungen, bei einer Landschaft nämlich, die ich von Kindheit an kannte und liebte und die ich hier wiederfand, vertraut und doch fremd, weil viel genauer gesehen, poetisch überhöht, mit Geschichte und Anekdoten beladen, verwoben mit Menschenschicksalen, die dadurch auch vertraut wurden und genauso nachprüfbar schienen, über die vergangenen Jahrzehnte mit ihren großen gesellschaftlichen Umwälzungen hinweg.

Genauigkeit der Schilderung unter Vermeidung alles Überflüssigen: das zeichnet sowohl die Orts- als auch die Personenbeschreibungen Fontanes aus. Um diese Behauptung nachzuprüfen, lese man, nachdem man die Schicksale der Lene, Stine und Mathilde einmal ganz erlebt hat, noch einmal die ersten Kapitel, und man wird merken, daß die am Anfang erwähnten Einzelheiten nicht nur unentbehrlich sind, sondern oft auch für anderes, Größeres stehen. Indem Fontane die Dinge sprechen läßt, erreicht er oft eine Nüchternheit, die nichts mit Gefühlsarmut zu tun hat. Die Trauer über die Unmöglichkeit, die große Liebe zwischen Lene und Botho zu verwirklichen, wird vertieft durch die Verhaltenheit der Darstellung. Lenes einfache Worte: »Dann lebt man ohne Glück« erschüttern mehr als große dramatische Szenen. Je weniger von Gefühlen die Rede ist, desto stärker werden sie, und je weniger über das Thema: die Frau in der bürgerlichen Gesellschaft theoretisiert wird, desto stärker wird es erlebt. Der Autor bleibt im Hintergrund, aber die Schicksale seiner Hauptgestalten werden zum Beispiel für die Unmenschlichkeit erstarrter gesellschaftlicher Konventionen. Dabei vermeidet Fontane jede Schwarzmalerei. Auch Personen wie Botho von Rienäcker oder Graf von Haldern gegenüber bleibt er dabei immer gerecht. Er macht sie nicht zu schlechten Menschen; nicht in ihnen verkörpert sich das Böse, sondern in der Gesellschaft, der sie verpflichtet sind. Diese Gerechtigkeit seinen Figuren gegenüber schwächt die Kritik nicht ab, sie verstärkt sie sogar, weil sie zeigt, daß nicht der einzelne Schuld trägt, sondern das Ganze.

Fontane gehört für mich zu jenen Erzählern, deren Werke zu immer erneutem Wiederlesen reizen, weil sich erst dabei die ganze Kunst dieses Erzählens erschließt, ihr Beziehungsreichtum, ihre Gefühlstiefe, ihr Humor, ihre Mischung von Detailreichtum und prägnanter Kürze, und weil sich schließlich dabei auch erst die Freude an dem berühmten Fontane-Ton einstellt, an dieser unverwechselbaren Sprachmelodie, dieser zwischen Ernst und Heiterkeit schwebenden Plauderei, die viele volkstümliche Sprachelemente verwendet, die sich salopp gibt und doch Tiefes ausdrücken kann, die eigentlich oft eine Schwäche ist, weil nämlich alle Personen mit der gleichen Melodie reden, und die trotzdem immer wieder entzückt, bei jedem wiederholten Lesen mehr, so wie es einem mit Musik manchmal geht: sie wird schöner durch Vertrautheit. Wenn die beim ersten Lesen durch den Fortgang der Handlung entstehende Spannung wegfällt, setzt ein Kunstgenuß anderer Art ein: der bei der ersten Wanderung durch das Buch nur auf das Ziel geheftete Blick kann sich jetzt auch den am Wege liegenden Sehenswürdigkeiten zuwenden. Vorher überlesene Details werden deutlich, Beziehungen klären sich, verborgene Schönheiten werden sichtbar, die Tiefe der Menschengestaltung tut sich auf, über das Buch hinausgehende Überlegungen setzen ein: Wie kommt es, daß der Stern dieser Kunst noch immer strahlt, daß die Romane aus einer vergangenen Epoche uns noch immer zu Tränen rühren?

Ich habe eine Antwort, meine Antwort, zu geben versucht und will sie so zusammenfassen: Weil hier ein großer Künstler sich über die Anschauungen, Konventionen und Tabus seiner Zeit und Gesellschaft zu erheben vermag und diese als unmenschlich entlarvt, indem er das von ihnen verschüttete Menschliche im Menschen freilegt. Und das, glaube ich, wird noch lange aktuell sein.

Der Künstler und die anderen

Thomas Manns »Tonio Kröger«

1

Ohne Frage können für jeden, der mit Büchern lebt, einige von ihnen zu Lebensereignissen werden. Das müssen nicht unbedingt die Lieblingsbücher sein, die man immer wieder zur Hand nimmt und jedesmal, mit erweitertem Wissen und anderen Erfahrungen, neu entdeckt. Oft sind es gerade solche, die mit einmaligem starken Einfluß ihre Aufgabe erfüllt haben. Sie kreuzen an einem entscheidenden Punkt unseren Weg und verschwinden. Daß wir die Erinnerung an sie heilig halten, zeigt nur: Sie gehören der eignen Vergangenheit an.

Unter der Unzahl von Büchern, die man im Leben liest, werden das nur verschwindend wenige sein. Es sind wahre Glücksfälle, unglaubliche fast, wenn man bedenkt, daß dazu nicht nur das richtige Buch zum rechten Leser kommen, sondern dieses auch zum richtigen Zeitpunkt geschehen muß, soll das Exemplarische des Kunstwerks und das Identifizierungsvermögen des Lesers sich zu dem schönen Ganzen vereinigen, das man als Erlebnis bezeichnen kann.

Solches Buch später wieder zu lesen, ist immer ein Abenteuer mit ungewissem Ausgang. Fest steht nur: Was es einmal war, kann es nicht mehr sein. Es ist entweder mehr oder weniger — oder ganz anders. Enttäuschungen sind häufig; nicht nur über das Buch, auch über sich selbst. Man begegnet sich wieder und ist peinlich berührt.

Leicht vergißt man dabei, daß manches Buch schneller altert als wir selbst. Damals haben wir es als zeitgenössisches Werk verstanden, heute lesen wir es als eins der Literaturgeschichte: ein selbstverständlicher Vorgang, der einen schaudern läßt. Denn er macht uns klar, daß auch unser Selbst, das damals geprägt wurde, trotz aller Veränderungen mehr und mehr zum geschichtlichen wird. Schon vor unserem Tod werden wir die Zeitgenossenschaft verloren haben.

Das Wunderbare an wirklich großer Literatur aber ist, daß sie durch Alter an Wirkungsmöglichkeit nichts einbüßen muß. Sie lebt über ihre Zeit hinaus. In ihr gibt es keinen Fortschritt in dem Sinne, daß ein Werk das andere überholt und überflüssig macht. Wenn sie auch Geschichte hat, wenn sie auch Geschichte erzählt: in erster Linie erzählt sie Geschichten, die von immerwährender oder immer wiederholbarer Aktualität sind. Denn sie können nacherlebt werden als gegenwärtiges Geschehen.

Das ist ein Vorgang, den Interpretation bestenfalls unterstützen, aber nie ersetzen kann. Literaturunterricht, der vorwiegend historisch orientiert ist, hindert ihn eher. Denn ausschließlich historische Betrachtung von Literatur beraubt sie ihrer direkten Wirkung. Mittelbares Erlebnis ist keins mehr. Weder Entstehung noch Aufnahme von Literatur haben etwas mit Wissenschaft zu tun. Da aber die Wissenschaftler die Literatur verwalten, schieben sie sich gern zwischen das Buch und die Leser, fördern zwar Wissen, mindern aber die Wirkung. Manche Interpretation wirkt wie eine Warnung vor der Unmittelbarkeit des Kunsterlebnisses. Die Furcht vor »falscher Aktualisierung« ist eine vor der Lebendigkeit der Kunst. Man entschärft sie, wenn man sie auf ihre Zeit zurückverweist. Manche Förderung der Literatur ist wie eine Verbannung ins Museum. Mancher Denkmalsbau für einen Dichter hat zur Folge, daß auch sein Werk zum Denkmal wird, hoch und versteinert.

Daß Listen von Lieblingsbüchern mit denen studentischer Pflichtlektüre selten übereinstimmen, liegt daran, daß die Fragestellung der Wissenschaft eine andere ist als die der einzelnen Leser. Für die Literaturgeschichtsschreibung ist die Entwicklung wichtig, das einzelne Werk nur als Teil von ihr. Es wird bedeutsam durch den Rang, den es in ihr einnimmt. Die Kriterien, nach denen es beurteilt wird, bieten Geschichte und Literaturgeschichte. Der Leser urteilt anders. Wenn ihm ein Buch zum Ereignis wird, so nicht aus den Gründen, aus denen die Literaturgeschichte es preist. Ihm gelten individuelle Maßstäbe. Bei ihm bestimmt der Rang sich aus dem Platz, den es in seiner persönlichen Entwicklung einnimmt. Das Erleben erteilt Zensuren, nicht die Wissenschaft. Die darf nur hilfreich Hand anlegen zum besseren Verständnis. Im Prinzip funktioniert die Verbindung zwischen Buch und Leser auch ohne sie.

Wenn nach der Wirkung von Literatur gefragt wird, ist beim Versuch einer Antwort die Geste der Gewißheit nicht am Platze. Was auch darüber schon geschrieben wurde: Der Eindruck von Wunderbarem bleibt. Was da Tausende, vielleicht Millionen von Lesern als ihr Erlebnis, ihr Problem, ihr Gefühl wiedererkennen, hat einer aufgeschrieben, der hauptsächlich, vielleicht ausschließlich nur von sich redet, der nur wiedergeben kann, was er selbst (und vielleicht nur er) so gedacht, gefühlt, erfahren hat, einer, der anders ist als die anderen, und zwar nicht nur so, wie ein jedes Individuum sich vom anderen unterscheidet, sondern in noch stärkerem Maße durch eben die Fähigkeit der künstlerischen Formung des Erlebten. Und je stärker er von seiner Lust und seinem Leid ergriffen ist, je genauer er seine Gedanken analysieren, seine Meinungen ausdrücken kann, je ehrlicher und vollständiger er sich selbst gibt, desto tiefer wird die Wirkung sein. Wenn er auch nicht alle erreicht (Wer eine andere Gefühlssprache spricht, wird seine nicht verstehen!), so können es doch so viele sein, daß ohne allzu große Übertreibung gesagt werden kann: Diese oder jene Generation hat in seinem Erlebnis des eigne nacherlebt. Er hat ausdrükken können, was sie bewegte. Stellvertretend für sie hat er gesagt, was sie empfanden.

Die Möglichkeit allgemeiner Wirkung beruht auf dem Beispielhaften, das der Künstler seinem individuellen Fall zu geben vermag. Scheinbar paradoxerweise wird das aber nicht erreicht durch Allgemeinheit der Darstellung. Ganz im Gegenteil: Gerade das Konkrete, Individuelle, Zeit- und Ortsgebundene kann einer Geschichte die Genauigkeit und Stimmigkeit geben, die sie exemplarisch macht und damit nacherlebbar; auch in anderen Ländern, auch in späteren Zeiten.

Denn immer ist Gegenstand der Literatur: der Mensch, und ihr

Hauptthema: der einzelne und die Gesellschaft. Sein Verhalten und Empfinden sind bestimmend. Und das ist in Raum und Zeit wohl weniger veränderbar als die Verhältnisse, unter denen er lebt und leidet. Wer auch die Unterdrücker sind: Das Leid der Unterdrückten ist sich ähnlich, auch wenn Jahrhunderte sie trennen. Unerwiderte Liebe schmerzt nicht weniger heute als im Mittelalter. Obwohl Geschichte sich nie wiederholt, ist Don Quijotes Problematik immer wieder aktuell, und Kafkas Begrenzung auf das alte Prag hat seine Wirkung nie begrenzt. So können die gedankenvollen Tatenarmen und die von der Wirklichkeit enttäuschten Idealisten auch heute noch Hamlet und Hyperion Brüder nennen. Und Tonio Kröger kann auch dem zum Erlebnis werden, der sich nicht als verirrter Bürger begreift.

2

Die Behauptung, daß einer Allgemeingültiges schafft, indem er nur von sich redet, ist in diesem Fall nicht übertrieben. Die 1903 in der »Neuen Rundschau« zuerst veröffentlichte Novelle »Tonio Kröger« ist autobiographisch in Detail und Thema. Der 28jährige gibt ein Bild seines Wegs und Standorts und benutzt dazu alle Einzelheiten, die er parat hat, weil es die des eignen Lebens sind.

Die »enge Stadt« ist natürlich Lübeck, in der Thomas Mann die Kinder- und Jugendjahre verbrachte, und die er, wie Tonio Kröger, früh verläßt, ohne innerlich von ihr loszukommen. Identisch sind bei Autor und Kunstfigur auch die soziale Lage und der weitere Lebensweg: Hingabe an die »Ekstasen der Kunst«, Reisen in den Süden, erste Berühmtheit (1901 waren die »Buddenbrooks« schon erschienen) und künstlerische Krise, der die Novelle ihre Entstehung verdankt. Selbst die Bildungserlebnisse des Tonio sind die auch des Thomas: die »heilige Literatur« der Russen und die frühe Schwärmerei für Schillers »Don Carlos«, deren sich Thomas Mann noch 1955 im »Versuch über Schiller« erinnert: »Don Carlos – wie könnte ich je die erste Sprachbegeisterung meiner fünfzehn Jahre vergessen, die an dem stolzen Gedicht sich entzündete.« Und er zitiert die Stelle, von der im »Tonio Kröger« die Rede ist: »Der König hat geweint!« In seinem Aufsatz über Theodor Storm von 1930 aber weist er auf einen anderen literarischen Bezug der Novelle hin, der nicht so offensichtlich ist:

»Zu Anfang unseres Jahrhunderts«, heißt es da, »schrieb ein junger Dichter eine lyrische Novelle, deren Gegenstand der in einer Brust lebendige Widerstreit zwischen bürgerlich-nordischer Gefühlsheimat und der strengen, abenteuerlichen und kalt-ekstatischen Welt der Kunst und des Geistes war. Den Vater seines Helden beschrieb der junge Verfasser als einen ›langen‹, ›zur Wehmut geneigten‹ Herrn mit sinnenden blauen Augen, ›der immer eine Feldblume im Knopfloch trug‹. Er wich mit dieser Beschreibung vom autobiographisch Wirklichen entschieden ab, und dennoch war sie nicht Willkür und bloße Phantasie.

Die Figur, die ihm vorschwebte, erstand aus dem Gefühl und Bewußtsein der doppelten kulturellen Herkunft des Werkchens, in das er sie hineinstellte, einer deutsch-heimatlichen und einer mondänen: Die Figuren der geistigen Väter seiner Geschichte, Storms und Turgenjews verschmolzen ihm zur Vatergestalt des langen, wehmütig sinnenden Weißbartes mit der Feldblume im Knopfloch.«

Nach so vielen autobiographischen Belegen wundert es einen dann nicht mehr, wenn die nach dem Tod des Dichters publizierten Briefe diesen noch weitere hinzufügen, besonders den über die reale Existenz eines Hans Hansen, den der Achtzigjährige einem Schulfreund preisgibt. Dieser hatte in Briefen mit Jugenderinnerungen, ganz nebenbei, einen Armin Martens erwähnt, der nach Thomas Manns Ansicht eine Unterstreichung verdient hätte. »Denn *den* habe ich geliebt – er war tatsächlich meine erste Liebe, und eine zartere, selig-schmerzlichere war mir nie mehr beschieden. So etwas vergißt sich nicht, und gingen 70 inhaltsvolle Jahre darüber hin. Mag es lächerlich klingen, aber ich bewahrte das Gedenken an diese Passion wie einen Schatz. Nur zu begreiflich – daß er mit meiner Schwärmerei, die ich ihm einmal an einem ›großen‹ Tage gestand, nichts anzufangen wußte. Das lag an mir und an ihm. Sie starb denn auch so dahin – lange bevor er selbst, dessen Charme schon durch die Pubertät erheblichen Schaden gelitten, als Allererster irgendwo starb und verdarb. Aber ich habe ihm im ›Tonio Kröger‹ ein Denkmal gesetzt – einer Geschichte, die in manchen Ländern schon zum deutschen Schulbuch (mit Vokabular) geworden; und es ist merkwürdig zu denken, daß heute die Gesichter junger Engländer, Amerikaner, Franzosen, Ungarn sich über die Seiten neigen, die von ihm und dem Leid, das ich um ihn trug, erzählen. Merkwürdig zu denken auch, daß die ganze Bestimmung dieses Menschenkindes darin bestand, ein Gefühl zu erwecken, das eines Tages zum bleibenden Gedicht werden sollte.«

3

Ist die Novelle wirklich »bleibend«? Für Thomas Mann scheint das keine Frage gewesen zu sein. Er hat dieses Jugendwerk (im Gegensatz zu anderen) nie verleugnet, hat es oft erwähnt, es (seiner enormen Wirkung und seines Sentimentalismus wegen) seinen »Werther« genannt und 1945 sogar geschrieben: »Es fehlt nicht viel, daß ›Tonio Kröger‹ mir selbst immer noch das Liebste von mir wäre.« Auch die Literaturgeschichtsschreibung schätzt das kleine Werk sehr. Aber kann es der heutigen Jugend noch zum Erlebnis werden, wie uns nach 1945? Wir lasen die damals schon 40 Jahre alte Novelle noch wie ein zeitgenössisches Werk, und es wurde eines der »heiligen« Bücher für uns. Das Exemplar von damals besitze ich noch heute: Fischers Illustrierte Bücher, 1921, 23–33. Auflage, Pappband, mit einer kolorierten Federzeichnung auf dem Deckel: ein altmodisch gekleideter junger Mann blickt wehmütig auf eine Stadt zurück, die sich durch Schiffsmasten und Backsteinbauten als norddeutsche Hafenstadt ausweist. Ich erwarb das Bändchen im Januar 1946, aber ich kannte es schon, bevor ich es las. Ein Freund, kurz nach mir aus der Gefangenschaft zurückgekehrt, hatte es mir erzählt, aber auch nicht nach eigner Lektüre, sondern nach der Erzählung eines Mitgefangenen. Durch Zeitungen und Zeitschriften (die mir später niemals mehr so interessant erschienen sind wie damals) war uns der Name des Autors zu einem Begriff geworden. So vorbereitet, wurde es zu einem Ereignis, als ich in einem Antiquariat den »Tonio Kröger« entdeckte und für den lächerlichen Preis von 1,50 Reichsmark erstand. Das war in Potsdam, wohin ich gefahren war, um mich zu einem Neulehrerkurs anzumelden. Die Fahrzeit von dort zurück reichte damals dazu, das Bändchen zweimal zu lesen. Ich tat nicht nur das, sondern versah es auch mit Anstreichungen; denn ich war ein Zitatensammler, der alles, was ihm wichtig schien, in schnell sich füllende Schulhefte eintrug und es so oft las, daß mancher Satz, manche Gedichtzeile bis heute im Gedächtnis haftet. »Wer am meisten liebt, ist der Unterlegene und muß leiden«, gehört zum Beispiel dazu, und: »Was er aber sah, war dies: Komik und Elend — Komik und Elend«, aber kein Satz über die Kunst und keiner übers Bürgertum.

Was die Zitate vermuten lassen, war wirklich geschehen: Ich hatte nicht die Geschichte von Tonio Kröger gelesen, sondern die meine. Mißbrauch der Kunst als Seelenbalsam nannte mein Freund das, aber ich verteidigte meine ichbezogene Art zu lesen und tue es heute noch. Selten genug geschieht es, daß ein Buch mich Geschichte, Literaturwissenschaft, Analyse, Vergleich und Urteil vergessen läßt durch das Erleben einer zweiten Wirklichkeit, in die mein Ich in irgendeiner, wenn auch gebrochenen Form hineinprojiziert wird.

Freilich würde ich heute mehr Verständnis dafür aufbringen, was den Autor bewegte: die Künstlerproblematik. Sicher hätte ich die damals auch zu analysieren gewußt, wäre das nötig gewesen. Aber sie ging mich nichts an, ich nahm sie nur für ein Gleichnis. Nicht um Künstler und Bürger, nicht um Literatur und Leben ging es für mich. Meine Kurzformel hätte gelautet: solche wie ich und die anderen.

Wir waren 19 damals, hatten den größten Teil unserer Jugendjahre unter militärischem Zwang verbracht und nicht nur unter der Unfreiheit gelitten, sondern auch unter den andern, den Gleichgestellten, den sogenannten Kameraden, die problemlos, gleichgültig, sonnig oder finster sich allen Situationen anzupassen verstanden und unsereinen durch Verständnislosigkeit, Intoleranz oder Dummheit in eine Einsamkeit trieben, die die seelische Krankheit unserer Jugend war. Beneidet haben wir sie oft und einige von ihnen geliebt, hoffnungslos, unerwidert, manchmal auf Mitleid, nie auf Verständnis stoßend, denn in dem Wertsystem, das sie widerstandslos übernahmen, galten wir nichts, waren sie die Überlegenen, wir die Versager. Glücklich noch, wer sich in Haß und Weltverachtung retten konnte. Schlimmer war es, die Werte der andern zu akzeptieren und sich in die Rolle des Versagers zu schicken.

Sensibilität und Intellekt: daraus setzt sich das Schöpferische zusammen. Das wurde getötet damals, wird immer getötet, wenn Töten zum moralischen Wert wird. Aber es galt auch vorher nicht viel. Tonio Kröger erfährt es, und sein Leiden wurde, trotz der ganz anderen Bedingungen, zum Abbild des unseren, oder zumindest ihm ähnlich und dadurch nachvollziehbar. Und das war schon genug, um als Ereignis zu gelten: daß da einer war, der die Krankheit der Jugend, diese gräßliche Einsamkeit in der Menge, auch durchgemacht hatte. Aber dadurch, daß er nicht nur ein Leidender war, sondern auch ein Schöpferischer, bot er noch mehr als Selbstbestätigung, nämlich ein Verhaltensmuster, eine Anleitung zum seelischen Überleben, indem er uns lehrte, unsere Leiden an der Gesellschaft als Auszeichnung anzusehen, sie zu lieben als notwendige Stufe zu Höherem. Das gab uns nicht nur die Möglichkeit, die schöne Melancholie zu genießen, sondern vor allem auch das nötige Selbstbewußtsein, Werte außer Kraft zu setzen, die anzuerkennen wir nie fähig gewesen waren.

Die angeführten Zitate zeugen davon. Denn die Komik der Welt ist nur vom Standpunkt höherer Erkenntnis aus sichtbar, und der Satz von der Unterlegenheit der stärker Liebenden drückt doch auch dessen Überlegenheit aus: Er kann stärker empfinden als die anderen, die nicht in die Dinge hineinsehen, »bis dorthin, wo sie kompliziert und traurig werden«. Und von diesem Standpunkt aus kann man dann verachten, was die anderen entzückte: »Ja«, (das ist ein drittes Merkzitat des Neunzehnjährigen), »man muß dumm sein, um so schreiten zu können, wie er.«

Wenn das Zu-sich-selbst-Finden ein Ereignis ist, dieses Buch war es. War es ein Mißbrauch? Bestimmt nicht dadurch, daß das Werk als Lebenshilfe gebraucht wurde und seine eigentliche Problematik für mich nur Gleichnis war. Bedenklich scheint mir beim Wiederlesen nach Jahrzehnten, daß es eigentlich nur einige Kapitel waren, die mich damals berührten: die der Konfrontation des Helden mit dem »Leben«, die freilich auch die am meisten gestalteten sind. Die mehr theoretisierenden und moralisierenden dagegen (in ihrer »Direktheit bis zum Unkünstlerischen« gehend, nannte Thomas Mann sie selbst einmal) ließen mich kalt, wurden vollends blaß in der Erinnerung.

Aber wie hätte es anders auch sein sollen! Sowohl Künstler- als auch Bürgertum waren mir vage Begriffe. Ich sah nur dies: Daß da einer unverdient und unverschuldet außerhalb der Ordnung stand, in die er hineingeboren war, und daß er die Menschen liebte, die ihn, ebenso ohne Schuld, leiden ließen.

Und wohl nur so, oder so ähnlich unhistorisch, könnte die Novelle auch einer heutigen Jugend noch etwas sagen, vorausgesetzt, es ist ihr möglich, die Bürger-Künstler-Problematik noch als stimmiges Gleichnis zu begreifen, was freilich seine Schwierigkeiten hat. Denn wenn das damals so wichtige Buch mir nach 30 Jahren nicht nur von der Patina der Erinnerung überzogen, sondern leicht angestaubt scheint, so vor allem wegen der Kunstauffassung, die es als Produkt der Jahrhundertwende ausweist. Da klaffen Abgründe zwischen der Gesellschaft und einer esoterischen Kunst, die den Menschen verachtet und ganz »dämonischer Schönheit« verpflichtet ist. Da ringt sich Tonio Kröger zu einer Kunsterkenntnis durch, die für uns in ihrer Allgemeinheit die Grundlage ist, von der selbst widerstreitende Meinungen ausgehen. Die Botschaft, die da verkündet wird, ist eine, die jeder kennt. Selbstverständliches wird gesagt wie eine Offenbarung.

Und doch ist auch dieses Verfallen an eine Kunst, die den Menschen verachtet, und diese Hinwendung zu einer, die von Liebe zu ihm durchdrungen ist, ein Vorgang, der nur so zeitgebunden nicht ist, wie er scheint; denn er steht, über die Kunst hinaus, stellvertretend für eine Entwicklungsphase, die manch junger Mensch durchlaufen muß: Hochgespannter Erwartung auf das Leben folgt das Entsetzen über dessen Banalität, die, wenn auch nicht zu bejahen, so doch zu akzeptieren, einer höheren Erkenntnisstufe vorbehalten bleibt, als notwendige Grundlage für ein tätiges Leben mit anderen. Aus dem Elfenbeinturm der Verachtung steigt Tonio

Kröger wieder herab zu den Leuten. Das Bekenntnis seiner Liebe zu ihnen ist auch eines zur Wirklichkeit und damit zu einer Kunst mit moralischem Anspruch, die im Alter dann als »mit der Menschheit auf du und du« stehend bezeichnet wird. Als die ersten (übrigens lyrischen) Literaturversuche des Schülers Thomas Mann in der Schule bekannt wurden, schadete das seinem Ansehen sehr, da man vom Erben der Mannschen Firma anderes erwartete. Nicht nur der Künstler sah den Bürger, auch der Bürger den Künstler als seinen Gegenpol. Wenn heute ein Achtzehnjähriger seine ersten Gedichte veröffentlicht, kann er sich allgemeinen Wohlwollens erfreuen, das allerdings bei manchem schwinden wird, wenn er inhaltlich ausgefahrene Denkgeleise verläßt oder Altbewährtes in Frage stellt, was in einer Kunst, die dem Menschen und seinem Wohlergehen verpflichtet ist, immer geschehen sollte. Dann wird auch das seinem Ansehen schaden, und er wird, mit schlechtem Gewissen, draußen stehen und die »Normalen« beneiden, die nicht zur Erkenntnis verflucht sind.

Denn in einer Gesellschaft, die Kunstproduktion als gesellschaftlich notwendige Arbeit anerkennt, wird das Problem zwar kleiner, aber es schwindet nicht, solange Kunst Ordnungen nicht nur preist, sondern, um sie zu bessern, auch stört, solange sie, wie Thomas Mann sagt, eine »Form der Inkorrektheit« ist. Das läßt für die Begreifbarkeit des Künstlergleichnisses und damit für die Lebendigkeit des »Tonio Kröger« hoffen.

Grischa 1944

Wir sind fast der gleiche Jahrgang, der Grischa-Roman und ich, aber es dauerte lange, ehe wir uns begegneten.

Als er zum erstenmal in den Buchhandlungen auslag, Feuchtwanger und Tucholsky ihn priesen und die Deutschen ihn lasen, war ich der Sprache, die hier so meisterhaft gehandhabt wurde, noch nicht mächtig. Als ich die ersten Worte auf die Schiefertafel kritzelte, wurde im Zentrum meiner Heimatstadt der »Grischa« öffentlich verbrannt. Und als ich zehn Jahre später Verlagsprospekte und Bibliothekskataloge nach Büchern durchsuchte, die mir die Gegenwart erläutern konnten, da fehlte der »Grischa« und nur die Kolbenheyer und Beumelburg boten sich an. Die deutsche Literatur der Zeit enttäuschte uns; wir wußten nicht, daß die, die wir brauchten, in der Fremde zu Hause war. Niemand hatte den Mut, es uns zu sagen.

Ich war gerade siebzehn geworden, als ich den »Grischa« in die Hand bekam. Das Haus, in dem ich aufgewachsen war, hatten in der Nacht Bomben zerstört, und ein gutmütiger Wachtmeister der Berliner Flakbatterie, bei der ich mit unklarem Widerwillen Dienst tat, hatte mir einige Stunden Urlaub gegeben, um zu retten, was zu retten war. Zu den wenigen Dingen, die durch Zufall fast unversehrt geblieben waren, gehörte auch der Bücherschrank, dessen oberen Teil ich oft durchstöbert hatte, während die unteren Türen mir stets (auch nach dem frühen Tode meines Vaters) verschlossen geblieben waren. Jetzt hatten Detonationen sie gesprengt, und ich trug die kalkbestaubten illustrierten Ausgaben von Boccaccio, Rabelais und Casanova über Trümmer in die Nachbarhäuser. In der hinteren Reihe des Faches aber standen, in Zeitungsbogen eingeschlagen, einige Bücher mir gänzlich unbekannter Autoren:

Heinrich Mann, Thomas Mann, Arnold Zweig, Remarque, Werfel. Sie schienen mir eines weiteren gefährlichen Trümmerganges nicht wert. Nur um festzustellen, worin das für mich Gefährliche dieser Bücher liegen könnte, brachte ich sie doch in Sicherheit. Zwei, deren Titel (»Im Westen nichts Neues« und »Der Streit um den Sergeanten Grischa«) mich anzugehen schienen, nahm ich in die Flakstellung mit.

Und so las ich dann, im Januar 1944, selbst eingespannt in den öden Mechanismus der Militärmaschinerie, das Buch über Grischa, der in ihr zermahlen wird. Ich las es nicht mit Begeisterung, nicht mit Liebe oder Ehrfurcht, mit Befremden eher und mit leisem Abscheu, aber mit einer Gier, die sich mir erst später als Drang nach Wahrheit enthüllte. Es schockierte mich, rüttelte an vielem, was festzustehen schien, schmerzte. Und ich wehrte mich dagegen.

Ich saß in den dienstfreien Stunden unter Männern, die skatspielend ihre Angst zu vergessen suchten, und las über sie. Sie waren es. Wir waren es, genau so und doch jetzt plötzlich ganz anders, weil die Art, wie sie beschrieben waren, einen nötigte, sie von einem anderen Standpunkt aus zu betrachten. Ich hatte schon Kriegsbücher gelesen. Seit ich beim Militär war, sah ich, daß die Wirklichkeit anders war, und ohne es klar formulieren zu können, hatte ich daraus geschlossen, daß Literatur und Wirklichkeit zwei verschiedene Dinge seien. Hier nun fielen sie plötzlich zusammen.

Da steht der Gefreite Birkholz zu Beginn des Romans auf Wache und denkt: nicht mit Haß an den Feind, nicht mit Liebe an seinen Hauptmann, nicht an Vaterland und Waffenruhm, sondern an Tauschgeschäfte, an Erbsen, Butter und Schmalz. Und seine Uniform ist kein Ehrenkleid, sondern Tuch mit sinnlosen Vierecken und Nummern, das Gewehr nichts weiter als ein Ding aus Holz und Eisen, mit dem man andere Männer töten oder verfehlen kann. Und wie die anderen Soldaten, wie Heppke und Sacht im Roman und Eismann und Korn bei mir am Tisch, ist er nicht freiwillig von Frau und Mutter weggegangen, sondern auf Befehl von Menschen, die er mehr fürchtet als den Feind. Und er denkt daran, die Knarre hinzuhauen, Schluß zu machen mit dem Krieg, der seiner nicht ist. Und riskiert es doch nicht.

Das alles stimmte so sehr mit der Wirklichkeit überein, daß auch die Wahrheit über Schieffenzahn und Schilles als solche genommen werden mußte und erste Anstöße gab zu der Frage: Wer macht den Krieg, wem nützt er? Das Buch antwortete deutlich: Offiziere in Ober-Ost suchten sich ihre zukünftigen Güter schon aus; Beamte betrachteten ihre Positionen in der neuen preußischen Provinz schon als Lebensstellung; Schieffenzahn beutete die eroberten Gebiete aus, zugunsten eines Staates, in dem Schilles die Macht hatte und an ausländischen Zwangsarbeitern verdiente, während die Soldaten hungerten, froren, starben. Für wen damals, 1918, für wen heute, 1944? Eine Frage, die schon für sich (ohne Antwort) ein Sakrileg war. Und dann war da vor allem natürlich das Miterleben von Grischas Leiden und Tod.

Ich war mit ihm glücklich über die gelungene Flucht, ich fühlte sein Heimweh und später seine Todesangst, er war mir vertraut wie ein Freund, und ich wünschte ihm, daß er die deutschen Wachen töten und mit Babka entfliehen würde, und ich wußte, daß solche Gedanken Verrat waren im Sinne der Leute, deren Uniform ich trug.

Erst stellte ich das Buch sorglos in mein Spind, später versteckte ich es. Bald darauf ging es mir im Wirbel des Krieges verloren.

Ich dachte nicht darüber nach, ob es ein Buch war, das in die Literaturgeschichte eingehen würde, ich wußte nur, daß es für mich wichtig war, da es mich zum Nachdenken über meine Lage gezwungen hatte. Und als nach dem Krieg auch das eigne Schreiben begann, war der »Grischa« ein Buch, nach dem man sich richten konnte; aus ihm war zu lernen, daß die oberste Pflicht des Schriftstellers darin besteht, die Wahrheit zu sagen, im Kleinen wie im Großen, in Teilen wie im Ganzen.

Nachweis der Erstveröffentlichungen

Erzählungen

Hochzeit in Weltzow
Günter de Bruyn: Hochzeit in Weltzow.
Halle: Mitteldeutscher Verlag 1960 (Treffpunkt heute)
(Der hier abgedruckten Fassung liegen spätere Bearbeitungen zugrunde.)

Fedezeen
»Neue Deutsche Literatur« 1964, H. 7
Günter de Bruyn: Ein schwarzer abgrundtiefer See. 2., verbesserte und vermehrte Auflage.
Halle: Mitteldeutscher Verlag 1966
(Der hier abgedruckten Fassung liegen spätere Bearbeitungen zugrunde.)

Stallschreiberstraße 45
Günter de Bruyn: Ein schwarzer abgrundtiefer See. 2., verbesserte und vermehrte Auflage.
Halle: Mitteldeutscher Verlag 1966

Vergißmeinnicht
Günter de Bruyn: Ein schwarzer abgrundtiefer See. 2., verbesserte und vermehrte Auflage.
Halle: Mitteldeutscher Verlag 1966

Urlaub
Günter de Bruyn: Ein schwarzer abgrundtiefer See. 2., verbesserte und vermehrte Auflage.
Halle: Mitteldeutscher Verlag 1966

Keine Herberge
Günter de Bruyn: Hochzeit in Weltzow.
Leipzig: Reclam 1968 (Reclams Universalbibliothek 407)

Raub der Europa
Günter de Bruyn: Ein schwarzer abgrundtiefer See. 2., verbesserte und vermehrte Auflage.
Halle: Mitteldeutscher Verlag 1966

Stadtbummel
Auskunft. Neue Prosa aus der DDR. Herausgegeben von Stefan Heym. München: Bertelsmann 1974
Im Querschnitt: Günter de Bruyn. Herausgegeben von Werner Liersch.
Halle, Leipzig: Mitteldeutscher Verlag 1979

Eines Tages ist er wirklich da
Günter de Bruyn: Ein schwarzer abgrundtiefer See. 2., verbesserte und vermehrte Auflage.
Halle: Mitteldeutscher Verlag 1966

Schöner Morgen
Auskunft. Neue Prosa aus der DDR. Herausgegeben von Stefan Heym.
München: Bertelsmann 1974
Im Querschnitt: Günter de Bruyn. Herausgegeben von Werner Liersch.
Halle, Leipzig: Mitteldeutscher Verlag 1979

Brausebad
Auskunft. Neue Prosa aus der DDR. Herausgegeben von Stefan Heym.
München: Bertelsmann 1974
Im Querschnitt: Günter de Bruyn. Herausgegeben von Werner Liersch.
Halle, Leipzig: Mitteldeutscher Verlag 1979

Geschlechtertausch
»Sinn und Form« 1973, H. 2
Blitz aus heiterm Himmel. Herausgegeben von Edith Anderson.
Rostock: Hinstorff 1975

Babylon
»Sinn und Form« 1978, H. 4
Im Querschnitt: Günter de Bruyn. Herausgegeben von Werner Liersch
Halle, Leipzig: Mitteldeutscher Verlag 1979

Freiheitsberaubung
Auskunft 2. Herausgegeben von Stefan Heym.
München: Autorenedition 1976
Günter de Bruyn: Babylon. Erzählungen.
Leipzig: Reclam 1980
(Reclams Universalbibliothek 822)

Frauendienst
»Neue Rundschau« 1984, H. 4

Autobiographisches

Wie ich zur Literatur kam
»Sinn und Form« 1972, H. 4
Im Querschnitt: Günter de Bruyn. Herausgegeben von Werner Liersch.
Halle, Leipzig: Mitteldeutscher Verlag 1979

Berlin, Große Hamburger
»Neue Deutsche Literatur« 1968, H. 10
Städte und Stationen. Herausgegeben von Elli Schmidt.
Rostock: Hinstorff 1969

Viktoria
»Neue Deutsche Literatur« 1970, H. 2

Der erste Augenblick der Freiheit. Herausgegeben von Elli Schmidt.
Rostock: Hinstorff 1970
(Der hier abgedruckten Fassung liegen spätere Bearbeitungen zugrunde.)

Der Holzweg
Eröffnungen. Schriftsteller über ihr Erstlingswerk. Herausgegeben von Gerhard Schneider.
Berlin: Aufbau 1974

Zur Entstehung einer Erzählung
Die Schublade. Texte aus erster Hand. Herausgegeben von Helga Duty, Roswitha Jendryschik, Karin Röntsch.
Halle, Leipzig: Mitteldeutscher Verlag 1982

Über Literatur

Zum Thema: Lesen
Situation 66.
Halle: Mitteldeutscher Verlag 1966

Nicolai oder Ein Opfer der Vernunft
Friedrich Nicolai: Vertraute Briefe von Adelheid B. an ihre Freundin Julie S.
Berlin: Buchverlag Der Morgen 1982. (Märkischer Dichtergarten)
»Sinn und Form« 1982, H. 4

Der Sandpoet – Schmidt von Werneuchen
Friedrich Wilhelm August Schmidt: Einfalt und Natur. Gedichte.
Berlin: Buchverlag Der Morgen 1981 (Märkischer Dichtergarten)

Lesefreuden mit Jean Paul
Jean Paul: Quintus Fixlein.
Berlin: Buchverlag Der Morgen 1976

Die Geschwister Tieck
Ludwig Tieck: Die männliche Mutter.
Berlin: Buchverlag Der Morgen 1983 (Märkischer Dichtergarten)

Fouqué oder Warnendes Beispiel
»Sinn und Form« 1979, H. 5 (Vom Autor gekürzte Fassung, die dem Abdruck hier zugrunde liegt.)
Friedrich de la Motte Fouqué: Ritter und Geister.
Berlin: Buchverlag Der Morgen 1980 (Märkischer Dichtergarten)

Rahels erste Liebe
Rahels erste Liebe. Der Briefwechsel zwischen Rahel Levin und Karl Graf von Finckenstein.
Berlin: Buchverlag Der Morgen 1985 (Märkischer Dichtergarten)

Immer wieder Fontane
Theodor Fontane: Stine. Irrungen, Wirrungen. Mathilde Möhring.
Berlin: Neues Leben 1970

Der Künstler und die anderen
Thomas Mann: Tonio Kröger.
Berlin: Buchverlag Der Morgen 1975
»Sinn und Form« 1975, H. 1

Grischa 1944
Arnold Zweig. Ein Almanach.
Berlin: Aufbau 1962. (Der hier abgedruckten Fassung liegen spätere Bearbeitungen zugrunde.)

Inhalt

Erzählungen

Autobiographisches

Über Literatur